Direito Administrativo Contemporâneo

Ana Maria Pedreira

Direito Administrativo Contemporâneo

Freitas Bastos Editora

Copyright © 2025 by Ana Maria Pedreira

Todos os direitos reservados e protegidos pela Lei 9.610, de 19.2.1998. É proibida a reprodução total ou parcial, por quaisquer meios, bem como a produção de apostilas, sem autorização prévia, por escrito, da Editora.
Direitos exclusivos da edição e distribuição em língua portuguesa:
Maria Augusta Delgado Livraria, Distribuidora e Editora

Direção Editorial: *Isaac D. Abulafia*
Gerência Editorial: *Marisol Soto*
Diagramação e Capa: *Deborah Célia Xavier*
Revisão: *Doralice Daiana da Silva*
Copidesque: *Lara Alves dos Santos Ferreira de Souza*

Dados Internacionais de Catalogação na Publicação (CIP) de acordo com ISBD

P372d	Pedreira, Ana Maria
	Direito administrativo contemporâneo / Ana Maria Pedreira. - Rio de Janeiro, RJ : Freitas Bastos, 2025.
	620 p. : 15,5cm x 23cm.
	Inclui bibliografia.
	ISBN: 978-65-5675-470-3
	1. Direito. 2. Direito administrativo. I. Título.
2025-142	CDD 341.3
	CDU 342.9

Elaborado por Odilio Hilario Moreira Junior - CRB-8/9949

Índice para catálogo sistemático:
1. Direito administrativo 341.3
2. Direito administrativo 342.9

Freitas Bastos Editora
atendimento@freitasbastos.com
www.freitasbastos.com

Ana Maria Pedreira

Advogada e professora universitária, pós-doutoranda na Universidade de São Paulo (USP) com pesquisa em andamento na área de saneamento básico e infraestrutura; pós-doutorado em Antropologia pela PUC-SP; Doutorado em regime de dupla titulação na área de Direito de Estado pela USP e pela Universidade de Salamanca (USAL). Mestrado em Direito Administrativo pela – USP; especialista em Direito Empresarial pelo Instituto Mackenzie (1995); especialista em Direito do Trabalho pela PUC-SP (2006); MBA em Direito e Gestão Educacional pela Escola Paulista de Direito (2008) graduação em Letras (1988) e Direito (1994); capacitada em Mediação e Arbitragem pelo INAMA (2001); Presidente da Comissão de Ensino Jurídico da Ordem dos Advogados do Brasil (2016/2018); docente no Programa de Mestrado em Ciências Jurídicas da Veni Creator University (EUA); Autora de diversos artigos e livros nas áreas jurídica e educacional.

Com o coração cheio de gratidão, dedico este trabalho àqueles que têm sido o meu pilar inabalável de apoio e inspiração. Lucas, luz que ilumina minha vida, e Nelson amigo de última hora, socorro e apoio nas provas mais difíceis;

Com todo o meu amor.

Sumário

PREFÁCIO 19

NOTA INTRODUTÓRIA 23

Capítulo 1.
O DIREITO ADMINISTRATIVO NO SÉCULO XXI 27

    1.1 Classificação e conceito de Direito Administrativo 29

    1.2 Origem e Formação do Direito Administrativo 36

    1.3 Objeto do Direito Administrativo 37

    1.4 Fontes do Direito Administrativo 39

    1.5 O Regime Jurídico Administrativo 49

    1.6 Sistemas Jurídicos e o Direito Administrativo brasileiro 52

    1.7 Perspectivas teóricas sobre o direito administrativo comparado 60

    1.8 Direito Administrativo e a ciência da Administração 64

    1.9 Novas tendências do Direito Administrativo 65

    1.10 A Tecnologia e o Direito Administrativo 68

Capítulo 2.
BASE PRINCIPIOLÓGICA DO DIREITO ADMINISTRATIVO 73

2.1 Princípios gerais de Direito 77

2.2 Distinção entre normas, princípios e regras 80

2.3 Princípios do Direito Administrativo 85

2.4 Princípio da precaução: um princípio jurídico 113

2.5 A observância e a aplicação da precaução na atividade estatal 119

2.6 Violação dos princípios 125

Capítulo 3.
DOS AGENTES PÚBLICOS 129

3.1 Classificação dos agentes públicos 132

3.2 Função, cargo e emprego 140

3.3 Provimento, investidura e remuneração 144

3.4 Direito de greve e sindicalização 148

3.5 Estabilidade, vitaliciedade e outras garantias 149

3.6 Aposentadoria e pensão 152

3.7 Responsabilidade civil, penal e administrativa do agente público 154

    3.7.1 Responsabilidade civil 155

    3.7.2 Responsabilidade administrativa 156

    3.7.3 Responsabilidade penal 157

3.8 Comunicabilidade de instâncias 159

3.9 A defesa dos agentes públicos pela advocacia pública 161

Capítulo 4.
DAS PRERROGATIVAS E SUJEIÇÕES DA ADMINISTRAÇÃO PÚBLICA — 165

- 4.1 Os poderes administrativos — 166
    - 4.1.1 Poder normativo ou regulamentar — 167
    - 4.1.2 Poder hierárquico — 170
    - 4.1.3 Poder disciplinar — 172
    - 4.1.4 Poder de Polícia — 173
- 4.2 A Teoria do *desvio de poder* — 178
    - 4.2.1 Modalidades de desvio de poder — 179

Capítulo 5.
DOS ATOS ADMINISTRATIVOS — 183

- 5.1 Conceito e espécies — 184
- 5.2 Classificação dos atos administrativos — 189
- 5.3 Discricionariedade e vinculação do ato administrativo — 192
- 5.4 Atributos dos atos administrativos — 194
- 5.5 Requisitos ou elementos de validade dos atos administrativos — 199
    - 5.5.1 Sujeito ou agente competente — 201
    - 5.5.2 Objeto — 202
    - 5.5.3 Forma — 204
    - 5.5.4 Motivo — 204
    - 5.5.5 Finalidade — 206
- 5.6 Teoria dos motivos determinantes — 207
- 5.7 Anulação ou invalidação do ato administrativo — 208
    - 5.7.1 Ato nulo ou anulável — 209

5.8 Revogação do ato administrativo — 210

5.9 Vícios — 211

5.10 Convalidação do ato — 214

5.11 Formas de extinção do ato — 216

Capítulo 6.
DOS BENS PÚBLICOS — **219**

6.1 Afetação e desafetação de bens públicos — 221

6.2 Inalienabilidade, impenhorabilidade e imprescritibilidade — 222

6.3 Espécies de bens públicos — 224

Capítulo 7.
DA ORGANIZAÇÃO ADMINISTRATIVA — **233**

7.1 Os órgãos públicos — 235

7.2 Desconcentração e Descentralização — 237

7.3 Da Administração Direta e Indireta — 239

    7.3.1 Administração Direta — 241

    7.3.2 Administração Indireta — 246

        7.3.2.1 Autarquias — 246

        7.3.2.2 Agências reguladoras e executivas — 248

        7.3.2.3 Fundações — 254

        7.3.2.4 Empresas estatais — 256

        7.3.2.5 Terceiro Setor — 258

Capítulo 8.
DOS SERVIÇOS PÚBLICOS 267

8.1 Princípios aplicáveis ao serviço público 272
8.2 Classificação de serviços públicos 273
8.3 Garantias e proteção jurídica dos usuários de serviço público 276

Capítulo 9.
DAS LICITAÇÕES 281

9.1 Noções introdutórias 281
9.2 Princípios aplicáveis à licitação 286
    9.2.1 Princípio da legalidade ou formalidade 287
    9.2.2 Princípio da impessoalidade **287**
    9.2.3 Princípio da moralidade **288**
    9.2.4 Princípio da publicidade **289**
    9.2.5 Princípio da eficiência **290**
    9.2.6 Princípio da isonomia (igualdade) 290
    9.2.7 Princípio da competitividade 292
    9.2.8 Princípio da celeridade 292
    9.2.9 Princípio da razoabilidade 293
    9.2.10 Princípio da probidade administrativa 294
    9.2.11 Princípio do interesse público 296
    9.2.12 Princípio do planejamento 296
    9.2.13 Princípio da transparência 298
    9.2.14 Princípio da segurança jurídica 298
    9.2.15 Princípio da economicidade 300
    9.2.16 Princípio da motivação 300

9.2.17 Princípio da segregação de função ... 300

9.2.18 Princípio da vinculação ao instrumento convocatório (edital) ... 301

9.2.19 Princípio do julgamento objetivo ... 302

9.2.20 Princípio do Desenvolvimento Nacional Sustentável ... 303

9.3 Modalidades de licitação ... 305

9.4 **Procedimentos auxiliares** ... 312

9.5 Procedimentos da Licitação – Fases interna e externa ... 318

9.6 Dispensa e inexigibilidade de licitação ... 323

9.7 Sanções administrativas ... 324

9.8 Anulação e revogação de licitações antes da adjudicação e homologação ... 326

Capítulo 10.
DOS CONTRATOS ADMINISTRATIVOS ... **329**

10.1 Características dos contratos administrativos ... 333

10.2 Espécies de contratos administrativos ... 335

10.3 Cláusulas necessárias ... 352

10.4 Cláusulas exorbitantes ... 354

10.5 Da formalização dos contratos administrativos ... 355

10.6 Da obrigatoriedade de garantia contratual ... 357

10.7 Da matriz de risco ... 359

10.8 Da duração dos contratos administrativos ... 364

10.9 Fiscalização e gestão dos contratos administrativos ... 367

10.10 Extinção dos contratos administrativos ... 369

10.11 Inexecução do contrato administrativo ... 373

10.12 Conexão entre a teoria da imprevisão e o princípio da precaução ... 375

Capítulo 11.
DA INTERVENÇÃO DO ESTADO NA PROPRIEDADE PRIVADA 377

11.1 Modalidades de intervenção do Estado na propriedade privada 385

11.2 Limitações administrativas 387

11.3 Ocupação temporária 388

11.4 Tombamento 389

11.5 Servidão administrativa 392

11.6 Desapropriação 393

11.7 Edificação e parcelamento compulsórios 397

11.8 Requisição administrativa 398

Capítulo 12.
PROCESSO ADMINISTRATIVO 401

12.1 Unicidade e duplicidade de jurisdição 401

12.2 O sistema adotado no Brasil e suas controvérsias 405

12.3 Processo e procedimento administrativo 409

12.4 A legislação brasileira acerca do processo administrativo 414

12.5 Princípios norteadores do processo administrativo 418

12.6 Espécies de processos administrativos 424

12.7 Recorribilidade das decisões na esfera administrativa 427

12.8 A regulamentação do processo administrativo no direito estrangeiro 427

12.9 Distinção entre o Processo Administrativo e o Processo Judicial 430

12.10 Processo Administrativo Disciplinar (PAD) 432

12.11 Sindicância 437

12.12 Improbidade Administrativa 439

Capítulo 13.
RESPONSABILIDADE CIVIL DO ESTADO 443

13.1 Teorias sobre a responsabilidade do Estado 445

13.2 Responsabilidade vs. sacrifício de direito 460

13.3 A responsabilidade do Estado por atos lícitos 461

13.4 O dano indenizável 465

13.5 Nexo de causalidade 474

13.6 Causas excludentes e atenuantes da responsabilidade estatal ... 483

13.7 A responsabilidade do Estado por omissão 489

13.8 Responsabilidade inominada do Estado 506

13.9 Da reparação do dano 518

13.10 Da indenização 521

13.11 Denunciação da lide 524

13.12 Ação regressiva contra o causador do dano 529

Capítulo 14.
O CONTROLE DA ADMINISTRAÇÃO PÚBLICA 533

14.1 Classificação e tipologia 541

14.2 O controle *preventivo* e os princípios da precaução e da prevenção na atividade administrativa 544

14.3 O controle interno da Administração 547

    14.3.1 Recursos administrativos 552

    14.3.2 A figura do *ombudsman* e as ouvidorias 553

14.4 Controle externo da Administração 556

    14.4.1 Controle da Administração pelo Ministério Público ... 560

    14.4.2 Controle legislativo (ou parlamentar) 565

14.4.3 Controle pelo Judiciário ... 568

14.4.4 O controle político ... 570

14.4.5 O controle contábil, financeiro e orçamentário ... 573

14.5 Instrumentos ou meios de controle ... 575

Capítulo 15.
MECANISMOS EXTRAJUDICIAIS DE SOLUÇÃO DE CONFLITOS ... 585

15.1 Dos direitos patrimoniais disponíveis ... 588

15.2 Medidas de autocomposição dos conflitos ... 589

15.3 Da Mediação ... 591

15.4 Da Arbitragem na Administração Pública ... 592

15.5 Inovações da Lei nº 13.129/2015 ... 594

15.6 Da conciliação na esfera administrativa ... 597

REFERÊNCIAS ... 603

PREFÁCIO

O livro da Professora Ana Maria Pedreira é um verdadeiro presente para os estudantes de direito. Constitui um manual, que trata com precisão, didatismo e profundidade os institutos tradicionais do Direito Administrativo, mas também explora com maestria as tendências contemporâneas da disciplina. É uma obra de fôlego, fruto de longa experiência como professora e militante nas hostes da Administração Pública, que certamente exigiu trabalho árduo e desprendimento para ser elaborada.

Como sabemos, o Direito Administrativo é uma área do conhecimento jurídico que, ao longo das décadas, tem se mostrado vital para a organização e o funcionamento do Estado e suas relações com a sociedade. Este livro, ao detalhar os múltiplos aspectos do Direito Administrativo, oferece uma contribuição significativa para a compreensão e a aplicação desta disciplina tão complexa e dinâmica.

Dividido em 15 capítulos, o livro abrange desde os fundamentos e os conceitos básicos até as tendências mais modernas, refletindo a evolução contínua do Direito Administrativo. No primeiro capítulo, somos apresentados aos conceitos e à formação histórica do Direito Administrativo, proporcionando uma base sólida para o estudo subsequente. A análise das fontes e do regime jurídico administrativo, junto a discussão sobre sistemas jurídicos, permite uma compreensão ampla e aprofundada dos alicerces desta disciplina.

Os capítulos seguintes exploram de maneira detalhada e crítica os princípios que norteiam o Direito Administrativo, destacando-se a base principiológica e a distinção entre normas, princípios e regras. O foco no princípio da precaução e sua aplicação na atividade estatal ressaltam a importância de uma administração pública preventiva e responsável.

A abordagem dos agentes públicos, suas classificações, direitos e responsabilidades, é essencial para entender as engrenagens internas da administração pública. A discussão sobre a responsabilidade civil, penal e administrativa dos agentes públicos é particularmente relevante em tempos em que a transparência e a *accountability* são demandas constantes da sociedade.

A análise das prerrogativas e sujeições da Administração Pública, assim como da teoria dos atos administrativos, oferece uma visão detalhada sobre os poderes e as limitações que permeiam a atuação estatal. O tratamento dos bens públicos e a organização administrativa complementam esse entendimento, destacando a complexidade e a importância da gestão eficiente dos recursos públicos.

Capítulos dedicados aos serviços públicos e às licitações e contratos administrativos, por exemplo, são de extrema importância prática, fornecendo um guia essencial para a atuação dos gestores públicos e dos operadores do Direito. As licitações e os contratos passaram por profundas modificações ao longo dos anos, consolidados e coroados pela Lei nº 14.133, de 2021, tratados no livro com a devida acuidade. A seção sobre a intervenção do Estado na propriedade privada aborda questões sensíveis e frequentemente debatidas, oferecendo uma perspectiva equilibrada e informada.

O processo administrativo é discutido com a profundidade necessária para esclarecer as controvérsias e os desafios deste procedimento fundamental para a justiça administrativa. A responsabilidade civil do Estado é tratada de forma abrangente, explorando teorias e práticas que moldam a relação entre o Estado e os cidadãos.

O controle da Administração Pública, tanto interno quanto externo, um tema que me é particularmente caro, constitui elemento fundamental para garantir a legalidade, a eficiência e a transparência da atuação estatal. A discussão sobre os mecanismos de controle, incluindo o papel do Ministério Público, o do Legislativo, o do Tribunal de Contas e o do Judiciário, oferece uma visão completa das formas de supervisão e fiscalização da administração pública.

Por fim, os mecanismos extrajudiciais de solução de conflitos apresentam alternativas inovadoras e eficazes para a resolução de disputas, refletindo uma tendência crescente na administração pública contemporânea, no sentido de que o controle não pode jamais ser um fim em si mesmo, mas um meio de alcançar a finalidade de uma administração ágil, resolutiva, que entrega bens e serviços públicos de qualidade à população.

Em síntese, o livro é uma obra abrangente e essencial para estudantes, profissionais e estudiosos do Direito Administrativo. Sua estrutura detalhada e seu conteúdo atualizado proporcionam uma leitura enriquecedora para a compreensão das complexidades e dos desafios dessa disciplina tão importante. Tenho convicção de que vai contribuir decisivamente para a formação de estudantes de Direito e para os operadores da complexa administração pública brasileira, em todas as esferas de governo.

Parabéns à Professora Ana Maria Pedreira por essa valiosa contribuição.

Professor Doutor Edilberto Carlos Pontes Lima

Pós-doutor pela Faculdade de Direito da Universidade de Coimbra (Portugal).
Doutor em Economia pela Universidade de Brasília.
Mestre e graduado em Economia pela Universidade Federal do Ceará.
Bacharel em Direito pela Universidade Fortaleza (UNIFOR).
Especialista em Políticas Públicas pela George Washington University.
Ex-consultor Legislativo da Câmara dos Deputados e Técnico de Planejamento e Pesquisa do IPEA.
Conselheiro, ex-presidente do Tribunal de Contas do Ceará (2016-2020) e atual Corregedor.
Presidente do Instituto Rui Barbosa (IRB) – segundo mandato (2024/2025).

NOTA INTRODUTÓRIA

O Estado é um instrumento de limitação às liberdades individuais e coletivas, buscando assegurar a convivência adequada e harmônica entre todos os seres (humanos e não humanos). No entanto, o Estado é também um instrumento de modificação da realidade, com o objetivo de promover a efetividade dos direitos fundamentais.

Na análise do Direito Administrativo, partindo dos dias atuais, retroagindo a tempos mais longínquos, notam-se a ampliação do seu conteúdo e as recorrentes adequações que são impostas no contexto brasileiro, mais especificamente com o advento da Constituição Federal de 1988 (CF/1988) e, também, das Constituições estaduais e leis orgânicas dos municípios.

Por um lado, nota-se o alargamento das funções atribuídas ao Estado como consequência das crescentes necessidades coletivas nos âmbitos econômico e social. O conceito de serviço público ampliou-se para abranger serviços sociais, comerciais e industriais, anteriormente restritos à atuação do particular. Também o poder de polícia se estendeu para áreas onde antes não se fazia útil, iniciando mais especificamente na proteção ao meio ambiente e na defesa do consumidor; a dinâmica estatal estendeu-se, igualmente, no contexto da atividade econômica de natureza privada.

Simultaneamente, a nova Carta Constitucional de 1988 inaugurou uma importante base principiológica que reflete o espírito democrático norteando sua criação. Note-se a preocupação em restringir a autonomia administrativa, aumentando o controle dos demais Poderes sobre a Administração Pública e inserindo a participação popular como agente fiscalizador.

Hodiernamente, o Direito Administrativo assume, pois, novos contornos. A tarefa de discorrer sobre a temática não é das mais fáceis, uma vez que a interpretação se encontra em construção, a fim de proporcionar assimilação de novos conceitos e princípios. Nesse sentido, há muito o que fazer e um grande terreno a ser desbravado.

Este manual trata de temas inerentes ao Direito Administrativo, começando pelo conceito, pela origem e pelo objetivo, passando para o exame da Administração Pública em sentido objetivo (serviço público, poder de polícia, atos e contratos, licitação) e em sentido subjetivo (pessoas jurídicas, órgãos e agentes públicos) para, posteriormente, analisar os instrumentos de atuação (processo administrativo e bens públicos), deixando para a parte final a matéria relativa ao controle, já que este incide sobre vários aspectos da atuação administrativa.

Procuramos elaborar um manual não muito robusto, preocupando-nos com a clareza e a objetividade dos conceitos, levando em conta as dificuldades encontradas entre os estudantes de graduação, utilizamos uma linguagem clara e escorreita alinhada com a dinâmica acadêmica atual.

Vale destacar que este despretensioso manual traz algumas peculiaridades, uma delas é a ordem dos assuntos. Procuramos ordenar os temas seguindo mais ou menos a lógica com que se aprende o Direito Civil, que se inicia o estudo pela definição de pessoa (agentes), capacidade, atos jurídicos, bens, obrigações, contratos, responsabilidade civil etc. Dessa forma, o estudante de graduação, por critério de assimetria, analisa o Direito Administrativo, diferenciando os institutos civis do administrativo adicionando ao estudo um único elemento: o regime jurídico administrativo.

Outra particularidade que procuramos salientar é a implementação de dois princípios não destacados no Direito Administrativo, que são os *princípios da precaução e da prevenção*, que, em nosso sentir, podem contribuir para uma gestão pública mais eficiente.

Desejamos que a leitura desta obra seja uma experiência transformadora, capaz de capturar a essência do Direito Administrativo em cada página. Não é apenas um compêndio de leis e regulamentos, mas uma ferramenta indispensável para a formação de juristas comprometidos com a ética e a integridade. Buscamos uma abordagem didática e abrangente, oferecendo uma análise minuciosa dos princípios informadores da atividade administrativa considerados relevantes, proporcionando ao leitor uma compreensão profunda e aplicável à Administração Pública. Este manual é mais do que um guia, é um convite para explorar o vasto e complexo universo estatal, com a promessa de moldar mentes críticas e preparadas para enfrentar os desafios contemporâneos da sociedade.

Desejo-lhes uma excelente leitura!

Ana Maria Pedreira

Capítulo 1

O DIREITO ADMINISTRATIVO NO SÉCULO XXI

O Direito Administrativo no século XXI tem passado por transformações significativas, refletindo as mudanças sociais, econômicas e tecnológicas que caracterizam a era contemporânea. Este ramo da ciência jurídica, que regula a atuação do Estado e suas relações com os cidadãos, tem se adaptado para enfrentar novos desafios e aproveitar oportunidades emergentes. A globalização, a digitalização e a crescente demanda por transparência e eficiência são alguns dos fatores que têm moldado o Direito Administrativo moderno.

Uma das principais tendências no Direito Administrativo atual é a informatização da atividade administrativa e dos serviços públicos. A implementação de tecnologias da informação e comunicação tem revolucionado a forma como os serviços públicos são prestados, promovendo maior eficiência, acessibilidade e transparência. Governos ao redor do mundo estão investindo em plataformas digitais que permitem aos cidadãos acessarem serviços e informações de maneira rápida e conveniente. Essa transformação digital não apenas melhora a qualidade dos serviços, mas também fortalece a relação entre o Estado e os cidadãos, promovendo uma administração mais responsiva e participativa.

Outra tendência importante é a crescente ênfase na transparência e na *accountability*. A sociedade contemporânea exige maior participação nas ações e decisões governamentais e uma prestação de contas mais rigorosa por parte dos agentes públicos. Normas de acesso à informação, portais de transparência e mecanismos de controle social têm sido implementados para garantir que as atividades da Administração Pública sejam conduzidas de maneira aberta e responsável. Essa tendência reflete um movimento global em direção a governos mais democráticos e responsáveis, onde a participação cidadã e o controle social desempenham papéis fundamentais – é a democracia se reinventando.

A sustentabilidade e a responsabilidade social também ganham destaque no Direito Administrativo do século XXI. Questões ambientais e sociais estão cada vez mais integradas às políticas públicas e à gestão administrativa. Estados estão adotando práticas de governança sustentável, que incluem a promoção de políticas ambientais, a implementação de programas de participação social e a incorporação de critérios de eficiência em processos de licitação e contratação pública. Essa abordagem holística visa o desenvolvimento econômico e a proteção integral da sociedade.

Assim, a cooperação internacional e a harmonização normativa são tendências emergentes no Direito Administrativo contemporâneo. Em um mundo cada vez mais interconectado, a colaboração entre nações e a adoção de normas internacionais são essenciais para enfrentar desafios globais, como a mudança climática, a segurança cibernética e a proteção dos direitos humanos. Organizações internacionais e acordos multilaterais desempenham papéis cruciais na promoção de padrões comuns e na facilitação da cooperação entre nações. Essa tendência reflete a necessidade de uma abordagem coordenada e integrada para a governança global, onde o Direito Administrativo ocupa uma posição central na promoção de um mundo mais justo e equilibrado.

Em resumo, o Direito Administrativo no século XXI apresenta novas feições, adaptando-se às demandas de uma sociedade em rápida transformação. Novas tecnologias e inovações, a transparência, a sustentabilidade, a responsabilidade social e a cooperação internacional são algumas das tendências que estão moldando o cenário jurídico administrativo. Essas mudanças refletem um compromisso crescente com a eficiência, a justiça e a responsabilidade na administração pública, promovendo uma governança mais inclusiva e sustentável para o futuro.

1.1 Classificação e conceito de Direito Administrativo

Sob o aspecto didático-pedagógico, a ciência jurídica está organizada em áreas de estudo as quais são chamadas de *ramos* ou áreas do Direito. Esses ramos são apresentados de maneira a facilitar a análise, o acesso, o estudo, a abordagem e a pesquisa científica em um senso pragmático. O jurista romano *Ulpiano* separava o Direito em duas importantes vertentes: o direito público e o privado. Conforme trecho extraído do **Digesto**, o direito público diz respeito aos assuntos da República; e o direito privado destaca a utilidade dos particulares, ou seja, existem assuntos que são afetos às coisas públicas, diferentemente dos de utilidade privada.

Atualmente, é essencial chamar a atenção para o fato de que o direito privado não é mais percebido como o domínio exclusivo da autonomia da vontade, que é entendida como a liberdade de escolher os meios e objetivos da ação humana, contanto que não sejam vedados pelo Direito. Há situações em que as regras de direito privado abordam questões de ordem pública, isto é, temas que exigem cumprimento obrigatório por veicularem interesses coletivos.

A fim de delimitar o campo de estudo do Direito Administrativo, os autores se dipuseram a defini-lo utilizando variados critérios, Maria Silvya Zanella Di Pietro, destaca em sua obra tais critérios, apontando alguns já superados, tendo valor apenas histórico (Di Pietro, 2021, p. 83-84).

Ao nosso modo de ver o conceito de Direito Adminsitrativo pode ser considerado como *ramo do direito público dedicado ao estudo dos órgãos, agentes e entidades administrativas que compõem a Administração Pública, bem como à sua atuação jurídica não litigiosa, e aos recursos e patrimônios utilizados na realização de seus objetivos de interesse público.*

O Direito Administrativo destaca-se pela sua marcante organização sistêmica, mesmo diante da ausência de compactação. Esta área do Direito, em geral, não foi objeto de codificação, considerando a capacidade de autonomia que os entes federativos possuem para estabelecer suas próprias normas em diversas matérias. Contudo, mesmo com a presença de numerosas legislações abordando diferentes aspectos da matéria, a análise doutrinária torna-se fundamental para a compreensão da disciplina. Isso se deve ao fato de que o Direito Administrativo é fundamentado em princípios desde sua origem, os quais proporcionam uma notável consistência ao campo.

De acordo com Irene Patricia Diom Nohara (2024, p. 4): [...] O Direito Administrativo é o ramo do direito público que trata de princípios e regras que disciplinam a **função administrativa** e que abrange entes, órgãos, agentes e atividades desempenhadas pela Administração Pública na consecução do interesse público (grifos nossos). Note-se que, para a autora, a *função administrativa* merece protagonismo no contexto dessa disciplina, explicando que a função administrativa é o compromisso do Estado, ou de seus representantes, de efetivar os mandatos normativos em situações específicas, tanto de forma geral quanto individual, visando à concretização de objetivos públicos.

Essa atuação se dá sob um *regime jurídico de direito público*, caracterizado pela obrigatoriedade de seus atos ou condutas serem submetidos a controle. É importante notar que, embora de maneira atípica, de acordo com a

CF de 1988, todos os Poderes[1] também exercem *função administrativa*, isso significa que os agentes de qualquer um dos Poderes, e não somente aqueles vinculados à Administração Pública (Executivo), estão habilitados a realizar atos administrativos. A essência da função administrativa está vinculada à execução do Direito, que a define como a aplicação da lei de ofício, nesse sentido, a Administração Pública deve agir como *serva da lei*.

Assim, o conceito de Direito Administrativo, pode ser compreendido como ramo do Direito Público Interno,[2] considerando que se relaciona com os temas inerentes aos assuntos de certa coletividade, tratando de princípios e regras que disciplinam a função administrativa alcançando entes públicos, órgãos administrativos, agentes públicos e atividades praticadas pela Administração Pública no alcance do interesse público. De acordo com os ensinamentos de Alfredo Rocco (1921), para se reconhecer a autonomia científica de um determinado ramo da ciência jurídica, é necessário delimitar o campo temático vasto e específico, teorias próprias e princípios peculiares, bem como metodologia própria de construção e reprodução da estrutura e dinâmica.

Celso Antônio Bandeira de Mello (2023, p. 28) registra que

> [...] um ramo jurídico é verdadeiramente "autônomo" quando nele se reconhecem princípios que formam em seu todo uma unidade e que articulam um conjunto de regras de maneira a comporem um sistema, "um regime jurídico" que o peculiariza em confronto com outros blocos de regras.

---

1   Art. 2º São Poderes da União, independentes e harmônicos entre si, o Legislativo, o Executivo e o Judiciário.

2   Em oposição às disposições do Direito Público Internacional, que tratam, de modo geral, de assuntos fora dos limites políticos, jurídicos, econômicos, sociais e territoriais de determinado Estado.

Sob tal perspectiva, a importância do Direito Administrativo na sociedade contemporânea é inegável, refletindo-se em diversas esferas das vidas pública e privada, dedicando-se a disciplinar as atividades, funções e organizações do Estado, bem como a relação entre os entes públicos e os cidadãos, tendo se tornado cada vez mais relevante à medida que as sociedades se tornam mais complexas e as demandas por serviços públicos de qualidade aumentam.

O Direito Administrativo estabelece os princípios que guiam a atuação da Administração Pública, incluindo, entre outros, a legalidade, a impessoalidade, a moralidade, a publicidade e a eficiência. Esses princípios asseguram que os agentes públicos atuem de acordo com a lei, sem favoritismos, de maneira ética, transparente e buscando sempre a melhor execução possível de suas funções.

A aplicação desses princípios e regras tem impacto direto na busca pelos objetivos do Estado, tais como a promoção da segurança pública, o desenvolvimento de infraestrutura adequada, a melhoria da saúde e a promoção do bem-estar social. A eficácia na gestão pública e na implementação de políticas públicas depende, em grande medida, da observância rigorosa das normas de Direito Administrativo.

Além disso, o conhecimento em Direito Administrativo empodera o cidadão, permitindo-lhe compreender melhor suas obrigações e direitos perante o Estado. Isso inclui desde o cumprimento de deveres básicos, como o pagamento de impostos e a participação em eleições, até a reivindicação de direitos, como o acesso a serviços públicos de qualidade e a exigência de transparência e prestação de contas por parte dos gestores públicos.

O indivíduo informado sobre seus direitos e deveres está em melhor posição para exigir do Estado a eficiência e a qualidade na prestação dos serviços públicos, além de contribuir para a fiscalização e a cobrança de uma administração pública responsável e transparente. Isso fortalece o tecido social, promove a democracia e contribui para o desenvolvimento sustentável da nação.

Em suma, o Direito Administrativo é fundamental para a ordenação do exercício da função administrativa do Estado, garantindo que ele atue de forma legal, eficiente e ética. Ao mesmo tempo, promove uma relação mais equilibrada e justa entre o Estado e os cidadãos, essencial para a construção de uma sociedade mais justa, democrática e desenvolvida.

Nas últimas décadas emergiu uma necessidade crescente de estudos voltados para o campo do Direito Administrativo, por estabelecer regras e princípios a serem seguidos pelos agentes públicos, órgãos e corporações no desempenho da função público-administrativa, que, em última análise, consiste na aplicação da legislação na busca pelos objetivos do Estado, como, por exemplo, promover a segurança, implementar infraestrutura, melhorar a saúde e o bem-estar social.

Ao se apropriar do conteúdo temático dessa disciplina, a pessoa comum se relaciona melhor com o Estado, tanto no cumprimento de suas obrigações, compreendendo-as e acatando adequadamente (ex.: pagamento de impostos, eleição de representantes etc.), quanto na fruição de seus direitos (ex.: serviço público de qualidade, exigência de prestação de contas por parte dos gestores públicos etc.).

Os primeiros passos para alcançar o bom entendimento do Direito Administrativo devem ser direcionados à compreensão acerca da separação e da distribuição de poderes, conforme prescreve o art. 2º da CF/1988: "São Poderes da União, independentes e harmônicos entre si, o Legislativo, o Executivo e o Judiciário", cujas funções principais são: normativa ou legislativa (criar o Direito elaborando leis), judiciária (processar e decidir disputas aplicando o Direito) e executiva ou administrativa (gerir serviços de interesse público e realizar tais interesses protegidos pelo Direito).

Nesse sentido, ao Direito Administrativo foi reservada a incumbência de organizar as funções do Estado, bem como a sua relação com a coletividade, dito em outras palavras, atuar interna e externamente no âmbito da sua estrutura assegurando interesses gerais denominados *interesse público*.

Por uma visão mais ampla, é possível concluir que, ao longo da sua evolução, o ser humano foi se agrupando em comunidades cada vez mais complexas, a partir de clãs, posteriormente formando pequenas tribos até constituir grandes nações, com o passar do tempo foi-se delineando um cenário revestido de um emaranhado de relações e interesses, múltiplos interesses.

No cenário de final do século XVIII, surgiu a necessidade de se organizar o Estado, assim emergiu o Direito Administrativo como uma das áreas do Direito Público, ao lado de outras. A sua aplicação teve como ensejo o poder do Estado perante os administrados ou a *puissance publique*.

Isso não implica a hipótese de que não existiam normas para regular a atuação estatal e o exercício da função pública. Na verdade, tais normas estavam enquadradas no âmbito do Direito Civil, assim como outros ramos da ciência do Direito. Na medida em que o Direito Administrativo foi evoluindo, também foi adquirindo seus próprios contornos.

Nesse sentido Edmir Netto de Araújo (2018, p. 25) nos ensina que:

> [...] na história das relações humanas, é que muitas das tarefas que os agentes do Estado desempenham, atualmente qualificadas como serviços públicos, sempre existiram desde os primórdios da civilização. Sempre houve quem cuidasse da defesa das povoações contra os inimigos, da ordem interna, pela obediência aos comandos dos dirigentes, das provisões para a subsistência da população, da limpeza etc., atividades estas que objetivavam atendimento de interesses e necessidades das coletividades, e não, individualmente, das pessoas que as compunham, exceto na disciplina das relações entre os próprios indivíduos, para equilibrar a coexistência pacífica e harmônica deles, em tais sociedades incipientes.

O Direito Público conquistou espaço com o advento do Estado Moderno, já que o período medieval não propiciava um ambiente favorável para a ideia de Estado de Direito, fluía a era das monarquias absolutas, em que todo o poder pertencia ao soberano, cuja vontade era lei.

Nessa perspectiva, o Estado se caracteriza pelo grupo jurídico e politicamente organizado, em certo espaço geográfico e provido de soberania, muito embora alguns doutrinadores não considerem a soberania como elemento do Estado, mas apenas um atributo do poder (Araújo, 1981, p. 14).

A organização política é essencial para a existência do Estado, dito de outra forma, uma composição ou arranjo político-constitucional (garantias constitucionais, definição da forma e do sistema de Estado, regime de governo etc.), assim como a identificação de suas funções específicas, bem como os órgãos que deverão exercê-las é imprescindível. Já a organização jurídica se configura no sistema de normas de organização e funcionamento da sociedade, dando coerência à ordem política e à ordem social, este sistema chamamos de ordenamento jurídico (Araújo, 2018, p. 28).

Leon Duguit, com a intenção de superar a ideia de *puissance publique*, voltou-se para o conceito de serviço público, eis que, para ele, este seria o fundamento do Direito Administrativo, já que são serviços indispensáveis prestados pelo Estado com o objetivo de atender aos anseios gerais da coletividade.

A realidade do Estado contemporâneo implica em necessária solidariedade entre o Poder que o caracteriza e o fim social que lhe é inerente. Os limites do Estado, em nossos dias, não se circunscrevem à elaboração de leis e a imposição de certa ordem pública, porque vão ao campo do meta-jurídico e estremam os confins da própria razão de ser da sociedade.

1.2 Origem e Formação do Direito Administrativo

O Direito Administrativo integra o rol de disciplinas do Direito Público, por conter uma série de situações cujo interesse se atribui à sociedade de modo geral, disciplinando as relações entre a coletividade e os indivíduos.

Doutrinadores respeitados consideram que o Direito Administrativo floresceu como ramo autônomo e integrado à ciência do Direito no final do século XVIII e início do século XIX, voltando-se para a direção do desenvolvimento do Estado de Direito, cuja implementação exigia garantias mínimas de segurança na relação entre o poder público e os cidadãos (Di Pietro, 2021).

Em sentido diverso parece mais coerente o entendimento formulado por Edmir Netto de Araújo (2018, p. 25), para ele, na história da humanidade, muitas tarefas rotuladas na atualidade como serviços públicos, desde os primórdios das civilizações sempre existiram. Naturalmente houve quem cuidasse da defesa das povoações contra os ataques dos inimigos, da ordem interna das comunidades, da proteção em face das intempéries e dos ataques dos animais selvagens, das provisões para subsistência das populações, entre outras.

Na realidade, em todas as épocas existia algum tipo de instituição administrativa ou órgãos administrativos com o objetivo de criar regras destinadas a disciplinar e dirigir seus serviços e colaboradores, no entanto, o Direito Administrativo, como ciência, ainda não se estruturara no mundo civilizado até aquela ocasião, sendo, portanto, de *origem recente*. Sua estruturação foi particularmente favorecida pelas ideias liberais daquela época, da instituição do Estado de Direito, mas as funções administrativas propriamente ditas sempre se exerceram continuadamente, ao contrário da legislação e da jurisdição que, por motivos vários, mas principalmente por crises políticas, muitas vezes se interrompem (Araújo, 2018, p. 31).

1.3 Objeto do Direito Administrativo

O Direito Administrativo, de acordo com Maria Sylvia Zanella Di Pietro (2023, p. 68), passou por um espetacular processo de crescimento, constituído pelos binômios *prerrogativas e restrições, liberdade e autoridade, finalidade do interesse público e proteção dos direitos individuais*. No direito brasileiro, constituem objeto do Direito Administrativo, sendo por ele regulado e estudado nas principais obras doutrinárias, os seguintes temas:

a) Administração Pública, em sentido subjetivo, para abranger as pessoas físicas e jurídicas, públicas e privadas, que exercem a função administrativa do Estado; aí entram os órgãos administrativos que integram a Administração Direta, as entidades da Administração Indireta, os agentes públicos.

b) Administração Pública em sentido objetivo, ou seja, as funções administrativas do Estado, a saber, serviço público, polícia administrativa, fomento, intervenção e regulação.

c) Entidades paraestatais (como os serviços sociais autônomos) e entidades do chamado "terceiro setor", como as organizações sociais, as organizações da sociedade civil de interesse público – OSCIPS, as organizações da sociedade civil, as entidades filantrópicas, as declaradas de utilidade pública e outras modalidades com as quais a Administração Pública tenha algum tipo de vínculo.

d) Regime jurídico administrativo, abrangendo as prerrogativas, os privilégios e os poderes da Administração (a chamada *puissance publique* dos franceses), necessários para a consecução do interesse público, bem como as restrições necessárias à garantia dos direitos individuais, em especial as representadas pelos princípios da Administração Pública.

e) Vários desdobramentos do poder de polícia e do princípio da função social da propriedade, incidentes sobre a propriedade privada, como as diversas formas de intervenção do Estado na propriedade privada (tombamento, limitações administrativas, desapropriação, requisição, servidão administrativa, dentre outras).

f) Discricionariedade administrativa, especialmente sob o aspecto dos limites de sua apreciação pelo Poder Judiciário.

g) Meios de atuação da Administração Pública, abrangendo os atos e os contratos administrativos, inclusive o processo da licitação; aí se incluem as várias modalidades de acordos de vontade firmados pela Administração Pública, como as diferentes formas de concessão (de serviço público, de obra pública, de uso de bem público, patrocinadas e administrativas, estas duas últimas como espécies de parcerias público-privadas – PPPs), os convênios, os termos de parceria, os contratos de gestão e outros instrumentos congêneres.

h) Bens públicos das várias modalidades e respectivo regime jurídico, inclusive quanto às formas de sua utilização por particulares.

i) Processo administrativo e respectivos princípios informadores.

j) Responsabilidade civil do Estado.

k) Responsabilidade das pessoas jurídicas que causam danos à Administração Pública.

l) Controle da Administração Pública, nas modalidades de controle administrativo, legislativo e jurisdicional.

m) Improbidade administrativa.

A finalidade do Direito Administrativo é proteger o interesse público, o que não deve ser confundido com o interesse estatal, uma vez que o Poder Público não pode agir em prejuízo da coletividade.

1.4 Fontes do Direito Administrativo

A abordagem sobre as *fontes*, em geral, costuma ser analisada sob a ótica da *teoria geral do direito*. Contudo, seu exame ganha especial relevância no âmbito do Direito Administrativo, dada a singularidade de algumas de suas fontes. Neste contexto, importante apontar alguns aspectos sobre as principais fontes do Direito Administrativo no Brasil, utilizando-se a classificação em:

1. *Fontes formais* (que são aquelas que efetivamente constituem o direito a ser aplicado, incluindo a Constituição Federal, as leis, os regulamentos e outros atos normativos emitidos pela Administração Pública, além da jurisprudência); e
2. *Fontes materiais* (que contribuem para a criação ou fundamentação do direito aplicável, englobando a doutrina, a jurisprudência e os princípios gerais do direito).

i) CF/1988

A Constituição, junto a suas emendas, é considerada a principal fonte do Direito Administrativo. No contexto jurídico brasileiro, é possível referir-se a múltiplas Constituições, uma vez que o Brasil, sendo uma federação, possui não apenas a Constituição Federal, mas também Constituições estaduais e leis orgânicas municipais e do Distrito Federal.

Nas discussões sobre as evoluções do Direito Administrativo, muitos dos seus institutos são fundamentados na Constituição, incluindo, por exemplo, a desapropriação, o tombamento, a requisição, os regimes de servidores públicos, os princípios da Administração Pública, os processos de licitação, a estrutura da administração pública direta e indireta, os mecanismos de controle, o direito à informação e a prestação de serviços públicos.

Uma das particularidades do Direito Administrativo é sua capacidade de materializar a Constituição, por meio da legislação, da doutrina e da jurisprudência administrativas, as quais tornam operacionais os mandamentos constitucionais. A ausência de legislação específica pode resultar na ineficácia de disposições constitucionais.

Com a constitucionalização do Direito Administrativo, fenômeno que ganhou força com a Carta de 1988 e foi se ampliado pelas emendas constitucionais subsequentes, a Constituição passou a ser ainda mais central como fonte do Direito Administrativo, ocorrendo uma transição do princípio da legalidade para o da constitucionalidade.

Di Pietro (2021, p. 80), citando Carlos de Cabo Martín, aponta que essa mudança do princípio da legalidade para o da constitucionalidade, que se torna a base do sistema jurídico, é intensificada pela tendência à hiperconstitucionalização. Esse processo visa expandir progressivamente o alcance e a aplicação da Constituição, ao mesmo tempo que diminui o espaço da lei.

Essa hiperconstitucionalização geralmente segue dois caminhos: um é a ampliação dos direitos e liberdades a ponto de quase todas as questões serem vistas sob sua ótica, o que promove uma prevalência do individualismo; o outro é a busca por abarcar a regulação de todas as áreas na Constituição, deixando pouco ou nenhum espaço para a atuação legislativa (e, por extensão, para o princípio democrático).

ii) Legislação

A CF/1988 estabelece a legalidade como um princípio fundamental para a Administração Pública, tanto direta quanto indireta, uma exigência incontornável dada a estrutura do Estado de Direito, que é afirmada já no preâmbulo e no art. 1º da Constituição.

Esse princípio da legalidade, junto ao da judicialidade – que assegura o controle judicial conforme estipulado no art. 5º, XXXV, onde se afirma que *a lei não excluirá da apreciação do Poder Judiciário lesão ou ameaça de lesão* –, é pilar do Estado de Direito, essencial para a proteção dos direitos individuais. Isso ocorre porque é por meio da lei que os direitos são definidos e os limites da atuação administrativa estabelecidos, especialmente quando essa atuação implica restrições aos direitos individuais em prol do interesse coletivo.

Por outro viés, o art. 5º, inciso II especifica que *ninguém será obrigado a fazer ou deixar de fazer alguma coisa senão em virtude de lei*, evidenciando a exigência de uma base legal para ações e decisões administrativas. A Constituição frequentemente requer a criação de leis para diversas finalidades, como a instituição de cargos públicos, a organização administrativa e judiciária, a criação e a extinção de Ministérios e órgãos públicos, entre outros aspectos relevantes ao Direito Administrativo.

Embora a referência imediata seja às leis ordinárias, o conceito de lei no Direito Administrativo abrange diferentes tipos de normas, conforme descrito no art. 59, I a V, da Constituição, incluindo emendas constitucionais, leis complementares, leis ordinárias, leis delegadas e medidas provisórias.

Além disso, é crucial considerar a distribuição de competências legislativas estabelecida pela Constituição entre a União, os Estados, o Distrito Federal e os Municípios. Em determinadas áreas do Direito Administrativo, a União tem competência exclusiva, enquanto em outras a competência é concorrente entre a União e os Estados. Nesse último caso, os Estados devem seguir as normas gerais federais, mas podem legislar plenamente na ausência destas. Os Municípios, por sua vez, possuem competência para legislar sobre questões de interesse local e para complementar a legislação federal e a estadual, quando necessário.

Dessa forma, ao discutir a lei como fonte do Direito Administrativo no Brasil, é essencial observar as leis dentro do quadro de competências legislativas delineado pela Constituição Federal.

iii) Atos normativos da Administração Pública

Uma variedade de atos normativos emitidos pela Administração Pública constitui suas fontes mais frequentes. Esses atos são editados tanto pelo Chefe do Executivo quanto por órgãos da administração direta e entidades da administração indireta. Esses documentos normativos são genericamente classificados como *regulamentos*, embora, tradicionalmente, o poder de regulamentar seja atribuído ao Chefe do Executivo nas diferentes esferas de governo, conforme estabelecido no art. 84, IV, da CF/1988 e reiterado nas constituições estaduais e leis orgânicas municipais e distritais, geralmente por meio de decretos.

Além disso, a Administração Pública emite outros atos com natureza regulamentar, como resoluções, portarias, instruções, circulares, regimentos, ordens de serviço e avisos, assim como atos normativos do Legislativo e do Judiciário que exercem função administrativa (atípica), incluindo decretos legislativos e resoluções do Legislativo, bem como provimentos dos Tribunais. Pareceres normativos e súmulas administrativas com efeitos vinculantes também se enquadram nessa categoria. Esses atos, que estabelecem normas gerais e abstratas, podem ter efeitos internos ou externos, mas todos seguem subordinados à Constituição e às leis.

Embora muitos desses atos, como os decretos, possam resolver casos específicos, seu interesse como fontes do direito reside na capacidade de normatização, obrigando futuras decisões administrativas. Eles são considerados fontes do Direito Administrativo devido ao seu caráter mandatório, vinculando toda a Administração Pública, mas sujeitos a contestação judicial se contrariarem normas superiores, como a Constituição Federal, a Constituição Estadual ou leis.

O regulamento executivo visa complementar a lei, conforme o art. 84, IV, da CF/1988, sem criar novas obrigações ou direitos, limitando-se a orientar a execução da lei pela Administração.

Segundo Celso Antônio Bandeira de Mello (2023, p. 367-368), o regulamento surge quando a lei deixa margem para a Administração decidir sobre a forma de sua execução, abordando tanto procedimentos quanto critérios substanciais para atingir os objetivos da lei. O regulamento executivo, o único tipo presente no sistema brasileiro, disciplina a margem de liberdade administrativa dentro dos limites legais, fornecendo detalhes necessários para a aplicação da lei.

O regulamento autônomo, no entanto, cria normas para áreas não previamente regulamentadas por lei, não se vinculando a nenhuma legislação existente. Sua utilização é bastante restrita no direito brasileiro.

Independentemente do tipo, os regulamentos são fontes do Direito Administrativo, obrigando tanto a Administração Pública quanto seus destinatários a seguirem suas disposições.

Resoluções, portarias, deliberações, instruções, circulares, regimentos, provimentos são editados por autoridades outras que não o Chefe do Executivo. Não se pode deixar de fazer referência aos chamados pareceres normativos e às súmulas adotadas no âmbito administrativo, com força vinculante para as decisões futuras.

iv) *Jurisprudência*

No contexto jurídico do Brasil, a contribuição da jurisprudência como fonte de direito é relativamente limitada. Predominantemente, os juízes desempenham o papel de intérpretes do direito já estabelecido, mais do que de formuladores de novo direito. Nesse sentido, a definição de jurisprudência proposta por Agustín Gordilho (1998) se alinha bem ao direito brasileiro, ao descrevê-la não como um conjunto de regras e princípios obrigatórios oriundos das decisões judiciais, mas sim como as interpretações consistentes e reiteradas da legislação vigente realizadas pelos órgãos judiciários.

No mesmo sentido, Edmir Netto de Araújo (2018) a vê como uma fonte indireta do Direito, representando a direção interpretativa adotada pelos tribunais na resolução de casos específicos, uma prática interpretativa de grande importância na jurisprudência, onde juízes frequentemente seguem precedentes em suas decisões e advogados buscam alinhar seus argumentos com decisões passadas.

Ao revisar a evolução do Direito Administrativo no Brasil, identificam-se várias doutrinas originadas na jurisprudência, como a desapropriação indireta e a teoria dos contratos administrativos, que se estabeleceram na ausência de legislação específica. No entanto, mesmo para essas doutrinas, as decisões judiciais não possuíam força obrigatória para juízes ou para a Administração Pública. Apesar disso, a jurisprudência tem ganhado relevância no direito brasileiro, não apenas no Direito Administrativo, mas em todas as áreas do Direito. Isso é evidente na doutrina, na prática da advocacia e nas próprias decisões judiciais, que frequentemente fazem referência a precedentes, especialmente aqueles do Superior Tribunal de Justiça (STJ) e do Supremo Tribunal Federal (STF), apesar de não serem obrigatórios.

Mais recentemente, surgiram decisões judiciais com obrigatoriedade de observância, não apenas para o caso específico, mas para todos os casos futuros semelhantes, como é o caso das decisões com efeito *erga omnes* em ações coletivas e outras ações constitucionais.

A Emenda Constitucional (EC) nº 45/2004 (Emenda da Reforma do Judiciário) introduziu importantes mudanças, como o efeito vinculante das decisões do STF em ações diretas de inconstitucionalidade e ações declaratórias de constitucionalidade, estendendo-se a todos os órgãos do Judiciário e à administração pública. Além disso, as súmulas vinculantes, também criadas por essa emenda, quando contrariadas, permitem a interposição de reclamação ao STF, que pode anular o ato administrativo ou a decisão judicial em desacordo.

A Lei nº 9.784/1999, que regula o processo administrativo no âmbito federal, e suas alterações posteriores incorporaram a súmula vinculante, ampliando a força obrigatória das decisões judiciais.

A CF/1988, pela mesma emenda, estabeleceu o critério de repercussão geral para a admissão de recursos extraordinários pelo STF, exigindo que o recorrente demonstre a relevância das questões constitucionais discutidas.

Portanto, embora a jurisprudência, de modo geral, não seja uma fonte obrigatória do Direito Administrativo brasileiro, atuando mais como um mecanismo de orientação, em certas circunstâncias ela adquire caráter formal e obrigatório, integrando o direito aplicável por juízes e pela Administração Pública.

v) Costumes

No sistema de *common law*, como é o caso do direito praticado na Inglaterra, os costumes desempenham um papel significativo como fonte geral do direito. Entretanto, essa importância não se replica no contexto do Direito Administrativo no Brasil.

Isso explica por que alguns estudiosos não consideram o costume como uma fonte do direito, especialmente no que tange ao Direito Administrativo. No entanto, o papel do costume é quase inexistente, e tal fato se deve a vários motivos: por um lado, a constitucionalização do Direito Administrativo, que fundamenta a maioria de seus institutos na Constituição; por outro, a prevalência do princípio da legalidade em sentido amplo (abrangendo leis, atos normativos da Administração Pública e princípios constitucionais), que exige que a Administração baseie suas decisões no ordenamento jurídico.

Ainda assim, costumes de outros ramos do direito, como o direito internacional e o comercial, devem ser levados em consideração pela Administração Pública. Essa é a visão de Thiago Marrara (2010, p. 251-252), com a qual Maria Sylvia Zanella Di Pietro (2021, p. 81) parece concordar. Caso costumes de outras áreas sejam reconhecidos como verdadeiras fontes de direito, eles também devem ser considerados pelo Estado no conjunto normativo que orienta suas ações. Por exemplo, uma autoridade pública que atua na área dos direitos humanos deve respeitar não apenas o direito interno, mas também o direito internacional público relevante para sua área de atuação.

Assim, costumes internacionais em direitos humanos, reconhecidos como fonte de direito, devem ser obrigatoriamente observados por esse agente público. O mesmo vale para costumes do direito comercial. Se tais costumes são reconhecidos como fontes de direito, a Administração Pública, ao atuar nessa área, deve considerá-los. Portanto, dizer que o costume administrativo não é uma fonte primária e vinculante de normas administrativas não significa que o Poder Público possa ignorar costumes reconhecidos como fontes de normas obrigatórias. Em resumo: o costume administrativo pode não ser uma fonte significativa do Direito Administrativo, mas o costume em geral, quando reconhecido como fonte, obriga a Administração Pública a respeitá-lo nos setores em que se aplica.

vi) Doutrina

Doutrina é a construção teórica e interpretativa. No esquema proposto por Gordillo (1979), entende-se a doutrina como uma fonte material do Direito, visto que, apesar de não constituir diretamente o direito vigente, ela fornece base e direcionamento para as decisões nos âmbitos administrativo e judicial, além de influenciar o processo legislativo. A função da doutrina no âmbito do Direito Administrativo é, portanto, primordialmente oferecer orientação, fundamentação e referência para as decisões tanto judiciais quanto administrativas.

A influência da doutrina na formação do Direito Administrativo no Brasil foi significativa, uma vez que os estudiosos buscaram em sistemas jurídicos estrangeiros, tanto do direito romano quanto do *common law*, princípios, teorias e institutos que ainda não estavam expressos ou regulamentados pelo direito brasileiro. Isso inclui a teoria dos contratos administrativos e suas cláusulas peculiares, teorias sobre o equilíbrio econômico-financeiro, a imprevisibilidade, o fato do príncipe e o fato da administração, que foram amplamente discutidos pela doutrina e adotados pela jurisprudência muito antes da promulgação da Lei de Licitações e Contratos.

Da mesma forma, a teoria dos atos administrativos e seus atributos, bem como as teorias sobre nulidades, revogação, anulação e convalidação de atos administrativos, foram extensivamente estudados e aplicados antes de serem formalmente legislados. A desapropriação indireta, ainda não prevista em lei, e a responsabilidade objetiva do Estado, adotada antes de sua inclusão na CF/1988 e contrariando o Código Civil (CC) de 1916, são outros exemplos de como a doutrina antecipou-se ao direito positivo.

A trajetória de desenvolvimento do Direito Administrativo no Brasil evidencia uma progressão da doutrina para a jurisprudência e, posteriormente, para o direito positivo. Assim, as brechas legais do Direito Administrativo foram preenchidas pelo trabalho conjunto da doutrina e da jurisprudência, com a doutrina atuando como uma fonte material essencial que guiou a elaboração das leis, mesmo sem possuir um caráter obrigatório. Dessa forma, a doutrina serviu frequentemente como a inspiração por trás da criação legislativa em diversas áreas.

vii) Princípios gerais de direito

Os princípios têm um papel crucial na interpretação das normas jurídicas e na manutenção do equilíbrio entre as prerrogativas estatais e os direitos dos indivíduos. Princípios fundamentais, como o direito à ampla defesa, ao contraditório, ao devido processo legal, à proibição do enriquecimento sem causa, à igualdade perante os serviços públicos e obrigações sociais, à adequação entre meios e fins, e à segurança jurídica, são essenciais para assegurar a liberdade e a segurança pessoal. Outros princípios, como o da continuidade dos serviços públicos, o da adaptabilidade dos contratos administrativos, o da execução direta das decisões administrativas e o da autotutela administrativa, são fundamentais para garantir a supremacia do interesse público pela Administração Pública.

No contexto do Direito Administrativo brasileiro, a importância dos princípios como fundamentos desse ramo jurídico evoluiu de maneira similar à experiência francesa, embora por vias distintas. Na França, a distinção entre princípios de estatura constitucional e aqueles sem tal estatura foi impulsionada pela jurisprudência administrativa. No Brasil, transformações no direito positivo, especialmente após a CF/1988, marcaram essa evolução. Com a constitucionalização do Direito Administrativo, princípios fundamentais foram elevados a um patamar de maior autoridade, permitindo diferenciar os princípios conforme o modelo francês. O art. 37, *caput*, da CF/1988 consagrou os princípios da *legalidade*, da *impessoalidade*, da *moralidade*, da *publicidade* e da *eficiência*.

Além disso, a legislação infraconstitucional passou a explicitar princípios, como observado nos arts. 5º da Lei de Licitações (Lei nº 14.133/2021), 6º e 7º da Lei de Concessões (Lei nº 8.986/1995) e 2º da Lei do Processo Administrativo (Lei nº 9.784/1999).

Princípios com valor constitucional ganharam precedência sobre leis ordinárias, exigindo observância pelos três poderes do Estado. Em particular, princípios derivados dos direitos e garantias fundamentais têm aplicação imediata, conforme o art. 5º, § 1º, da CF/1988. Por outra perspectiva, princípios baseados em leis ordinárias ou na teoria geral do direito atuam como fontes subsidiárias, conforme o art. 4º da Lei de Introdução às Normas do Direito Brasileiro (LINDB).

Os princípios também limitam a discricionariedade administrativa, que se refere à liberdade da Administração Pública de avaliar questões de oportunidade e conveniência dentro dos limites legais. Essa liberdade é restringida não apenas pela legalidade em sentido estrito, mas também pelos princípios e valores reconhecidos no ordenamento jurídico.

A observância dos princípios é mandatória para a Administração. Atos administrativos ou leis que contrariem princípios constitucionais ou expressamente derivados da Constituição podem ser considerados inconstitucionais.

Mesmo princípios que emanam de legislação ordinária ou da Teoria Geral do Direito devem ser respeitados, sob risco de invalidade do ato, sujeito à correção pelo Judiciário. Em casos de conflito entre um princípio geral do direito e uma lei expressa, prevalece a lei, dada a natureza subsidiária dos princípios gerais de direito estabelecida pelo art. 4º da LINDB (Decreto-Lei nº 4.657/1942).

Diante de múltiplas opções legais, a Administração deve basear suas decisões nos princípios gerais do direito. Portanto, mais apropriado é considerar que a discricionariedade administrativa é uma liberdade de ação circunscrita pelo Direito em sua totalidade, não apenas pela lei, assegurando a observância aos princípios.

1.5 O Regime Jurídico Administrativo

Ao empreender uma pesquisa sobre Direito, ou operá-lo nas situações cotidianas, somente importa conhecer os princípios e as regras que se aplicam diante das inúmeras situações que se apresentam. Exatamente por esse motivo, um ramo jurídico é verdadeiramente *autônomo* quando nele se reconhecem princípios que formam em seu todo uma unidade e que articulam um conjunto de regras de maneira a comporem um sistema, ou seja, *um regime jurídico* que o peculiariza em confronto com outros conjuntos de regras. Daí torna-se imprescindível conhecer-se o *regime jurídico administrativo*, por ser ele quem infunde identidade própria do Direito Administrativo.

É o Estado quem, por definição, juridicamente, encarna os interesses públicos. O Direito Administrativo é um ramo do Direito Público que se ocupa, então, de uma das funções do Estado: a *função administrativa*. Cumpre, portanto, identificá-la para clarear o objeto de estudo do Direito Administrativo.

A noção de regime jurídico da Administração Pública compreende, de forma abrangente, tanto os regimes de direito público quanto os de direito privado aos quais a Administração Pública pode estar sujeita. No entanto, o termo *regime jurídico administrativo* é especificamente usado para descrever o conjunto de características e peculiaridades que definem o Direito Administrativo, conferindo à Administração Pública uma posição de destaque e autoridade na relação jurídico-administrativa.

Em essência, o regime administrativo pode ser sintetizado em duas palavras: prerrogativas e restrições.

Conforme explicado por Rivero (1995, p. 35), as distinções do Direito Administrativo em relação ao direito privado emergem de duas ideias contrárias: por um lado, o Direito Administrativo outorga à Administração prerrogativas não encontradas nas relações privadas, e, por outro, impõe à sua liberdade de ação restrições mais rigorosas do que as aplicadas aos indivíduos.

Originado no contexto do Estado liberal, que valorizava o individualismo em todas as suas dimensões, inclusive a jurídica, o regime administrativo, paradoxalmente, incorpora elementos de autoridade e supremacia sobre o indivíduo, visando alcançar objetivos de interesse geral.

Garrido Falla (1962, p. 44-45) destaca essa dualidade, observando que a Revolução Francesa deu origem a dois sistemas jurídicos distintos: um individualista, que se consolidou no direito civil, e outro administrativo, que se tornou a base do direito público administrativo. Dessa forma, o Direito Administrativo desenvolveu-se a partir de duas noções opostas: a proteção dos direitos individuais contra o Estado, fundamentando o princípio da legalidade e sustentando o Estado de Direito; e a necessidade de atender aos interesses coletivos, o que justifica a concessão de prerrogativas e privilégios à Administração Pública, seja para restringir direitos individuais em favor do bem comum (poder de polícia), seja para fornecer serviços públicos.

Essa bipolaridade reflete a tensão entre a liberdade individual e a autoridade administrativa, entre *restrições* e *prerrogativas*. Para garantir a liberdade, a Administração Pública deve aderir à lei e ao direito (incluindo princípios e valores explícitos ou implicitamente constitucionais), isso representa a aplicação do princípio da legalidade ao direito público. Para assegurar a autoridade necessária à realização de seus objetivos, a Administração é dotada de prerrogativas e privilégios que reforçam a supremacia do interesse público sobre o privado.

Isso implica que a Administração Pública detém prerrogativas ou privilégios ausentes no direito privado, como a autoexecutoriedade, a autotutela, o poder de expropriação, de requisição de bens e serviços, de ocupação temporária de propriedade privada, de estabelecer servidões, de impor sanções administrativas, de alterar e rescindir contratos unilateralmente, e de implementar medidas de polícia.

Beneficia-se também de privilégios como imunidade tributária, prazos processuais diferenciados, foro especial, procedimentos especiais de execução e presunção de legitimidade de seus atos.

Nesse sentido, pode-se concluir que as prerrogativas públicas são privilégios concedidos à Administração na relação jurídico-administrativa, que modificam o direito comum em favor do administrador, ou seja, são poderes especiais atribuídos à Administração para agir contra o particular. Contudo, ao lado das prerrogativas, a Administração enfrenta restrições que, se desrespeitadas, podem levar à nulidade do ato administrativo e, em alguns casos, à responsabilização da autoridade. Entre essas restrições, destacam-se a necessidade de perseguir uma finalidade pública, além dos princípios da moralidade administrativa e da legalidade, a exigência de publicidade dos atos administrativos e a obrigatoriedade de realizar concursos para seleção de pessoal e licitações para contratações.

Enquanto as prerrogativas colocam a Administração em uma posição de supremacia em relação ao cidadão, visando o benefício coletivo, as restrições limitam sua atuação a fins e princípios específicos, cuja violação implica abuso de poder e a consequente invalidade dos atos administrativos.

O regime jurídico administrativo é, portanto, caracterizado pelo conjunto de prerrogativas e restrições exclusivas da Administração, distintas das relações privadas. Essas prerrogativas e restrições são frequentemente expressas em forma de princípios que orientam o direito público, especialmente o Direito Administrativo.

1.6 Sistemas Jurídicos e o Direito Administrativo brasileiro

A comparação dos sistemas jurídicos considerados em sua diversidade geográfica é uma questão tão antiga quanto a própria ciência do Direito, mas o direito comparado é o resultado do encontro de dois fenômenos principais: o primeiro seria o alargamento de nossos horizontes histórico e científico, sem supor uma mera curiosidade científica; enquanto o segundo fenômeno seria a radical e acelerada transformação do mundo em que vivemos (Fuentes, 2010, p. 19).

O Direito Administrativo comparado tem utilidade imediata, e sua aplicação é especialmente necessária por dois motivos: nas últimas décadas, a transnacionalização e a globalização têm aproximado cada vez mais as nações, ampliando as relações comerciais, culturais, o que faz com que os governos criem mecanismos de interação. No entanto, as diferenças culturais e políticas impõem especificidades às sociedades modernas, na medida em que o estudo do Direito Administrativo comparado é desenvolvido, podendo contribuir para a compreensão da mentalidade governamental de cada país com o qual se queira travar relações políticas, comerciais ou culturais.

No Brasil colonial eram aplicadas as leis portuguesas, mais especificamente as ordenações do reino (Manuelinas, Afonsinas e Filipinas).³ No período imperial, foram adotados os princípios do Estado Liberal, sob a ascendência do direito francês, inclusive com a introdução do Conselho de Estado, muito embora esse não exercesse função jurisdicional, apenas consultiva, e suas manifestações estavam sujeitas à aprovação do Imperador, que representava o Poder Moderador.

O advento da primeira República fez suprimir o Poder Moderador e o Conselho de Estado, esse fato ocorreu devido ao abandono da concepção francesa de dualidade de jurisdição e acolhendo o modelo anglo-americano de unidade de jurisdição. Ainda sob a influência do direito norte-americano, a jurisprudência passou a ostentar papel de destaque como fonte do direito.

Sobre o surgimento do Direito Administrativo no Brasil, Edmir Netto de Araújo (2018, p. 39) destaca que:

> [...] Poucos são os autores que oferecem alguma menção ao Direito Administrativo do Brasil colônia, e mesmo dos primeiros anos do Brasil império. Na verdade, a literatura administrativa desse período é escassa mesmo nos países europeus, pois, como se viu, o Direito Administrativo começou a ser elaborado como ciência, doutrina e mesmo um corpo de regras especiais para a estrutura da Administração e suas relações com seus agentes e com os administrados, somente em fins do século XVIII, tendo como ponto de referência a época da Revolução.

---

3 As Ordenações Filipinas eram as leis espanholas, formuladas na época em que Portugal estava sob o domínio espanhol. As Ordenações Filipinas resultaram da reforma feita por Felipe II da Espanha (Felipe I de Portugal), ao Código Manuelino, durante o período da União Ibérica. Continuou vigente em Portugal ao final da União, por confirmação de D. João IV. Até a promulgação do primeiro Código Civil brasileiro, em 1916, estiveram também vigentes no Brasil.

Apesar da influência do direito francês e de outros direitos integrantes do sistema de base romanística (direito português, espanhol, alemão, italiano etc.), o regime jurídico administrativo brasileiro também foi influenciado pelo sistema da *common law*, marcadamente o direito estadunidense, no que tange *ao sistema de unidade de jurisdição, à jurisprudência como fonte de direito, à submissão da Administração Pública ao controle jurisdicional*. E, ultimamente, vem sofrendo influência do direito comunitário europeu, oriundo da União Europeia (Di Pietro, 2021, p. 50).

Atualmente, os direitos ocidentais vêm se tornando moderados, ou seja, tal dicotomia entre direito e moral não desconhece ou nega o influxo positivo da moral objetiva. Os próprios ordenamentos jurídicos ocidentais, historicamente, graças à ação do cristianismo, têm sabido manter permeabilidade a tal influxo por meio da recepção constitucional de valores morais e fundamentais como a dignidade da pessoa humana, a liberdade e a justiça.

Em segundo lugar, o Direito Administrativo comparado deve informar, de maneira precisa e rigorosa, sobre as instituições estrangeiras e procurar, nas experiências de outros sistemas, os mecanismos técnicos para suprir as lacunas e imperfeições do direito interno. É necessário para que se tome conhecimento dos pontos convergentes e divergentes que sobrevivem entre os diferentes direitos, de maneira que visa a busca de uma solução internacional para um problema concreto, a omissão legislativa, ou a ineficiência sobre determinado instituto.

O Direito Administrativo comparado se mostra especialmente idôneo para compreender de forma eficaz os recursos fundamentais dos sistemas jurídicos atuais, é dizer que a diversidade coexiste no mundo contemporâneo. O Direito Administrativo comparado é um instrumento valiosíssimo de auxílio que nos permite descobrir as relações entre a diversidade de normas dos distintos ordenamentos jurídicos ao mesmo tempo, possibilitando a conexão entre as referidas normas e a realidade social existente, sendo, por consequência, um enfoque apropriado para averiguar a capacidade de resolução dos problemas dos distintos ordenamentos.

Santiago González-Varas Ibáñez (2012, p. 20) afirma com propriedade que:

> *Los administrativistas, siempre que puedan, no dudarán en aportar contenidos de otros Derechos nacionales. Esta actitud habla en favor de los trabajos que se realizan. Se utiliza el Derecho comparado en su forma más genuína de innovar y reformar el Derecho propio, inspirándose en otros Derechos para poder mejorar el propio Derecho. Esta actitud se corresponde con los fines que pretende la ciencia jurídico-comparada. El propio Derecho foráneo podrá verse inmerso en el análisis del propio Derecho nacional.*[4]

Tratando o tema de forma genérica, Oswaldo Agripino de Castro Júnior comenta que o uso do direito comparado decorre do fato de ele ser uma ferramenta útil à reforma de legislação e do sistema judicial, assim como de processo de integração, como, por exemplo, o Mercosul, uma vez que somente a análise de uma variedade de culturas e sistemas judiciais e jurídicos demonstra o que é fundamental e conceitualmente necessário para um sistema.

E segue advertindo que o direito comparado tem função de grande relevância na medida em que aumenta o arsenal de alternativas para solucionar problemas internos. Isto porque o Direito doméstico, de maneira geral, sempre atua limitadamente para cuidar de problemas de seu próprio interior (2002, p. 74):

---

4   Os administrativistas, sempre que puderem, não hesitarão em contribuir com conteúdo de outras legislações nacionais. Esta atitude fala a favor do trabalho que se realiza. O Direito Comparado é utilizado na sua forma mais genuína para inovar e reformar o próprio Direito, inspirando-se em outras leis para melhorar o próprio Direito. Esta atitude corresponde aos objetivos almejados pela ciência jurídica comparada. O próprio direito estrangeiro pode estar imerso na análise do próprio direito nacional. (Tradução livre.)

Trata-se de método útil para combater o etnocentrismo e chauvinismo comum nas culturas jurídicas de países que sofram rupturas no processo democrático. Deste modo, através da comparação, poder-se-á descobrir alternativas e percepções que podem colaborar para a melhoria do sistema doméstico.

Ivo Dantas (2021, p. 105) esclarece que, muito embora a maioria dos autores defenda que o direito comparado se presta para estudar sistemas jurídicos distintos, para esse doutrinador parece mais produtivo que o comparatista dedique-se a setores do sistema e/ou determinados institutos, tornando o estudo mais produtivo do que aquele que vislumbra o sistema jurídico como um todo.

A história do Direito, da Ciência Política e da Sociologia Jurídica, o Direito Público comparado se diferencia igualmente da Teoria Geral do Direito. Esta última, para forjar suas construções científicas próprias, não pode deixar de servir-se, mesmo que inadvertidamente, do direito comparado, pois as elaborações teóricas partem da observação dos ordenamentos tal e que operam e tem operado sem embargo, sua finalidade consiste em realizar comparações, mas na construção de um aparato conceitual válido e aplicável em todos os sentidos.

Cada estudioso, antes ou depois, acaba por enfrentar os institutos ou ordenamentos diferentes daquele ao qual pertence. Esta aquisição de conhecimento em sua visão geral é instrumental ao cotejo de outras instituições ou ordenamentos.

Para o autor espanhol Tomás J. Aliste Santos (2014, p. 32), corroborando com o posicionamento daqueles que são simpáticos à disciplina comparativa, aponta com propriedade a utilidade e o alcance prático da disciplina em comento, conforme se verifica:

> *El derecho comparado, entendido como método de análisis tanto de sistemas jurídicos vigentes como de sistemas jurídicos históricos, tiene una utilidad extraordinaria al servicio de la ciencia jurídica general. Ante todo, la comparación de sistemas jurídicos ofrece un conocimiento muy útil en cuanto conocimiento de los propios derechos particulares y las relaciones que pueden trenzarse a partir del hecho mismo de su diferenciación en un marco de necesidad de coexistencia y cooperción entre los países por cuyos territorios dichos sistemas jurídicos diferenciados se extienden y aplican.*[5]

Dessa maneira, poderá o estudioso debruçar-se, por exemplo, sobre o sistema tributário, o sistema administrativo, sistema penal (campos específicos do sistema jurídico total), ou ainda, dentro de cada um deles, esmiuçar institutos específicos, como fato gerador, contratos administrativos, responsabilidade do Estado etc.

O comparativismo jurídico, além do conhecimento científico de outros sistemas, ou de outras famílias de Direito, também se presta a auxiliar o aplicador do Direito a fazer valerem, em um sistema jurídico determinado, os efeitos de um instituto jurídico desconhecido e que precise ser reconhecido, sob pena de denegação da justiça.

Guido Fernando Silva Soares (2000, p. 19-20), ilustrando essa ideia, oferece como exemplo uma situação em que o juiz brasileiro nunca poderia deixar de dar efeito a um contrato particular de *trust*, constituído segundo o

---

5 O direito comparado, entendido como um método de análise tanto dos sistemas jurídicos atuais como dos sistemas jurídicos históricos, tem uma utilidade extraordinária ao serviço da ciência jurídica geral. Em primeiro lugar, a comparação dos sistemas jurídicos oferece conhecimentos muito úteis em termos do conhecimento dos próprios direitos particulares e das relações que podem ser tecidas a partir do próprio fato da sua diferenciação em um quadro de necessidade de coexistência e cooperação entre os países em cujos territórios estes sistemas jurídicos diferenciados são ampliados e aplicados. (Tradução livre.)

direito inglês apenas pelo fato de que o direito brasileiro não contempla restrições à propriedade real, além daquelas fixadas rigidamente na lei, como o usufruto, as servidões etc. e, portanto, não autorizadas por disposições contratuais, tal como o *trust*.[6]

Sobre esse tema, importante destacar que, entre os desmembramentos da propriedade que o direito inglês nos oferece, um dos mais importantes do ponto de vista prático é o *trust*. Por meio do *trust*, são assegurados na Inglaterra os interesses pecuniários dos incapazes. Ou seja, em vez de dar a propriedade dos bens ao incapaz e nomear um representante para administrá-lo, conferir-se-á a propriedade desses bens a um terceiro, fazendo dele um *trustee*, obrigando-o a exercer seus direitos no interesse do incapaz.

Os dirigentes de um empreendimento ou de uma associação também poderão ser colocados na situação de *trustees*. O grupo não será ele próprio, titular de direitos, estes serão atribuídos pessoalmente aos dirigentes, mas com a obrigação, para estes últimos, de exercê-lo no interesse dos membros do grupo. O direito inglês também recorre ao instituto do *trust* para organizar a partilha de bens nas sucessões.

Esses são apenas alguns exemplos, sem deixar de sublinhar que há uma grande variedade de hipóteses em que se pode aplicar esse instituto. A estrutura do direito inglês é profundamente marcada pela existência do *trust*, no entanto, a noção desse instituto permaneceu desconhecida para o direito continental europeu. É de curial relevância aceitar que no estudo de direito comparado não se encontram problemas e possíveis soluções universais, mas perspectivas jurídicas para situações específicas.

Sérgio Fernando Moro (2008, p. 11-14), figura que se destacou pela atuação em processos que investigam crimes de corrupção no Brasil, em seu

---

6 O *trust* nasceu no direito comum da Inglaterra, que permitia ao instituidor de um fundo ou benefício transferir bens para outra pessoa (fiduciário) a fim de ser administrado para o benefício de terceiros (beneficiários).

artigo sobre lavagem de dinheiro, traça breves considerações sobre o princípio da autonomia do crime de lavagem em relação ao crime antecedente e sobre a prova de ambos os crimes.

Analisando a questão da prova indiciária à luz do Direito comparado, mediante a jurisprudência das cortes federais norte-americanas e do Supremo Tribunal espanhol, constata-se que a jurisprudência dos tribunais de apelação brasileiros ainda não é significativa a esse respeito. Moro argumenta que a admissão da validade da prova indireta para caracterizar o crime de lavagem não implica o enfraquecimento das garantias do acusado no processo penal, pois tal prova deverá ser convincente *acima de qualquer dúvida razoável*.

No estudo do direito comparado, tem-se entendido que a prova indiciária é fundamental no processo por crime de lavagem e dinheiro, inclusive quanto à prova de que o objeto da lavagem é produto de um crime antecedente. Assim, por exemplo, nos Estados Unidos, tal prova pode ser satisfeita com elementos circunstanciais, a expressão comumente utilizada para representar a prova indireta.

De acordo com J. Edward Eberle (2009, p. 452), é fundamental que, além do direito escrito formalmente, é necessário escavar a estrutura primária do direito para entender melhor o que ele realmente é, e como de fato funciona dentro de uma sociedade. Para tanto é preciso explorar as forças subestruturais que influenciam esse direito.

Partilhamos do entendimento de Jean Rivero (1995, p. 35), para quem uma das dificuldades que se apresenta na implementação do estudo do direito administrativo comparado é o fato de essa disciplina não ter valor universal. Ou seja, de país para país, o sentido e o conteúdo do direito administrativo variam totalmente.[7] Ao contrário do que ocorre em outras áreas, os estudiosos dedicados ao direito civil ou ao constitucional, por exemplo, que não se deparam com tal dificuldade.

---

7   Nos Estados Unidos, por exemplo, o direito administrativo se revela no direito das agências reguladoras.

De qualquer forma, utilizando tal ferramenta, o jurista ultrapassa seu ambiente doméstico e entra em um novo universo naturalmente diversificado, ampliando seus horizontes intelectuais, tornando-se analiticamente melhor preparado, mais flexível e aberto para destrinchar temas complexos dentro de seu próprio ordenamento jurídico, conquistando habilidades para entender com profundidade aspectos típicos do seu sistema, apropriando-se da mais ampla visão crítica.

1.7 Perspectivas teóricas sobre o direito administrativo comparado

O Direito Administrativo no Brasil foi significativamente influenciado por sistemas jurídicos estrangeiros, destacando-se inicialmente as influências francesa e italiana, seguidas pela alemã, todas pertencentes ao sistema jurídico romanístico. Contudo, o sistema brasileiro também incorporou elementos do sistema de *common law*. Em um desenvolvimento mais recente, observa-se a influência do direito da União Europeia, representando uma convergência entre os sistemas jurídicos romanístico e de *common law*. Tal aspecto será detalhadamente explorado na seção seguinte.

Como bem destaca René David (2006, p. 88), "[...] os juristas ingleses não têm consciência de que existe em seu país, como na França, um 'direito administrativo'". Em matéria relativa aos agentes públicos, por exemplo, a relação que une a Coroa a seus prepostos se distingue profundamente, sob vários aspectos, da relação que existe no direito comum, entre o empregador e o empregado (*master and servant*).

Os empregados da Coroa podem ser despedidos a qualquer momento, mesmo que tenham sido contratados por tempo determinado, só exercem suas funções enquanto for vontade da Coroa e não podem mover nenhum processo para receber o pagamento de seus salários. Nesse contexto, em tese, a função pública seria a mais precária, contudo, na realidade, é a mais estável e que oferece mais benefícios.

No vocabulário inglês não existem as palavras *Estado* nem *Administração Pública*. Comprometido com seu princípio de concepção feudal da sociedade, o direito inglês não identifica o Estado, reconhece apenas a Coroa (*the Crown*). A Coroa, sob vários aspectos, foi colocada em uma situação privilegiada em relação aos cidadãos, não se pode, por exemplo, obter contra a Coroa nenhuma ordem de execução forçada ou mandado de penhora, também não é possível impetrar nenhum mandado de segurança (2006, p. 82-83).

Não existe na Inglaterra uma hierarquia autônoma de jurisdições administrativas, mas há um estatuto concedido às coletividades locais, que não são consideradas subdivisões do Estado.

Dificilmente distinta do monarca, cujo objetivo é exprimir perenidade, a *Coroa* representa o *Poder Executivo* da Inglaterra, da mesma forma como as Cortes Superiores representam o Poder Judiciário. Diferentemente do *Estado*, a *Coroa*, mais personalizada, não possui divisões territoriais, comparáveis aos *départements*[8] ou *communes*[9] francesas, ou ainda aos estados-membros ou municípios brasileiros.

A *Coroa* é o poder central. Condados, burgos e paróquias, que, à primeira vista, evocam subdivisões territoriais do Estado, são concebidos na Inglaterra como simples agrupamentos de pessoas – não há nenhum condado, burgo ou paróquia representante do poder central. É verdade que os agrupamentos de cidadãos, estabelecidos em um plano territorial, são absolutamente

---

8   O território francês está dividido em 96 *départements*. A França sendo o Estado central, os *départements* equivalem aos nossos estados-membros.

9   Equivalentes aos municípios.

subordinados ao direito comum, são submetidos ao controle das Cortes ordinárias, e estas lhe aplicam a *common law*.

A discussão sobre o direito comparado ser *ciência* ou *método* causa desconforto para muitos estudiosos da ciência jurídica. Segundo o **Vocabulaire Juridique**, publicado em Paris (1936) e coordenado por Henri Capitant, definiu-se o direito comparado como *o ramo da ciência do direito que tem por objeto a aproximação sistemática das instituições jurídicas de diversos países*. Esse conceito também correspondeu, ao mesmo tempo, ao da Academia Internacional de Direito Comparado de Haia, nos estatutos de sua fundação, em 13 de setembro de 1924 (Ancel, 1980, p. 43).

Ao contrário do que à primeira vista possa parecer direito comparado, não é uma área da ciência jurídica, como o direito civil, penal, constitucional e assim por diante, apesar de causar essa impressão. Em verdade, trata-se de um método de estudo e exposição da pesquisa, baseados no confronto entre fenômenos jurídicos que residem em coletividades diversificadas (Cretella Jr., 1992, p. 14).

Mauricio Godinho Delgado (2003, p. 67), reportando-se aos ensinamentos de Alfredo Rocco, propõe três critérios para que a autonomia de um ramo seja alcançada, quais sejam: a) a existência de um campo temático específico; b) a elaboração de teorias próprias; e c) uma metodologia específica.

Analisemos se o direito comparado preenche tais requisitos:

a) *Campo temático específico*: o direito comparado tem por objeto principal o estudo, a confrontação entre institutos e ordenamentos jurídicos alienígenas, confrontação esta que não possui sistematização.

b) *Teorias próprias*: o direito comparado não possui teorias próprias, como é o caso do direito do trabalho que apresenta a teoria da hierarquia das leis, que determina que uma norma de hierarquia inferior pode prevalecer sobre outra de natureza superior, desde que observado o princípio da norma mais benéfica ao trabalhador.

c) *Metodologia específica*: não há metodologia específica a ser aplicada no estudo comparativo, podendo o estudioso valer-se tanto de micro quanto de macrocomparação ou utilizar o critério sincrônico ou diacrônico. Portanto, demonstrado está o fato de ser o direito comparado uma técnica de pesquisa e não ramo autônomo do Direito.

Direito comparado, portanto, é um método jurídico-investigativo que coteja: institutos jurídicos; áreas e segmentos da ciência jurídica; iii) sistemas jurídicos, e ainda, o próprio direito. Trata-se de um veículo condutor, que não se confunde com o conteúdo.

Há décadas o mundo vem sendo marcado pela globalização econômica e cultural, impulsionada fundamentalmente pelos Estados Unidos, pelo Canadá e pela Europa Ocidental, o conhecimento do *common law* se converte em um dos elementos necessários para qualquer jurista de formação fora dessa realidade que queira atuar no marco jurídico das relações internacionais, abrindo-se, portanto, uma esfera jurídica mais ampla escapando das estreitas margens impostas pelo direito dos Estados.

Essa esfera de *global law* permite um conceito ambíguo e indeterminado, que se caracteriza por uma forte inter-relação econômica que em muitos casos responde a um marco jurídico conformado por uma pluralidade de instituições genuínas do *common law*, que os profissionais do direito devem conhecer, pois cada vez os problemas jurídicos são mais complexos e exigem respostas fundamentadas nos conhecimentos do direito comparado.

1.8 Direito Administrativo e a ciência da Administração

Juristas da Itália, da Espanha e de Portugal manifestaram oposição ao método de estudo tradicional do Direito Administrativo, que era defendido pela Escola Exegética.[10] Iniciou-se um processo de expansão do campo de estudo do Direito Administrativo, com o objetivo de estabelecer seus princípios fundamentais, mas também incorporando o estudo da Ciência da Administração. Esta última aborda questões de política administrativa, que não se enquadram estritamente no campo jurídico.

A ideia de integrar o Direito Administrativo com a Ciência da Administração foi adotada na Itália, principalmente por Federico Persico e Lorenzo Meucci, na Espanha, por Vicente Santamaria de Paredes, e, em Portugal, por Guimarães Pedrosa (Di Pietro, 2021, p. 70).

Mais tarde, sob a influência de juristas italianos (Carlos Francesco Ferraris, Wautrain Cavagnari e Orlando) e alemães (Lorenz von Stein e Loening), ocorreu uma distinção entre o Direito Administrativo e a Ciência da Administração. Essa separação resultou do aumento do escopo de estudo, especialmente após a Revolução Industrial no século XIX, quando o Estado precisou intervir na sociedade para resolver problemas econômicos criados pelo liberalismo. Surgiu, então, a necessidade de diferenciar as atividades estatais de intervenção social das suas funções jurídicas.

O Direito Administrativo manteve-se focado nas atividades jurídicas do Estado, excluindo-se as funções legislativa e jurisdicional, enquanto a Ciência da Administração passou a abranger as atividades sociais do Estado, como

---

10 Pertenciam à escola exegética, entre outros, o Barão de Gerando, Macarel, Foucarta De Courmenin, Dufour, Ducroq, Batbie, que influenciaram, no direito brasileiro do Império, o jurista Pimenta Bueno, para quem o Direito Administrativo limitava-se ao complexo de princípios práticos e de leis positivas de um povo, que no contexto imperial era representado pela Constituição (Di Pietro, 2023, p. 70).

intervenções nas áreas de saúde, educação, cultura, economia, previdência e assistência social. Esta divisão é justificada pela natureza da Ciência da Administração, que se concentra na avaliação da intervenção estatal na economia e na sociedade, considerando a utilidade e a necessidade dessas ações; ao passo que o Direito Administrativo consiste em um conjunto de normas e princípios que regulam a organização administrativa e as relações entre a Administração Pública e os cidadãos.

De certa forma, o Direito Administrativo viu seu objeto de estudo ser reduzido, pois as questões relacionadas à política administrativa, que incluem análises sobre a utilidade e a conveniência das diferentes formas de atuação estatal na sociedade, foram delegadas à Ciência da Administração. Esta última, agora excluída dos currículos jurídicos, faz parte do campo da Ciência Política.

Quanto à Ciência da Administração, existem duas correntes principais: uma, seguindo o modelo europeu-continental, que a enquadra nas Ciências Políticas, focando na análise da administração em termos de sua adequação e eficácia para atingir objetivos sociais; e outra, típica do modelo anglo-saxão, que não a vê como uma Ciência Política, mas sim como uma disciplina baseada em aspectos técnicos, com foco na função administrativa, incluindo planejamento, execução e controle. Em ambos os casos, a Ciência da Administração é considerada independente do Direito Administrativo.

1.9 Novas tendências do Direito Administrativo

Em decorrência da pandemia de COVID-19, o isolamento social alterou significativamente as dinâmicas sociais, as relações interpessoais e as interações cotidianas. Esse período de crise sanitária impulsionou o desenvolvimento de inovações em ciência e tecnologia, além de provocar a necessidade de novas regulamentações jurídicas adaptadas a esse contexto de mudanças contínuas em várias esferas da vida.

A historiadora brasileira Lilia Schwarcz (Brasil, 2021) compara o impacto da pandemia de COVID-19 ao da Primeira Guerra Mundial, destacando sua influência profunda na sociedade global, no ambiente de trabalho, no governo e na economia. Diante disso, o Direito, especialmente o Direito Administrativo, teve de se adaptar rapidamente às novas demandas sociais, políticas e econômicas emergentes da pandemia.

Entre 2020 e 2021, o Direito Administrativo brasileiro experimentou uma atividade legislativa e executiva sem precedentes, impulsionada por fatores socioeconômicos e pela necessidade de responder à crise de saúde pública. A pandemia exigiu a implementação de leis e normas que mitigassem os impactos sociais e econômicos adversos, resultando na aplicação do Direito Administrativo de emergência. Um exemplo é a Medida Provisória nº 1.039, que instituiu os *auxílios emergenciais*. Além disso, a necessidade de medidas de isolamento social levou à criação de programas de apoio à população mais afetada, como o *Programa Auxílio Brasil* e o *Programa Alimenta Brasil*, regulamentados pela Lei Federal nº 14.284/2021.

Entre as inovações legislativas, destaca-se a Lei Federal nº 14.133/2021, conhecida como a *Nova Lei de Licitações e Contratos Administrativos*, que modernizou os procedimentos de seleção e contratação pública. Outra inovação significativa foi a promoção da Administração Digital, pela Lei Federal nº 14.129/2021 e do *Marco Legal das Startup*. (Lei Complementar nº 182/2021), visando aprimorar a estrutura do governo digital e apoiar a inovação tecnológica.

A *Lei Geral de Proteção de Dados* (LGPD) também sofreu alterações importantes em 2021, com a entrada em vigor de dispositivos que conferem à Agência Nacional de Proteção de Dados (ANPD) a competência para aplicar sanções administrativas.

Existe uma ênfase na salvaguarda dos direitos essenciais ligados à liberdade, à privacidade e ao desenvolvimento pessoal do indivíduo, sob a ótica da autodeterminação informativa, que envolve o controle sobre as próprias informações. Neste contexto, os termos de uso e as políticas de privacidade emergem como ferramentas cruciais, com o consentimento sendo um pilar central para o processamento de dados com propósitos legítimos, claros, específicos e bem comunicados. Adicionalmente, o indivíduo detém controle total sobre seus dados, possuindo o poder de requerer modificações, a revogação do consentimento e até a eliminação de seus dados.

Nesse panorama, a EC nº 115/2022 adicionou o inciso LXXIX ao art. 5º da Constituição, garantindo legalmente "o direito à proteção de dados pessoais, incluindo em ambientes digitais".

A LGPD introduziu importantes figuras no cenário do tratamento de dados, sendo elas:

i) Os agentes de tratamento, que incluem o controlador e o operador, onde o controlador é a entidade responsável pelas decisões sobre o processamento de dados, e o operador, a entidade que executa o processamento em nome do controlador;

ii) O encarregado, designado tanto pelo controlador quanto pelo operador para facilitar a comunicação entre as partes envolvidas e a Autoridade Nacional de Proteção de Dados (ANPD).

Um aspecto inicialmente controverso, mas que foi posteriormente revisado, refere-se à criação da ANPD como uma entidade da administração pública federal, vinculada à Presidência da República. A legislação inicialmente propôs que a ANPD tivesse uma natureza jurídica provisória, com a possibilidade de ser reestruturada pelo Executivo como uma entidade autárquica especial, ainda sob a tutela da Presidência da República, uma disposição que foi revogada em 2022.

Além disso, a Lei Federal nº 14.230/2021 modificou a *Lei de Improbidade Administrativa*, visando corrigir injustiças e combater a corrupção na administração pública. Essas mudanças refletem um direito administrativo dinâmico, que se adapta às necessidades urgentes da sociedade.

O Direito Administrativo tem seguido uma tendência de desestatização e privatização, como evidenciado pela Lei Federal nº 14.182/2021, que autorizou o processo de desestatização da Eletrobras, e pela discussão sobre a privatização dos Correios.

Para o futuro, espera-se a continuação do processo de constitucionalização do Direito Administrativo, a democratização da Administração Pública, alterações no conceito de discricionariedade administrativa, com destaque para a adoção dos *Meios Alternativos de Solução de Conflitos*, além de uma redefinição da noção de serviço público e o avanço na implantação de novas agências reguladoras. Essas tendências indicam uma evolução constante do Direito Administrativo em resposta às transformações sociais e econômicas.

1.10 A Tecnologia e o Direito Administrativo

Em meio à Quarta Revolução Industrial, as novas tecnologias estão redefinindo as interações sociais, a comunicação, o desenvolvimento econômico e a maneira como negócios são realizados, impulsionadas por mudanças disruptivas na oferta de produtos e na prestação de serviços.

Diante desse cenário, o Direito Administrativo enfrenta o desafio de regular e adaptar-se aos impactos dessas tecnologias para evitar a obsolescência, com o objetivo de promover o desenvolvimento nacional sustentável e o bem-estar coletivo. O Estado, portanto, tem a dupla missão de regular, utilizando dados para qualificar decisões normativas e considerar os impactos econômicos, ambientais e sociais, e de se adaptar às novas tecnologias para aprimorar a gestão pública.

Esse panorama exige a elaboração de normativas que acompanhem e influenciem os efeitos tecnológicos, abordando inovações como internet, internet das coisas (IoT), plataformas digitais, *sandbox* regulatório, *blockchain*, inteligência artificial (IA), uso de robôs/*softwares*, *ChatGPT* e *Chatbots*, tornando-se essencial para a adaptação do Direito Administrativo aos desafios contemporâneos e à realidade já presente da sociedade da informação, marcada por não apenas uma, mas várias revoluções industriais decorrentes de avanços tecnológicos significativos.

No âmbito da Administração Pública, a tecnologia *blockchain* apresenta potencial para ser aplicada em uma variedade de registros, incluindo imóveis, propriedades, tabelionatos de notas, registros públicos, veículos, embarcações e programas de assistência social. A implementação de *registros digitais* permitiria a criação de um *blockchain* público, abrangendo áreas tão diversas quanto saúde e processos eleitorais.

Originalmente desenvolvida para transações financeiras e associada ao advento de criptoativos como *bitcoin*, a *blockchain* transcende o uso corporativo voltado ao lucro, oferecendo benefícios significativos para o Estado e, por extensão, para a sociedade. Nesse contexto, a tecnologia pode ser fundamental para o desenvolvimento de contratações públicas inteligentes.

A ascensão da era digital trouxe consigo a expansão de serviços por meio de plataformas digitais, desencadeando desafios regulatórios significativos. Um exemplo emblemático dessa transformação é a *Uber*, uma multinacional americana que oferece serviços eletrônicos de transporte privado urbano por meio de um aplicativo que conecta motoristas credenciados a usuários com base na localização por GPS, permitindo a contratação de deslocamentos privados. A inovação representada pela *Uber*, operando inicialmente sem regulação específica e sem necessidade de autorização estatal, levantou debates sobre a legalidade e a regulamentação de tais serviços no Brasil (Nohara, 2024, p. 877).

A ausência de uma regulação específica para a Uber e serviços similares criou um cenário de vantagem competitiva para a empresa, ao mesmo tempo em que gerou conflitos com serviços tradicionais, como os táxis, acusando-a de concorrência desleal. A Uber, por sua vez, defendeu-se argumentando não ser uma empresa de transporte, mas sim de tecnologia, facilitando a conexão entre motoristas e usuários por meio de sua plataforma digital. Essa definição colocou em questão a aplicabilidade das regulações existentes para o transporte urbano remunerado de passageiros.

A resposta regulatória veio com a Lei nº 13.640, de 26 de março de 2018, que alterou a Lei de Mobilidade Urbana para disciplinar o transporte remunerado privado individual de passageiros. Essa legislação estabeleceu a legalidade do serviço sob condições específicas, como a cobrança de tributos municipais, a contratação de seguros obrigatórios e a inscrição dos motoristas como contribuintes individuais do INSS. Além disso, permitiu que Municípios e o Distrito Federal regulamentassem e fiscalizassem o serviço, desde que respeitassem os parâmetros federais estabelecidos.

O STF, em 9 de maio de 2019, reforçou a legalidade dos serviços de transporte por aplicativo ao julgar inconstitucionais as proibições ou restrições impostas por leis municipais. Tal decisão baseou-se nos princípios da livre iniciativa e da livre concorrência, estabelecendo que a regulamentação local não pode contrariar os parâmetros federais. Essa decisão também abriu caminho para debates sobre o reconhecimento de vínculo empregatício entre motoristas e plataformas, um tema ainda em discussão no âmbito jurídico brasileiro.

Além da *Uber*, outras plataformas digitais como o *Airbnb* também revolucionaram setores tradicionais, neste caso, o de hospedagem, promovendo uma economia colaborativa e enfrentando desafios regulatórios similares. Este serviço, que conecta anfitriões e hóspedes globalmente, e as *dark kitchens*, que surgiram como um modelo de negócio inovador no setor de alimentação durante a pandemia, exemplificam como as plataformas digitais estão revolucionando as relações comerciais e desafiando as estruturas regulatórias existentes.

Por outro viés, o uso de robôs pelo Poder Público já é uma realidade consolidada, desempenhando um papel crucial na incorporação de tecnologia para aprimorar o controle e a fiscalização. O Tribunal de Contas da União (TCU), por exemplo, emprega uma variedade de robôs para melhorar a eficiência de suas operações. Estes robôs automatizados são capazes de analisar contratos e dados de fornecedores, cruzando essas informações com mais de 90 bases de dados, incluindo a da Receita Federal, identificando desde a recente abertura de empresas até a compatibilidade dos preços com o mercado, além de procurar por indícios de fraudes e irregularidades em processos licitatórios.

Entre os robôs utilizados pelo TCU, destacam-se: Alice, que monitora editais de licitação; Monica, que reúne dados sobre aquisições federais; Adele, que analisa lances em pregões eletrônicos; Carina e Ágata, ambos voltados para o rastreamento de publicações oficiais; e Sofia, que auxilia auditores na identificação de irregularidades. Essas ferramentas são parte integrante do Labcontas, um laboratório avançado que centraliza diversas bases de dados para suporte à fiscalização (Nohara, 2024, p. 890).

Outros Tribunais de Contas pelo Brasil também implementaram seus próprios robôs, como o TCE-SP, que conta com Laís, Lídia, Ícaro, Raquel e Rianna, todos projetados para detectar possíveis fraudes e irregularidades, oferecendo um suporte valioso aos auditores em suas análises. Essa tendência de automação se estende ao Judiciário, onde robôs como Victor, Poti, Radar, Sinapses, Clara e Jerimum são empregados para diversas funções, desde a identificação de recursos extraordinários até a automação de penhoras *online* e a categorização de processos (Nohara, 2024, p. 890).

Esses robôs representam uma evolução significativa na maneira como o Poder Público lida com grandes volumes de dados e processos, permitindo uma análise mais rápida e precisa. Eles são parte fundamental do Programa Justiça 4.0, uma iniciativa que visa aproximar o sistema judiciário da sociedade por meio da adoção de novas tecnologias e IA. Este programa busca promover a digitalização e a automação dos tribunais, visando a eficiência, a transparência e a celeridade processual, beneficiando magistrados, servidores, advogados e a sociedade em geral.

A IA, também conhecida pela sigla em inglês AI (*artificial intelligence*), é uma tecnologia inovadora que permite que sistemas imitem a capacidade cognitiva dos seres humanos. Os estudos nessa área começaram na década de 1950, focando no desenvolvimento de sistemas capazes de compreender a formulação de problemas variados e solucioná-los aplicando princípios básicos.

Capítulo 2

BASE PRINCIPIOLÓGICA DO DIREITO ADMINISTRATIVO

Antes de qualquer argumentação é preciso saber que as palavras existem para exprimir a natureza das coisas, nesse sentido, a palavra *princípio*, na língua latina *principium*, se traduz como aquilo que ocupa o primeiro lugar. Todas as áreas do saber estão alicerçadas sobre princípios, porque se referem às proposições básicas, fundamentais e típicas, que vinculam as edificações subsequentes de determinada ciência.

Nicola Abbagnano (2007, p. 929) ensina que, em Matemática e Lógica, esse termo está em desuso quando se trata de indicar as premissas de um discurso, sendo substituído por *axioma* ou *postulado*. Nestas áreas do saber, é comum denominar como princípios teoremas particulares cuja importância para o desenvolvimento posterior de um sistema se queira ressaltar.

O significado de *princípio* no sentido de ponto de partida, fundamento ou causa foi introduzido por Anaximandro, na Grécia antiga. Platão também recorria ao conceito de princípio quando se referia à causa do movimento ou, ainda, ao fundamento da demonstração.

Aristóteles, considerado o fundador da lógica formal, foi o primeiro a sistematizar os significados para *princípio*, conforme se observa:

i) Ponto de partida de um movimento, por exemplo, de uma linha ou de um caminho.

ii) O melhor ponto de partida, ou aquilo que facilita aprender uma coisa.

iii) Ponto de partida efetivo de uma produção, como a quilha de um navio ou os alicerces de uma casa.

iv) Causa externa de um processo ou de um movimento, como um insulto que provoca uma briga.

v) O que, com a decisão, determina movimentos ou mudanças, como o governo ou as magistraturas de uma cidade.

vi) Aquilo de que parte um processo de conhecimento, como, por exemplo, as premissas de uma demonstração.

O Dicionário Houaiss da Língua Portuguesa determina:

> Princípio. s.m. 1. o primeiro momento da existência (de algo), ou de uma ação ou processo; começo, início [...]. 2. O que serve de base a alguma coisa; a causa primeira, raiz, razão. 3. Ditame moral; regra, lei, preceito. 4. Proposição elementar e fundamental que serve de base a uma ordem de conhecimento.

A definição adotada por Celso Antônio Bandeira de Mello informa que:

> Princípio é, pois, por definição, mandamento nuclear de um sistema, verdadeiro alicerce dele, disposição fundamental que irradia sobre diferentes normas, compondo-lhes o

espírito e servindo de critério para exata compreensão e inteligência delas, exatamente porque define a lógica e a racionalidade do sistema normativo, conferindo-lhe a tônica que lhe dá sentido harmônico (2011, p. 54).

De acordo com Luis-Díez Picazo (1983, p. 255-256), a ideia de princípio deriva da linguagem da geometria, *que designa as verdades primeiras* e, precisamente por essa razão, são *princípios*, isto é, *porque estão ao princípio*, são verdades objetivas, nem sempre pertencentes ao mundo do ser, senão do dever-ser, na qualidade de normas jurídicas, dotadas de vigência, validez e obrigatoriedade.

Paulo Bonavides (2003, p. 256), referindo-se aos *princípios* suscitados pela Corte Constitucional Italiana, traz o seguinte trecho de uma sentença proferida em 1956:

> Faz-se mister assinalar que se devem considerar como princípios do ordenamento jurídico aquelas orientações e aquelas diretivas de caráter geral e fundamental que se possam deduzir da conexão sistemática, da coordenação e da íntima racionalidade das normas, que concorrem para formar, assim, num dado momento histórico, o tecido do ordenamento jurídico.

O estudo dos princípios é objeto da principiologia, área do saber que identifica, conceitua e classifica os princípios e estende minuciosa investigação acerca do tema, ou seja, sistematiza racionalmente os princípios. De modo genérico, o princípio é o ponto inicial, a pedra angular ou aquilo que serve de base a partir da qual se ergue ou edifica um estudo que segue evoluindo, ou ainda, premissa utilizada como base a uma ordem de conhecimentos.

É importante para todo estudioso ter em mente que todas as áreas do conhecimento estão sedimentadas sobre *princípios* próprios, que servem de viga mestra na construção daquela área específica. Assim, há vários critérios para classificá-los, e, de acordo com o que se busque destacar, como, por exemplo, o aspecto temporal, lógico, ético, sociológico, religioso etc.

Para o presente estudo, elegemos a classificação baseada no critério da abrangência, utilizada por José Cretella Neto (2002, p. 5-9) em obra sobre a principiologia do processo civil, mas que pode perfeitamente ser aplicada à análise aqui proposta. Pelo critério da abrangência, os princípios podem ser classificados como *onivalentes* ou *universais*, *plurivalentes* e *setoriais*.

Onivalentes ou *universais* são aqueles que podem ser aplicados, indistintamente, em todas as ciências, pois se constituem em princípios racionais do pensamento, os quais podem ser classificados nas seguintes categorias:

– *Princípio da identidade*: segundo o qual, no decorrer do raciocínio, um termo somente pode representar um conceito único e específico, não se confundindo com nenhum outro. Ex.: A Terra é redonda.

– *Princípio da não contradição*: aquele que estabelece que duas ideias contraditórias não podem ser, ao mesmo tempo, verdadeiras, nem simultaneamente falsas. Dois atributos diametralmente opostos são mutuamente excludentes. Ex.: O mar é azul e verde.

– *Princípio do terceiro excluído*: estabelece que, havendo duas proposições conflitantes, se uma delas for verdadeira, a outra será, necessariamente, falsa, e reciprocamente, inexistindo uma terceira solução.

– *Princípio da razão suficiente*: apregoa que nada existe sem uma causa, ou seja, sem uma razão que explique o porquê dessa existência ou acontecimento.

Plurivalentes são aqueles princípios comuns a mais de uma ciência, ou a um grupo de ciências, orientando-as apenas nos aspectos em que se interpenetrem (*alterum non laedere*).

Por fim, os *setoriais* são princípios considerados como proposições básicas nos quais repousam os diversos setores em que se baseia determinada ciência. No Direito Administrativo, um exemplo claro de princípio setorial é o *princípio da especialidade*, segundo o qual toda pessoa jurídica pública descentralizada, como as autarquias, deve desempenhar suas atividades, perseguindo o objeto específico para o qual foi constituída, ou seja, as pessoas jurídicas públicas administrativas devem empregar os recursos humanos, materiais e técnicos para a consecução do fim específico, em virtude do qual foram criadas.

2.1 Princípios gerais de Direito

Restringindo o estudo para a ciência do Direito, destacamos os *princípios gerais de direito* a partir da ideia de que se trata de premissas básicas, normas de caráter geral com papel fundamental no desenvolvimento de uma teoria e das quais outras normas podem ser derivadas. Possuem a finalidade de nortear a trilha investigativa do jurista. Além disso, servem, ainda, como fonte para o julgador direcionar a solução das demandas submetidas à sua apreciação, quando a lei ou a jurisprudência não conseguem dar conta dessa tarefa.

García de Enterría entende que os *princípios gerais de direito* não se constituem em um abstrato reclamo da moral ou da justiça, no entanto, apresentam-se como "uma condensação dos grandes valores jurídico-materiais que constituem o 'substratum' do ordenamento e da experiência reiterada da vida jurídica" (1983, p. 449).

De acordo com Irene Patrícia Diom Nohara (2024, p. 41), "Princípios são normas jurídicas de caráter geral e elevada carga valorativa". Para a autora, até a metade do século XX, os princípios eram considerados como fazendo parte do mais baixo grau de hierarquização das fontes de Direito, ou seja, *fontes secundárias* e meramente *supletivas* da hipótese onde havia lacuna normativa.

Os princípios gerais de Direito são fontes de aplicação da ciência jurídica que, como normas, têm caráter vinculante, cogente ou obrigatório, na proporção em que se configuram em destacada expressão do consenso social acerca de valores básicos a serem assegurados no Estado Democrático.

Em posição contrária, Oswaldo Aranha Bandeira de Mello (2007, p. 234) considera os princípios gerais de Direito ladeados à analogia, à doutrina e à equidade como *modos* e aplicação do Direito.

Clóvis Beviláqua (2002, p. 14) entendia que:

> [...] princípios gerais de Direito são os elementos fundamentais da cultura jurídica humana em nossos dias". Dentre esses princípios, podem ser citados os seguintes:
> - ninguém pode transferir mais direitos do que possui;
> - ninguém deve ser condenado sem ser ouvido;
> - ninguém pode invocar a própria malícia, para beneficiar-se;
> - quem exercita o próprio direito não causa prejuízo a ninguém;
> - o contrato faz lei entre as partes;
> - ato praticado com vício de origem não se convalida com o decorrer do tempo.

Nosso entendimento é de que os princípios, para o Direito, são tão importantes que devem ser considerados como bases fundamentais da ciência jurídica, servindo-lhes de apoio e coerência, sustentando o ideal de Justiça que permeia o Direito. São premissas fundantes de caráter geral e inafastável.

Convém destacar que, embora a expressão *Princípios Gerais do Direito* conduza à ideia de postulados genéricos, essa mesma expressão vai abranger tanto os princípios gerais quanto os específicos relativos a um determinado ramo da ciência jurídica. Tais princípios têm dupla função, uma vez que orientam tanto o legislador na elaboração das normas quanto o aplicador do Direito, diante de uma lacuna ou omissão legal. Por possuir caráter essencialmente amplo, o aplicador do Direito, bem como o legislador, que neles se baseiam, devem ter cautela e limites para a atuação, sob pena de incorrer em incoerência na solução para uma determinada situação.

A Lei de Introdução ao Código Civil, em seu art. 4º, recomenda ao juiz que, no caso de omissão da lei, este recorra à analogia. Caso essa não resolva a questão, que sejam verificados os usos e costumes do local. Entretanto, se, mesmo assim, a situação não for solucionada, o juiz lançará mão dos *Princípios Gerais do Direito*.

Para Genaro Carrió (1970, p. 13), há diversos sentidos possíveis para o conceito de princípios, dentre os quais: a) parte ou ingrediente importante de algo, núcleo básico ou, ainda, característica central; b) regra, guia, orientação ou indicações gerais; c) fonte geradora, causa ou origem; d) finalidade, objetivo, propósito ou meta; e) premissa, ponto de partida, verdade teórica postulada como evidente ou essência; f) regra prática de conteúdo evidente e verdade ética inquestionável; e ainda g) uma máxima.

Robert Alexy e Ronald Dworkin, em estudo sobre a configuração das *normas jurídicas*, admitem a divisão em duas categorias: os princípios e as regras (2012, p. 19). A contribuição destes notáveis pós-positivistas proporcionou a reaproximação da ética com o Direito. Superando as doutrinas positivistas, Alexy e Dworkin defenderam a inclusão de um novo tipo de norma no ordenamento jurídico, as chamadas *normas princípio*, que junto as *normas regras* regulariam as condutas.

2.2 Distinção entre normas, princípios e regras

Tanto *regras* quanto *princípios* são espécies do gênero *normas*, e ambos dizem o que deve ser formulado por meio das expressões deônticas básicas do dever, da permissão ou da proibição. Há diversos critérios para estabelecer diferenças entre regras e princípios (Dworkin, 2011, p. 87).

De acordo com Robert Alexy, o critério mais utilizado para estabelecer a diferença entre *regra* e *princípio* é o critério da *generalidade*, segundo o qual *regras* são normas com grau de generalidade mais baixo, enquanto *princípios* são normas com grau de generalidade mais alto.

Ronald Dworkin (2011, p. 104), por sua vez, afirma que regras, sendo válidas, devem ser aplicadas na forma *tudo-ou-nada*; no entanto, os princípios somente conteriam elementos que indicam uma direção, mas não têm como consequências necessárias uma determinada decisão.

Alexy (2011, p. 106-107), por suas reflexões, demonstra que princípios e regras são *razões* de naturezas distintas. Ambos podem ser considerados como razões para as ações ou razões para as normas; princípios são sempre *razões prima facie*, e estão intimamente ligados ao conceito de valores, e regras são, se não houver estabelecimento de alguma exceção, *razões definitivas*.

Atualmente, os princípios, cuja observância é obrigatória e vinculante, ocupam lugar de grande destaque no cenário jurídico, mas não foi sempre assim. Sob a égide da teoria positivista, os princípios ficam adstritos à aplicação supletiva e ocupavam o papel de meros coadjuvantes.

A teoria normativa dos princípios é tema que guarda íntima relação com o pós-positivismo, onde a distinção entre *princípios* e *regras* é o ponto principal, fruto da influência exercida por Ronald Dworkin e Robert Alexy, cujos pensamentos encontram-se amplamente divulgados no Brasil por Paulo Bonavides, Luís Roberto Barroso, entre outros. Ao analisarmos o contexto jurídico brasileiro atual, conforme o já citado art. 4º da Lei de Introdução do Código Civil, encontramos a tradicional hierarquia das fontes do Direito, apontando solução para omissão legal, *o juiz decidirá o caso de acordo com a analogia, os costumes e os princípios gerais de direito*. Pelo texto da referida lei, observa-se que os princípios ficam posicionados em último lugar, na categoria de fonte subsidiária do Direito, cuja aplicação só se justifica na falta de lei ou de costume, assim como na impossibilidade de aplicação da analogia. Entretanto, com o surgimento do pós-positivismo, os princípios assumiram o posto de fonte de alta envergadura.

Segundo Paulo Bonavides (2006, p. 259-266), a juridicidade dos princípios passa por três distintas fases:

i) A *jusnaturalista*: é a fase mais antiga, na qual os princípios habitavam ainda em uma esfera por inteiro abstrata e detinham normatividade por demais duvidosa, mais se ajustando, em verdade, a uma dimensão meramente ético-valorativa que inspirava postulados de justiça.

ii) A *juspositivista*: aqui os princípios adentram nos Códigos, tornando-se inequivocamente jurídicos, porém, apenas como fonte normativa subsidiária, o que lhe castrou a normatividade.

iii) A *pós-positivista*: corresponde aos grandes momentos constituintes das últimas décadas do século XX, onde se acentua a hegemonia axiológica dos princípios, tratados verdadeiramente como direito, com força vinculante e tudo, convertidos que foram em pedestal normativo sobre o qual assenta todo o edifício jurídico dos novos sistemas constitucionais.

O fenômeno do pós-positivismo surge, na modernidade, conforme assevera Luís Roberto Barroso (2006, p. 26), como um novo caminho que se descortina, no momento em que *o direito está em crise* e o positivismo vive uma crise existencial.

Na sua percepção, a *injustiça passeia pelas ruas com passos firmes e a insegurança é a característica da nossa era*, e declara com segurança que o pós-positivismo representa uma corrente de pensamento emergente que transcende a visão tradicional, englobando a interação entre valores e normas, elementos da nova hermenêutica e a concepção dos direitos fundamentais.

Esse movimento reflete a inadequação do positivismo jurídico para abarcar as complexidades do Direito a partir da segunda metade do século XX, onde a equivalência quase total entre Direito e legislação, além da sua distinção estrita da moral, não mais se alinha com o progresso social e os objetivos humanitários prevalentes.

Ademais, a influência do método científico no Direito era evidente, contudo, havia uma resistência à ideia de regressar ao jusnaturalismo, com suas bases nebulosas, abstratas ou metafísicas. Em vez disso, o pós-positivismo emerge não como uma força destrutiva, mas como um avanço sobre o saber tradicional, respeitando o sistema jurídico vigente enquanto reintegra conceitos de justiça e legitimidade. Dessa forma, o constitucionalismo contemporâneo fomenta um redirecionamento aos valores fundamentais, promovendo uma reconexão entre ética, moral e Direito.

As reflexões feitas por Paulo Bonavides (2006, p. 265-276, 294) nos mostram com clareza a complexidade do tema em questão. O autor esclarece que, no período do pós-positivismo, há um declínio tanto da *Doutrina do Direito Natural* quanto do antigo positivismo ortodoxo, ambos desafiados por uma crítica incisiva e uma reação intelectual rigorosa, liderada principalmente por Dworkin, renomado jurista de Harvard.

Seu trabalho tem sido fundamental para definir e destacar uma nova perspectiva de normatividade atribuída aos princípios. A formulação doutrinária que confere normatividade aos princípios deriva, em grande medida, dos esforços da *Filosofia* e da *Teoria Geral do Direito* em encontrar um terreno neutro que permita superar a antinomia tradicional entre *Direito Natural* e *Direito Positivo*.

Em síntese, a teoria dos princípios atinge o estágio atual do pós-positivismo com várias conquistas já estabelecidas, entre elas:

i) A evolução dos princípios de uma fase de especulação metafísica e abstrata para uma realidade concreta e positiva dentro do Direito, apresentando uma densidade normativa significativamente reduzida;

ii) A mudança fundamental da esfera do direito privado (sua posição anterior nos códigos) para o domínio do direito público (sua incorporação nas Constituições);

iii) A eliminação da distinção tradicional entre princípios e normas;

iv) A transferência dos princípios do campo da filosofia do direito para a área da ciência jurídica – a afirmação de sua normatividade;

v) A superação de seu papel como normas programáticas; o reconhecimento de sua positividade e especificidade, principalmente por meio das Constituições;

vi) A diferenciação entre regras e princípios, como categorias distintas dentro do gênero normativo;

vii) Como o resultado mais expressivo dessa evolução doutrinária, a supremacia e a preeminência total dos princípios.

Toda a tradição do pensamento jurídico ocidental é dominada pela distinção entre *direito positivo* e *direito natural*. Segundo Norberto Bobbio (1999, p. 15), a expressão *positivismo jurídico* não deriva de *positivismo* em sentido filosófico, embora tenha havido uma ligação entre ambas, posto que alguns positivistas jurídicos eram, também, positivistas no sentido filosófico. Tanto é assim que, enquanto o positivismo jurídico surgiu na Alemanha, o positivismo filosófico surgiu na França. O juspositivismo está ligado à crença exacerbada no poder do conhecimento científico.

Ao contrário, para Paulo Nader (2000, p. 370), "o positivismo jurídico é fiel aos princípios do positivismo filosófico, rejeita todos os elementos de abstração na área do Direito, a começar pela ideia de Direito Natural, por julgá-la metafísica e anticientífica". O positivismo jurídico se omite em relação a valores, e o direito repousa exclusivamente na lei. Para o positivista, a lei assume a condição de único valor. Há que se destacar que o princípio da obediência incondicional à lei foi responsável pelo surgimento de regimes totalitários como o fascismo, o nazismo e o stalinismo, e deu causa a sua decadência.

A *Teoria Pura* de Hans Kelsen (2002) situou o Direito na área do *dever--ser*. Segundo essa percepção, a ordem jurídica estaria disposta em uma estrutura normativa em forma de pirâmide, na qual uma norma está vinculada a outra norma, sucessivamente, e a denominada *Norma Fundamental* legitimaria toda esta estrutura normativa, que se apresenta de maneira hierarquizada. As normas jurídicas formam uma pirâmide, na qual se tem pela ordem: a Constituição, a lei, a sentença de execução.

A Constituição estaria no topo da pirâmide, e acima dela encontra-se a *Norma Fundamental*, ou *Grande Norma*, ou ainda *Norma Hipotética*, que poderia ser uma Constituição anterior ou uma revolução triunfante (Kelsen, 2000, p. 374). O objeto da ciência do Direito seria apenas o estudo da norma jurídica, Kelsen admitia como conceito de justiça, a aplicação da norma jurídica ao caso concreto, a sua ideia era de que considerações de ordem valorativa estariam fora da ciência do Direito.

Miguel Reale (1994), na década de 1960, lançou a teoria de que o fenômeno jurídico só faz sentido com a participação dialética do *fato*, do *valor* e da *norma*. Todo *fato* (evento) possui um *valor* (aspecto axiológico), e para tal, uma determinada *norma*. Essa teoria ficou mundialmente conhecida como *teoria tridimensional*, segundo a qual o Direito se define como *realidade histórico-cultural tridimensional, ordenada de forma bilateral atributiva, segundo valores de convivência.*

2.3 Princípios do Direito Administrativo

Curvando-se à importância dos princípios administrativos, as Constituições brasileiras, em vários momentos, fazem-lhes referência, revelando as bases fundamentais da Administração, de maneira que uma conduta pode ser considerada válida apenas se guardar compatibilidade com tais princípios.

Nos dizeres de Cármen Lúcia Antunes Rocha (1994, p. 190):

> Os princípios constitucionais da Administração surgiram para serem determinantes de comportamentos públicos e privados, não são eles arrolados como propostas ou sugestões: formam o direito, veiculam-se por normas e prestam-se ao integral cumprimento. A sua inobservância vicia de mácula insanável o comportamento, pois significa a negativa dos efeitos a que se deve prestar. Quer-se dizer, os princípios constitucionais são positivados no sistema jurídico básico para produzir efeitos e deve produzi-los.

São princípios basilares do Direito Administrativo e do Estado de Direito: a supremacia do interesse público e a legalidade, pois elas conferem o equilíbrio entre a satisfação dos interesses coletivos e as liberdades individuais (Nohara, 2024, p. 41).

O art. 37, *caput*, da CF/1988 destaca cinco princípios do Direito Administrativo: *legalidade, impessoalidade, moralidade, publicidade* e *eficiência* (este acrescentado pela EC nº 19/1998).

Já a Constituição Estadual de São Paulo, além da adoção dos princípios constantes do referido art. 37, também acrescenta a esse rol os princípios da *razoabilidade*, da *finalidade*, da *motivação* e do *interesse público*.

A Lei nº 9.784/1999 (LPA), no art. 2º, por sua vez, contemplou os seguintes princípios: *legalidade, finalidade, motivação, razoabilidade, proporcionalidade, moralidade, ampla defesa, contraditório, segurança jurídica, interesse público e eficiência.*

José dos Santos Carvalho Filho (2012, p. 18-19) adotou nomenclatura diferenciada, ao denominar *expressos* os princípios constitucionais e chamar de *reconhecidos* aqueles aceitos pela doutrina como não constitucionais, definindo-os da seguinte forma: princípios administrativos são postulados fundamentais que inspiram todo o modo de agir da Administração Pública. Representam cânones pré-normativos, norteando a conduta do Estado quando no exercício de atividades administrativas (Carvalho Filho, 2012, p. 18-19).

Muitos princípios morais, éticos e jurídicos, por sua excepcional importância, foram convertidos, pelo legislador, em norma constitucional.

Robert Alexy construiu a teoria de princípios e regras pautando-se na classificação formal de direitos fundamentais da Alemanha. No entanto, os direitos fundamentais que compõem o ordenamento jurídico brasileiro estão enfeixados por um critério material.

Alguns princípios estampados no art. 5º da atual Constituição da República são, de acordo com a visão de Robert Alexy, simples regras. Isto é, entre nós, os princípios e as regras de Alexy estão no mesmo patamar hierárquico e, por isso, gozam da mesma valência normativa (Zockun, 2010, p. 91).

Nenhuma das Constituições anteriores havia trazido em seu bojo princípios e preceitos básicos do Direito Administrativo de maneira tão detalhada e completa quanto a atual Constituição Federal, e, conforme os ensinamentos de Paulo Bonavides (2003, p. 258), "Os princípios, uma vez constitucionalizados, se fazem a chave de todo o sistema normativo".

A par disso, é preciso fazer uma distinção entre princípios *político-constitucionais*, indicadores das opções políticas fundamentais, que moldam toda a Carta Magna (exs.: os princípios contidos nos artigos 1º a 4º da CF/1988) e os princípios *jurídico-constitucionais*, que informam toda a ordem jurídica nacional.

A Constituição Federal atual prescreve os princípios constitucionais informativos do Direito Administrativo em capítulo próprio, ou seja, aquele dedicado, exclusivamente, à Administração. Também são chamados de *Princípios Constitucionais da Administração Pública*, *Princípios Básicos da Administração*, *Princípios Constitucionais da Administração* ou, ainda, *Princípios de Direito Administrativo*.

– Princípio *da legalidade*.
– Princípio da *impessoalidade*.
– Princípio da *moralidade*.
– Princípio da *publicidade*.
– Princípio da *eficiência* (este último acrescentado pela EC nº 19/1998).

Pelo *princípio da legalidade*, o administrador público está, em toda a sua atividade funcional, sujeito às determinações legais, não podendo se afastar ou se desviar, sob pena de praticar ato inválido e sujeitar-se à responsabilização disciplinar, civil e criminal, conforme o caso. Considera-se que este seja o princípio mais importante, dentre os citados, pois dele advêm todos os outros, uma vez que, além de indicado nos arts. 5º, II, 37 e 84, IV, da CF vigente, assenta-se na própria estrutura do Estado de Direito. Quanto à Administração Pública, esse princípio estabelece que a validade e a eficácia de toda a atividade administrativa estão condicionadas ao atendimento da norma legal.

Para que a gestão pública mantenha a fidelidade aos fundamentos da democracia e da república, garantindo a supremacia do interesse coletivo, é vital que suas ações estejam alinhadas às normativas legais. Isso se deve ao fato de que, ao contrário dos cidadãos, possuem a autonomia para gerir seus recursos e decidir sobre suas ações, desde que não infrinjam as leis, a Administração Pública está restrita a operar dentro de um marco legal rígido, sem espaço para preferências ou vontades individuais. Enquanto indivíduos têm a liberdade de dispor de seus bens e escolher seus objetivos e métodos dentro do que é permitido legalmente, a Administração deve agir sem qualquer margem para a discricionariedade pessoal.

Na Administração Pública, não há liberdade nem vontade pessoais. Nas relações jurídicas particulares é lícito fazer tudo o que a lei não proíbe, mas, em via inversa, na Administração Pública, só é permitido fazer o que a lei autoriza.

O *princípio da impessoalidade*, também acolhido no art. 37, *caput*, da CF, pode ser tido como indicativo da imparcialidade que condiciona a atividade administrativa a deferir tratamento igual a todos, deve ser levado em conta para excluir a promoção pessoal de autoridades ou servidores públicos sobre suas realizações administrativas; repele tratamento discriminatório ou favoritismo entre os administrados; aniquila hipóteses de perseguições, animosidades pessoais, políticas ou ideológicas, impedindo a interferência de tais condutas na atividade administrativa.

O texto constitucional traz dois exemplos de aplicação do princípio da impessolaidade: concurso público, que garante disputa em plena igualdade (art. 37, II, CF/1988) e licitação – igualdade de condições a todos os concorrentes (art. 37, XXI, CF/1988).

Há divergências entre os doutrinadores acerca do fundamento da impessoalidade, muito embora todas as posições estejam interligadas. Lúcia Valle Figueiredo (2004, p. 6) relaciona a impessoalidade com a imparcialidade; Hely Lopes Meirelles (2009, p. 93) considera que o fundamento da imparcialidade é o princípio da finalidade; José Afonso da Silva (2000, p. 652) relaciona a impessoalidade com a *teoria do órgão*. Já, para Celso Antônio Bandeira de Mello (2008, p. 114), o fundamento da impessoalidade é o princípio da igualdade ou da isonomia.

Na verdade, todos os fundamentos (finalidade, teoria do órgão, imparcialidade e igualdade) estão relacionados entre si, pois o atingimento dos objetivos de interesse público deve conduzir a atividade administrativa, na qual a manifestação da vontade estatal, pela teoria do órgão, não pode ser confundida com a vontade subjetiva do agente público que deve agir de forma imparcial, tratando a todos sem qualquer discriminação. No entanto, para que tal objetivo seja de fato alcançado, é necessário que os agentes públicos sejam envolvidos na permanente tarefa ética de pautarem suas ações em uma consciência moral que reconheça as necessidades coletivas, transcendendo àquelas de caráter individual (Nohara, 2024, p. 54).

Quanto ao *princípio da moralidade*, a Administração Pública e seus agentes devem atuar de acordo com valores éticos e morais, compreendendo em seu âmbito princípios de lealdade e boa-fé.

A conexão entre Direito e Moral constitui, de fato, um assunto tradicional tanto na Teoria Geral do Direito quanto na Filosofia Jurídica. Segundo a perspectiva jusnaturalista, o direito natural deve ser a manifestação de princípios éticos fundamentais convertidos em legislação. Caso o Direito não esteja alinhado com os princípios de justiça, ou seja, se for estabelecido de maneira arbitrária, justifica-se até mesmo a prática da desobediência civil.

A moralidade administrativa constitui pressuposto essencial de validade de todo ato da Administração Pública. Não se trata da moral comum, mas sim de uma *moral jurídica*, entendida como *o conjunto de regras de conduta tiradas da disciplina interior da Administração*. Entende-se que o agente administrativo, como ser humano dotado de capacidade de atuação, deve, necessariamente, distinguir o bem do mal. E, ao atuar, não poderá desprezar o elemento ético de sua conduta.

Assim, não terá de decidir somente entre legal e ilegal, justo e injusto, conveniente e inconveniente, oportuno e inoportuno, mas também entre o honesto e desonesto, o ético e antiético. Por considerações de Direito e de Moral, o ato administrativo não terá de obedecer somente às leis jurídicas, mas também à ética da própria instituição, pois nem sempre o que é legal é moralmente adequado, conforme já proclamavam os romanos: *non omne quod licet honestum est.*

A constitucionalização da moralidade como princípio assegura ao intérprete mecanismo para obrigar juridicamente a Administração não apenas a seguir um comportamento legal, mas também ético, tendo em vista uma ideia de comportamento que vá além do mero cumprimento e da observância da lei.

A moral *comum* é imposta ao homem para sua conduta *externa*; a moral *administrativa* é imposta ao agente público para sua conduta *interna*, segundo as exigências da instituição a que serve e a finalidade de sua ação, que é o bem comum.

Observam-se avanços específicos no enfrentamento de práticas imorais, exemplificados pela Resolução nº 7 do Conselho Nacional de Justiça (CNJ), que foi reconhecida como constitucional pelo STF na ADC nº 12-MC. Esta resolução proíbe o nepotismo dentro de todas as instâncias do Poder Judiciário.

Em linha com esse pensamento, foi promulgada a Súmula Vinculante nº 13, em 21 de agosto de 2008, estabelecendo que:

> A indicação para cargos de confiança ou comissionados de cônjuges, companheiros ou parentes até o terceiro grau, seja por consanguinidade, afinidade ou colateral, por parte de autoridades ou servidores que ocupem cargos de liderança, direção ou assessoramento em qualquer órgão da Administração Pública direta ou indireta, nos âmbitos federal, estadual, distrital ou municipal, incluindo as nomeações que resultem de acordos de reciprocidade, constitui uma violação à Constituição Federal.

Com a reforma da Lei de Improbidade Administrativa pela Lei nº 14.230/2021, especificamente no art. 11, inciso XI, introduziu-se uma nova categoria de improbidade administrativa inspirada na Súmula Vinculante nº 13, que considera o nepotismo, incluindo o nepotismo cruzado, como uma violação aos princípios administrativos.

Essa medida visa reprimir tanto o nepotismo direto quanto formas indiretas, como nomeações que envolvem acordos de reciprocidade. Essa ação é crucial para promover a moralidade e a eficiência no serviço público, especialmente considerando que o Brasil tem sido destacado por nomear muitos servidores sem concurso público.

A Resolução nº 229 do CNJ, datada de 22 de junho de 2016, modificou e adicionou regras à Resolução CNJ nº 7, de 18 de outubro de 2005, para incluir explicitamente outras formas de nepotismo em contratações públicas, tais como:

i) A contratação, sob condições excepcionais de dispensa ou inexigibilidade de licitação, de empresas cujos sócios sejam cônjuge, companheiro ou parente até o terceiro grau de membros, juízes ou servidores que exerçam cargos de direção ou assessoramento.

ii) A contratação, independentemente do tipo de licitação, de empresas que tenham como sócios cônjuge, companheiro ou parente até o terceiro grau de magistrados ou servidores que ocupem cargos de direção, chefia ou assessoramento, direta ou indiretamente ligados às unidades responsáveis pelas licitações.

Um aspecto relativamente recente no campo do Direito Administrativo relacionado ao reforço do princípio da moralidade é a crescente demanda por integridade na Administração Pública. O Decreto nº 9.203/2017, em seu art. 3º, inciso II, que estabelece diretrizes para a governança da Administração Pública federal direta, autárquica e fundacional, identifica a integridade como um princípio fundamental da governança pública.

Nesse sentido, integridade refere-se à característica de ser completo, transparente, honesto e fiel às suas palavras. Organizações íntegras são aquelas que honram seus compromissos, consideram o impacto de suas ações e agem com responsabilidade e sensibilidade, evitando corrupção, engano, assédio ou discriminação.

Na prática, espera-se que as ações moralmente corretas sejam honestas, respeitem os direitos dos outros, não enganem nem causem prejuízo, e estejam em conformidade com as regras, agindo com integridade e responsabilidade. No entanto, o termo *corrupto* descreve algo que foi alterado, deteriorado ou corrompido, perdendo suas características originais. A fraude é um indicativo de falta de integridade. Além disso, a ética, na filosofia, é o campo que estuda a moral, diferenciando-se de uma visão simplista que divide as pessoas entre *boas* e *más*, e, sim, questiona sobre o bem e o mal.

A ética envolve a reflexão sobre os critérios de tomada de decisão, considerando dilemas éticos profundos, conflitos de interesse, eficácia das ações diante dos riscos e questões estratégicas organizacionais. Portanto, a ética não deve ser reduzida a moralismos superficiais, mas sim deve ponderar sobre as complexas relações e normas em busca de um equilíbrio razoável, focando na interpretação das realidades vividas e nos desafios concretos enfrentados.

O Decreto nº 9.203/2017, em seu art. 19, determina que órgãos e entidades federais devem criar programas de integridade visando promover medidas institucionais para prevenir, detectar, punir e corrigir fraudes e corrupção. Esses programas são estruturados em torno de quatro pilares: apoio da alta administração, designação de uma unidade responsável pela implementação, análise e gestão de riscos de integridade, e monitoramento contínuo.

Os programas de integridade compreendem um conjunto de mecanismos e procedimentos focados na integridade, na auditoria, no incentivo à denúncia de irregularidades e na aplicação de códigos de ética e conduta. A implementação desses programas na Administração Pública visa fomentar o respeito à moralidade administrativa, por meio da disseminação de códigos de ética, treinamento de funcionários e liderança pelo exemplo da alta administração, além de ser crucial para identificar e corrigir atos desonestos ou fraudulentos.

Em suma, a moralidade administrativa (pautada em modelos positivos de conduta), junto a sua legalidade e finalidade, constitui pressupostos de validade sem os quais toda a atividade pública será ilegítima. A moralidade administrativa é um direito subjetivo do cidadão e integra o Direito Público como elemento indissociável na sua aplicação e na sua finalidade, erigindo-se em favor da legalidade. Nesse sentido, também o *controle jurisdicional* não se restringe somente ao exame da legalidade do ato administrativo, mas por *legalidade* ou *legitimidade* entende-se além da conformação do ato com a lei, mas também com a moral administrativa e com o interesse coletivo.

Pelo *princípio da publicidade*, obriga-se a divulgação oficial do ato para conhecimento público e início de seus efeitos externos. A atuação do Poder Público deve ser transparente, visando proporcionar o controle dos seus atos, contratos ou negócios pelos administrados.

O referido controle tem fundamento no interesse dos administrados em ter ciência dos assuntos que lhes dizem respeito, possibilitando-lhes a defesa de seus direitos por meio de ações constitucionais, tais como o mandado de segurança e a ação popular.

O texto constitucional estipula que a divulgação de atos, programas, obras, serviços e camponhas de entidades governamentais deve possuir natureza educativa, informativa e de orientação social, sem incluir nomes, símbolos ou imagens que promovam individualmente autoridades ou funcionários públicos. Isso assegura o cumprimento do princípio da impessoalidade, considerando que os recursos financeiros empregados nessas iniciativas provêm do erário público, ou seja, do patrimônio coletivo. A obrigatoriedade de tornar públicos os atos e contratos administrativos constitui uma responsabilidade do Estado e um direito ou garantia dos cidadãos. Isso vale tanto para o interesse individual quanto para o controle social sobre as ações do governo.

A Lei nº 12.527, de 18 de novembro de 2011, estabelece normas para garantir o acesso à informação sob três principais aspectos:

i) Como um direito fundamental, amparado pelo art. 5º, inciso XXXIII, da CF/1988;

ii) Como um direito dos usuários dos serviços públicos, conforme estipula o art. 37, § 3º, inciso II, da Carta Magna, que assegura a transparência dos atos governamentais; e

iii) Sob a ótica de proteção ao patrimônio cultural brasileiro, conforme o art. 216, § 2º, da CF/1988, visando aprimorar a administração dos documentos governamentais e facilitar o acesso a eles por parte da população.

Essa legislação define, em seu art. 4º, conceitos fundamentais para sua aplicação, como:

– **Informação:** conjunto de dados, processados ou não, que servem para a criação e disseminação de conhecimento, disponíveis em qualquer meio, formato ou suporte.

– **Documento:** qualquer registro de informações, independentemente do formato ou suporte.

– **Informação sigilosa:** informações que, por um período determinado, têm seu acesso restrito ao público por serem essenciais à segurança da sociedade e do Estado.

– **Informação pessoal:** dados que se referem a uma pessoa física identificável.

– **Tratamento da informação:** todas as operações realizadas com a informação, desde sua produção até sua eliminação, incluindo acesso, distribuição, armazenamento, entre outros.

– **Disponibilidade:** característica da informação que permite seu acesso e uso por pessoas, sistemas ou equipamentos autorizados.

– **Autenticidade:** garantia de que a informação foi criada, emitida, recebida ou alterada por uma pessoa ou sistema específico.

– **Integridade:** assegura que a informação permanece inalterada, mantendo sua origem, trajeto e destino.

– **Primariedade:** atributo da informação que é coletada diretamente da fonte, com o máximo de detalhes e sem alterações.

No que tange à obrigação da Administração Pública em divulgar seus atos e contratos, visando a transparência e o início de seus efeitos legais, Hely Lopes Meirelles (2009, p. 96) destaca que isso é um requisito para a eficácia e a moralidade administrativa.

A Lei nº 14.133/2021, em seu art. 94, especifica que a publicação de contratos administrativos no Portal Nacional de Contratações Públicas (PNCP) dentro de 20 dias úteis após a assinatura é essencial para sua validade e a de seus aditivos. No entanto, a mera publicação de um ato administrativo não o legitima automaticamente se este for ilegal; e a necessidade de publicidade é um princípio que o Poder Público deve seguir rigorosamente.

A publicidade pode ser geral, exigindo divulgação em meios oficiais de comunicação ou em locais públicos visíveis, ou restrita, voltada para atos de natureza individual ou com efeitos internos, podendo ser feita por notificação, citação ou intimação. José Eduardo Martins Cardozo (1999, p. 163) ressalta que, mesmo para atos de efeitos internos, que não requerem publicação, é necessário informar os destinatários, buscando a máxima transparência em todo o processo administrativo, incluindo atos preparatórios e registros em arquivos ou livros específicos.

A legislação deve especificar o modo adequado de assegurar a publicidade dos atos administrativos, aplicando critérios definidos na teoria dos atos administrativos e nas leis de processo administrativo para preencher lacunas legais. A falta de publicidade, quando exigida, pode anular os atos administrativos, pois a publicação é fundamental para o controle de legalidade e a proteção dos direitos dos cidadãos.

A publicidade visa inibir a ocultação do exercício funcional do agente público, impossibilitando a prática de conduta reprovável contrária à moralidade administrativa. Além disso, a publicidade abrange todo o universo da Administração Pública, em que eventos das mais variadas modalidades são revestidos de absoluta clareza: atos concluídos e em andamento, pareceres de órgãos técnicos e jurídicos, processos licitatórios (atas de julgamentos e contratos), procedimentos administrativos diversos, comprovação de despesas e prestação de contas.

A publicação que produz efeitos jurídicos é aquela feita pelos órgãos oficiais da Administração, e não pela imprensa particular, pela televisão ou pelo rádio, ainda que em horário oficial. Entendem-se como órgãos oficiais não só o Diário Oficial, mas também as publicações contratadas com essa finalidade.

A implementação da Lei de Acesso à Informação introduziu o princípio da transparência, frequentemente vinculado à noção de publicidade. Conforme estabelecido no art. 3º, inciso IV, da referida lei, uma de suas diretrizes fundamentais é promover a criação de uma cultura de transparência no âmbito da administração pública. Este conceito de transparência, oriundo do jargão da governança pública e frequentemente referido como *disclosure*, refere-se à obrigação de tornar públicos os atos administrativos para prevenir conflitos de interesse, garantindo que as informações sejam divulgadas de maneira clara, objetiva e acessível, de modo que a transparência requerida implica a disponibilização de dados de forma íntegra e fácil de entender.

Importante destacar a diferenciação entre *transparência ativa* e *passiva*. Na modalidade ativa, as entidades governamentais tomam a iniciativa de publicar informações, geralmente por meio de plataformas digitais, sem que haja necessidade de um pedido específico por parte dos cidadãos ou grupos interessados. No entanto, na transparência passiva, a divulgação das informações ocorre em resposta a solicitações feitas pela população ao órgão público correspondente.

O *princípio da eficiência* é aquele que obriga a Administração Pública a empreender todos os esforços necessários e disponíveis para o melhor desempenho de suas atividades.

Esse princípio foi introduzido no *caput* do art. 37 do texto constitucional pela EC nº 19, de 04.06.1998, entretanto, falar em Administração Pública eficiente parece redundância, pois que a eficiência, mais do que um princípio individualizado, consiste em uma obrigação implícita da engrenagem administrativa, subentendendo nesta engrenagem os agentes públicos, os órgãos administrativos e os entes da Administração Direta e Indireta.

No campo da Administração, eficiência e eficácia são critérios comumente utilizados para avaliar o desempenho organizacional, embora representem conceitos distintos. Eficiência diz respeito ao uso otimizado dos recursos disponíveis, caracterizando-se por um administrador que alcança alta *performance* utilizando os recursos (como mão de obra, materiais, dinheiro, máquinas e tempo) de maneira eficaz. Já a eficácia foca nos resultados obtidos, indo além da simples análise dos meios empregados; assim, é possível que um gestor seja eficiente sem necessariamente ser eficaz, caso os objetivos propostos não sejam atingidos apesar da adoção de métodos adequados (Chiavenato, 2000, p .128-129).

A noção de eficiência administrativa não se limita apenas à maximização dos recursos e dos meios disponíveis, mas também inclui a análise da efetividade desses recursos em atender às necessidades públicas. A eficiência observada no setor privado, orientada para o lucro e a adaptação às mudanças de mercado, não pode ser simplesmente replicada no setor público, que visa primordialmente ao atendimento do interesse público e à oferta contínua de serviços públicos.

No setor privado, a sensibilidade às mudanças de mercado é crucial, enquanto no serviço público, busca-se uma certa uniformidade para garantir a universalização, a imparcialidade e a continuidade no atendimento das demandas coletivas. Muitas entidades que prestam serviços públicos operam com déficits por natureza, como é o caso dos serviços de saúde e educação, que são oferecidos gratuitamente e financiados pelo patrimônio público.

Portanto, comparações diretas entre a eficiência exigida no setor privado e a necessária no setor público são inadequadas, dada a diferença de objetivos entre os dois setores. Além disso, a busca pela eficiência não deve priorizar exclusivamente os resultados em detrimento dos processos. No Direito Administrativo, os procedimentos estabelecidos oferecem garantias importantes aos cidadãos. Por exemplo, o processo de licitação, embora possa ser mais custoso e demorado, assegura a igualdade de oportunidades nas contratações públicas. Da mesma forma, a estabilidade dos servidores públicos e a seleção por concurso público são medidas que garantem a imparcialidade e a meritocracia na administração pública.

Assim, a eficiência deve ser equilibrada com outros princípios, sem prevalecer sobre a legalidade, pois os meios legais protegem garantias fundamentais, rejeitando a ideia de que *os fins justificam os meios*.

Na administração privada, é comum a realização de treinamentos que visam alinhar os interesses dos funcionários aos objetivos lucrativos da empresa, o que pode limitar a autonomia de julgamento dos empregados. Tais práticas contrastam com o setor público, onde a preocupação recai sobre o clientelismo e a ocupação de cargos por indivíduos menos qualificados devido a conexões políticas, em detrimento daqueles que se dedicam ao trabalho baseado em critérios técnicos.

Portanto, enquanto no setor privado as metas desafiadoras podem pressionar os funcionários, no setor público, as críticas frequentemente giram em torno do clientelismo e da burocracia, esta última muitas vezes vista negativamente, apesar de sua importância para a eficiência. A desburocratização é vista como uma forma de aproximar os serviços públicos da população.

A eficiência é, para muitos autores, colocada no rol de *deveres* do administrador público, e não no de *princípios*, como ocorre com a legalidade, a impessoalidade, a publicidade e a moralidade. A verificação da eficiência abrange aspectos quantitativos e qualitativos. A rigor, a eficiência, considerada em sentido amplo, está implícita no *princípio da moralidade*, pois que a desídia funcional denota certo desvio de conduta, prejudicando não apenas a produtividade, mas a lisura das ações praticadas, comprometendo a credibilidade daqueles que são depositários da confiança dos administrados.

A eficiência exige que o servidor público adote uma conduta que gere resultados benéficos para a realização dos objetivos destinados ao Estado. Portanto, mesmo antes de ser formalmente estabelecida como um princípio, a eficiência já era reconhecida nos manuais como um aspecto necessário dentro das obrigações funcionais.

Conforme descrito por Hely Lopes Meirelles (2009, p. 98), a eficiência constitui "o compromisso de todo servidor público de executar suas funções com rapidez, excelência e eficácia funcional".

Observam-se as deficiências do serviço público tanto pelos vícios burocráticos quanto pelo excesso de trabalho dos agentes públicos, pela carência de mão de obra especializada, ou simplesmente pela desmotivação do agente, que não vislumbra satisfação pessoal no desempenho de suas funções. Muito embora tal princípio tenha sido consagrado pela EC n° 19/1998, na realidade corresponde ao *dever da boa administração* da doutrina italiana, o que já se acha sedimentado entre nós, pela Reforma Administrativa Federal do Decreto n° 200/1967.

A eficácia na prestação dos serviços públicos, igualmente, vem acompanhada de inúmeros mecanismos constitucionais para sua implementação. Dessa forma, o texto constitucional consagra o princípio da eficiência, a flexibilização do conceito de estabilidade do servidor público e os contratos de gestão.

Logo, pode-se afirmar que a formalização do princípio da eficiência limita as opções legais dos administradores públicos para escolhas que sejam tanto convenientes quanto oportunas, promovendo uma convergência entre o Direito Administrativo e a Ciência da Administração. Dessa forma, se a eficiência for efetivamente adotada como um princípio constitucional, as políticas públicas anteriormente delegadas às ciências não jurídicas podem ser julgadas inconstitucionais se contrariarem diretamente os critérios de eficiência. Em outras palavras, se o governo implementar políticas claramente ineficientes, elas poderão ser questionadas com base no princípio da eficiência (Nohara, 2005, p. 79-88).

A adoção da eficiência como critério traz potenciais benefícios, como o combate ao desperdício de recursos públicos, que anteriormente era uma prerrogativa exclusiva dos gestores. No entanto, essa abordagem deve ser utilizada com cautela para evitar a desconsideração de decisões administrativas que, embora não sejam consideradas as melhores sob determinadas perspectivas administrativas, são razoáveis em termos de eficiência.

Isso evita a substituição indevida de escolhas administrativas legítimas, feitas pelos representantes eleitos, por aquelas julgadas superiores pelo Judiciário, uma situação que lembra o ocorrido nos Estados Unidos após a Grande Depressão. Naquela época, a Suprema Corte anulou políticas governamentais aprovadas pelo Legislativo que visavam à recuperação do país por meio de intervenções consideradas inconstitucionais por juízes conservadores, marcando um dos maiores confrontos entre os Poderes Executivo e Judiciário na história.

Também se revestem de importância outros princípios quando consagrados por normas legais de hierarquia inferior, como ocorre com a Constituição Estadual de São Paulo, art. 111, que positivou os seguintes princípios: princípio da *razoabilidade*; princípio da *finalidade*; princípio da *motivação*; e princípio do *interesse público*.

O *princípio da razoabilidade* é aquele sedimentado em critérios racionais, e está atrelado às situações postas pela coletividade em determinado momento, levando em conta aspectos econômicos, culturais ou sociais, ou seja, valores éticos e morais válidos para toda a coletividade.

Tal princípio visa limitar o poder discricionário do agente público, que poderá praticar determinados atos, com certa margem de liberdade de avaliação ou decisão, segundo critérios de conveniência e oportunidade, desde que não ultrapasse os limites de bom senso, coerência, legitimidade e economia, sempre visando ao bem comum. Por esse motivo, observa-se que, mesmo quando o exercício da atividade administrativa permite ao agente certa liberdade de agir, impede que tal liberdade seja desmedida, inconsequente e prejudicial ao interesse público.

Razoabilidade refere-se à característica que remete à sensatez, trata-se de um adjetivo que tem origem no latim, proveniente da palavra *razão* (*ratio*). Este termo abrange múltiplos significados, incluindo ser logicamente criterioso, ponderado, aceitável para a razão e equilibrado.

Em estudo aprofundado em sua tese de doutorado, intitulada "Limites à razoabilidade nos atos administrativos", Irene Nohara argumenta que a razoabilidade opera mais como um juízo do que como um princípio em si. Enquanto juízo, está associada à prudência, que Aristóteles define como a virtude do discernimento que permite ao indivíduo fazer escolhas sensatas.

Essencialmente, a razoabilidade se ocupa da análise da proporcionalidade entre meios e fins, focando na adequação dos meios empregados para alcançar certos objetivos. Por exemplo, avaliações que verificam o conhecimento jurídico são consideradas meios razoáveis em concursos para carreiras jurídicas; o conhecimento específico na área de atuação é um critério adequado para a seleção de líderes de agências reguladoras; e a exigência de documentação comprobatória de qualificação técnica é uma condição razoável para empresas que desejam participar de licitações para execução de obras ou prestação de serviços complexos para o governo.

A razoabilidade pode ser compreendida como uma dimensão da legalidade, na medida em que a interpretação jurídica, sob uma abordagem hermenêutica avançada, rejeita opções que sejam irracionais, imorais ou ilegítimas dentro do contexto jurídico.

Sob esse prisma, a razoabilidade atua como um critério interpretativo que restringe a liberdade de ação do administrador público. O controle efetivo dessa discricionariedade por parte do Judiciário depende da capacidade deste de exercer julgamento prudente, avaliando o equilíbrio entre as razões e os objetivos de cada ato governamental em análise. Por isso, a razoabilidade e a proporcionalidade servem como critérios para o balanceamento de princípios e direitos fundamentais que possam estar em conflito.

Adicionalmente, o art. 21 da LINDB, modificado pela Lei nº 13.655/2018, estabelece a necessidade de se ponderar os efeitos da anulação de atos, contratos ou processos administrativos. Este artigo proíbe a imposição de ônus ou perdas que, dadas as especificidades do caso, sejam considerados anormais ou exagerados, conforme estipula seu parágrafo único.

A referência à razoabilidade envolve a busca pelo equilíbrio, atuando como um critério de moralidade superior, isto é, evitando tanto o excesso quanto a falta, mantendo uma proporção adequada entre os elementos.

Por exemplo, um teste de aptidão física para candidatos a delegado federal foi considerado desproporcional pelo antigo Tribunal Federal de Recursos, pois os exercícios físicos demandados eram excessivos para as funções do cargo. Argumentou-se que, dado que o delegado geralmente desempenha funções administrativas, não seria necessário possuir aptidão física para perseguir suspeitos, já que conta com uma equipe para realizar tais tarefas.

A irrazoabilidade pode manifestar-se tanto pelo excesso quanto pela insuficiência, como no caso de um município que realizou um concurso para engenheiros e psicólogos baseando-se apenas em questões de conhecimento geral, como português e matemática.

No âmbito do Direito Administrativo, tanto o excesso quanto a falta de razoabilidade frequentemente indicam um desvio de finalidade. Assim, em alguns concursos, pode-se suspeitar que o objetivo da autoridade competente não seja selecionar o candidato mais qualificado, mas sim aquele que atende a critérios não relacionados ao desempenho efetivo das funções do cargo, o que constitui uma clara violação dos princípios da razoabilidade, da impessoalidade e da finalidade na administração pública.

O *princípio da finalidade* estabelece que o objetivo a ser atingido pela prática de determinado ato deve estar determinado na norma legal; não se confunde com o princípio da legalidade, mas é consequência dele.

Há legislações que estabelecem a *finalidade* como um princípio fundamental, incluindo a LPA Federal (Lei nº 9.784/1999, art. 2º), a LPA do Estado de São Paulo (Lei nº 10.177/1998, art. 4º) e o art. 111 da Constituição Estadual de São Paulo. O servidor público, ao exercer as funções que lhe são conferidas, deve seguir estritamente o objetivo de todas as leis, que é promover o interesse público ou o bem comum, assim como a finalidade específica da legislação que está sendo aplicada. É importante destacar que, no âmbito do Direito Administrativo, a *finalidade* é considerada também como um elemento ou requisito para a validade do ato administrativo.

Todo ato que se apartar desse objetivo sujeitar-se-á à invalidação por *desvio de finalidade*, que nossa Lei da Ação Popular conceituou como *o fim diverso daquele previsto, explícita ou implicitamente, na regra de competência do agente* (Lei nº 4.717/1965, art. 2º, parágrafo único).

O princípio da finalidade exige que o ato seja praticado sempre com o objetivo de preservar o interesse público, que, por vezes, pode coincidir com o interesse de particular, como ocorre, por exemplo, em contratos públicos em que é lícito conjugar o interesse coletivo com o particular. A lei não concede permissão para agir sem um objetivo; a obrigação jurídica não é uma obrigação inconsequente, pois visa a um fim específico, predetermina um destino, antecipa um alcance.

A ideia é, basicamente, o atrelamento de um fim preestabelecido e que deve ser traduzido, sempre, em benefício da maioria, enquanto provê a segurança do Estado, a manutenção da ordem pública e a satisfação de todas as necessidades da sociedade.

Pelo *princípio da motivação*, todo ato administrativo deve ser justificado. No Direito Administrativo, deve-se pesquisar o motivo da ação do agente público como centro motriz da vontade, pois, inexistindo o motivo, inválido será o ato administrativo praticado. De acordo com o princípio da publicidade, em um regime de democracia republicana, é essencial que existam mecanismos que obriguem os governantes a fornecerem explicações e justificativas para suas ações. Isso se baseia na premissa de que o poder origina-se do povo, conforme estabelecido no art. 1º, parágrafo único, da CF/1988. Portanto, aqueles que detêm o poder não devem esconder do povo, o legítimo detentor desse poder, os fundamentos e razões por trás dos atos governamentais.

Motivação refere-se ao processo ou resultado de fornecer justificativas para uma ação ou decisão tomada. Isso implica detalhar os eventos e as bases legais que motivaram a Administração Pública a emitir um determinado ato ou adotar uma medida específica.

Há um debate sobre se a motivação deve se limitar a revelar as razões por trás de um ato ou se deve também incluir a explicação de sua finalidade. Sob uma interpretação mais ampla, a motivação não se restringiria apenas à exposição dos motivos, mas abrangeria todos os aspectos que afetam a legalidade, a conveniência e o objetivo do ato, assim como a relação entre as razões apresentadas e o conteúdo do ato.

Enquanto o art. 50 da Lei nº 9.784/1999 especifica que a motivação deve apresentar os *fatos e os fundamentos jurídicos* dos atos, a LINDB, modificada pela Lei nº 13.655/2018, amplia essa definição para incluir a demonstração da necessidade e da adequação da medida adotada ou da anulação de um ato, contrato, ajuste, processo ou norma administrativa. Isso deve ser feito considerando também as alternativas disponíveis.

Portanto, após a modificação de 2018, entende-se que a motivação vai além da mera indicação de fatos e fundamentos, exigindo também a avaliação da proporcionalidade da medida ou da anulação, o que envolve a análise comparativa da decisão tomada em relação a outras opções possíveis.

O agente público jamais poderá agir de acordo com sua própria vontade, não lhe sendo facultado livre-arbítrio no exercício funcional. Por vezes, a vontade do agente pode coincidir com o interesse coletivo, mas a justificativa ou a motivação deve estar baseada no interesse público, e somente por essa razão a execução do ato será admitida, tornando-o válido para que produza seus efeitos.

O *princípio do interesse público* estabelece que os efeitos de determinado ato administrativo devem atender ao bem-estar coletivo, e não ao interesse próprio do agente administrativo.

Outras leis que dispõem sobre a Administração Pública também podem conter princípios informativos do Direito Administrativo:

– Princípio da *supremacia do interesse público*;
– Princípio da *continuidade*;
– Princípio da *indisponibilidade do interesse público*;
– Princípio da *autotutela*;
– Princípio da *especialidade*;
– Princípio da *presunção de legitimidade*;
– Princípio da *proporcionalidade*;
– Princípio da *segurança jurídica*.

Quanto ao *princípio da supremacia do interesse público*, trata-se da sobreposição do interesse coletivo ao individual, isso não significa que o interesse particular deva ser desprezado, pois a superioridade do interesse coletivo não deve desrespeitar o direito do particular ou afrontar lei que o assegure, é princípio geral de Direito em qualquer sociedade *dar a cada um o que lhe pertence, agir honestamente* e *não causar prejuízo a ninguém*.

Trata-se de pressuposto lógico para o convívio social e, muito embora não esteja expresso no art. 37 da CF/1988, pode ser encontrado em vários outros dispositivos que o contemplam. A supremacia do interesse público é o princípio-alicerce do regime jurídico adminsistrativo (Nohara, 2024, p. 43).

Exemplo claro é o instituto da desapropriação previsto no art. 5º, XXIV e XXV da CF/1988, em que é patente a sobreposição da conveniência em favor da coletividade sobre o particular. Porém, a norma determina que o particular seja indenizado pela perda do patrimônio. Desta forma, o interesse público é contemplado, mas ao mesmo tempo sem violação do direito individual.

No cerne da questão, a salvaguarda do bem comum e do bem-estar da coletividade pode, de maneira indireta, assegurar os interesses individuais, apesar de tal não ser o objetivo primordial da gestão pública. O conceito de que o interesse público prevalece sobre o privado é uma norma fundamental do Direito, essencial para qualquer comunidade, e, conforme apontado por Bandeira de Mello (2023), constitui a espinha dorsal do Estado Democrático de Direito, sendo um pressuposto essencial para a existência e a harmonia social.

A obrigação de satisfazer ao interesse coletivo motivou o Estado a expandir suas funções, chegando a intervir na economia e nos direitos de propriedade, sempre dentro dos limites estabelecidos pela Constituição do país. Assim, verifica-se a ocorrência de intervenções estatais visando o bem-estar coletivo e a promoção do interesse público.

Pelo *princípio da continuidade*, os contratos de serviços firmados entre particular e Administração Pública não podem ser paralisados, pois a atividade administrativa não deve ser interrompida, correndo-se o risco de causar danos à coletividade, ainda que a Administração descumpra cláusula contratual.

No Direito Privado, as partes contratantes encontram-se em condição de igualdade quanto aos direitos e às obrigações resultantes da relação jurídica, o que coloca o contrato, quanto à execução, à alteração e às demais condições, em uma sistemática recíproca quase absoluta.

Já no regime jurídico de Direito Público, em virtude da aplicação do princípio *da supremacia do interesse público* sobre o interesse individual, com o Estado em posição de preponderância sobre o particular na relação jurídica, possibilita-se que o mesmo Estado tome certas medidas ou use de certas prerrogativas sem a aquiescência do contratado, embora sejam observadas certas regras jurídicas protetoras do interesse privado e do equilíbrio contratual.

Tratando-se de agentes públicos, certas funções não podem ser paralisadas sob nenhum pretexto, nem mesmo para o exercício de direito constitucional (CF/1988, art. 37, VII). Serviços essenciais não admitem suspensão ou interrupção, como os de segurança pública, transporte público e saúde.

O *princípio da indisponibilidade do interesse público* não pode ser confundido com a *Supremacia do interesse público*, uma vez que aquele corresponde à impossibilidade do administrador em concretizar quaisquer transações sem prévia e correspondente norma legal que o autorize. O agente público assume papel de gestor de bens, de pessoal e de serviços públicos. Exercendo tal tarefa, realiza os negócios administrativos segundo a legislação pertinente.

Quando falamos sobre os interesses públicos, estamos nos referindo aos interesses de toda a sociedade, e é papel da administração pública cuidar desses interesses. No entanto, a administração não pode fazer o que quiser com esses interesses, pois ela apenas recebeu a autorização da sociedade para gerenciá-los. Esses interesses são da comunidade e não podem ser usados de forma indevida por ninguém.

O trabalho da Administração Pública é gerenciar esses interesses para o benefício de todos, seguindo as regras estabelecidas pela Constituição Federal e outras leis. Isso significa que a administração não tem o poder de decidir livremente sobre os bens e os interesses da sociedade; ela deve agir de acordo com a lei, já que não é a proprietária desses bens.

O Estado é quem realmente possui os bens e deve agir sempre pensando no bem-estar da sociedade. Portanto, a administração pública é responsável apenas por cuidar e implementar esses interesses, seguindo os princípios do Direito Administrativo, que servem como guia para suas ações. Ao comparar com o Direito Privado, onde as pessoas têm mais liberdade para gerir seus bens, no Direito Administrativo, a administração está obrigada a seguir as leis de forma estrita, pois está lidando com propriedades e interesses que pertencem a todos.

É dever do agente público zelar por aquilo que lhe é confiado, por serem indisponíveis bens e interesses públicos, uma vez que pertencem e dizem respeito à sociedade. Em suma, o princípio da indisponibilidade limita a gestão do administrador, proibindo-o de praticar atos que configurem disposição dos bens públicos sem autorização legal. Em virtude do *princípio da autotutela*, é facultado à administração reconsiderar seus próprios atos, tanto para revogá-los quanto para anulá-los.

A *autotutela*, por sua vez, diz respeito ao controle que a Administração Direta exerce sobre os próprios atos, com a possibilidade de anular os ilegais e revogar os inconvenientes ou inoportunos, independentemente de recurso ao Poder Judiciário.

Maria Sylvia Zanella Di Pietro (2021) destaca que a Administração Pública possui a capacidade de autotutela, o que significa que ela pode cuidar dos bens que fazem parte de seu patrimônio sem a necessidade de uma autorização do Poder Judiciário. Isso é possível por meio de ações de polícia administrativa, que permitem à Administração prevenir qualquer ação que possa ameaçar a preservação desses bens. Esta capacidade é reconhecida devido a certas características especiais dos atos administrativos, que serão examinadas em momento apropriado.

Odete Medauar (2015, p. 164) enfatiza que, com base nesse princípio, a Administração deve garantir que seus atos e comportamentos sejam legais e estejam alinhados com o interesse público. Caso identifique ilegalidades em seus atos ou medidas, a Administração tem o poder de anulá-los por conta própria; se perceber que são inoportunos ou inconvenientes, pode revogá-los.

É importante sublinhar que, como a Administração é regida pelo princípio da legalidade, ela tem o dever de assegurar que suas ações estejam sempre em conformidade com a lei. Isso inclui a responsabilidade de corrigir qualquer ato que desvie da legalidade, sem que haja necessidade de intervenção do cidadão junto ao Poder Judiciário.

A entidade descentralizada está sob a supervisão da Administração Direta, que possui autoridade para monitorar suas operações. Se ocorrerem casos de ilegalidade, inoportunidade ou inconveniência, a parte interessada tem o direito de apresentar um recurso hierárquico perante a própria entidade descentralizada. Caso as opções de recurso internas se esgotem, é possível recorrer à Administração Direta à qual a entidade descentralizada está vinculada.

A Administração Direta deve, contudo, realizar essa supervisão e intervir em casos de ilegalidade, inoportunidade ou inconveniência em atos da autoridade descentralizada, sem que haja necessidade de um pedido formal por parte do interessado, assim que tomar conhecimento da situação, pois possui a obrigação de fiscalizar tais atos – isso é conhecido como dever de agir. É importante destacar que o recurso hierárquico interposto dentro da Administração Indireta é um exemplo de autotutela; já a busca por intervenção da Administração Direta, relacionada à entidade indireta, caracteriza-se como tutela.

A Súmula nº 473 do STF estabelece que:

> A Administração pode anular seus próprios atos, quando eivados dos vícios que os tornem ilegais. Porque deles não se originam direitos; ou revogá-los, por motivo de conveniência e oportunidade, respeitados os direitos adquiridos, e ressalvada, em todos os casos, a apreciação judicial.

Anula-se o ato ilegal ou revoga-se o ato inconveniente ou inoportuno. Caracteriza-se, especificamente, pela autorrevisão de seus atos, por ela própria (de ofício), ou por provocação de particular.

Pelo *princípio da especialidade*, as entidades estatais não podem alterar ou abandonar os objetivos para os quais foram constituídas, devendo sempre atuar vinculadas aos seus fins ou objeto social. Cabe à lei definir a criação e a área de atuação de qualquer entidade da Administração Indireta (autarquias, empresas públicas, fundações, sociedades de economia mista etc.), não se admitindo o exercício de atividade diversa daquela legalmente admitida e estatutariamente fixada.

Quando falamos sobre os interesses públicos, estamos nos referindo aos interesses de toda a sociedade, e é papel da Administração Pública cuidar desses interesses. No entanto, a Administração não pode fazer o que quiser com esses interesses, pois ela apenas recebeu a autorização da sociedade para gerenciá-los. Esses interesses são da comunidade e não podem ser usados de forma indevida por ninguém. O trabalho da Administração Pública é gerenciar esses interesses para o benefício de todos, seguindo as regras estabelecidas pela Constituição Federal e outras leis. Isso significa que a administração não tem o poder de decidir livremente sobre os bens e interesses da sociedade; ela deve agir de acordo com a lei, já que não é a proprietária desses bens.

O Estado é quem realmente possui os bens e deve agir sempre pensando no bem-estar da sociedade. Portanto, a Administração Pública é responsável apenas por cuidar e implementar esses interesses, seguindo os princípios do Direito Administrativo, que servem como guia para suas ações. Ao comparar com o Direito Privado, onde as pessoas têm mais liberdade para gerir seus bens, no Direito Administrativo, a Administração está obrigada a seguir as leis de forma estrita, pois está lidando com propriedades e interesses que pertencem a todos.

O *princípio da presunção de legitimidade* consiste na ideia de que a Administração Pública encontra-se revestida de autêntica permissão para militar ou agir, empreendendo todos os esforços na consecução e defesa do interesse social. Por conta deste princípio, todos os atos praticados pelos agentes públicos têm validade jurídica, assim como todas as ações implementadas no exercício funcional, sendo plenamente válidas.

O *princípio da proporcionalidade* reflete a busca do equilíbrio entre os meios e os fins utilizados no exercício das atividades, visando inibir práticas abusivas e desconexas. Quando a Administração utiliza medidas com intensidade ou extensão além do que caberia, ressalta a ilegalidade de sua conduta.

Não há entre os doutrinadores unanimidade no que se refere ao princípio da proporcionalidade. Alguns se referem apenas a um princípio. Outros, subdividem-no em proporcionalidade e razoabilidade. É o caso de Irene Patricia Dion Nohara, que considera que o princípio da proporcionalidade é, assim, uma faceta do princípio da razoabilidade (Nohara, 2024, p. 43).

O princípio da proporcionalidade funciona como uma restrição ao poder de decisão do administrador público. Isso significa que, mesmo quando a legislação lhe concede certa autonomia, ele deve empregar somente os meios estritamente necessários para alcançar os objetivos de interesse público. Esse princípio visa prevenir a ocorrência de excessos nas ações do administrador e de seus subordinados, garantindo que não haja abuso de poder. Assim, atua como um freio na Administração Pública, especialmente em relação às decisões que envolvem certo grau de liberdade. De acordo com Hely Lopes Meirelles (2009, p. 86), deve existir "uma relação de adequação entre o objetivo pretendido e os critérios de oportunidade e conveniência" utilizados.

O *princípio da segurança jurídica* é a própria essência da ciência do Direito, de tal sorte que faz parte do sistema constitucional como um todo. Seu alcance muito amplo enquadra-se entre os princípios gerais de Direito, fundamentos normativos de todo sistema jurídico positivo. A busca por segurança é uma das necessidades fundamentais do ser humano. Para que haja um desenvolvimento saudável da vida, é imprescindível contar com uma base de estabilidade e proteção. Dentro do contexto jurídico, a segurança é vista como um princípio essencial que o Direito deve garantir simplesmente por sua existência, visto que um patamar básico de segurança é essencial para a realização da justiça.

O conceito de *segurança jurídica* coincide com uma das mais profundas aspirações do ser humano: a da segurança em si mesma e da certeza possível em relação ao que o cerca. É traduzível na necessidade de vislumbrar algo como estável, permitindo projetar alguma previsibilidade nos comportamentos cujos frutos são esperados, e não aleatoriamente, ao sabor do acaso. Pode-se tomar, por exemplo, a hipótese em que o ato administrativo contenha apenas irregularidade formal, e a invalidação acarrete maiores prejuízos do que o aproveitamento de seus efeitos jurídicos. Diante dessa circunstância, o administrador poderá proceder à convalidação daquele ato.

Conforme a *Teoria Geral do Direito*, a segurança é sinônimo de estabilidade, já que o que se mantém estável é considerado seguro em termos de previsibilidade. O conceito de segurança implica a garantia de que algo está protegido contra incertezas, riscos ou prejuízos. Ela é a base para a criação de diversos princípios jurídicos, como a *não retroatividade das leis, o direito adquirido, o ato jurídico perfeito* e *a coisa julgada*.

A possibilidade de um sistema jurídico que permita a retroatividade das leis sem critérios claros seria alarmante, pois impediria que as pessoas pudessem prever as consequências futuras de suas ações com base nas informações atuais. Isso levaria a uma instabilidade perigosa na avaliação de situações que, no momento da ação, eram consideradas legais.

Por outro viés, o ato jurídico perfeito, definido como aquele realizado de acordo com a lei em vigor no momento de sua execução, e o direito adquirido, entendido como o direito já integrado ao patrimônio jurídico de alguém, protegem os indivíduos contra mudanças abruptas ou surpresas desagradáveis, assegurando estabilidade às situações jurídicas já estabelecidas.

2.4 Princípio da precaução: um princípio jurídico

A noção de precaução não é um conceito jurídico, mas uma ideia comum, ao alcance de todos. Segundo Cretella Neto (2003, p. 224), "a precaução tem como substrato emocional, basicamente, o medo do desconhecido".

A palavra *precaução* vem do latim *praecautionis*, derivando de *praecavere*, que significa ser cauteloso ou guardar-se; também pode significar prudência genérica com respeito a um perigo de dano ou risco. Pode, ainda, em aplicação mais concreta, indicar atos acautelatórios (Lopez, 2010, p. 99).

O princípio da precaução está fundamentado na percepção de que qualquer dúvida deva ser considerada como elemento autorizativo para a implementação de providência a fim de afastar um perigo. Segundo esse princípio, a mais remota possibilidade da existência de algum risco potencial à saúde ou ao meio ambiente, mesmo que não comprovada de forma científica, justifica a adoção de medidas que busquem evitar o evento danoso.

O princípio da precaução já está consagrado em matéria relacionada ao Direito Ambiental, na qual é fundamental a interferência do Estado, bem como em matéria ligada ao Direito do Consumidor, em que encontra indiscriminada aplicação, a partir da ideia de que os alimentos geneticamente modificados (transgênicos) representariam risco à saúde dos consumidores.

Nesse sentido, o princípio da precaução impede a realização de certas atividades no meio ambiente quando não existe uma garantia absoluta de que tais atividades não resultarão em efeitos negativos. Ele se distingue do princípio da prevenção, pois visa prevenir ocorrências desconhecidas, enquanto o princípio da prevenção tem como objetivo evitar impactos negativos já conhecidos sobre o meio ambiente.

Devido à compreensão limitada que o ser humano possui sobre o meio ambiente e suas complexas relações e interações, ele também não tem pleno conhecimento de todas as reações possíveis do ambiente às ações humanas. Portanto, fica incapacitado de estabelecer certezas ou concluir definitivamente sobre os impactos causados por certas ações e intervenções.

Zlata Drnas de Clément (2008, p. 14) esclarece que o princípio da precaução tem origem em um antigo cânone do comportamento humano, correspondendo a uma visão renovada da concepção ancestral de *prudência* em face do incerto, do desconhecido. Na *prudência* estão ligadas a *conjectura* baseada na *memória*, a *inteligência* com o seu raciocínio indicativo-dedutivo (analogia com o que se conhece) e a *providência* (provisão antecipada para evitar ou minimizar o dano ou o mal assumido e temido). Implica uma atitude de reserva, circunspecção, previsão.

José Cretella Neto (2012, p. 223), em rica e minuciosa pesquisa acerca do referido princípio, ensina que:

> O princípio da precaução (*precautionary principle*) baseia-se na ideia de que qualquer incerteza deve ser interpretada com vistas à adoção de determinada medida de salvaguarda. Segundo esse princípio, a mera cogitação da existência de algum risco potencial à saúde ou ao meio-ambiente, ainda que não comprovado de forma científica, justifica a adoção de medidas que evitem o dano temido.

Juarez de Freitas (2012, p. 285), por sua vez, assevera que o princípio da precaução, dotado de eficácia direta e imediata, impõe ao Poder Público diligências não tergiversáveis, com a adoção de medidas antecipatórias e proporcionais, mesmo no caso de incerteza quanto à produção de danos fundadamente temidos (juízo de verossimilhança). A Bioética e o Biodireito também se valem do referido preceito a fim de utilizá-lo como mecanismo de proteção às pesquisas ligadas à biotecnologia.

No Brasil, o Princípio 15 da Declaração do Rio sobre Meio Ambiente e Desenvolvimento, estatui que:

> Com o fim de proteger o meio ambiente, o princípio da precaução deverá ser amplamente observado pelos Estados, de acordo com suas capacidades. Quando houver ameaça de danos graves ou irreversíveis, a ausência de certeza científica absoluta não será utilizada como razão para o adiamento de medidas economicamente viáveis para prevenir a degradação ambiental.

O princípio da precaução é destacado pelo importante papel que desempenha no cenário moderno, isto é, no contexto de grandes avanços tecnológicos, notadamente no que se refere às atividades biotecnológicas, o que vem nutrindo na sociedade tanto o sentimento de esperança de um futuro promissor quanto as incertezas de eventuais riscos à saúde dos indivíduos e ao meio ambiente.

O interesse pelo tema justifica-se por envolver aspectos ligados à vida humana e à proteção ao meio ambiente, dando impulso aos princípios bioéticos e biocientíficos. A relevância desses fatos leva à inevitável influência no âmbito jurídico, destacando-se a criação de novos institutos. Observe-se, dessa maneira, a relevância da precaução para melhor tratamento dos problemas envolvendo a realidade jurídica.

A positivação da precaução como princípio na ordem constitucional permite que sejam tomadas medidas em relação a certos fenômenos, como é o caso das alterações climáticas, por exemplo, sem que seja necessário esperar pelas provas completas e irrefutáveis da existência de perigo iminente.

A não adoção do princípio da precaução configura, ou pelo menos tem o condão de configurar, omissão antijurídica, específica, certa e anômala. Dessa forma, do mesmo modo como ocorre, na hipótese de ausência de conduta exigível, a falta ou a falha na precaução pode gerar dano injusto e, por conseguinte, indenizável.

No estudo sobre o tema, objeto da dissertação de mestrado defendida na Faculdade de Direito da Universidade de São Paulo, destacamos que o princípio da precaução diferencia-se da prevenção, na medida em que aquele se aplica em situações de risco incerto (Pedreira, 2016).

José Cretella Neto (2012, p. 223) informa que:

> [...] Precaução é conceito que, de certo modo, atua em sentido contrário ao da lógica jurídica clássica, baseada no princípio da prevenção, o qual ampara legalmente a imposição de medidas destinadas a evitar danos que costumam efetivamente ocorrer.

Sérgio Cavalieri Filho, por sua vez, destaca que o Princípio da Prevenção vem ganhando relevo, exemplificando tal afirmação com o dispositivo contido no art. 6º, inciso VI, do Código de Defesa do Consumidor (CDC), lembrando que "[...] embora a função ressarcitória da responsabilidade civil seja preponderante, busca-se modernamente evitar a ocorrência de novos danos para que não tornem socialmente insuportáveis".

O CDC, no Capítulo IV, Seção I, apresenta típica conotação preventiva, mormente ao proibir a colocação, no mercado de consumo, de produtos ou serviços que apresentem alto grau de nocividade ou periculosidade.

De acordo com Juarez de Freitas (2012, p. 285), são os elementos centrais identificados no princípio da prevenção:

i) Alta e intensa probalidade (certeza) de dano especial e anômalo;
ii) Atribuição e possibilidade de o Poder Público evitar o dano social, econômico ou ambiental;

iii) Ônus estatal de produzir a prova da excludente do nexo de causalidade intertemporal.

A doutrina já está pacificando o entendimento de que *prevenção* e *precaução* são proposições distintas. *Prevenir* é acautelar-se daquilo que, conhecidamente, se entende como causador do dano; de outra banda, *precaver* advém de algo de que não se tem certeza científica sobre a potencialidade lesiva da conduta, do produto ou da substância etc.

Não é recomendável tratar coisas distintas atribuindo-lhes o mesmo vocábulo, a fim de evitar confusão, sobretudo no âmbito jurídico, visto que a clareza conceitual proporciona o controle mais eficiente das ações estatais. Portanto, a correta definição não se configura apenas de filigrana, já que haverá repercussões práticas.

Teresa Ancona Lopez (2010, p. 101) afirma que às vezes há confusão entre os conceitos de precaução e prevenção, em decorrência do fato de que, em ambos os casos, existe a possibilidade de acontecimento danoso. Porém não são da mesma natureza: no caso da precaução, trata-se da probabilidade de que a hipótese esteja certa. Por outro giro, na hipótese de prevenção, o perigo é estabelecido e cuida-se de probabilidade de acidente.

O art. 225 da Constituição Federal de 1988 estabelece o princípio do direito ao meio ambiente ecologicamente equilibrado, essencial à qualidade de vida sadia, impondo tanto ao Poder Público quanto à coletividade o dever de defendê-lo e preservá-lo para as presentes e futuras gerações. Este princípio é fundamental para a política ambiental brasileira, refletindo a compreensão de que a proteção ambiental não é apenas uma responsabilidade do Estado, mas também de cada cidadão.

Além disso, o art. 225 detalha as ações que devem ser tomadas para assegurar esse direito, incluindo:

1. A exigência de estudo de impacto ambiental para instalação de obras ou atividades potencialmente causadoras de significativa degradação do meio ambiente.
2. A proteção da fauna e da flora, proibindo práticas que coloquem em risco sua função ecológica, causem a extinção de espécies ou submetam animais a crueldade.
3. A promoção do manejo ecológico das espécies e ecossistemas.
4. A exigência de recuperação da área degradada pelo responsável pela degradação.
5. O incentivo à pesquisa e à tecnologia voltadas para o uso sustentável e a proteção dos recursos ambientais.
6. A oferta de educação ambiental em todos os níveis de ensino e a conscientização pública para a preservação do meio ambiente.

Esse princípio, implícito no art. 225, reflete a adoção de uma postura mais proativa e preventiva em relação à proteção ambiental, reconhecendo a interdependência entre a conservação do meio ambiente, o desenvolvimento sustentável e a qualidade de vida das pessoas.

Nos dizeres de José Cretella Neto (2003, p. 225), o conceito de precaução, de certa maneira, opera de forma oposta à lógica tradicional do Direito, que se fundamenta no princípio da prevenção. Este último sustenta a aplicação de medidas preventivas contra danos que, geralmente, acontecem na realidade (por exemplo, certas doenças que podem ser estatisticamente ligadas à exposição a produtos químicos) ou que têm uma alta probabilidade de ocorrer, dadas certas condições de risco, seja de maneira isolada ou em combinação.

2.5 A observância e a aplicação da precaução na atividade estatal

Irene Patrícia Diom Nohara (2012, p. 154) ressalta o alcance do princípio da eficiência, vinculando sua efetividade à observância ao princípio da precaução, aponta que, ao examinar as guerras mundiais, os desafios ambientais de escopo supranacional causados por atividades humanas e as mudanças nas dinâmicas sociais, como a flexibilização dos horários e locais de trabalho e as alterações nas estruturas familiares, a sociedade enfrentou a globalização dos denominados *riscos civilizacionais*.

A partir dessa constatação, o princípio da precaução e a imperativa adequação dos riscos sob uma ótica internacional tornaram-se pontos centrais do debate moderno. Sob essa ótica, enfatizou-se a importância da eficácia e da agilidade, pois, para prevenir cenários catastróficos tanto no plano internacional quanto no nacional, é essencial uma maior adaptabilidade das estruturas organizacionais, incluindo os Estados soberanos.

Para a referida autora, o princípio da eficiência positivado pela EC nº 19/1998 encontra eco no princípio da precaução, uma vez este alberga tamanha importância que sua aplicação não se restringe ao direito pátrio, irradiando também no campo internacional.

A globalização e a integração entre as nações, assim como o empreendimento na sociedade moderna, intensificaram o potencial de transnacionalidade dos riscos ao meio ambiente, à saúde pública e, por via de consequência, à proteção à vida. Na prática, o âmbito de aplicação do princípio é muito mais amplo e estende-se igualmente à política dos consumidores e à saúde humana, animal ou vegetal, assim como na atividade estatal.

Nesse sentido, a Lei das Estatais (Lei nº 13.303/2016) impôs a exigência de matriz de risco nos contratos celebrados entre Empresas Públicas e Sociedade de Economia Mista em clara reverência à ideia de acautelar-se.

Na mesma esteira a Nova Lei de Licitações e Contratos (Lei nº 14.133/2021) reforçou tal exigência para todas as demais contratações.

Vale destacar que a referida Lei nº 14.133/2021 está muito concentrada no planejamento das contratações públicas, no entanto, trataremos desse tema mais detidamente em capítulo próprio.

De acordo com o princípio da precaução, se houver evidências científicas razoáveis de qualquer natureza para se acreditar que uma atividade, tecnologia ou substância possam ser nocivas, obriga-se o agente a agir no sentido de evitar o mal. Esperar sempre pela certeza científica pode ocasionar sofrimento e morte, e os danos ao universo natural podem ser irreversíveis, perpetuando-se por um longo período. Este princípio é aplicado, portanto, sempre que subsista uma incerteza ou enquanto não se dispuser de informações científicas completas sobre o risco potencial.

A aplicação do princípio da precaução encontra grande resistência, e uma delas é a exigência de certeza científica como uma norma, segundo a qual se supõe que, se a previsão do dano não puder ser comprovada cientificamente, não pode ser considerada como verdadeira. A ausência de certeza é utilizada, assim, para justificar a continuidade do uso de uma tecnologia ou substância nociva.

Outra circunstância em que ocorre essa resistência é a utilização da *avaliação de riscos*, cuja margem é muito estreita, com o objetivo de determinar se uma prática específica deve ser regulamentada. Ainda, outra hipótese igualmente resistente é a *análise do custo/benefício*.

Muito embora o princípio da precaução represente um grande avanço no sentido de preservar a saúde pública, o meio ambiente, a vida, enfim, a integridade humana em sua plenitude, é necessária certa cautela para que a aplicação desse princípio não se torne, nas mãos de insensatos, um instrumento para a prática de ações arbitrárias, nem tampouco legitime um Estado intervencionista.

A possibilidade de aplicação do princípio da precaução à atividade estatal é perfeitamente viável, na medida em que o Estado deve utilizar-se de todos os recursos disponíveis como base para justificar a implementação de medidas de salvaguarda frente a uma hipotética ocorrência de dano irreparável.

Nesse sentido, recorremos às lições de Aristóteles (2007, p. 182), que afirmava: "tem-se como característica do homem prudente ser ele capaz de deliberar sobre o que é bom e proveitoso para si mesmo, não num ramo particular, mas o que é vantajoso ou útil como recurso para o bem-estar geral".

O filósofo segue complementando que, por isso homens como Péricles são julgados prudentes, porque possuem uma faculdade de discernir que coisas são boas para si mesmo e para os seres humanos. E é por isso que coincide com nosso entendimento do que seja alguém conhecedor da administração doméstica e da administração política.

Entretanto, deve-se tomar cuidado com situações em que, sob o discurso da proteção integral, o Estado promova a retaliação comercial. Exemplo claro ocorreu no episódio em que o governo canadense proibiu a entrada de carne brasileira, rotulada como suspeita, apenas como forma de tentar atingir o mercado aeronáutico.

Em 02 de fevereiro de 2001, uma sexta-feira, o Canadá decretou o bloqueio das importações de carne brasileira, no que foi seguido pelos Estados Unidos e pelo México, gerando uma onda de protestos e declarações belicosas diante das câmeras, graças à rápida propagação da versão oficial do governo brasileiro, que se colocou como vítima de uma retaliação comercial decorrente da disputa entre as fabricantes de aviões, a nacional Embraer e a canadense Bombardier. As revistas *Veja*, *Istoé* e *Época* publicaram manchetes como, por exemplo: *Não é a vaca que está louca: incomodado com o crescimento da Embraer, o Canadá parte para a retaliação e inventa que a carne brasileira está contaminada.*

Naquele episódio, havia um alerta para as autoridades brasileiras: o ponto mais importante a ser observado não era se, no Brasil, havia ou não foco da doença conhecida como *vaca louca*, mas certificar-se de que o país estava tomando as medidas preventivas para evitar a contaminação.

Nessa esteira de raciocínio, vale recorrer às lições de Juarez de Freitas (2012, p. 281), segundo o qual existe proibição constitucional para o excesso de inércia (ou *omissão desproporcional*), entretanto, esse panorama que se apresenta requer também novo foco hermenêutico, especificamente para concretizar os emergentes princípios da precaução e da prevenção.

Gascón y Marín (2002, p. 164) aponta alguns dispositivos legais que contêm, de forma implícita, a observância do princípio da prevenção como forma de evitar a ocorrência de danos. O Decreto nº 24.643, de 10 de julho de 1934 (Código das Águas), permite, com o objetivo de evitar ou controlar inundações iminentes, a execução de obras temporárias ou a demolição de estruturas existentes em qualquer tipo de propriedade, em situações de emergência, reconhecendo o direito à compensação por perdas e danos.

A história da saúde pública no Brasil tem sido marcada por sucessivas reorganizações administrativas e edições de muitas normas. Da instalação da colônia até a década de 1930, as ações eram desenvolvidas sem significativa organização institucional. A partir daí iniciou-se uma série de transformações, ou melhor, foram criados e extintos diversos órgãos de prevenção e controle de doenças, culminando, em 1991, com a criação da Fundação Nacional de Saúde.

As reflexões expostas neste capítulo têm a finalidade de reconsiderar as bases do Direito Administrativo, pois só é concebível um direito que privilegie a visão antropocêntrica, mesmo porque o ser humano é a razão de o Estado existir. O Estado assumiu o importante papel de concretizar os direitos fundamentais, entretanto, tem obrigação de lançar mão de todos os recursos a fim de garantir sua efetivação.

Não se trata de um Estado intervencionista, mas um Estado cuidador, atento e diligente; nesse espírito, a recepção dos princípios da precaução e da prevenção nas bases constitucionais do Direito Administrativo, mais especificamente na análise da Responsabilidade Estatal, se apresentam como uma nova perspectiva, um novo rumo no sentido de aperfeiçoar a atuação do Estado no exercício de suas atividades.

A contribuição de Ronald Dworkin e Robert Alexy proporcionou a reaproximação da ética com o Direito. Superando as doutrinas positivistas, estes estudiosos defenderam a inclusão de um novo tipo de norma no ordenamento jurídico, as chamadas *normas princípio*, que, junto as *normas regras*, regulariam as condutas.

É certo que aos operadores do Direito caberá a tarefa de delinear novos limites, valores e princípios, visando implementar, na Ciência Jurídica, a interdisciplinaridade inerente a essa nova realidade tecnológica e cultural que vem transformando todo o cenário mundial.

O princípio da precaução pode ser invocado sempre que seja necessária uma intervenção urgente em face de um possível risco para a saúde humana, animal ou vegetal, ou quando necessário para a proteção do ambiente, caso os dados científicos não permitam uma análise completa do risco, ou seja, não permitam medir o risco com certeza suficiente.

Tal princípio somente poderá ser invocado na hipótese de risco potencial, não podendo nunca justificar a tomada de decisão arbitrária, e sua aplicação fica condicionada à verificação de três condições: a) identificação dos efeitos potencialmente negativos; b) avaliação dos dados científicos disponíveis; c) extensão das incertezas científicas. Este se mostra como uma alternativa inovadora para preservar a humanidade de ameaças reais ou mesmo do sentimento generalizado de medo em relação à defesa da saúde pública, da qualidade dos alimentos e do equilíbrio do meio ambiente.

No mundo em que vivemos, *fatos* e *atos* modificam a natureza das coisas e a vida das pessoas, para melhor ou para pior, conforme disposição das normas e regras ou com a infração de tais normas ou regras. Em certa medida, os acontecimentos têm vontade própria, ocorrem independentemente do querer humano e proporcionam mutações grandes ou pequenas nas coisas e nos indivíduos. Nesses casos, via de regra, nenhum indivíduo é responsável pelo evento, nenhuma pessoa natural ou jurídica ou entidade criada pelo homem é chamada a responder pelas mudanças operadas, como lhes tendo dado causa.

No entanto, mesmo no terreno dos fatos, pode incidir a responsabilização, como, por exemplo, no caso em que a previsibilidade humana poderia ter ceifado os efeitos danosos do fato do mundo. Neste caso, excepcionalmente, o indivíduo adere ao fato para efeitos de responsabilidade, porque, embora não seja *causa direta do fato, é causa direta do dano*, pois, podendo impedi-lo, não o fez (Cretella Jr., 2002, p. 25).

A IA avança a passos largos e tem provocado reflexões interessantes sobre o futuro da humanidade e os riscos que podem advir das inovações tecnológicas, gerando situações distópicas para a sociedade. A União Europeia aprovou, no dia 13 de março de 2024, a primeira regulamentação de inteligência artificial do chamado mundo livre. A China, uma ditadura, foi pioneira na criação de leis para a IA, no ano passado.

A norma europeia segue dois princípios: é baseada em riscos e obriga as empresas a serem transparentes com o consumidor. A ideia de legislar a partir de riscos parece boa: quanto mais perigoso é um sistema maior é o número de regras que ele tem de seguir. Esse princípio deve se alastrar pelo mundo, como foi com a legislação europeia sobre proteção de dados. Pelo princípio da transparência, toda empresa terá de informar quando estiver usando IA, terá de rotular imagens e produtos criados com essa tecnologia.

Já o Brasil, avançando na análise desse tema, assiste tramitar no Congresso a PL nº 2.338/2023, de iniciativa do Senador Rodrigo Pacheco (PSD/MG), que dispõe sobre IA, estabelece normas gerais de caráter nacional para o desenvolvimento, a implementação e o uso responsável de sistemas de IA no Brasil, com o objetivo de proteger os direitos fundamentais e garantir a implementação de sistemas seguros e confiáveis, em benefício da pessoa humana, do regime democrático e do desenvolvimento científico e tecnológico.

E fechamos o nosso raciocínio abraçando as considerações de Juarez de Freitas (2012, p. 284), mas indo mais longe. Para ele, o princípio da prevenção, em Direito Administrativo, Direito Ambiental e áreas que envolvem inovações determina, sem mora ou sofisma acomodatício, o cumprimento diligente, eficiente e eficaz da obrigação estatal de impedir o nexo causal de danos perfeitamente previsíveis.

Por fim, concluímos que, aliado ao princípio da prevenção, o da precaução também encontra destaque, uma vez que não há pretexto para a passividade complacente, submissa e servil do ente estatal.

2.6 Violação dos princípios

Cabe destacar a importância da observância dos princípios nos dias de hoje, pois a atuação contrária aos seus preceitos acarreta a invalidade dos efeitos almejados pela Administração ou pelos seus prepostos.

Há que se enfatizar, ainda, que *princípios* são o esteio de todo ordenamento jurídico, dotado de normatividade, o norte interpretativo e o fundamento de validade da norma, representando a estrutura na qual se sustenta toda a pirâmide de leis e normas regulamentadoras do exercício funcional da Administração e cuja violação representa a negação do próprio Direito.

Muito embora os *princípios* constitucionais gozem de força normativa e aplicabilidade imediata, o STF tem entendido que, em regra, a alegação de violação a *princípio* não enseja a admissibilidade do Recurso Extraordinário; a um só tempo, está se negando sua força normativa, quanto à aplicação da técnica da interpretação, conforme se verifica pelo julgado a seguir:

EMENTA: CONSTITUCIONAL. AGRAVO REGIMENTAL EM AGRAVO DE INSTRUMENTO. CADERNETA DE POUPANÇA. CISÃO. CORREÇÃO MONETÁRIA. ALEGADA OFENSA AO ART. 5º, II, XXXVI, LIV E LV, DA CF. AUSÊNCIA DE PREQUESTIONAMENTO. SÚMULAS 282 e 356 DO STF. INCIDÊNCIA. AGRAVO IMPROVIDO [...] II – O Tribunal entende não ser cabível a interposição de RE por contrariedade ao art. 5º, II, da Constituição Federal, quando a verificação da ofensa envolva a reapreciação de interpretação dada a normas infraconstitucionais pelo Tribunal *a quo* (Súmula 636 do STF). III – A orientação desta Corte, por meio de remansosa jurisprudência, é a de que a alegada violação ao art. 5º, LIV e LV, da Constituição, pode configurar, em regra, situação de ofensa reflexa ao texto constitucional, por demandar a análise de legislação processual ordinária, o que inviabiliza o conhecimento do recurso extraordinário. [...]. V – Agravo regimental improvido. Processo (AI nº 749.925 AgR/SP, STF, relator Min. Ricardo Lewandowski, 1ª Turma, julgamento: 15.09.2009).

EMENTA: RECURSO EXTRAORDINÁRIO. ALEGADA VIOLAÇÃO A PRECEITOS INSCRITOS NA CONSTITUIÇÃO DA REPÚBLICA. AUSÊNCIA DE OFENSA DIRETA À CONSTITUIÇÃO. CONTENCIOSO DE MERA LEGALIDADE. RECURSO EXTRAORDINÁRIO NÃO CONHECIDO. As alegações de desrespeito aos postulados da legalidade, do devido processo legal, da plenitude de defesa e da motivação dos atos decisórios, por dependerem de exame prévio e necessário da legislação comum, podem configurar, quando muito, situações caracterizadoras de ofensa meramente reflexa ao texto da Constituição, o que não basta, só por si, para viabilizar o acesso à via recursal extraordinária. Precedentes. O procedimento hermenêutico do Tribunal de jurisdição inferior – quando examina o quadro normativo positivado pelo Estado e dele extrai, para resolução do litígio, a interpretação dos diversos diplomas de natureza infraconstitucional que o compõem – não transgride, diretamente, o princípio da legalidade. Precedentes. Processo (RE nº 197.825/SP, relator Min. Marco Aurélio, 2ª turma, julgamento: 14.03.2006).

Há vetusto entendimento no âmbito do STF de que só cabe Recurso Extraordinário por violação direta à Constituição Federal. Compreende-se por violação não reflexa aquela que, para análise da questão constitucional, não dependa da interpretação pelo STF de matéria infraconstitucional. Ao se concluir que, em regra, a alegação de violação a princípio não enseja a admissibilidade do Recurso Extraordinário, a um só tempo, está se negando sua força normativa, quanto à aplicação da técnica da interpretação conforme.

O STF, como guardião da Constituição Federal, é o órgão competente para apreciar e dar a última palavra acerca do conteúdo constitucional. Portanto, ainda que haja a alegada violação reflexa, a Corte superior deve apreciar os fundamentos do recurso para que analise se foi dada interpretação conforme a Constituição, impedindo que seus dispositivos sejam vilipendiados.

Capítulo 3

DOS AGENTES PÚBLICOS

Para garantir a eficiência e a continuidade dos serviços públicos, torna-se essencial a presença de um grupo distinto de indivíduos, os quais estão sujeitos a um regime excepcionalmente especial, operando sob a supervisão direta ou indireta de superiores na hierarquia.

O Estado, uma entidade abstrata cuja necessidade de pessoal especializado aumenta proporcionalmente à complexidade das funções a serem desempenhadas, busca alcançar seus objetivos primordiais, sem os quais perderia seu propósito de existência. No desempenho de suas funções, o Estado seguramente manterá variadas relações com os seus administrados, desempenhando as funções que lhe são inerentes, no entanto, são as pessoas naturais que dão vida e concretude à vontade desse Estado.

Nos dizeres de Edmir Netto de Araújo (2018, p. 307), "[...] É o elemento humano em ação, no quadro geral das atividades estatais". Nesse contexto, o termo *agente público* abrange uma ampla gama de situações que refletem a atuação do Estado enquanto administrador. Antes da Constituição Federal de 1988, referir-se a alguém como *funcionário público* era usual para indicar indivíduos atuando na Administração Pública. De maneira simplificada, funcionário público refere-se àqueles incumbidos de funções públicas. No contexto atual, sob a ótica da Constituição Federal vigente, prefere-se utilizar o termo *servidor público* ao invés de *funcionário público*.

Vale destacar que, apesar de a Constituição Federal de 1988 ter alterado de funcionário para servidor público, algumas normas ainda conservam a nomenclatura anterior, como, por exemplo, o Código Penal brasileiro, instituído pelo Decreto-Lei nº 2.848, de 7 de dezembro de 1940, onde ainda é mantida a expressão *funcionário público* nos dispositivos que se referem aos crimes contra a Administração Pública.

José dos Santos Carvalho Filho (2012, p. 612) alerta que o conceito de funcionário público era anteriormente mais limitado comparado ao de servidor público hoje em dia, visto que o último termo abrange tanto os empregados sob regime estatutário quanto aqueles regidos pela Consolidação das Leis do Trabalho (CLT), por exemplo.

A expressão *agente público* é usada para descrever de forma mais ampla qualquer pessoa física que, de forma temporária ou permanente, sob qualquer condição, exerça funções, atividades ou preste serviços para a Administração Pública. De fato, agente público é uma categoria mais genérica da qual *servidor público* é um subconjunto.

Para Irene Patrícia Diom Nohara (2024, p. 615), considera-se o agente público como uma projeção do Estado, ou seja, um executor das ordens administrativas. Dado que o Estado não possui uma forma física, a execução de funções públicas é realizada por meio dos agentes públicos, a quem se atribui a intenção do Estado, conforme a teoria do órgão, inicialmente proposta por Otto Gierke. Essa intenção deve sempre alinhar-se com o objetivo da lei, e não com a vontade pessoal do agente, para evitar desvios de propósito.

Importante destacar que a existência de uma irregularidade na nomeação de um servidor não implica automaticamente a invalidade dos atos por ele realizados. Essa percepção advém da teoria do *funcionário de fato*, que sustenta que o cidadão não deve ser afetado pela desatenção interna da

Administração, em respeito à boa-fé, à segurança jurídica e à teoria da aparência. No entanto, mesmo com tal irregularidade, o funcionário de fato que desempenhou funções públicas tem o direito de receber remuneração, para evitar o enriquecimento sem causa do Estado às custas do trabalho realizado.

A Administração Pública, quando foi criada, necessitou de pilares que foram considerados fundamentais para sua eficácia, estando composta por órgãos públicos, agentes e suas funções.

Os agentes serão aqueles que desempenharam uma função pública, representando o Estado perante a necessidade da sociedade. Embora sejam trabalhadores, possuem um regime de trabalho diferenciado, assim como sanções distintas, pode-se dizer que é aquele que presta um serviço de modo vinculado ao Estado.

Para melhor verificar de que se trata a conceituação de agente público, vejamos o que expressa a Lei nº 8.429/1992, no seu art. 2º:

> Reputa-se agente público, para os efeitos desta Lei, todo aquele que exerce, ainda que transitoriamente ou sem remuneração, por eleição, nomeação, designação, contratação ou qualquer outra forma de investidura ou vínculo, mandato, cargo, emprego ou função nas entidades mencionadas no artigo anterior.

A concepção da palavra *agente público* tem um sentido amplo, pois se concretiza como um conjunto de pessoas que exercem alguma função pública dentro do aparelho estatal. Hely Lopes Meirelles (2009, p. 81) interpreta que:

> Os agentes públicos são todas as pessoas físicas incumbidas, definitivas ou transitoriamente do exercício de alguma função estatal. Os agentes normalmente desempenham funções do órgão, distribuídos entre os cargos do qual são

titulares, mas excepcionalmente podem exercer funções sem cargos. A regra é a atribuição de funções múltiplas e genéricas ao órgão, as quais são repartidas especificamente entre os cargos, ou individualmente entre os agentes de função sem cargo.

Em nosso entendimento, *agente público é toda pessoa física que de forma transitória ou não, com ou sem remuneração, manifesta a vontade do Estado por meio da edição de atos revestidos de legalidade e presunção de legitimidade, em favor do interesse público e do bem-estar geral.*

3.1 Classificação dos agentes públicos

Agente público é gênero que contempla as seguintes categorias:

– *Agentes políticos.*
– *Servidores públicos*: estatutários, celetistas e temporários.
– *Militares*: policiais militares, corpo de bombeiros militares, membros das Forças Armadas.
– *Particulares em colaboração com o Poder Público*: por requisição, por conta própria e por delegação.

Agentes políticos podem ser caracterizados por aqueles indivíduos cuja forma de investidura é a eleição, com exceção dos Ministros e Secretários, que são nomeados livremente pelos Chefes do Executivo. A eleição é considerada a forma mais adequada para garantir que a vontade das maiorias populares seja respeitada nas decisões governamentais. Contudo, vale destacar que não há uniformidade de pensamento entre os doutrinadores quanto à definição de agente político.

Celso Antônio Bandeira de Mello (2023) destaca que, ao contrário dos servidores públicos, que têm um vínculo profissional com o Estado, os agentes políticos possuem um vínculo de natureza política. Isso significa que eles não estabelecem uma ligação permanente com a Administração Pública, mas sim uma relação transitória alinhada com o ideário republicano, o que implica a necessidade de alternância no exercício do poder político.

Maria Sylvia Zanella Di Pietro (2021, p. 698) entende que no Direito brasileiro são considerados agentes políticos aqueles que desempenham atividades típicas de governo e exercem mandato eletivo. Isso inclui os Chefes dos Poderes Executivos federal, estadual e municipal, os Ministros e Secretários de Estado, além de Senadores, Deputados e Vereadores. A investidura desses agentes se dá por meio de eleição, exceto no caso dos Ministros e Secretários, que são escolhidos livremente pelo Chefe do Executivo e nomeados para cargos públicos.

Quanto aos *servidores públicos*, em sentido amplo, são todas as pessoas físicas que prestam serviços ao Estado e às entidades da Administração Indireta, com vínculo estatutário ou empregatício e remuneração paga pelos cofres públicos. Tais servidores se dividem nas seguintes modalidades:

i) *Servidores estatutários*: sujeitos ao regime estatutário e ocupantes de cargos públicos. Esses agentes submetem-se ao regime estatutário, estabelecido em lei por cada unidade da Federação e modificável unilateralmente, desde que respeitados os direitos adquiridos pelo servidor. Quando nomeados, ingressam em uma situação jurídica previamente definida, à qual se submetem com o ato da posse. Não há possibilidade de modificação das normas vigentes por meio de contrato, mesmo com a concordância da Administração e do servidor, pois se tratam de normas de ordem pública, cogentes e não derrogáveis pelas partes.

ii) *Empregados públicos*: contratados sob o regime da legislação trabalhista e ocupantes de emprego público. Estes servidores são contratados sob o regime da legislação trabalhista celetista, aplicável com as alterações decorrentes da Constituição Federal vigente. Estados e Municípios não podem derrogar outras normas da legislação trabalhista, pois não têm competência para legislar sobre Direito do Trabalho, matéria reservada privativamente à União (art. 22, I, da CF/1988). Embora sujeitos à CLT, submetem-se a todas as normas constitucionais referentes a requisitos para investidura, acumulação de cargos, vencimentos, entre outras previstas no Capítulo VII do Título III da Carta Magna.

iii) *Servidores temporários*: contratados por tempo determinado para atender à necessidade temporária de excepcional interesse público (art. 37, IX, da CF/1988), exercendo função sem estarem vinculados a cargo ou emprego público. Estes servidores são aqueles contratados para exercer funções em caráter temporário, mediante regime jurídico especial a ser disciplinado em lei de cada unidade da Federação. Eles substituem os servidores mencionados no art. 106 da Constituição de 1967 (com a redação dada pela EC nº 1/1969), que previa um regime especial para servidores admitidos em serviços de caráter temporário ou contratados para funções de natureza técnica especializada.

No Estado de São Paulo, esse regime foi instituído pela Lei nº 500, de 13.11.1974, que acabou por desvirtuar a norma constitucional ao estabelecer, para os servidores *temporários*, um regime jurídico praticamente igual ao do funcionário público, aplicando-o a funções de caráter permanente. Diante do art. 37, IX, da CF vigente, e do artigo 115, X, da Constituição Paulista, não há mais fundamento para a admissão prevista na Lei paulista nº 500/1974, mas apenas para a contratação por tempo determinado para atender a necessidade temporária de excepcional interesse público. Não existe mais a contratação para serviços de natureza técnica especializada.

Já os *militares* incluem as pessoas físicas que prestam serviços às Forças Armadas – Marinha, Exército e Aeronáutica (art. 142, *caput*, e § 3º, da CF), às Polícias Militares e aos Corpos de Bombeiros Militares dos Estados, Distrito Federal e Territórios (art. 42), bem como às Polícias mencionadas no art. 144, conforme a EC nº 104, de 04.12.2019, abrangendo a polícia federal, a polícia rodoviária federal, a polícia ferroviária federal, as polícias civis, as polícias militares e corpos de bombeiros militares, e as polícias penais federal, estaduais e distrital. Todos prestam serviços a essas instituições com vínculo estatutário sujeito a regime jurídico próprio, com remuneração paga pelos cofres públicos.

Até a EC nº 18/1998, eram considerados servidores públicos, conforme o art. 42 da Constituição, inserido na seção denominada *servidores públicos militares*. No entanto, no § 9º do art. 144, adicionado pela EC nº 19/1998, o legislador volta a utilizar a expressão *servidores policiais* (abrangendo polícia civil e militar), ao determinar que "a remuneração dos servidores policiais integrantes dos órgãos relacionados neste artigo será fixada na forma do § 4º do art. 39", ou seja, sob a forma de subsídio.

A partir da EC nº 18/1998, os militares foram excluídos da categoria de servidores públicos, aplicando-se a eles as normas referentes a servidores públicos apenas quando houver previsão expressa, como no art. 142, § 3º, inciso VIII. Esse dispositivo manda aplicar aos militares das Forças Armadas os incisos VIII, XII, XVII, XVIII, XIX e XXV do art. 7º e os incisos XI, XIII, XIV e XV do art. 37. Assim, os militares têm direito a algumas vantagens próprias do trabalhador privado: 13º salário, salário-família, férias anuais remuneradas, licença à gestante, licença-paternidade e assistência gratuita aos filhos e dependentes desde o nascimento até seis anos de idade em creches e pré-escolas. E estão sujeitos a algumas normas próprias dos servidores públicos: teto salarial, limitações, forma de cálculo dos acréscimos salariais e irredutibilidade de vencimentos.

Essas mesmas normas são aplicadas aos militares dos Estados, do Distrito Federal e dos Territórios com base no art. 42, §§ 1º e 2º. O § 1º ainda manda aplicar aos militares o art. 40, § 9º, segundo o qual *o tempo de contribuição federal, estadual ou municipal será contado para efeito de aposentadoria e o tempo de serviço correspondente para efeito de disponibilidade.*

Em decorrência do disposto no art. 42, § 1º, são aplicáveis aos militares as seguintes disposições da Constituição Federal:

i) O art. 14, § 8º, que trata das condições de elegibilidade dos militares.

ii) O art. 40, § 9º, que prevê a contagem de contribuição federal, estadual ou municipal para efeito de aposentadoria e o tempo de serviço correspondente para efeito de disponibilidade.

iii) O art. 142, § 2º, que veda a propositura de *habeas corpus* em relação a punições disciplinares militares.

iv) O art. 142, § 3º, que define os direitos, as obrigações e os impedimentos dos integrantes das Forças Armadas, além de outros que vierem a ser previstos em lei.

v) O art. 142, § 3º, inciso X, que prevê lei dispondo sobre o ingresso nas Forças Armadas, os limites de idade, a estabilidade e outras condições de transferência do militar para a inatividade, os direitos, os deveres, a remuneração, as prerrogativas e outras situações especiais dos militares, consideradas as peculiaridades de suas atividades, inclusive aquelas cumpridas por força de compromissos internacionais e de guerra. A lei prevista neste dispositivo é de competência estadual, para os militares referidos no art. 42; e é de competência federal para os mencionados no art. 142, § 3º, X.

As mesmas normas são aplicadas aos militares dos Estados, do Distrito Federal e dos Territórios, com base no art. 42, §§ 1º e 2º, combinado com o art. 142, § 3º. Seu regime é estatutário porque é estabelecido em lei a que se submetem independentemente de contrato. Esse regime é definido por legislação própria dos militares, que estabelece normas sobre ingresso, limites de idade, estabilidade, transferência para a inatividade, direitos, deveres, remuneração e prerrogativas (arts. 42, § 1º, e 142, § 3º, X, da CF).

Conforme art. 142, § 3º, I, as patentes, com prerrogativas, direitos e deveres a elas inerentes, são conferidas pelo Presidente da República e asseguradas em plenitude aos oficiais da ativa, da reserva ou reformados, sendo-lhes privativos os títulos e postos militares e, junto aos demais membros, o uso dos uniformes das Forças Armadas. No âmbito estadual, as patentes são conferidas pelos Governadores do Estado, conforme o art. 42, § 1º.

O militar em atividade que tomar posse em cargo ou emprego civil permanente será transferido para a reserva, nos termos da lei (art. 142, § 3º, II); se for cargo, emprego ou função pública temporária, não eletiva, ficará agregado ao respectivo quadro, e somente poderá, enquanto permanecer nessa situação, ser promovido por antiguidade, contando-se-lhe o tempo de serviço apenas para aquela promoção e transferência para a reserva, sendo depois de dois anos de afastamento, contínuos ou não, transferido para a reserva (art. 142, § 3º, III). Vale dizer que não existe possibilidade de acumulação do posto do militar com outro cargo, emprego ou função.

O art. 142, § 3º, incisos IV e V proíbe o direito de greve e sindicalização, bem como a filiação a partidos políticos, enquanto em serviço ativo. Podem votar e ser votados, mas não podem os conscritos alistar-se como eleitores, durante o período de serviço militar obrigatório (art. 14, § 2º).

Conforme o art. 142, § 3º, VI a perda do posto e da patente só pode ocorrer se o militar for julgado indigno do oficialato ou com ele incompatível, por decisão do Tribunal militar de caráter permanente, em tempo de paz, ou de tribunal especial, em tempo de guerra; esse julgamento é obrigatório quando o oficial for condenado na justiça comum ou militar a pena privativa de liberdade, superior a dois anos, por sentença transitada em julgado (inciso VII).

Os militares submetem-se a regime estatutário estabelecido em lei. Para os militares federais, aplica-se o Estatuto dos Militares, aprovado pela Lei nº 6.880, de 09.12.1980, que define os seus direitos, prerrogativas, impedimentos, regime disciplinar. Para os militares dos Estados, dos Territórios e do Distrito Federal, o Decreto-Lei federal nº 667, de 02.07.1969, estabelece as normas básicas, ficando para os Estados e o Distrito Federal a competência para complementar a legislação federal.

Alguns direitos dos militares são designados com terminologia diversa da empregada para os servidores civis: fala-se em agregação quando o militar passa temporariamente à condição de inativo, a pedido ou *ex officio*, permanecendo sem número (art. 80 da Lei nº 6.880/1980). A condição de inativo, nesse caso, é temporária, ficando o agregado sujeito à reversão, quando cesse o motivo da agregação. A agregação pode ocorrer, por exemplo, como decorrência de invalidez ou incapacidade temporária, extravio, idade limite para a reforma (até que ela se concretize). É a hipótese referida no art. 142, § 3º, III, da CF que prevê a agregação do militar da ativa que exercer, temporariamente, outro cargo, emprego ou função pública. Nessa situação, o militar ficará agregado ao respectivo quadro.

Outra hipótese de exclusão do serviço ativo é a transferência para a reserva, que pode ocorrer a pedido ou *ex officio*. Essa é a situação referida no art. 142, § 3º, II, da Constituição, que ocorre quando o militar tomar posse em cargo ou emprego público civil permanente.

A *reforma* – que equivale à aposentadoria do servidor civil – ocorre quando o militar é definitivamente desligado do serviço ativo, nas hipóteses previstas em lei, como tempo de serviço, invalidez, idade-limite para permanência na reserva.

A demissão também constitui forma de exclusão do serviço ativo, mas não tem caráter punitivo, podendo ocorrer a pedido ou *ex officio*. Outras hipóteses de exclusão ainda são a perda do posto ou patente (prevista, com caráter punitivo, no art. 142, § 3º, VI, da CF), e o licenciamento (aplicável a oficiais da reserva e praças, podendo ser a pedido ou *ex officio*, por conveniência do serviço ou a bem da disciplina).

Na categoria *particulares em colaboração com o Poder Público* incluem-se as pessoas físicas que prestam serviços ao Estado sem vínculo empregatício, com ou sem remuneração. Elas podem atuar nas seguintes situações:

i) *Delegação do Poder Público*: ocorre com os empregados das empresas concessionárias e permissionárias de serviços públicos, aqueles que exercem serviços notariais e de registro (art. 236 da CF), leiloeiros, tradutores e intérpretes públicos. Eles exercem função pública em seu próprio nome, sem vínculo empregatício, mas sob fiscalização do Poder Público. A remuneração que recebem não é paga pelos cofres públicos, mas pelos terceiros usuários do serviço.

ii) *Requisição, nomeação ou designação para o exercício de funções públicas relevantes*: aplica-se aos jurados, convocados para prestação de serviço militar ou eleitoral, comissários de menores, integrantes de comissões, grupos de trabalho etc. Eles também não têm vínculo empregatício e, em geral, não recebem remuneração.

iii) *Gestores de negócio*: são aqueles que, espontaneamente, assumem determinada função pública em momentos de emergência, como epidemias, incêndios, enchentes etc.

3.2 Função, cargo e emprego

A Carta constitucional de 1988, em diversos dispositivos, utiliza os termos *cargo*, *emprego* e *função* para designar realidades distintas, mas que coexistem no universo da Administração. É necessário, portanto, distingui-los. Para compreender com clareza o sentido dessas expressões, é preciso partir da ideia de que na Administração Pública todas as competências são definidas em lei e distribuídas em três níveis distintos: *pessoas jurídicas* (União, Estados e Municípios), *órgãos* (Ministérios, Secretarias e suas subdivisões) e *servidores públicos* (estes ocupam *cargos* ou *empregos* ou exercem *funções*).

Celso Antônio Bandeira de Mello (2024) observa que *cargo é a denominação dada à mais simples unidade de poderes e deveres estatais a serem expressos por um agente*. De fato, as várias competências previstas na Lei Maior para a União, os Estados e os Municípios são distribuídas entre seus respectivos órgãos, cada qual dispondo de determinado número de cargos criados por lei, que lhes confere denominação própria, define suas atribuições e fixa o padrão de vencimento ou remuneração.

Durante muito tempo, essa unidade de atribuições correspondia ao cargo e era atribuída ao servidor submetido ao regime estatutário. Quando se passou a aceitar a possibilidade de contratação de servidores sob o regime da legislação trabalhista, a expressão emprego público passou a ser utilizada, paralelamente a *cargo público*, também para designar uma unidade de atribuições, distinguindo-se uma da outra pelo tipo de vínculo que liga o servidor ao Estado; o ocupante de *emprego público* tem um vínculo contratual, sob a regência da CLT, enquanto o ocupante do cargo público tem um vínculo estatutário, regido pelo Estatuto dos Funcionários Públicos que, na União, está contido na lei que instituiu o regime jurídico único (Lei nº 8.112/1990).

No entanto, além do cargo e do emprego, que têm uma individualidade própria, definida em lei, existem atribuições também exercidas por servidores públicos, mas sem que lhes corresponda um cargo ou emprego. Fala-se, então, em *função*, dando-se-lhe um conceito residual: *é o conjunto de atribuições às quais não corresponde um cargo ou emprego.*

A função abrangia, antes da atual Constituição Federal, pelo menos, duas modalidades diversas:

i) *Chefias, assessoramentos, direções e outras funções*: remuneradas, normalmente, mediante acréscimos pecuniários ao padrão do funcionário, sob os mais variados títulos, como *pro labore*, representação, gratificação, função gratificada.

ii) *Servidores extranumerários, interinos e temporários*: exercida por aqueles que compõem um quadro de funções paralelo ao quadro de cargos; normalmente essas funções têm a mesma denominação, remuneração e atribuições dos cargos correspondentes, porém são de livre provimento e exoneração, não conferindo estabilidade àqueles que as exercem; sempre serviram aos propósitos de apadrinhamento próprios da Administração Pública brasileira, em todos os tempos. Era uma forma de atender às exigências do serviço público, criando-se a função sem se criar o cargo; com isso, contornava-se a exigência constitucional de concurso público para a investidura.

A Constituição Federal de 1967, na redação dada pela EC nº 1/1969, com a norma do art. 106, pretendeu restringir a possibilidade de existência desse quadro paralelo, ao prever regime especial apenas para a admissão de servidores em serviços de caráter temporário e contratação para funções de natureza técnica especializada. No entanto, no Estado de São Paulo, a norma foi totalmente desvirtuada, mantendo-se, pela Lei nº 500, de 13.11.1974, um Quadro de funções para serviços permanentes, paralelo e análogo ao Quadro de cargos.

A Magna Carta de 1988 restringiu ainda mais, pois, de um lado, previu regime jurídico único no *caput* do art. 39, depois extinto em decorrência de nova redação dada a esse dispositivo pela EC nº 19/1998. Como o art. 39, com a nova redação, foi suspenso pelo STF ao julgar a ADI nº 2.135/DF (julgamento pelo Plenário em 02.08.2007), volta a aplicar-se a redação original, com a exigência de regime jurídico único e planos de carreira para os servidores da Administração Pública direta, das autarquias e das fundações públicas.

O regime estatutário é que deve ser adotado, tendo em vista que as carreiras típicas de Estado não podem submeter-se a regime celetista, conforme entendeu o STF ao julgar a ADI nº 2.310 (pertinente ao pessoal das agências reguladoras). Ainda que para atividades-meio o regime celetista fosse aceitável, o vínculo de natureza estatutária se impõe em decorrência da exigência de que o regime jurídico seja único.

A título de exceção ao regime jurídico único, o art. 37, IX, CF/1988 previu, em caráter de excepcionalidade, para atender à necessidade temporária de excepcional interesse público, a possibilidade de contratação por tempo determinado. Esses servidores exercerão funções, porém, não como integrantes de um quadro permanente, paralelo ao dos cargos públicos, mas em caráter transitório e excepcional.

Portanto, perante a Constituição Federal, ao referir-se à *função*, tem-se de ter em vista dois tipos de situações:

i) *Função exercida por servidores contratados temporariamente com base no art. 37, IX*: não se exige, necessariamente, concurso público, porque, às vezes, a própria urgência da contratação é incompatível com a demora do procedimento; a Lei nº 8.112/1990 definia, no art. 233, § 3º, as hipóteses em que o concurso era dispensado; esse dispositivo foi revogado pela Lei nº 8.745, de 09.12.1993, que agora disciplina a matéria, com as alterações posteriores.

ii) *Funções de natureza permanente*: correspondentes a chefia, direção, assessoramento ou outro tipo de atividade para a qual o legislador não crie o cargo respectivo; em geral, são funções de confiança, de livre provimento e exoneração; a elas se refere o art. 37, V, ao determinar, com a redação da EC nº 19, que

> as funções de confiança serão exercidas exclusivamente por servidores ocupantes de cargo efetivo, e os cargos em comissão, a serem preenchidos por servidores de carreira nos casos, condições e percentuais mínimos previstos em lei, destinam-se apenas às atribuições de direção, chefia e assessoramento.

Dessa maneira, fica explicada a razão de ter o constituinte, no art. 37, II, exigido concurso público só para a investidura em *cargo* ou *emprego*. Nos casos de *função*, a exigência não existe porque os que a exercem ou são contratados temporariamente para atender às necessidades emergentes da Administração, ou são ocupantes de funções de confiança, para as quais não se exige concurso público.

A discussão quanto aos dois tipos de *função* atualmente existentes é de fundamental importância, porque há uma série de normas constitucionais que, ao fazerem referência a cargo, emprego ou função, estão se referindo às funções de confiança e não à função temporária exercida com base no art. 37, IX.

Qualquer outra interpretação seria inaceitável, por não se compatibilizar com a transitoriedade e excepcionalidade dessas contratações. É o caso do art. 38, que prevê o afastamento do cargo, emprego ou função, para o exercício de mandato; não seria admissível que um servidor contratado temporariamente pudesse afastar-se com essa finalidade. Ainda a norma do art. 61, § 1º, II, *a*, que exige lei de iniciativa do Executivo para a criação de cargos, funções ou empregos públicos; seria totalmente inviável conceber-se a fixação de determinado número de funções para atender a situações eventuais e imprevisíveis.

Cabe também lembrar que o art. 61, § 1º, inciso II, *a*, da CF vigente exige lei de iniciativa do Presidente da República, para a criação de cargos, funções ou empregos públicos na Administração Direta e autárquica ou aumento de sua remuneração. Essa exigência legal para a criação de função não se aplica no caso do art. 37, IX, pela impossibilidade de previsão das ocorrências excepcionais que justificarão a medida. As Constituições dos Estados e as Leis Orgânicas dos Municípios, em regra, repetem a mesma exigência de lei de iniciativa do Chefe do Poder Executivo para a criação de *cargos, empregos* e *funções*.

Conforme os termos do art. 37, XVI, da CF/1988, alterado pelas EC nºs 19/1998, e 34/2001, é proibida a acumulação remunerada de cargos públicos, exceto quando houver compatibilidade de horários, observado, em qualquer caso, o disposto no inciso XI (teto de vencimento ou subsídio):

i) A de dois cargos de professor;

ii) A de um cargo de professor com outro técnico ou científico;

iii) A de dois cargos ou empregos privativos de profissionais de saúde, com profissões regulamentadas.

3.3 Provimento, investidura e remuneração

De acordo com o art. 37, II, com a redação dada pela EC nº 19/1998,

> a investidura em cargo ou emprego público depende de aprovação prévia em concurso público de provas ou de provas e títulos, conforme a natureza e a complexidade do cargo ou emprego, na forma prevista em lei, excetuando-se as

nomeações para cargos em comissão declarados em lei de livre-nomeação e exoneração.

A exigência de concurso público também se aplica ao ingresso nas carreiras institucionalizadas pela Constituição Federal: para ingresso na Magistratura, no cargo inicial de juiz substituto, o art. 93, I exige concurso público de provas e títulos, com a participação da Ordem dos Advogados do Brasil em todas as fases; para ingresso na carreira do Ministério Público, o art. 129, § 3º faz a mesma exigência; igualmente, é necessário concurso público de provas e títulos para ingresso nas classes iniciais da Advocacia-Geral da União (art. 131, § 2º), na carreira de Procurador do Estado (art. 132) e na de Defensor Público (art. 134, § 1º).

No que se refere à remuneração, o art. 169 da CF, alterado, no *caput*, pela EC nº 109, de 15.03.2021, e, nos parágrafos, pela EC nº 19/1998, determina que "a despesa com pessoal ativo e inativo e pensionistas da União, dos Estados, do Distrito Federal e dos Municípios não pode exceder os limites estabelecidos em lei complementar".

A EC nº 19/1998 trouxe mudanças significativas no sistema remuneratório dos servidores públicos, além de remover do art. 39 o princípio da isonomia de vencimentos, introduziu, juntamente com o regime atual, o regime de subsídios para determinadas categorias de agentes públicos.

Seguindo a tradição das Constituições anteriores, a Carta constitucional atual utiliza ora o termo *remuneração*, ora *vencimentos* para referir-se à contribuição pecuniária paga aos servidores públicos pelas entidades da Administração Pública direta ou indireta. A legislação infraconstitucional encarregou-se de fornecer o conceito legal.

A regra predominante em todos os níveis de governo é que os proventos dos servidores públicos são compostos por uma parte fixa, representada pelo padrão fixado em lei, e uma parte variável, que depende de condições especiais de prestação do serviço, tempo de serviço e outras circunstâncias previstas nos estatutos funcionais, denominadas genericamente vantagens pecuniárias. Estas incluem, basicamente, adicionais, gratificações e verbas indenizatórias.

A mesma sistemática é adotada para membros da Magistratura, do Ministério Público e do Tribunal de Contas. Para o Chefe do Executivo e Parlamentares, a Constituição mencionava remuneração nos arts. 27, §§ 1° e 2°, 29, incisos V, VI e VII, e 49, incisos VII e VIII. Na redação original da Constituição de 1988.

Já mencionamos que a EC n° 19/1998 excluiu do art. 39, § 1°, a regra que assegurava isonomia de vencimentos para cargos de atribuições iguais ou assemelhados do mesmo Poder ou entre servidores dos Poderes Executivo, Legislativo e Judiciário. Isto, contudo, não impede que os servidores pleiteiem o direito à isonomia, com fundamento no art. 5°, *caput* e inciso I.

Além disso, mantém-se a norma do art. 37, inciso XII, segundo a qual "os vencimentos dos cargos do Poder Legislativo e do Poder Judiciário não poderão ser superiores aos pagos pelo Poder Executivo". É a antiga regra da paridade de vencimentos, que vem do art. 98 da Constituição de 1967, com a redação dada pela EC n° 1/1969, sempre interpretada no sentido de igualdade de remuneração para os servidores dos três Poderes. Entende-se que a aplicação dessa igualdade tem de ser assegurada por lei, já que não decorre diretamente da Carta constitucional.

Outra norma que reforça a ideia de isonomia é aquela contida no art. 37, inciso X, com redação alterada pela Emenda n° 19/1998, que exige a revisão anual da remuneração, sempre na mesma data e sem distinção de índices.

A expressão *subsídio* tinha sido abandonada na redação constitucional de 1988 como forma de designar a remuneração dos agentes políticos, contudo, retornou por força da chamada Emenda da Reforma Administrativa (EC n° 19/1998), nos seguintes termos:

Serão obrigatoriamente remunerados por subsídios:

i) Todos os agentes públicos mencionados no art. 39, § 4º, a saber: membro de Poder (o que compreende os membros do Legislativo, do Executivo e do Judiciário da União, Estados e Municípios), o detentor de mandato eletivo (já alcançado pela expressão membro de Poder), Ministros de Estado e Secretários Estaduais e Municipais.

ii) Os membros do Ministério Público (art. 128, § 5º, I, *c*, com a redação da Emenda nº 19);

iii) Os integrantes da Advocacia-Geral da União, os Procuradores dos Estados e do Distrito Federal e os Defensores Públicos (art. 135, com a redação da Emenda nº 19);

iv) Os Ministros do Tribunal de Contas da União (art. 73, § 3º);

v) Os servidores públicos policiais (art. 144, § 9º, na redação da Emenda nº 19).

Além desses, poderão, facultativamente, ser remunerados mediante *subsídios* os servidores públicos organizados em carreira, conforme previsto no art. 39, § 8º, o que constituirá opção para o legislador de cada uma das esferas de governo.

O inciso XV do art. 37, na redação dada pela EC nº 19/1998, estabelece que "o subsídio e os vencimentos dos ocupantes de cargos e empregos públicos são irredutíveis, ressalvado o disposto nos incisos XI e XIV deste artigo e nos artigos 39, § 4º, 150, II, 153, § 2º, I". O princípio da irredutibilidade já constava da redação original da Constituição, apenas alterando-se a redação para adaptá-lo às alterações introduzidas pela Emenda nº 19.

3.4 Direito de greve e sindicalização

O direito de greve e a sindicalização dos servidores públicos são temas de grande relevância e complexidade no campo do Direito Administrativo e do Direito do Trabalho. No Brasil, esses direitos são garantidos pela Constituição Federal de 1988, que reconhece a liberdade sindical e o direito de greve como direitos fundamentais dos trabalhadores, incluindo os servidores públicos. No entanto, a regulamentação específica desses direitos para o serviço público ainda enfrenta desafios e controvérsias, refletindo a necessidade de equilibrar os interesses dos servidores com a garantia da continuidade dos serviços públicos essenciais.

A sindicalização dos servidores públicos é um direito assegurado pelo art. 37, inciso VI, da CF/1988, que garante a liberdade de associação sindical. Isso significa que os servidores têm o direito de se organizar em sindicatos para defender seus interesses e direitos laborais. Os sindicatos de servidores públicos desempenham um papel crucial na negociação coletiva, na representação dos trabalhadores em processos administrativos e judiciais, e na promoção de melhores condições de trabalho. A liberdade sindical é um pilar fundamental para a democracia e a justiça social, permitindo que os servidores públicos tenham voz ativa na defesa de seus direitos.

O direito de greve dos servidores públicos, por sua vez, é previsto no art. 37, inciso VII, da CF, que estabelece que "o direito de greve será exercido nos termos e nos limites definidos em lei específica". No entanto, até o momento, o Brasil carece de uma legislação específica que regulamente o exercício do direito de greve no setor público. Em razão dessa lacuna legislativa, o STF tem aplicado, de forma subsidiária, a Lei de Greve (Lei nº 7.783/1989), que regulamenta o direito de greve na iniciativa privada, aos servidores públicos. Essa aplicação subsidiária tem gerado debates sobre a adequação e a necessidade de uma regulamentação própria para o funcionalismo público.

A ausência de uma regulamentação específica para o direito de greve dos servidores públicos gera insegurança jurídica e conflitos entre os interesses dos trabalhadores e a necessidade de garantir a continuidade dos serviços públicos essenciais. Greves no setor público podem afetar diretamente a prestação de serviços fundamentais, como saúde, educação e segurança, impactando a população de maneira significativa. Por isso, é primordial que a regulamentação do direito de greve dos servidores públicos estabeleça critérios claros e equilibrados, que permitam o exercício legítimo desse direito sem comprometer a prestação dos serviços essenciais à sociedade.

Em resumo, o direito de greve e a sindicalização dos servidores públicos são direitos fundamentais que precisam ser regulamentados de maneira adequada. A liberdade sindical permite que os servidores se organizem e defendam seus interesses, enquanto o direito de greve é uma ferramenta legítima de pressão e negociação. No entanto, a regulamentação específica desses direitos no setor público é importante para garantir um equilíbrio entre os interesses dos servidores e a continuidade dos serviços públicos essenciais. A criação de uma legislação própria que aborde essas questões de forma clara e coerente é um passo necessário para fortalecer a democracia, a justiça social e a eficiência na atividade pública.

3.5 Estabilidade, vitaliciedade e outras garantias

A *estabilidade* no serviço público brasileiro se caracteriza pela garantia de permanência no cargo assegurada ao servidor nomeado e ingressante por concurso público após cumprimento do estágio probatório. Nessa circunstância o servidor só poderá perder o cargo por sentença judicial transitada em julgado ou mediante processo administrativo. garantidos a ampla defesa e o contraditório.

A Constituição de 1988 também conferiu estabilidade aos servidores não concursados que estavam em exercício há pelo menos cinco anos na data de sua promulgação, mas isso não implicou efetividade, pois essa só existe para cargos providos por concurso público. Nesse sentido, existem dois tipos de servidores estáveis:

i) *Nomeados por concurso público* e que cumpriram o estágio probatório de três anos.

ii) *Estáveis por benefício constitucional sem concurso*, mas com igual garantia de permanência.

A EC nº 19/1998 alterou essa sistemática, estabelecendo que a estabilidade só é adquirida após três anos de efetivo exercício e depende de avaliação de desempenho. Também introduziu novas hipóteses de perda do cargo, como por procedimento administrativo de avaliação de desempenho ou por não cumprimento do limite de despesa de pessoal.

Alguns tipos de cargos são de provimento vitalício e garantem aos seus titulares o direito à permanência, dos quais só podem ser afastados, como regra, mediante sentença judicial transitada em julgado. Para Celso Antônio Bandeira de Mello (2024), o cargo vitalício é uma modalidade de cargo classificada pelo critério da retenção dos ocupantes; é, de todos os cargos, o que possui a garantia mais acentuada de permanência.

A *vitaliciedade* assegura maior permanência, pois, em comparação com a estabilidade, é mais restritiva quanto às possibilidades de perda do cargo. No entanto, não se deve interpretá-la literalmente, ou seja, ela não significa que a pessoa poderá permanecer no cargo durante toda a vida, pois não impede a aposentadoria compulsória, conforme estabelece a Súmula nº 36 do STF: "o servidor vitalício está sujeito à aposentadoria compulsória, em razão de idade".

Como exceção à regra geral da estabilidade, afirmada no art. 41 da Constituição, a vitaliciedade deve estar prevista na Constituição Federal. São vitalícios os cargos de membros:

i) Da Magistratura, conforme o art. 95, I, da CF/1988;
ii) Do Ministério Público, conforme o art. 128, § 5º, *a*, da CF/1988; e
iii) Do Tribunal de Contas, conforme o art. 73, § 3º, da CF/1988.

Quando o membro da Magistratura ou do Ministério Público ingressa por concurso público, no primeiro grau, adquire a vitaliciedade após dois anos de exercício (conforme os arts. 95, I, e 28, I, *a*, da Constituição); já os que ingressam pelo Quinto Constitucional ou os Ministros, por sua vez, adquirem vitaliciedade no momento da posse.

A *pensão* é o benefício pago aos dependentes do servidor falecido, conforme definido em lei. Formalmente, a concessão de aposentadoria e pensão é um ato administrativo da Administração Pública, sujeito a registro pelo Tribunal de Contas, que produz efeitos imediatos, mas só se torna definitivo após homologação.

Tanto a *aposentadoria* quanto a *pensão* são benefícios previdenciários e contributivos, sujeitos às normas do art. 40 da Constituição Federal.

– **Reintegração**: reingresso do servidor demitido quando sua demissão é invalidada por sentença judicial ou ato administrativo, com ressarcimento de vantagens.

– **Disponibilidade**: garantia de inatividade remunerada ao servidor estável em caso de extinção do cargo ou declaração de sua desnecessidade, com remuneração proporcional ao tempo de serviço.

– **Aproveitamento**: reingresso do servidor em disponibilidade em cargo vago compatível, sendo ato obrigatório para a Administração Pública.

Essas garantias e procedimentos visam assegurar a estabilidade e os direitos dos servidores públicos, conforme previsto na legislação vigente.

3.6 Aposentadoria e pensão

A *aposentadoria* é o direito à inatividade remunerada, garantido ao servidor público em casos de invalidez, idade ou requisitos combinados de tempo de serviço público, idade mínima e tempo de contribuição. Existem três modalidades de aposentadoria: por incapacidade temporária, compulsória e voluntária. A *pensão* é o benefício pago aos dependentes do servidor falecido, conforme as condições definidas em lei.

Tanto a aposentadoria quanto a pensão são atos complexos, pois estão sujeitos a registro pelo Tribunal de Contas, conforme o art. 71, III, da CF. Esses atos produzem efeitos jurídicos imediatos, permitindo que o servidor ou seus dependentes usufruam do benefício; no entanto, só se tornam definitivos após a homologação pelo Tribunal de Contas, que atua como condição resolutiva.

De acordo com a atual Constituição Federal, tanto a aposentadoria quanto a pensão têm a natureza jurídica de benefício previdenciário e contributivo, sujeitos às normas do art. 40 da Constituição de 1988.

Teoricamente, a pensão pode constituir encargo do Poder Público, independente de contribuição do servidor. Mas tem prevalecido a sua natureza de benefício previdenciário.

Dependendo do regime adotado, a aposentadoria do servidor público também pode, em tese, apresentar-se como direito de natureza previdenciária, dependente de contribuição, ou como direito vinculado ao exercício do cargo público, financiado inteiramente pelo Poder Público, sem contribuição do servidor.

O art. 39, § 3º, alterado pela EC nº 19/1998, estende aos servidores ocupantes de cargos públicos os seguintes direitos sociais previstos, no art. 7º da CF/1988:

i) Previsão de regime contributivo para os servidores ocupantes de cargo efetivo, inativos e pensionistas;

ii) Inclusão no Regime Geral de Previdência Social – RGPS dos servidores ocupantes exclusivamente de cargos em comissão ou de outros cargos temporários, inclusive mandato eletivo e dos servidores ocupantes de empregos públicos (art. 40, § 13);

iii) Estabelecimento de limite para os proventos de aposentadoria e pensão igual ao estabelecido para o RGPS, sob a condição de ser instituída a previdência complementar;

iv) Possibilidade de instituição de fundos de aposentadoria e pensão para administração dos recursos do Regime Previdenciário Próprio dos Servidores – RPPS (art. 249);

v) Vinculação das contribuições sociais ao regime previdenciário (art. 167, XI, combinado com o art. 40, § 12);

vi) Menção ao caráter solidário do regime previdenciário para justificar a contribuição dos inativos e pensionistas;

vii) Indicação das fontes de custeio: contribuição do ente público, dos servidores ativos e inativos e dos pensionistas;

viii) Definição de critérios para fixação, em lei, do valor da pensão (art. 40, § 7º);

ix) Extinção da paridade entre proventos e pensões e vencimentos dos servidores em atividade, respeitados os direitos adquiridos;

x) Garantia de reajustamento dos benefícios para preservação do seu valor real;

xi) Extinção dos proventos integrais (art. 40, § 14).

Já a EC nº 103, de 12 de novembro de 2019, conhecida como a *Reforma da Previdência*, trouxe uma série de inovações significativas ao sistema previdenciário brasileiro. A reforma foi motivada pela necessidade de garantir a sustentabilidade financeira e atuarial do sistema de previdência social, diante do envelhecimento da população e do aumento da expectativa de vida, aplicáveis aos servidores federais e com aplicação parcial aos servidores dos Estados, do Distrito Federal e dos Municípios.

3.7 Responsabilidade civil, penal e administrativa do agente público

O servidor público está sujeito à responsabilização civil, penal e administrativa decorrente do exercício de seu cargo, emprego ou função. Dito de outra forma, atos ilícitos podem ser praticados nas esferas civil, penal e administrativa. Atualmente, também existe a responsabilidade por atos de improbidade administrativa que, embora processada e julgada na esfera cível, tem efeitos mais amplos do que apenas patrimoniais, podendo resultar na suspensão dos direitos políticos e na perda do cargo, conforme o art. 37, § 4º, da CF, como será detalhado no Capítulo 18. Para os agentes políticos, há ainda a chamada responsabilidade política.

Os crimes de responsabilidade e suas respectivas sanções são definidos pela Lei nº 1.079, de 10 de abril de 1950, que abrange o Presidente da República, os Ministros de Estado, os Ministros do STF, o Procurador-Geral da República, os Governadores e os Secretários de Estado. Essa lei também estabelece as normas para o processo de julgamento. A penalidade aplicável é a perda do cargo, com inabilitação por até cinco anos para o exercício de qualquer função pública, imposta pelo Senado Federal, conforme o art.52, incisos I e II, ou pelo Poder Judiciário, de acordo com a competência definida nos arts. 102, I, *c*, 105, I, *a*, e 108, I, *a*. Nos casos de competência do Senado (art. 52, I e II), a inabilitação para o exercício de função pública foi ampliada para oito anos.

O entendimento do STF é que esses crimes de responsabilidade têm natureza penal, divergindo da tese adotada por parte da doutrina, que os considera infrações político-administrativas.

3.7.1 Responsabilidade civil

A responsabilidade civil do servidor se configura quando este é o causador de danos a terceiros. A fundamentação dessa responsabilidade está no art. 927 do CC, que estabelece que todo aquele que causa danos a outrem é obrigado a repará-lo. Existem duas situações de danos causados pelo servidor público: (1) o dano que atinge terceiros, que será melhor analisado no capítulo referente à responsabilização extracontratual do Estado; e (2) o dano que prejudica o Estado.

A obrigação de reparar o dano, conforme o § 3º do art. 122 da Lei nº 8.112/1990, estende-se aos sucessores, e contra eles será executada, até o limite do valor da herança recebida.

Quando o dano atinge terceiros, quem responde é o Estado, que tem o direito de regresso contra o servidor, conforme o art. 37, § 6º, da Constituição. Portanto, há a responsabilidade objetiva do Estado e a subjetiva do servidor, que agiu com dolo ou culpa. Esse ressarcimento ou indenização pode ser demandado judicial ou administrativamente. Neste último caso, algumas legislações de certos entes federativos preveem requerimento administrativo para pleitear do Estado a indenização, como, por exemplo, o art. 65 da LPA do Estado de São Paulo (Lei nº 10.177/1998), que dispõe que "aquele que pretender, da Fazenda Pública, ressarcimento por danos causados por agente público, agindo nessa qualidade, poderá requerê-lo administrativamente".

Quando o dano atinge o Estado, a responsabilidade do servidor é apurada pela própria Administração, mediante processo administrativo com todas as garantias de defesa. Comprovado o dano, ocorre a autoexecutoriedade do desconto nos vencimentos do servidor, desde que prevista em lei, e obedecendo ao limite mensal, em regra, nela fixado. Se o servidor é contratado pela legislação trabalhista, só se permite o desconto com a concordância do empregado e, em caso de dolo, conforme dispõe o art. 462, § 1º, da CLT.

Atualmente, com a inclusão do art. 28 da LINDB pela Lei nº 13.655/2018, há o dispositivo que estabelece: "o agente público responderá pessoalmente por suas decisões e opiniões técnicas em caso de dolo ou erro grosseiro". Nesse sentido, o art. 14 do Decreto nº 9.830/2018 determina que:

> No âmbito do Poder Executivo Federal, o direito de regresso previsto no § 6º do art. 37 da Constituição, somente será exercido na hipótese de o agente público ter agido com dolo ou erro grosseiro em suas decisões ou opiniões técnicas, nos termos do disposto no art. 28 do Decreto-Lei nº 4.657, de 1942, e com observância aos princípios constitucionais da proporcionalidade e da razoabilidade.

3.7.2 Responsabilidade administrativa

A responsabilidade administrativa se configura com a prática de ilícito administrativo, conforme definido em legislação estatutária específica. A apuração da infração é realizada pela Administração Pública por meios sumários, como a sindicância, ou por meio do processo administrativo disciplinar, garantindo-se ao servidor público o contraditório e a ampla defesa, com os meios e recursos a ela inerentes (conforme o art. 5º, LV, CF). Na esfera federal, a instauração de processo administrativo disciplinar é obrigatória para punições superiores a 30 dias de suspensão.

Existe a possibilidade de afastamento preventivo do servidor por 60 dias, prorrogáveis por igual período, para evitar que o funcionário influencie na apuração da falta cometida, conforme o art. 147 da Lei nº 8.112/1990.

Comprovada a infração administrativa, o servidor está sujeito a penas disciplinares, como advertência, multa, suspensão ou demissão. No entanto, geralmente, o ilícito administrativo não possui a mesma tipicidade do penal; portanto, há certa margem de discricionariedade no enquadramento da falta cometida, uma vez que a lei se refere, por exemplo, à "falta de cumprimento dos deveres" ou à "insubordinação grave", sem elementos precisos de sua caracterização, o que no direito penal resultaria em violação da tipicidade decorrente da reserva legal.

Entretanto, a discricionariedade não é sinônimo de arbítrio e, para combater punições arbitrárias, exige-se respeito ao contraditório e à ampla defesa, bem como ao princípio da motivação da penalidade imposta, para verificar se não houve desvio de finalidade ou excesso, caracterizado pelo desrespeito ao juízo de proporcionalidade entre a falta cometida e a punição aplicada pelo Poder Público.

3.7.3 Responsabilidade penal

Maria Sylvia Zanella Di Pietro (2021, p. 809) afirma ser mais coerente a posição que considera que a má conduta na vida privada, para caracterizar-se como ilícito administrativo, tem de ter, direta ou indiretamente, algum reflexo sobre a vida funcional, sob pena de tudo, indiscriminadamente, poder ser considerado *procedimento irregular* e ensejar demissão.

É importante destacar que o próprio Código Penal evoluiu no sentido de limitar os impactos da conduta do funcionário fora do cargo sobre sua situação funcional. Antes da alteração da Parte Geral, realizada pela Lei nº 7.209, de 11 de julho de 1984, a perda da função pública constituía pena acessória quando o servidor fosse condenado à pena privativa de liberdade por crime praticado com violação de dever inerente à função pública, ou condenado por outro crime à pena de reclusão por mais de dois anos, ou detenção por mais de quatro anos; neste último caso, a perda decorria automaticamente da sentença, mesmo sem declaração expressa (arts. 82, I, 83 e 87).

Com a alteração introduzida por essa lei, a perda do cargo, função pública ou mandato deixou de ser pena acessória e passou a ser um efeito da condenação apenas nos crimes praticados com abuso de poder ou violação de dever para com a Administração Pública, desde que a pena aplicada seja superior a quatro anos; além disso, esse efeito não é automático, devendo ser motivadamente declarado na sentença (art. 92, I e parágrafo único).

A Lei nº 9.268, de 1º de abril de 1996, alterou o art. 92 do Código Penal, prevendo a perda de cargo, função pública ou mandato eletivo em duas situações: (a) quando aplicada pena privativa de liberdade por tempo igual ou superior a um ano nos crimes praticados com abuso de poder ou violação de dever para com a Administração Pública; (b) quando for aplicada pena privativa de liberdade por tempo superior a quatro anos nos demais casos. Manteve-se a exigência do parágrafo único.

Os próprios Estatutos dos Funcionários Públicos geralmente admitem a possibilidade de o servidor continuar como titular do cargo, mesmo que condenado em processo criminal, determinando que, no caso de condenação, se esta não for de natureza que acarrete a demissão do funcionário, ele seja considerado afastado até o cumprimento total da pena, com direito a receber parte do vencimento ou remuneração. Isso reforça a tese de que o ilícito penal, por si só, não enseja punição disciplinar.

3.8 Comunicabilidade de instâncias

A comunicabilidade de instâncias é um princípio jurídico que estabelece a possibilidade de interação e influência mútua entre diferentes esferas de julgamento, como a administrativa, a civil e a penal. Esse conceito é fundamental para garantir a coerência e a harmonia do sistema jurídico, permitindo que decisões tomadas em uma instância possam ser consideradas e, em alguns casos, utilizadas como prova ou fundamento em outra. Por exemplo, uma decisão administrativa que reconheça a prática de um ato ilícito pode ser utilizada como prova em um processo civil ou penal, facilitando a obtenção de uma decisão justa e eficiente.

No entanto, a comunicabilidade de instâncias não é absoluta e encontra limites na independência e autonomia de cada esfera de julgamento. Cada instância possui seus próprios procedimentos, critérios de avaliação e finalidades específicas, o que pode levar a diferentes interpretações e conclusões sobre os mesmos fatos. Por isso, a utilização de decisões de uma instância em outra deve ser feita com cautela, respeitando-se as peculiaridades e as garantias processuais de cada esfera. Além disso, é necessário que haja um mínimo de congruência entre os fatos apurados e as provas apresentadas para que a decisão de uma instância possa ser validamente considerada em outra.

A importância da comunicabilidade de instâncias reside na promoção de uma justiça mais integrada e eficiente, evitando decisões contraditórias e garantindo a efetividade dos direitos. Esse princípio contribui para a economia processual, reduzindo a necessidade de repetição de provas e agilizando a resolução dos conflitos. Além disso, a comunicabilidade de instâncias fortalece a segurança jurídica, ao proporcionar uma maior previsibilidade das decisões judiciais e administrativas. Em suma, a comunicabilidade de instâncias é um mecanismo essencial para a construção de um sistema jurídico mais coeso, justo e eficaz, que respeite a autonomia das diferentes esferas de julgamento, mas que também permita uma interação produtiva entre elas.

O ordenamento jurídico brasileiro traz dispositivos que tratam expressamente de comunicabilidade de instâncias. De acordo com o art. 935 do CC, "não se pode mais questionar sobre a existência do fato ou quem seja o seu autor quando estas questões se acharem decididas no crime, repercutindo na esfera administrativa".

O art. 65 do Código de Processo Penal (CPP) determina que se considera "coisa julgada, no cível, da sentença penal que reconhecer estado de necessidade, legítima defesa, estrito cumprimento de dever legal ou exercício regular de direito".

Quanto à absolvição na esfera criminal, há necessidade de distinguir o fundamento (art. 386 do CPP).

Repercute na esfera administrativa a absolvição:

i) Por estar provada a inexistência do fato (arts. 386, I, do CP, e 935 do CC);

ii) Por estar provado que o réu não concorreu para a infração penal (arts. 386, IV, do CP, e 935 do CC);

iii) Por existirem circunstâncias que excluam o crime ou isentem o réu de pena (art. 65 do CPP).

Não repercutem na esfera administrativa:

i) Absolvição com base no art. 386, III, do CPP (o fato não constitui crime);

ii) Hipóteses de absolvição por falta de prova (art. 386, II, V e VII, do CPP).

O fato que constitui crime, mas não constitui infração administração – Súmula nº 18 do STF: "pela falta residual, não compreendida na absolvição pelo juízo criminal, é admissível a punição administrativa do servidor público".

Os efeitos da condenação criminal: perda do cargo, função pública ou mandato em duas hipóteses:

a) Quando aplicada a pena privativa de liberdade por tempo igual ou superior a um ano nos crimes praticados com abuso de poder ou violação de dever para com a Administração Pública;
b) Quando for aplicada pena privativa de liberdade por tempo superior a quatro anos, nos demais casos; o efeito não é automático, pois depende de declaração do juiz na sentença (art. 92 do CP, com a redação dada pela Lei nº 9.268, de 1º.04.1996).

3.9 A defesa dos agentes públicos pela advocacia pública

Embora seja uma prática consolidada no cotidiano administrativo, a atribuição legal da defesa dos agentes públicos pela advocacia pública é periodicamente alvo de críticas. Essas críticas ganham destaque especialmente quando envolvem figuras políticas de grande visibilidade.

A advocacia pública exerce todas as prerrogativas em defesa do respectivo ente federativo. Contudo, os entes públicos são figuras abstratas, e a teoria da imputação volitiva do jurista alemão Otto Gierke fundamenta a atuação do Estado. No Brasil, Celso Antônio Bandeira de Mello (2024) explica que

> [...] Órgãos são unidades abstratas que sintetizam os vários círculos de atribuições do Estado. Por se tratar, tal como o

próprio Estado, de entidades reais, porém abstratas (seres de razão), não têm nem vontade nem ação, no sentido de vida psíquica ou anímica próprias, que, estas, só os seres biológicos podem possuí-las. De fato, os órgãos não passam de simples repartições de atribuições, e nada mais. Então, para que tais atribuições se concretizem e ingressem no mundo natural é necessário o concurso de seres físicos, prepostos à condição de agentes. O querer e o agir destes sujeitos é que são, pelo Direito, diretamente imputados ao Estado (manifestando-se por seus órgãos), de tal sorte que, enquanto atuam nesta qualidade de agentes, seu querer e seu agir são recebidos como o querer e o agir dos órgãos componentes do Estado; logo, do próprio Estado. Em suma, a vontade e a ação do Estado (manifestada por seus órgãos, repita-se) são constituídas na e pela vontade e ação dos seus agentes.

Nesse sentido, ao defender os atos praticados por seus agentes públicos, o Estado está, em última análise, defendendo a si próprio e não a terceiros. Assim, é correta a previsão do art. 22 da Lei nº 9.208/1995, que autoriza a Advocacia-Geral da União (AGU) a defender os agentes públicos "quando vítimas de crime, quanto a atos praticados no exercício de suas atribuições constitucionais, legais ou regulamentares, no interesse público".

Tal concepção foi reforçada pela Lei nº 14.133/2021, que prevê expressamente essa defesa em seu art. 10, quando o caso envolver "ato praticado com estrita observância de orientação constante em parecer jurídico".

A atribuição, ao Estado, da defesa de agentes públicos acionados por força do exercício da função pública é uma opção política legítima, que pode ser implementada pelo Legislativo e pelo Executivo estaduais. Trata-se de um mecanismo capaz de minimizar o prejuízo que o abuso na propositura de demandas contra esses agentes acarreta para bens constitucionais, como eficiência e promoção do interesse público. O mecanismo é compatível com o princípio da isonomia, destinando-se, na realidade, como outros, a garantir condições de desempenho adequado da função pública.

É contraditório que um gestor público siga um posicionamento da consultoria jurídica do ente federativo e, posteriormente, seja deixado à própria sorte em um processo apuratório justamente por ter seguido aquele entendimento. O esperado é que o mesmo órgão sustente seu posicionamento nas demais esferas do Poder Público, dando apoio institucional ao gestor que agiu conforme a orientação dada. Além disso, a advocacia pública estaria defendendo seu próprio posicionamento.

Quando a defesa envolve a atuação no exercício da função, sem manifestação prévia, é irrazoável esperar que os agentes públicos tenham de contratar advogados para se defender simplesmente por exercerem suas funções. Os agentes públicos estão sujeitos à exposição e aos riscos de responsabilização, considerando que, muitas vezes, suas decisões desagradam interesses individuais. Se tiverem de contratar advogados particulares para toda e qualquer representação, isso equivaleria a realizar despesas para exercer suas funções.

O ente estatal tem interesse em que seus agentes possam exercer livremente suas funções. O respaldo pelo próprio Estado tem a importante função de mitigar problemas relacionados ao excesso de controle, fato que tem sido objeto de estudo pela comunidade jurídica por resultar no *apagão das canetas*.

Atuação dolosa ou fora das funções não legitima a defesa pela advocacia pública. Um agente público que recebe propina, por exemplo, não pratica ato no exercício da função, mas lesa os interesses do Estado, razão pela qual não há interesse estatal na sua defesa. Nesse caso, ele poderia ser réu em uma ação de improbidade administrativa proposta pela Fazenda Pública, considerando que o STF reconhece a legitimidade para propositura da ação pelo ente lesado.

Nem sempre haverá uma linha clara entre a existência ou não desse interesse estatal no patrocínio. Isso significa que a defesa dos agentes públicos não deve ser automática e decorrer do simples pedido. É preciso fazer um criterioso juízo de admissibilidade, uma avaliação transparente sobre a pertinência da imputação com os interesses estatais e o consequente cabimento da defesa.

A simples acusação de ato praticado com desvio de função não deve ser suficiente para o patrocínio pela advocacia pública. Entender diferente seria conferir poder ao acusador de definir se há ou não pertinência institucional para a defesa.

A representação deve ser precedida de uma análise minuciosa dos elementos circunstanciais da imputação ao agente, inclusive com prévio acesso ao processo ou ao procedimento de apuração dos fatos, para só então definir se haverá ou não a defesa institucional.

A situação pode gerar resultados indesejados, como uma investigação policial que inicialmente legitima a atuação, mas, após novos elementos, aponta para uma incompatibilidade de defesa. Nesse caso, o correto é a renúncia pelo órgão de advocacia pública. Para evitar conflitos e outras controvérsias jurídicas, o agente solicitante deve estar ciente desse possível cenário e da inexistência de um direito subjetivo de defesa pelo órgão.

Todo o processo de atuação em favor do agente público deve ser devidamente motivado, de modo que as escolhas do órgão de advocacia pública sejam transparentes e continuamente avaliadas considerando o caso concreto. A chave que legitima a defesa é a motivação no processo de decisão.

Se a atribuição não for exercida com transparência e devidamente motivada, ela pode se tornar um privilégio odioso. Agentes públicos que cometem irregularidades ou desvios, mas ainda têm o privilégio de serem defendidos pela advocacia pública, merecem críticas. No entanto, o problema não está na atribuição em si, mas na dosagem do seu exercício. Em âmbito federal, a Portaria Normativa AGU nº 94, de 26 de maio de 2023, disciplina os procedimentos relativos à União, circunscritos aos Poderes Legislativo, Judiciário e Executivo.

Capítulo 4

DAS PRERROGATIVAS E SUJEIÇÕES DA ADMINISTRAÇÃO PÚBLICA

Ao analisar os princípios que fundamentam toda a função administrativa do Estado, é essencial prestar atenção nos poderes que deles derivam que são exercitados pelas autoridades administrativas. Esses poderes são inerentes à Administração Pública, pois, sem eles, não seria possível fazer prevalecer o interesse geral e a lei sobre a vontade individual, nem o interesse público sobre o interesse privado.

Embora o termo *poder* possa sugerir uma faculdade da Administração, na verdade, trata-se de um *poder-dever*, já que é outorgado ao Poder Público para ser exercido em benefício da coletividade; assim, esses poderes são irrenunciáveis se preordenando ao atendimento ao interesse público. Todos esses *poderes* incluem prerrogativas de autoridade, que só podem ser exercidas dentro dos limites da lei

Ao estudar o regime jurídico-administrativo ao qual a Administração Pública está sujeita, conclui-se que os dois aspectos fundamentais que o definem podem ser resumidos nas expressões prerrogativas e sujeições. As prerrogativas instrumentais são concedidas à Administração para fornecer-lhe os meios necessários ao exercício de suas atividades, enquanto as sujeições representam os limites impostos à atuação administrativa em benefício dos direitos dos cidadãos. Praticamente todo o Direito Administrativo trata de questões em que se tensionam dois aspectos opostos: a autoridade da Administração Pública e a liberdade individual.

4.1 Os poderes administrativos

A palavra *poder* tem dois significados diferentes:

i) *Poder orgânico*: refere-se ao núcleo de atribuição do Poder estatal (Poderes Executivo, Legislativo e Judiciário); e

ii) *Poder funcional*: diz respeito à maneira de desempenhar a função administrativa (poderes normativos, administrativos e jurisdicionais).

Neste capítulo, o objeto de estudo se caracteriza na análise dos poderes funcionais. Assim, serão cotejadas as seguintes espécies de poderes: o poder normativo (ou regulamentar), o poder disciplinar, os poderes decorrentes da hierarquia e o poder de polícia.

Quanto aos chamados poderes *discricionário* e *vinculado*, eles não existem como poderes autônomos; a discricionariedade e a vinculação são, no máximo, atributos de outros poderes ou competências da Administração.

O chamado *poder vinculado* não representa uma prerrogativa do Poder Público, mas sim uma restrição, pois, quando se diz que determinada atribuição da Administração é vinculada, significa que está sujeita à lei em praticamente todos os aspectos. Nesse caso, o legislador preestabelece todos os requisitos do ato, de modo que, estando eles presentes, a autoridade administrativa deve apenas editá-lo, sem considerar aspectos como oportunidade, conveniência, interesse público ou equidade. Esses aspectos foram previamente avaliados pelo legislador.

O *poder discricionário* ou *discricionariedade* se traduz na ideia de prerrogativa, uma vez que a lei, ao atribuir determinada competência, deixa alguns aspectos do ato para serem avaliados pela Administração no caso concreto; isto implica uma liberdade a ser exercida dentro dos limites estabelecidos pela lei. No entanto, não se pode afirmar que se trata de um poder autônomo; o que ocorre é que as várias competências exercidas pela Administração com base nos poderes normativo, regulamentar, disciplinar, hierárquico e de polícia serão vinculadas ou discricionárias, dependendo da liberdade deixada ou não pelo legislador à Administração Pública.

Vale destacar que a *discricionariedade*, de maneira alguma, é salvo conduto para a autoridade administrativa agir de modo incoerente ou desarrazoado, uma vez que a *discrição* representa, exatamente, margem de liberdade para eleger a opção mais adequada e que melhor atenda o interesse público diante das circunstâncias concretas, de maneira a satisfazer com a máxima precisão o escopo da norma que outorgou esta liberdade.

4.1.1 Poder normativo ou regulamentar

O poder normativo ou regulamentar é a prerrogativa atribuída à Administração Pública para editar atos administrativos gerais visando à fiel execução das leis. Tradicionalmente, reconhece-se que órgãos e entidades situados fora do âmbito do Poder Legislativo também podem exercer poder normativo. Isso decorre do caráter relativo do princípio da separação de poderes, que, segundo a doutrina do *checks and balances*, permite a cada um dos *Poderes*

(Executivo, Legislativo e Judiciário) exercer funções atípicas para promover o controle entre si.

Em outras palavras, cada uma das esferas do Estado exerce funções típicas correspondentes ao seu nome (o Poder Executivo executa a lei; o Legislativo cria as leis, inovando na ordem jurídica; e o Judiciário resolve, com definitividade, as lides, além de controlar a constitucionalidade de leis e atos normativos), bem como funções atípicas que seriam, em princípio, inerentes às outras esferas (o Chefe do Executivo pode exercer poder normativo com caráter inovador mediante a edição, por exemplo, de medidas provisórias e leis delegadas, conforme previsto nos arts. 62 e 68 da CF/1988). No Direito norte-americano, a delegação legislativa é fundamentada por duas teorias distintas:

i) Teoria do *filling up details* (preenchimento de detalhes): o Executivo deve detalhar uma norma legal; e

ii) Teoria da *delegation with standards* (delegação com parâmetros): a delegação legislativa deve ser acompanhada de parâmetros suficientes para pautar e controlar a atuação do órgão delegado, estabelecendo princípios inteligíveis – *intelligible principles* – que irão orientar a atuação administrativa.

Apesar de prevalecer a ideia da indelegabilidade da atividade legislativa no Brasil, salvo nos casos expressamente indicados pelo texto constitucional (medidas provisórias e leis delegadas, por exemplo), a doutrina tem atenuado esse entendimento para admitir as delegações legislativas mencionadas.

Na verdade, o poder normativo das entidades administrativas, exercido com fundamento em norma legal, não decorre da delegação propriamente dita operada pelo legislador, mas é inerente à função administrativa e pode ser exercido dentro dos limites fixados em lei.

A Administração Pública tem o poder de regulamentar a legislação, esclarecendo-a e detalhando-a para possibilitar sua concretização. A edição de decretos e regulamentos para fiel execução das leis é de competência exclusiva do chefe do Executivo, conforme o art. 84, IV, da Constituição da República.

Isso não impede o exercício da função normativa por outros órgãos e entidades administrativas (ex.: edição de resoluções, portarias, regimentos etc.).

Na fixação de novas interpretações ou orientações sobre a aplicação de normas legais ou regulamentares de conteúdo indeterminado, com a imposição de novos deveres ou condicionamentos de direitos, a Administração Pública e os demais órgãos de controle, inclusive judicial, devem estabelecer regime de transição quando necessário para que o novo dever ou condicionamento de direito seja cumprido de modo proporcional, equânime e eficiente, sem prejuízo aos interesses gerais (art. 23 da LINDB).

Nas esferas administrativa, controladora ou judicial, a revisão quanto à validade de ato, contrato, ajuste, processo ou norma administrativa cuja produção já se houver completado levará em conta as orientações gerais da época, sendo vedado que, com base em mudança posterior de orientação geral, se declarem inválidas situações plenamente constituídas (art. 24 da LINDB).

A Administração Pública deve respeitar o princípio da segurança jurídica, inclusive por meio de regulamentos, súmulas administrativas e respostas a consultas, que terão caráter vinculante.

José dos Santos Carvalho Filho (2018) aponta que existem atos de regulamentação de primeiro grau e atos de regulamentação de segundo grau:

i) *Atos de regulamentação de primeiro grau* – decretos e regulamentos que vão detalhar e explicar a lei.

ii) *Atos de regulamentação de segundo grau* – atos que regulamentam os decretos. São as instruções, orientações e resoluções. Por fim, os regulamentos se dividem em dois grupos:

iii) Regulamentos executivos (ou decretos) – são expedidos para fiel execução da lei. Trata-se de um ato de 2º grau. É a regra no direito brasileiro.

iv) Regulamentos autônomos (ou decretos) – como já visto no capítulo 5, item 13, letra a, são atos normativos de primeiro grau. O art. 84, VI, da CF/1988 determina que o Presidente da República pode extinguir cargo público, desde que vago, por decreto autônomo, assim como disciplinar matéria de organização administrativa, desde que não gere despesas e não crie ou extinga órgão público, ainda que esteja vago.

Importante prestar atenção para o fato de que os regulamentos autônomos, por serem atos de primeiro grau, estão sujeitos ao controle de constitucionalidade, e não de legalidade.

Portanto, trata-se do poder de expedir normas gerais e abstratas, dentro dos limites das leis. Os atos administrativos regulamentares, a rigor, só podem ser expedidos segundo a lei, não podendo ser contrários a ela e nem inovar na ordem jurídica. O regulamento é o ato normativo por excelência. É formalizado por decreto. Os regulamentos ou decretos são privativos do Chefe do Poder Executivo. Demais autoridades administrativas poderão expedir outros atos, como resoluções e instruções normativas, mas não decretos. Nesse sentido, parte da doutrina destaca que o poder regulamentar seria do chefe do Poder Executivo, logo, este poder estaria entre as espécies do gênero poder normativo.

4.1.2 Poder hierárquico

O poder hierárquico é uma ferramenta colocada à disposição da Administração para que ela possa distribuir, escalonar, ordenar, fiscalizar e revisar o desempenho de seus agentes. Existe uma relação de subordinação entre os servidores do seu quadro de pessoal, devido ao escalonamento – uma relação entre quem emite as ordens e quem as recebe.

Na delegação, transfere-se uma parcela de competência do superior ao subordinado na escala hierárquica. Quando se fala em avocação, haverá o movimento inverso, chamando parcela de competência do subordinado para superior hierárquico. Vale lembrar que a delegação poderá ocorrer entre órgãos que não guardam relação de subordinação entre um e outro. Mas, de qualquer forma, a delegação somente poderá ser excepcional e temporária, visto que já existe uma ordem estabelecida. O poder de rever atos inferiores autoriza a anulação do ato proferido pelo agente inferior, e até mesmo revogação de atos.

O poder hierárquico não necessita de uma existência legal prévia, sendo presumido da própria estrutura verticalizada da Administração. É exercido internamente entre os órgãos de uma mesma entidade. Portanto, não se aplica o exercício do poder hierárquico da Administração em relação ao cidadão.

Por essa razão, também não se fala em hierarquia quando se trata de duas entidades distintas. A hierarquia está presente entre o Presidente da República e o Ministro da Defesa, mas não entre o Ministro da Defesa e o Presidente do INSS, por exemplo, pois se trata de outra entidade, com personalidade jurídica própria. Além disso, o controle da autarquia é finalístico, realizado por meio de supervisão, também chamada de tutela. No entanto, não há falar em hierarquia.

Do poder hierárquico derivam:

– A faculdade de dar ordens.
– A obrigação de fiscalizar.
– A capacidade de delegar e avocar atribuições.
– A prerrogativa de revisar os atos inferiores.

Na *delegação*, uma parcela de competência é transferida do superior para o subordinado na escala hierárquica. Já na *avocação*, ocorre o movimento inverso, ou seja, uma parcela de competência do subordinado é trazida para o superior hierárquico. É interessante lembrar que a delegação pode ocorrer entre órgãos que não possuem relação de subordinação entre si. Contudo, esta deve ocorrer sempre em situações excepcionais e temporárias, considerando que já existe uma ordem estabelecida.

O poder de rever atos inferiores permite a anulação do ato realizado pelo agente inferior e até mesmo a revogação de tais atos.

4.1.3 Poder disciplinar

O poder disciplinar é o mecanismo utilizado para apurar infrações cometidas e aplicar penalidades cabíveis aos servidores ou a outras pessoas submetidas ou vinculadas contratualmente à Administração. Esse poder não é exclusivamente interno, pois também pode ser aplicado a pessoas jurídicas externas, como as concessionárias de serviço público. Nota-se que apenas servidores e pessoas submetidas à Administração estarão sujeitos ao poder disciplinar da administração.

O que marca o fim do poder hierárquico e o início do poder disciplinar é a abertura do processo administrativo para apurar a responsabilidade pela prática de uma irregularidade administrativa. O poder hierárquico permite dar ordens e fiscalizar o cumprimento dessas ordens, caso seja constatado que a ordem não foi cumprida, é necessário instaurar um processo administrativo para verificar tal irregularidade. Nesse momento, encerra-se o poder hierárquico e inicia-se o poder disciplinar.

A doutrina tradicional costuma destacar a natureza discricionária do poder disciplinar, pois a autoridade competente pode avaliar aspectos como a gravidade da infração, os danos decorrentes dessa conduta, a existência de agravantes e atenuantes etc. Todavia, o STJ tem entendido que não há discricionariedade no poder disciplinar, mas sim uma efetivação de comandos constitucionais e infraconstitucionais (Resp. nº 429.570/GO, MS nº 13.083). A opção mais segura, em uma prova objetiva, é apontar a característica discricionária. Já em provas de segunda fase, deve-se mencionar a posição do STJ.

Não são apenas os servidores públicos que se submetem ao poder disciplinar. Isso porque o poder disciplinar também é exercido em relação a pessoas físicas e jurídicas que celebram contratos com a Administração Pública. Dito de outra forma, pessoas vinculadas ao Poder Público estão sujeitas ao poder disciplinar.

4.1.4 Poder de Polícia

O poder de polícia é uma prerrogativa atribuída ao Estado para que possa limitar direitos individuais em benefício da coletividade. Pode ser compreendido de forma ampla ou restrita. Em um sentido amplo, refere-se a qualquer atividade realizada pelo Estado que, de alguma maneira, restringe direitos individuais, sendo exercido pelos Poderes Executivo, Legislativo e Judiciário em suas funções típicas. Origina-se do *poder de império*. Nessa perspectiva, a lei seria uma manifestação do poder de polícia.

Em um conceito mais restrito (comumente utilizado no Direito Administrativo), é exercido pelo Poder Executivo por meio da edição de atos administrativos, visando equilibrar interesses opostos. São intervenções gerais e abstratas (regulamentos) ou concretas e específicas (autorizações e licenças) do Poder Público, com o objetivo de prevenir, condicionar ou impedir atividades particulares.

Essas intervenções da Administração Pública são essenciais para a manutenção da ordem pública e do bem-estar social, e podem se manifestar das seguintes formas:

– *Regulamentos* que se caracterizam por normas gerais e abstratas que estabelecem diretrizes para o comportamento das pessoas físicas e jurídicas, visando prevenir danos à coletividade, são fundamentais para a prevenção de riscos e a proteção de interesses coletivos. São exemplos de regulamentos:

i) *Normas de segurança* (estabelecem requisitos para a construção de edifícios, a operação de máquinas e equipamentos, e a realização de eventos públicos, visando prevenir acidentes e garantir a segurança das pessoas);

ii) *Normas de saúde pública* (incluem regulamentações sobre higiene, controle de doenças, e padrões sanitários para alimentos e medicamentos, com o objetivo de proteger a saúde da população);

iii) *Normas ambientais* (impõem restrições e obrigações para a preservação do meio ambiente, como limites para a emissão de poluentes, regras para o manejo de resíduos e proteção de áreas naturais).

iv) *Autorizações* são atos administrativos para permitir a realização de determinadas atividades, desde que cumpridas certas condições impostas pelo Estado. Ex.: a autorização para funcionamento de estabelecimentos comerciais ou industriais.

v) *Licenças* concretizadas por meio da edição de atos administrativos que concedem permissão para o exercício de atividades específicas, após verificação do cumprimento de requisitos legais. Exemplos:

vi) *Licenças para construção* (exigem que os projetos de construção sejam aprovados pelo Poder Público, assegurando que estejam em conformidade com os códigos de construção e as normas urbanísticas);

vii) *Licença ambiental* (necessária para atividades que possam impactar o meio ambiente, como a exploração de recursos naturais, a construção de grandes empreendimentos e a operação de indústrias poluentes);

viii) *Exercício de profissões regulamentadas* (requer que os profissionais obtenham permissão do Estado para exercerem suas atividades, garantindo que possuam a qualificação e a competência necessárias.

Essas medidas são fundamentais para a harmonização dos interesses individuais com os interesses coletivos, garantindo que o exercício de direitos de particulares não comprometa o bem-estar da sociedade como um todo.

O *poder de polícia* é essencial para a administração pública, pois permite ao Estado intervir na esfera privada de maneira legítima e proporcional, sempre com o objetivo de proteger o interesse público. É um instrumento indispensável para a *prevenção de danos* (ao estabelecer normas e condições para a realização de atividades, e a *proteção do bem-estar social* (as intervenções do Poder Público garantem que os direitos individuais sejam exercidos de maneira a não comprometerem o bem-estar da sociedade).

O *poder de polícia* também busca equilibrar os interesses individuais e coletivos, promovendo a convivência harmoniosa e a justiça social, tanto em sentido amplo quanto em estrito, é uma expressão do poder estatal de império e um instrumento imprescindível para a regulação das atividades particulares e a promoção da tranquilidade social, assegurando que o exercício de direitos individuais ocorra de maneira compatível com os interesses coletivos, contribuindo para a ordem pública.

O exercício do poder de polícia pelo Estado deve observar uma série de princípios fundamentais que garantem sua legitimidade e eficácia. Entre esses princípios, destacam-se:

- *Princípio da Legalidade*: determina que o poder de polícia deve ser exercido com base em leis previamente estabelecidas, significa que qualquer restrição aos direitos individuais deve estar prevista em normas legais, garantindo a segurança jurídica e a previsibilidade das ações do Estado.
- *Princípio da Proporcionalidade*: as medidas adotadas pelo poder de polícia devem ser adequadas ao objetivo que se pretende alcançar. Em outras palavras, significa que as restrições impostas aos direitos individuais não podem ser excessivas ou desnecessárias, devendo

estar em conformidade e ser suficientes para a proteção do interesse público.

- *Princípio da Razoabilidade*: as ações oriundas do poder de polícia devem ser aceitáveis, ou seja, precisam fazer sentido e ser justificáveis à luz dos objetivos pretendidos. Medidas arbitrárias ou desarrazoadas não são toleráveis.
- *Princípio da Finalidade*: o exercício do poder de polícia deve sempre ter como meta a satisfação do interesse público. As intervenções do Estado devem estar alinhadas com a proteção da ordem pública, da saúde, da segurança, do meio ambiente, entre outros interesses coletivos.
- *Princípio da Transparência*: as ações devem ser límpidas, permitindo que os cidadãos compreendam as razões e os fundamentos das intervenções estatais. Isso inclui a divulgação de informações e a prestação de contas por parte das autoridades públicas na elaboração de normas e na fiscalização das ações estatais, garantindo que as decisões sejam tomadas de maneira democrática e inclusiva.

O Estado, por meio de seus órgãos de trânsito, exerce o *poder de polícia* ao regulamentar e fiscalizar o tráfego de veículos, incluindo a imposição de limites de velocidade, sinalização de vias, fiscalização de infrações e a aplicação de multas. Essas medidas visam garantir a segurança dos motoristas e pedestres, prevenindo acidentes e promovendo a ordem no trânsito.

A vigilância sanitária é um exemplo claro do *poder de polícia* no campo da saúde pública. As autoridades sanitárias estabelecem normas e realizam inspeções em estabelecimentos que produzem, manipulam ou comercializam alimentos e medicamentos, a ideia é garantir que esses produtos sejam seguros para o consumo, afastando riscos à saúde da população.

O *licenciamento ambiental* é uma ferramenta essencial para a proteção do meio ambiente, por meio da qual o Estado exige que empreendimentos potencialmente poluidores obtenham licenças antes de iniciar suas atividades. Esse processo envolve a avaliação dos impactos ambientais e a imposição de medidas mitigadoras, garantindo que o desenvolvimento econômico ocorra de maneira sustentável.

A fiscalização de obras é uma manifestação do *poder de polícia* no campo da construção civil. As autoridades públicas verificam se as construções estão em conformidade com os códigos de construção e as normas urbanísticas, incluindo a inspeção de projetos, a verificação de licenças e a fiscalização de obras em andamento, visando garantir a segurança e a qualidade das edificações.

Embora o poder de polícia seja uma ferramenta essencial para a Administração Pública, o principal desafio é encontrar o equilíbrio adequado entre a proteção dos direitos individuais e a promoção do interesse coletivo. O Estado deve agir de maneira a não sacrificar desnecessariamente as liberdades individuais em nome do bem-estar social.

As ações resultantes do exercício do *poder de polícia* estão sujeitas ao controle judicial, uma vez que os cidadãos têm o direito de questionar judicialmente as medidas que considerem abusivas ou ilegais. O Judiciário atua como um guardião dos direitos individuais, garantindo que o *poder de polícia* seja exercido dentro dos limites da legalidade e da proporcionalidade.

Ao equilibrar os interesses individuais e coletivos, o poder de polícia contribui para a convivência harmoniosa e a justiça social, promovendo um ambiente seguro, saudável e sustentável para todos. O *poder de polícia*, portanto, é um instrumento crucial para a administração pública, permitindo a intervenção estatal de forma legítima e proporcional, sempre com o objetivo de proteger o interesse público.

Em resumo, o *poder de polícia*, seja em sentido amplo ou restrito, é uma expressão do poder estatal de império, primordial para a regulação das atividades particulares e a promoção do bem-estar geral.

4.2 A Teoria do *desvio de poder*

O uso abusivo dos poderes administrativos deve ser prevenido e punido, pois é considerado como uma conduta ilegal. O abuso de poder pode se manifestar em duas situações:

i) *Excesso de poder*: ocorre quando o agente público ultrapassa os limites de sua competência estabelecida por lei (ex.: policial que emprega força desproporcional para conter um movimento popular massivo).

ii) *Desvio de poder* (ou *de finalidade*): ocorre no momento em que o agente se comporta de modo a alcançar um objetivo apartado do interesse público (ex.: emissão de ato administrativo para prestigiar ou favorecer amigos).

A conduta identificada como *desvio de poder* se converteu em teoria a partir de decisões emanadas do Conselho de Estado francês, que debruçou com frequência sobre o tema criando um repertório casuístico bastante robusto. A jurisprudênia estrangeira demonstra a universalização desse fenômeno que se mostra corrente em todo o mundo.

Saliente-se que essa prática há muito já foi identificada e rechaçada, como se pode verificar em uma carta escrita em 1761, por Sebastião José de Carvalho e Melo, o Marquês de Pombal, endereçada ao seu sobrinho Joaquim de Mello e Póvoas por ocasião da sua nomeação como Governador da Província do Maranhão, "A jurisdição que El-Rei confere a V. Exa. jamais sirva para vingar as suas paixões; porque é 'injuria' do poder usar espada da justiça fora dos casos dela" (Bandeira de Mello, 2012, p. 56).

O desvio de poder, com a segregação de qualquer finalidade pública, é um vício que se esconde especificamente quando o agente público pratica ato sob o manto da *competência discricionária*, hipótese em que há uma certa liberdade de agir. É uma conduta censurável, uma vez que revela comportamento insidioso, ocultando seu malicioso desígnio.

Segundo Bandeira de Mello, esse precioso conselho dado pelo Marquês ao sobrinho resume o conceito de desvio de poder, pois traduz a violação jurídica do poder legítimo, ao lançar mão deste fora das hipóteses que o justificam, de molde a tender objetivos diversos dos supostos na investidura.

Para André de Laubadère (1970, p. 502), "Há desvio de poder quando uma autoridade administrativa cumpre um ato de sua competência mas em vista de *fim* diverso daquele para o qual o ato poderia legalmente ser cumprido".

4.2.1 Modalidades de desvio de poder

Existem duas hipóteses em que o desvio de poder pode ser caracterizado (Bandeira de Mello, 2012, p. 58). A primeira ocorre quando o agente público, valendo-se de sua competência, busca uma finalidade diversa de qualquer interesse público, para alcançar um fim pessoal, que pode ser perseguição a alguém ou favoritismo, ou ainda para satisfazer interesse individual dele próprio.

Já a segunda hipótese se configura quando o agente público, também valendo-se de sua competência, busca uma finalidade diversa daquela que lhe é própria e específica. Nesse segundo caso, pode acontecer de o agente não ter agido de má-fé, mas supondo incorretamente que, valendo-se de um ato, não era categoricamente o próprio para atingir o fim buscado. Dito de outra forma, pode ser que o agente, equivocada e inadvertidamente, pratique ato que escape aos limites de sua competência, mas sem a intenção de fazê-lo por mero desconhecimento, ou acreditando que a solução encontrada é a melhor alternativa.

De toda forma, em ambos os casos terá o agente incorrido em *desvio de poder*, e consequentemente considera-se o ato defeituoso. Dito de outra forma, não importa a intenção ou a motivação do agente, ao agir diversamente da finalidade apontada pela norma jurídica, o agente rebela-se contra ela, pois pretende sobrepor seu juízo pessoal ao juízo legislativo.

Importante ressaltar que as competências têm destinação e limites específicos, não podendo ser manejadas para um fim distinto do qual foram legalmente predestinadas, sob pena de haver desvirtuamento do poder. A destinação da competência do agente preexiste à sua investidura.

Nos dizeres de Celso Antônio Bandeira de Mello (2012, p. 62):

> [...] Se mesmo na busca de um objetivo lícito configura desvio de poder quando efetuada por meio impróprio, maiormente reconhecer-se-á este vício quando a competência é utilizada à margem de qualquer interesse público, para dar vazão a intuitos particulares de favoritismo ou perseguição. Em tal caso, a autoridade pratica um ato administrativo movido pela amizade ou inimizade, pessoal ou política, ou até em proveito próprio. Não raro é impulsionada pelo propósito de captar vantagem indevida, angariar prosélios ou cegada por objetivos torpes de saciar sua ira contra inimigos ou adversários políticos, buscando molestá-los ou, pior ainda, vergá-los a suas conveniências.

O Estado de Direito é uma garantia para toda a coletividade, além da certeza de que o Poder Público só poderá buscar as finalidades estabelecidas nas leis, também garante a segurança de que, ao buscá-la, terá de acatar os meios que o Direito antecipadamente concebeu como adequados para o seu alcance.

Portanto, "Desvio de poder é tipicamente um caso em que o agente, por apartar-se do fim específico inerente ao poder que lhe estava condicionado, viola a regra de Direito, alheia-se da fonte que o legitimava" (Bandeira de Mello, 2012, p. 62).

Não existe liberdade de atuação em descompasso com a finalidade.

Capítulo 5

DOS ATOS ADMINISTRATIVOS

Para entender o sentido de *ato administrativo* com precisão, é necessário percorrer a trajetória que parte da compreensão de *fato*, perpassando por *fato jurídico, fato administrativo, ato jurídico, ato da administração* e finalmente alcançando o *ato administrativo*.

Fatos são eventos que ocorrem no mundo real (vida cotidiana). Segundo Miguel Reale (2007, p. 200):

> [...] o Direito se origina do fato, porque, sem que haja um acontecimento ou evento, não há base para que se estabeleça um vínculo de significação jurídica. Isso, porém, não significa a redução do Direito ao fato, tampouco em pensar que o fato seja mero fato bruto, pois os fatos, dos quais se origina o Direito, são fatos humanos ou fatos naturais objeto das valorações humanas.

O *fato jurídico* é, portanto, todo e qualquer episódio concreto inserido em um ordenamento jurídico. Nesse sentido, os *fatos jurídicos* podem ser categorizados em acontecimentos naturais e acontecimentos oriundos da conduta humana, os quais produzem efeitos jurídicos.

Nesse cenário, onde *fatos* são eventos, enquanto *fatos jurídicos* são acontecimentos que repercutem na esfera jurídica, criando direitos e obrigações, *fatos administrativos* são aqueles que causam repercussão para o Direito Administrativo, apenas porque a ordem jurídica vislumbrou algum efeito, mesmo que não tenham sido provocados pela Administração, não se confundindo com a sua vontade. Ex.: falecimento de servidor provocando vacância de cargo.

Nesse contexto tem-se que os *atos jurídicos* são deliberações volitivas do ser humano, às quais a ordem jurídica atribui consequências. Nesse sentido, a Teoria Geral do Direito denomina *negócio jurídico* o resultado da declaração de vontade de duas ou mais pessoas.

Os *atos jurídicos*, quando decorrentes de relações entre particulares, serão objeto de estudo do Direito Civil, incidindo regras de Direito Privado. No entanto, quando a relação envolve a Administração Pública em posição verticalmente superior (em pé de autoridade), esta será objeto do Direito Administrativo, aplicando-se as regras de Direito Público. Importante destacar que, em sentido diverso, quando a Administração Pública se encontra em posição de aparente igualdade as regras aplicáveis serão aquelas de Direito Privado.

5.1 Conceito e espécies

A Administração Pública, ao desempenhar suas atividades, emite diversos atos que expressam suas decisões com o objetivo de concretizar os interesses públicos. Esses atos, denominados *atos da administração*, não possuem os mesmos atributos. Alguns, específicos da atuação administrativa, apresentam atributos especiais que os diferenciam dos demais. A categoria que engloba todos esses atos é chamada de *atos da administração*, incluindo os atos unilaterais emitidos pela Administração Pública, sejam eles meros atos executórios, políticos, de conhecimento, normativos e regidos pelo regime jurídico de Direito Público ou Privado.

Todo ato praticado no exercício da função administrativa está incluído na categoria de *atos da Administração Pública*. A expressão *ato da administração* deve ser entendida de forma mais ampla do que *ato administrativo*. Para facilitar a interpretação dos atos da administração, eles são diferenciados em quatro categorias:

i) *Atos de mera execução, chamados de atos materiais*: como atos de mera execução de atividades administrativas, nem são considerados atos jurídicos, pois falta-lhes juridicidade. São simples operações de execução que podem produzir efeitos jurídicos. Ex.: a demolição de um prédio que ameaça ruir ou a apreensão de mercadoria imprópria para consumo. São atos que consistem na concretização do trabalho ou atividade técnica do agente público.

ii) *Atos jurídicos de Direito Privado*: embora sejam atos jurídicos, não são disciplinados pelo Direito Administrativo pois, nestes, a Administração Pública encontra-se em aparente igualdade jurídica diante do particular, deixando de expressar as prerrogativas inerentes à sua posição de autoridade. Ex.: cessão ou permuta de prédio visando à instalação de uma repartição pública.

iii) *Atos políticos ou de governo*: são decisões tomadas pela Administração Pública que envolvem a formulação de políticas públicas e a condução dos assuntos de Estado. Esses atos são caracterizados por sua natureza discricionária e estratégica, sendo realizados no âmbito da alta administração e geralmente relacionados à definição de diretrizes, planos e programas governamentais. São caracterizados pelo alto grau de discricionariedade, permitindo aos governantes escolherem entre várias opções legítimas de ação, com base em critérios de conveniência e oportunidade. Esses atos visam atender ao interesse público de forma ampla, muitas vezes envolvendo decisões que afetam a coletividade e a estrutura do Estado.

Incluem decisões estratégicas que definem rumos e prioridades para a administração pública, influenciando políticas econômicas, sociais, ambientais, entre outras. Em geral, os atos políticos ou de governo não estão sujeitos ao controle judicial quanto ao mérito, sendo passíveis de revisão apenas em casos de ilegalidade, abuso de poder ou desvio de finalidade. Ex.: Definição de políticas públicas de saúde, educação e segurança, decisões sobre a celebração de tratados internacionais, criação de programas de desenvolvimento econômico, estabelecimento de diretrizes para a administração pública etc.

Os atos políticos ou de governo são essenciais para a condução eficiente e eficaz do Estado, permitindo que os governantes implementem suas visões e programas de governo. Eles são fundamentais para a adaptação das políticas públicas às necessidades e às demandas da sociedade, garantindo a governabilidade e a continuidade administrativa.

Embora os atos políticos ou de governo gozem de discricionariedade, eles devem respeitar os princípios constitucionais e legais, como a legalidade, a impessoalidade, a moralidade, a publicidade e a eficiência. Além disso, os agentes públicos responsáveis por esses atos podem ser responsabilizados em casos de abuso de poder, desvio de finalidade ou violação de direitos fundamentais. Em resumo, os atos políticos ou de governo são instrumentos cruciais para a administração pública, permitindo a formulação e implementação de políticas que visam o bem-estar da sociedade e o desenvolvimento do Estado.

iv) *Atos administrativos*: são aqueles que a Administração Pública ou quem represente edita no exercício de sua atividade estatal e desempenhando uma posição de autoridade. Ao editar o *ato administrativo*, a Administração Pública está investida de prerrogativas e sujeições (Regime Jurídico Administrativo).

O *ato administrativo* é uma das formas mais comuns de manifestação do exercício da função administrativa, que é o cerne do estudo do Direito Administrativo. A *teoria dos atos administrativos* teve origem na França, decorrente da separação entre Administração e Justiça. De acordo com Enterría e Fernández (1990, p. 465), o ato administrativo era considerado um ato jurídico emitido por uma autoridade administrativa e sujeito ao controle do contencioso administrativo, o que exclui, na França, o controle pela jurisdição comum.

No Brasil, embora sejam utilizadas as construções francesas da teoria dos atos administrativos, essa noção não é aplicada integralmente. Desde a Constituição de 1891, todos os atos administrativos estão potencialmente sujeitos à revisão pelo Poder Judiciário (*judicial review*), em virtude da unidade de jurisdição.

Leon Duguit (1921, p. 222) categorizou o ato jurídico nas seguintes modalidades:

i) **Ato-regra**: refere-se à função do Poder Legislativo, caracterizado pela generalidade, pela abstração e pela impessoalidade.
ii) **Ato jurisdicional**: produto típico do Poder Judiciário.
iii) **Manifestações típicas dos atos administrativos, divididas em duas possibilidades**:
a) **Atos subjetivos**: entendidos como o oposto dos atos-regra, caracterizados pela individualidade e pela subjetividade.
b) **Atos-condição**: categoria intermediária entre os atos-regra e os atos subjetivos, também típicos do Poder Executivo, que permitem aos atos-regra atingir situações subjetivas, funcionando como um elo entre os atos-regra e os indivíduos, daí a denominação condição.

O *ato administrativo* é manifestação concreta de vontade em razão da função administrativa unilateral, a qual se caracteriza pelo exercício de um *poder* correspondente à satisfação do *dever* de implementar, no interesse de outrem, uma finalidade preestabelecida na norma jurídica, praticado pelas autoridades do Executivo, do Legislativo e do Judiciário, dos Tribunais de Contas, bem como pelos delegados de serviços públicos e que estão sujeitos ao regime jurídico de Direito Público.

Hely Lopes Meirelles (2009, p. 181) catalogou as espécies de atos administrativos, que se tornou clássico no Direito Administrativo, distinguindo-os da seguinte forma:

i) *Atos negociais* são aqueles que envolvem uma declaração de vontade do Poder Público coincidente com a pretensão do particular, visando à concretização de negócios jurídicos públicos ou à atribuição de certos direitos e vantagens ao particular. Nesta categoria incluem-se a licença, a autorização, a permissão, a aprovação e a homologação.

Nos atos administrativos negociais, não há o atributo da imperatividade, pois os efeitos são desejados pelo destinatário do ato, mas eles não são livremente estipulados, uma vez que decorrem da lei, ou seja, não são negócios jurídicos como contratos.

ii) *Atos normativos* consubstanciam-se em determinações de caráter geral para a atuação administrativa. Ex.: decretos regulamentares, regimentos, resoluções, deliberações e portarias de conteúdo geral.

iii) *Atos enunciativos* são aqueles que atestam uma situação existente. São atos administrativos apenas em sentido formal (atos da Administração), pois materialmente não contêm, via de regra, nenhuma declaração de vontade da Administração. Ex.: atestados, certidões, pareceres e votos. Também o apostilamento feito por cartórios habilitados pelo CNJ, após o Brasil se tornar signatário da *Convenção da Apostila de Haia*, representa um ato enunciativo, pois o cartório atesta a legalidade do documento para que ele produza efeitos e seja aceito no exterior por países signatários da mesma Convenção, que entrou em vigor no Brasil em agosto de 2016.

iv) *Atos ordinatórios* são aqueles que orientam a atividade administrativa interna. Dirigem-se aos servidores para esclarecer o desempenho de suas atribuições. Ex.: as instruções, as circulares, as portarias, as ordens de serviço, os avisos e os despachos.

v) *Atos punitivos* são aqueles que contêm sanção imposta pela Administração aos servidores e particulares que se submetem à disciplina administrativa. Segundo Hely Lopes Meirelles (2009, p. 182), incluem a imposição de multa administrativa, a interdição de atividade e a punição disciplinar de servidores públicos.

5.2 Classificação dos atos administrativos

A classificação dos atos administrativos é um tema amplamente diversificado na doutrina. Seguindo os passos de Irene Patrícia Diom Nohara (2024, p. 148), escolhemos abordar os critérios mais comuns para a classificação desses atos: (i) em relação aos destinatários; (ii) em relação à formação da vontade; e (iii) em relação à capacidade de produção de efeitos jurídicos.

i) *Em relação aos destinatários*, podem ser classificados da seguinte forma:

1. **Gerais**: São aqueles que atingem uma generalidade de pessoas que se encontram na mesma situação. Ex.: incluem atos normativos, como regulamentos, portarias e resoluções.
2. **Individuais**: São direcionados a destinatários ou casos específicos. Ex.: incluem um determinado tombamento, uma demissão ou uma autorização específica.

ii) *Em relação à formação da vontade*, os atos administrativos podem ser organizados em três categorias principais:

1. **Simples**: resultam da declaração de vontade de um único órgão, seja ele singular ou colegiado. Ex.: a emissão de uma permissão por um presidente de entidade da Administração Pública ou a deliberação por maioria de um conselho de contribuintes.
2. **Complexos**: resultam da conjugação da vontade de mais de um órgão, que se fundem para formar um único ato. Ex.: a nomeação de ministros do STJ, que envolve a lista tríplice e a aprovação pelo Senado Federal.
3. **Compostos**: envolvem a vontade de um órgão que é instrumental em relação à vontade de outro. Há duas vontades: uma que edita o ato principal e outra acessória, que complementa a vontade principal. Ex.: autorização que depende do visto de uma autoridade superior para se tornar exequível.

Não se deve confundir atos complexos ou compostos com procedimentos administrativos, que são encadeamentos de atos que se sucedem e objetivam a prática de um ato final, como na licitação. No procedimento administrativo, há vários atos autônomos e intermediários até se chegar ao resultado pretendido pela Administração, sendo impugnáveis administrativa ou judicialmente em cada uma de suas fases.

iii) *Em relação à capacidade de produção de efeitos jurídicos* denominada por Maria Sylvia Di Pietro (2023, p. 257) de exequibilidade, os atos administrativos podem ser classificados da seguinte forma:

1. **Perfeitos:** são aqueles que já estão em condições de produzir seus efeitos, pois completaram todas as etapas necessárias ao ciclo de sua formação.
2. **Imperfeitos:** não completaram seu ciclo de formação, faltando, por exemplo, homologação, aprovação ou outro ato necessário.
3. **Pendentes:** estão sujeitos a uma condição ou termo.
4. **Consumados:** já exauriram seus efeitos.

Além disso, alguns autores mencionam outras classificações dos atos administrativos:

1. **Unilaterais:** formados pela declaração de uma só vontade, como na demissão de um funcionário ou na concessão de um alvará de autorização.
2. **Bilaterais:** resultam do acordo de vontades, como ocorre nos contratos administrativos.
3. **Multilaterais:** envolvem acordos entre várias partes, embora seja mais adequado considerar contratos como negócios jurídicos e não como atos administrativos em sentido estrito.

Também é comum, especialmente em concursos públicos, a referência aos atos ablativos ou provimentos ablatórios. Esses atos, como o próprio nome sugere (ablativo significa *o que pode tirar ou privar de alguma coisa*), privam alguém do gozo de certa condição jurídica. Ex.: a cassação de licença e a desapropriação de imóvel.

5.3 Discricionariedade e vinculação do ato administrativo

Em regra, a diferença entre os atos discricionários e os atos vinculados é vislumbrada a partir do critério da liberdade do agente público. Enquanto nos atos vinculados não há margem de liberdade por parte do agente público, uma vez que os elementos do ato estão integralmente previstos na legislação, nos atos discricionários há margem de liberdade para o agente público analisar a conveniência e a oportunidade na edição do respectivo ato administrativo. A fim de garantir o melhor desempenho da Administração Pública na realização de suas atribuições, cujo objetivo primordial é a defesa do interesse público, ela é dotada de poderes que lhe conferem supremacia sobre os particulares, mas esses poderes são limitados pela lei para evitar abusos e arbitrariedades. Em última análise demonstra o grau de proximidade com a legalidade do ato.

1. **Vinculação:** quando a lei específica exatamente como a Administração deve agir, sem margem para escolha. O particular tem o direito de exigir a ação da autoridade.
2. **Discricionariedade:** quando a lei permite certa liberdade de decisão, possibilitando à autoridade escolher entre várias soluções válidas. Mesmo assim, a discricionariedade é limitada pela lei em aspectos como competência, forma e finalidade. No ato vinculado todos os elementos são definidos pela lei. Já no ato discricionário alguns elementos são definidos pela lei, outros são deixados à decisão da Administração.

A discricionariedade é justificada por dois critérios: *i)* jurídico: baseado na teoria de Hans Kelsen, onde cada ato jurídico acrescenta um elemento novo não previsto no anterior, tornando a discricionariedade necessária; *ii)* prático: evita o automatismo e permite flexibilidade para atender às complexas e variadas necessidades públicas, que a lei não pode prever completamente.

A discricionariedade existe nos espaços deixados pela lei, sendo legitimada pelo legislador. Normalmente, ocorre quando a lei expressamente confere discricionariedade, a lei é omissa, ou prevê competência, mas não a conduta específica. Na discricionariedade pode se referir ao momento da prática do ato, à escolha entre agir ou não agir, e aos elementos do ato administrativo (sujeito, objeto, forma, motivo e finalidade).

O *mérito do ato administrativo* refere-se à conveniência e à oportunidade, sendo um aspecto reservado à competência da Administração Pública. Nesse sentido, o mérito é a liberdade conferida pelo legislador ao agente público para exercer o juízo de ponderação dos motivos e escolher os objetos dos atos administrativos discricionários. Pode-se atestar que o mérito é o núcleo dos atos administrativos discricionários. Não há mérito na edição de atos vinculados.

O Judiciário não pode examinar o mérito, mas pode verificar se a autoridade administrativa ultrapassou os limites da discricionariedade.

O *controle judicial sobre atos administrativos* evoluiu, permitindo o exame de aspectos antes considerados de mérito, como razoabilidade, proporcionalidade e moralidade. O Judiciário verifica se a decisão administrativa respeitou os limites da discricionariedade, sem substituir a escolha administrativa por sua própria opção.

Portanto, a discricionariedade permite à Administração Pública certa liberdade de ação dentro dos limites legais, enquanto a vinculação exige estrita conformidade com a lei. O controle judicial assegura que a discricionariedade não se transforme em arbitrariedade.

5.4 Atributos dos atos administrativos

Os atributos ou características do ato administrativo incluem: *presunção de legitimidade e veracidade, imperatividade* e *autoexecutoriedade*. Maria Sylvia Zanella Di Pietro (2023, p. 238) acrescenta ainda um quarto atributo a esses três: a *tipicidade*.

i) **Presunção de legitimidade e veracidade**

A presunção de legitimidade e veracidade dos atos administrativos pode ser analisada sob dois diferentes aspectos:

a) *Presunção de legitimidade*: os atos praticados pela Administração Pública são presumidos válidos em face do Direito.
b) *Presunção de veracidade*: os fatos alegados pela Administração Pública são presumivelmente verdadeiros.

Se, de um lado, a legitimidade ou legalidade diz respeito à conformidade dos atos com a lei, de outra banda, a veracidade refere-se às razões fáticas ou ao conjunto de circunstâncias ou eventos sustentados pela Administração.

A *presunção de legitimidade* implica supor que o Poder Público age em conformidade com as determinações legais, visando atender a interesses públicos concretos. Esta presunção é estabelecida para que a Administração Pública possa garantir o cumprimento adequado de suas funções. Trata-se, contudo, de uma presunção relativa (*juris tantum*), ou seja, que admite prova em contrário (Nohara, 2024, p. 142).

Após sua edição, o ato administrativo produz efeitos como se válido fosse até sua impugnação administrativa ou judicial. A impugnação administrativa pode ser feita de ofício pela Administração, com base em seu poder de autotutela, ou por provocação do interessado. No entanto, não há possibilidade de apreciação da legitimidade de um ato administrativo pelo Judiciário sem provocação da parte interessada. Faz parte da própria definição de ato administrativo o fato de que ele se submete ao controle judicial.

A *presunção de legitimidade* não exclui o dever de motivar o ato administrativo, que representa a necessidade de indicação dos pressupostos de fato e de direito que determinaram a decisão (art. 2º, parágrafo único, VII, da Lei nº 9.784/1999), até porque a ausência de motivação dificulta o controle do ato administrativo.

Nesse sentido, há dois sustentáculos jurídicos para a *presunção de legitimidade:* o fato de que a Administração Pública se submete à legalidade administrativa; e a possibilidade de controle e impugnação de atos que violem o ordenamento jurídico.

Esses alicerces jurídicos se relacionam com um fundamento de ordem prática, que compreende a possibilidade de cumprimento mais ligeiro das funções administrativas, pois a burocracia tornaria mais lenta a atuação da Administração caso lhe fosse exigido comprovar a veracidade de seus atos ou que estes estão de acordo com a lei.

Pela *presunção de veracidade*, os dados constantes de certidões, atestados, declarações e informações fornecidas pelo Poder Público são dotados de fé pública. Como decorrência da presunção de que o Estado não declara informações falsas, quem duvida dos fatos alegados pelo Estado deve provar que as circunstâncias explicitadas não são aquelas (inversão do ônus da prova).

Os documentos editados pelo Estado são revestidos de fé pública e, nos termos do art. 19, II, da CF/1988, é proibido aos entes federativos (União, Estados, Distrito Federal e Municípios) recusar-lhes fé.

ii) **Imperatividade**

A imperatividade é o atributo segundo o qual o ato administrativo se impõe ao seu destinatário, independentemente de sua concordância. O atributo da imperatividade é o que distingue um ato administrativo de um contrato. No ato administrativo, geralmente não há manifestação de vontade negocial. Enquanto o contrato representa um acordo de vontades entre as partes para alcançar objetivos desejados, o ato administrativo é unilateral, pois não envolve consenso sobre seus efeitos, que muitas vezes não são desejados pelo destinatário (Nohara, 2024, p. 143).

No entanto, nem todos os atos administrativos são imperativos. Existem exceções, como os atos administrativos negociais, incluindo licenças e autorizações, cujos efeitos são desencadeados após a solicitação do particular, que os deseja, ou a nomeação de um servidor aprovado em concurso público, sendo opcional para o servidor tomar posse e entrar em exercício.

No direito público, não há a mesma igualdade de situações encontrada no direito privado, que frequentemente se baseia na autonomia da vontade. Existem circunstâncias em que o interesse do particular deve ser limitado ou até mesmo sacrificado em favor do interesse geral, como ocorre nas desapropriações. A Administração pode impor obrigações a terceiros com base na imperatividade, no entanto, isso não significa afastar os princípios do contraditório e da ampla defesa. Nesse sentido, antes de interferir nos bens e na liberdade do particular, a Administração deve garantir o devido processo em um procedimento anterior à expedição do ato.

iii) Autoexecutoriedade

A *autoexecutoriedade* é o atributo que permite a Administração Pública executar suas decisões, mediante coerção, sem necessidade de submetê-las previamente ao Poder Judiciário, apresentando duas vertentes: *exigibilidade* e *executoriedade*.

Na *exigibilidade*, o Poder Público utiliza meios indiretos de coação, como a impossibilidade de licenciamento de um veículo se as multas de trânsito não forem pagas, uma imposição direcionada ao particular sem necessidade de autorização judicial.

Na *executoriedade*, a Administração emprega meios diretos de coação, como a apreensão de mercadorias, a destruição de alimentos nocivos e a intervenção em estabelecimentos. Na execução forçada de atos, a Administração Pública pode usar a força pública para assegurar o cumprimento de suas decisões, mas agindo com proporcionalidade e sem excessos.

Nem todas as ações implementadas pela Administração podem ser autoexecutáveis, pois algumas ações só podem ser adotadas após autorização judicial prévia, como a entrada de agentes públicos em domicílio sem o consentimento do morador. O art. 5º, XI, da CF/1988 determina que a residência é o asilo inviolável do indivíduo, e ninguém pode nela penetrar sem consentimento do morador, salvo em caso de flagrante delito, desastre, para prestar socorro, ou, durante o dia, por determinação judicial.

A cobrança de multas é uma exceção à autoexecutoriedade do poder de polícia, pois só é efetivada mediante processo de execução por inscrição na dívida ativa. Além disso, a *autoexecutoriedade* obedece aos seguintes requisitos:

a) Depende de expressa autorização legal; ou
b) Em caso de medida urgente, sem a qual possa ocorrer dano maior ao interesse público.

Na hipótese de danos causados em decorrência de atuação arbitrária ou excessiva no emprego da autoexecutoriedade de seus atos, o Estado será responsabilizado, sem prejuízo da responsabilidade dos servidores envolvidos.

Maria Sylvia Zanella Di Pietro (2023, p. 238) destaca, além da *presunção de legitimidade e veracidade*, *imperatividade* e *executoriedade*, normalmente encontradas na doutrina, um quarto atributo denominado *tipicidade*. Este atributo estabelece que os atos administrativos devem corresponder a figuras previstas em lei e, portanto, previamente delineadas para produzir determinados efeitos.

A lei define quais são os resultados práticos que a emissão de um ato administrativo deve gerar. Na hipótese de o administrador praticar o ato com o objetivo de alcançar finalidades diferentes daquelas previstas no ordenamento jurídico, estar-se-á diante da figura de *desvio de poder*.

Além disso, é proibido à Administração praticar atos administrativos inominados, pois, conforme a *tipicidade*, cada ato deve corresponder a uma figura legal. Enquanto o particular pode modificar os institutos jurídicos para alcançar finalidades mais alinhadas com seus interesses, a Administração Pública não pode inovar os atos administrativos, uma vez que eles são imperativos, isto é, impostos independentemente da vontade do destinatário.

Não há como o administrado suportar ônus em relação ao seu patrimônio jurídico, baseado essencialmente na liberdade e na propriedade, a partir de atos administrativos sem base legal, idealizados pela Administração Pública.

A *tipicidade* dos atos administrativos é uma consequência direta da legalidade administrativa, segundo a qual a Administração só pode fazer o que a lei permite. Como o Poder Público exerce suas funções mediante a prática de atos administrativos, estes devem ser típicos e não inominados, para que o particular não seja surpreendido pela edição de atos cujos efeitos ele desconheça e que, portanto, causem perplexidade.

Assim, se a Administração inscreve determinado bem privado no livro do Tombo, seu proprietário saberá que se trata do ato final do procedimento de tombamento e poderá se preparar para os efeitos subsequentes, relacionados à necessidade de preservação do bem. Contudo, se a Administração pratica um ato que não é tombamento nem desapropriação, mas possui elementos de outros institutos, não haverá segurança jurídica nem respeito à tipicidade dos atos administrativos, que é um corolário da legalidade administrativa.

Por fim, se a Administração deseja proteger o bem, o ato a ser praticado será o *tombamento*; se deseja expropriar um bem imóvel para construir uma obra pública no terreno, o ato correspondente será a *desapropriação*; se deseja punir um servidor, desvinculando-o do serviço público pela prática de um ato grave tipificado no respectivo estatuto, deve *demiti-lo*; no entanto, se deseja deslocá-lo para outra localidade para atender à necessidade do serviço típico, deve praticar uma *remoção* (Nohara, 2024, p. 145).

5.5 Requisitos ou elementos de validade dos atos administrativos

Com relação a *perfeição*, *validade* e *eficácia*, o ato é considerado *perfeito* quando completa seu ciclo de formação. O ato é *imperfeito* ou *inexistente* se ainda não completou esse ciclo, ou seja, não esgotou as fases necessárias para a produção de seus efeitos jurídicos. No entanto, pode ocorrer a hipótese em que um ato seja perfeito ou existente, mas não válido, situação em que, apesar de ter os elementos necessários para sua existência, não atenda a todas as exigências legais. Por exemplo, se o Presidente da República nomear um Ministro do STF sem a aprovação do Senado Federal, o ato administrativo pertinente será considerado existente, mas inválido. Assim, válido é o ato praticado conforme prescreve o ordenamento jurídico.

Celso Antônio Bandeira de Mello (2024) distingue entre os efeitos dos atos administrativos:

i) Os *típicos*, ou normalmente esperados do ato, como o efeito de desligamento de alguém do cargo quando ocorre a sua demissão.

ii) Os *atípicos*, ou inesperados, que são subdivididos em:

    a) *Preliminares ou prodrômicos* (cujo significado advém de pródromo, ou o que antecede, que na medicina indica sintoma inicial de uma doença), que existem na pendência do ato, ou seja, desde sua produção até o desencadeamento dos efeitos, como nos atos que dependem de controle prévio como condição de eficácia do ato, por exemplo, na aprovação prévia do Senado Federal como condição para que haja a nomeação do Procurador Geral escolhido pelo Presidente da República; e

b) *Reflexos*, que atingem outra relação jurídica, por exemplo, a desapropriação rescinde a locação com o ex-proprietário do imóvel expropriado.

O ato é eficaz quando está em pleno exercício de seus efeitos, isto é, quando não está sujeito a condição suspensiva ou termo. A eficácia refere-se à capacidade do ato de gerar efeitos jurídicos específicos (próprios) em uma situação concreta (Nohara, 2024, p. 152).

Ato perfeito refere-se a um ato que seguiu todas as etapas de formação exigidas pela lei para que possa produzir efeitos jurídicos, como, por exemplo, um ato que foi devidamente motivado, redigido por escrito, assinado e publicado. A validade corresponde à sua conformidade com a lei, o que implica que a motivação deve estar baseada em motivos reais, a autoridade que assina deve ser competente, entre outros requisitos (Di Pietro, 2023).

Ato pendente é aquele submetido a determinada *condição* ou *circunstância* para que produza efeitos, ou seja, aquele que completou seu ciclo de formação, está apto a produzir efeitos jurídicos, mas estes ficam suspensos até que ocorra a referida *condição* ou *circunstância* (Nohara, 2024, p. 152).

Os atos administrativos, na prática, nem sempre cumprem adequadamente as etapas de perfeição e validade para produzir efeitos. Isso ocorre porque, conforme expõem García de Enterría e Fernandez (1991, p. 503-504), os privilégios da Administração Pública a municiam de uma série de instrumentos jurídicos que lhe permitem superar a resistência dos particulares e impor seus atos envoltos de autoexecutoriedade. Para os autores, todos os atos administrativos, mesmo aqueles com vícios de nulidade, podem ser materialmente eficazes.

Isso significa que, enquanto a nulidade do ato não for formalmente declarada, ele produz todos os seus efeitos como se fosse válido. No entanto, a eficácia material de um ato com alguma ilegalidade ou vício de validade pode ser revista tanto pelo Poder Judiciário quanto pela própria Administração, com base na chamada autotutela administrativa.

Para José dos Santos Carvalho Filho (2018, p. 122-123) além da *perfeição*, da *validade* e da *eficácia*, o ato administrativo também tem necessidade de um terceiro elemento para completar o seu ciclo de perfeição, a *exequibilidade*. Para o autor, *exequibilidade* não se confunde com eficácia. Exequibilidade é a efetiva disponibilidade que a Administração tem para dar operatividade ao ato, ou seja, executá-lo em sua totalidade.

5.5.1 Sujeito ou agente competente

O sujeito é um componente essencial de qualquer ato jurídico. O ato administrativo deve ser realizado por um agente público competente. No contexto dos atos administrativos, o sujeito é o agente público que a legislação define como competente para desempenhar determinada função administrativa.

Enquanto no Direito Privado a validade do ato jurídico depende da capacidade do sujeito, no Direito Administrativo é necessário também a competência. Em outras palavras, além de ser capaz, o agente público deve possuir a competência.

A competência é a prerrogativa conferida pelo ordenamento jurídico às entidades administrativas e aos órgãos públicos, habilitando seus membros (agentes públicos) para o exercício da função pública. É importante ressaltar que a norma jurídica (Constituição, leis e atos regulamentares) desempenha uma dupla função em relação à competência: por um lado, autoriza a atuação do agente e, por outro, limita essa mesma atuação. A competência é improrrogável (um agente incompetente não se torna competente) e irrenunciável (o agente tem o dever de exercer a função pública).

A mudança da competência é possível desde que não se trate de competência atribuída, com exclusividade, ao órgão ou entidade administrativos. A alteração de competência pode ser dividida em duas categorias:

a) **Delegação:** é a transferência precária, total ou parcial, do exercício de determinadas atribuições administrativas, inicialmente conferidas ao delegante, para outro agente público; e

b) **Avocação:** é o chamamento, pela autoridade superior, das atribuições inicialmente outorgadas pela lei ao agente subordinado. Importante observar que, na doutrina, existe controvérsia quanto à necessidade de lei para autorizar expressamente a delegação e a avocação de competência.

5.5.2 Objeto

Alguns autores diferenciam objeto e conteúdo, contudo, parece mais coerente tratá-los como sinônimos. O objeto é a consequência jurídica e material imediata que será produzida pela edição do ato administrativo. O objeto deve ser lícito, possível e moralmente aceitável. Ex.: o conteúdo do ato que demite o servidor é punir aquele que cometeu a infração funcional, rompendo o vínculo funcional com a Administração; o objeto da licença profissional é habilitar o exercício de determinada profissão pelo interessado).

Odete Medauar (2015, p. 171) destaca que o objeto é "[...] o efeito prático pretendido com a edição do ato administrativo ou a modificação por ele trazida ao ordenamento jurídico".

Ao analisar o objeto do ato administrativo, a autora menciona que o objeto deve atender a três aspectos essenciais: ser lícito, moral e possível. Nesse sentido, significa que o resultado pretendido pelo ato administrativo deve ser aceito pelo ordenamento jurídico, porque pautado na lei, estar conforme os princípios éticos e as regras de conduta previstas na disciplina geral da administração, além de ser algo realizável de fato e de direito. Em uma declaração expropriatória, por exemplo, o resultado pretendido é provocar o início de um processo que vai levar à retirada de determinado bem do patrimônio de seu proprietário. Tal processo, todavia, deve visar a atender ao interesse público, não podendo ser utilizado o poder do Estado para a satisfação de interesses pessoais do agente.

> O interesse público é a meta a ser atingida mediante o ato administrativo. Elemento típico do ato administrativo, o fim de interesse público vincula a atuação do agente, impedindo a intenção pessoal. Por isso, a afirmação do fim como elemento do ato administrativo representa uma das grandes conquistas do Direito Público moderno (Medauar, 2015, p. 173).

Para Maria Sylvia Zanella Di Pietro (2023, p. 349), não há razão para se colocar objeto e conteúdo como elementos distintos do ato administrativo, pois o importante é a produção de efeitos jurídicos. *Quando se parte da ideia de que o ato administrativo é espécie do gênero ato jurídico e quando se fala, em relação a este, de objeto como um dos seus elementos integrantes, nada impede, antes é aconselhável, que se utilize o mesmo vocábulo no Direito Administrativo.*

5.5.3 Forma

É a exteriorização da vontade administrativa para produção de efeitos jurídicos, engloba o revestimento do ato e as formalidades que devem ser cumpridas para sua elaboração.

Apesar de algumas divergências doutrinárias, entendemos que a forma deve ser estudada em seu sentido amplo, abrangendo também o processo de formação do ato. Isso significa que, se a lei estabelece certa forma, não há liberdade da Administração Pública para alterá-la. Entretanto, a obediência à forma não implica rigidez na atuação administrativa, porquanto o art. 22 da Lei nº 9.497/1999 estabelece que os atos do processo administrativo não dependem de forma determinada, senão quando a lei expressamente a exigir, de acordo com a ideia de formalismo mitigado ou moderado, própria do processo administrativo.

5.5.4 Motivo

Motivo é a situação *de direito* (legal) ou *de fato* que autoriza ou exige a prática do ato. Motivo legal (de direito) é a previsão abstrata de uma situação fática contida na regra do direito, enquanto o motivo de fato é a situação em si, reconhecível no mundo concreto, em vista da qual o ato é praticável. Ex.: a infração funcional é o motivo que justifica a edição do ato administrativo punitivo (advertência, suspensão ou demissão) do servidor.

Não se pode admitir que uma autoridade pública possa expedir um ato sem motivo algum, ou que possa escolher qualquer motivo, seja qual for a circunstância.

Destaque-se que o *motivo* não pode ser confundido com os *móveis* do agente (intenção da autoridade). *Móvel* ou *intenção* é aspecto subjetivo, que reside na intimidade psicológica do sujeito que atua. Nesse sentido, enquanto o *motivo* é externo e objetivo, o *móvel* é interno e subjetivo.

Sendo o móvel correspondente ao propósito ou intento do agente a sua finalidade é pessoal, dessa forma sua perquisição ganha destaque na *teoria do desvio de poder*, onde a intenção se mostra viciada.

Não há como negar que o controle dos atos administrativos alcança o exame dos motivos. Se assim não fosse não seria possível garantir a legitimidade dos atos administrativos, situação que a doutrina tem apoiado.

Segundo Caio Tácito (1975, p. 40):

> Se inexiste o motivo, ou se dele o administrador extraiu consequências incompatíveis com o princípio de direito aplicado, o ato será nulo por violação da legalidade. Não somente o erro de direito, como o erro de fato autorizam a anulação jurisdicional do ato administrativo.

Negar ao Juiz a verificação objetiva da matéria de fato, quando influente na formação do ato administrativo, será converter o Poder Judiciário em mero endossante da autoridade administrativa, substituir o controle da legalidade por um processo de referenda extrínseco.

Importante destacar que, mesmo quando a lei deixa de apontar os motivos necessários para a produção do ato, nem por isso se poderia concluir que a Administração poderia agir sem motivos.

O ato será inválido se faltar causa idônea. A *causa* do ato administrativo é um relevante fator de controle da sua legitimidade, sendo a relação de adequação lógica entre o pressuposto de fato (motivo) e o conteúdo do ato em vista da finalidade legal, pois entre um fato e uma conduta só há nexo lógico em vista de algum fim.

A *motivação* do ato são as razões que exteriorizadas que justificam a sua edição. Os motivos podem existir e a autoridade simplesmente deixar de discliná-los, nesse caso haverá motivo, contudo, faltará motivação. A *motivação* é a justificativa do ato. Nesse sentido, não há como contestar o ato se sua razão de ser permanece ignorada ou oculta. Assim como não é possível submetê-lo ao crivo jurisdicional.

Vale observar a diferença entre *motivo* e *móvel* dos atos administrativos. O *móvel* é a intenção do agente público e relaciona-se com a vontade pessoal (elemento psíquico) que move o agente público, enquanto o *motivo* é a situação que justifica a edição legítima do ato (Oliveira, 2021, p. 522).

5.5.5 Finalidade

Seabra Fagundes (2005, p. 72-73) afirma que, se a lei prevê que um determinado ato deve ser praticado tendo em vista determinada finalidade, outra não pode ser com ele almejada pelo agente, uma vez que "Não importa que a diferente finalidade com que tenha agido seja moralmente lícita. Mesmo moralizada e justa, o ato será inválido por divergir da orientação legal".

Para Celso Antônio Bandeira de Mello (2012, p. 86), não há como separar o *motivo* da *finalidade*, uma vez que se trata de elementos interrelacionados, pois o motivo é a demarcação dos pressupostos fáticos cuja ocorrência faz deflagrar a competência de que dispõe o agente.

Edmir Netto de Araújo (2018, p. 463), "explica que o ato administrativo caminha do motivo para a finalidade com as cores do interesse público".

5.6 Teoria dos motivos determinantes

De acordo com a teoria dos motivos determinantes, quando os atos administrativos são praticados com base em determinados motivos, esses motivos vinculam o ato para todos os efeitos jurídicos. Os motivos apresentados são os que determinam e justificam a realização do ato, devendo haver uma correspondência exata entre eles e a realidade. Caso haja uma discrepância entre os motivos determinantes e a realidade, o ato será considerado inválido.

Hely Lopes Meirelles (1999, p. 182-183) exemplifica a incidência da referida teoria apontando que

> [...] se o superior, ao dispensar um funcionário exonerável ad nutum, declarar que o faz por improbidade de procedimento, essa "improbidade" passará a ser motivo determinante do ato e sua validade e eficácia ficarão na dependência da efetiva existência do motivo declarado. Se inexistir a declarada "improbidade" ou não estiver regularmente comprovada, o ato de exoneração será inválido, por ausência ou defeito do motivo determinante. No mesmo caso, porém, se a autoridade competente houvesse dispensado o mesmo funcionário sem motivar a exoneração (e podia fazê-lo, por se tratar de ato decorrente de faculdade discricionária), o ato seria perfeitamente válido e inatacável.

Assim, a *teoria dos motivos determinantes* vincula o ato, mesmo que seja discricionário, aos motivos expostos e serve de mecanismo de controle dos atos administrativos.

5.7 Anulação ou invalidação do ato administrativo

Anulação, também chamada de *invalidação*, é o desfazimento de ato administrativo por ilegalidade (Di Pietro, 2023, p. 267). Ela pode ser realizada pela própria Administração Pública, em decorrência de seu poder de autotutela, conforme preleciona o consagrado pelo STF, expressado nas Súmulas nºs 346 ("A Administração Pública pode declarar a nulidade de seus próprios atos) e 473 ("A Administração pode anular seus próprios atos, quando eivados de vícios que os tornem ilegais, porque deles não se originam direitos, ou revogá-los, por motivo de conveniência ou oportunidade, respeitados os direitos adquiridos e ressalvada, em todos os casos, a apreciação judicial").

E a anulação pode também ser imposta pelo Poder Judiciário, no caso de provocação dos interessados, que poderão utilizar, para esse fim, quer as ações ordinárias e especiais previstas na legislação processual, quer os remédios constitucionais de controle judicial da Administração Pública.

A anulação tem efeitos *ex tunc*, ou seja, retroativos à data do ato. Se a invalidação decorre de nova interpretação administrativa, não pode retroagir, respeitando o princípio da segurança jurídica (Leis nºs 9.784/1999 e 13.655/2018).

Caso a anulação do ato afete terceiros deve ser precedida de contraditório e ampla defesa nos termos da Constituição Federal de 1988, art. 5º, LV. Existe uma discussão se a Administração é obrigada a anular atos ilegais ou se tem a faculdade de fazê-lo. Em regra, deve anular, exceto quando o prejuízo da anulação for maior que o da manutenção do ato ilegal. Por exemplo, um loteamento autorizado com documentos falsos, onde a anulação pode ser complexa devido aos interesses públicos e privados envolvidos.

A Lei nº 9.784/1999 (LPA) autoriza a Administração Pública a convalidar atos com defeitos sanáveis que não causem prejuízo a terceiros ou ao erário. O art. 21 da Lei nº 13.655, de 25 de abril de 2018, incluiu normas de segurança jurídica no Decreto nº 4.657/1942. O Decreto nº 4.657/1942 determina que decisões de invalidação devem indicar consequências jurídicas e administrativas, respeitando proporcionalidade e equidade.

A Administração Pública tem cinco anos para anular atos ilegais, salvo má-fé (Lei nº 9.784/1999, art. 54). A prescrição quinquenal é aplicável a todas as esferas de governo.

5.7.1 Ato nulo ou anulável

Ao comparar as nulidades no Direito Civil e no Direito Administrativo, observa-se que ambos os ramos do direito reconhecem vícios que podem resultar em nulidades absolutas (atos nulos) ou nulidades relativas (atos anuláveis). No entanto, as hipóteses de nulidade e anulabilidade previstas nos arts. 166 e 171 do CC não podem ser aplicadas diretamente ao Direito Administrativo sem considerar suas particularidades.

No Direito Civil, na hipótese de *nulidade absoluta*, o vício não pode ser sanado e a sua decretação pode ser realizada pelo juiz, de ofício ou mediante provocação do interessado ou do Ministério Público (art. 168 do novo CC). Já na *nulidade relativa* só pode ser decretada se provocada pela parte interessada, e o vício pode ser sanado.

No Direito Administrativo, a Administração Pública dispõe do poder de autotutela, o que significa que não depende de provocação do interessado para decretar a nulidade, seja ela absoluta ou relativa. Isso ocorre porque o interesse público na preservação da legalidade administrativa prevalece sobre o interesse individual do administrado. Assim como no Direito Civil, no Direito Administrativo, alguns vícios podem ser sanados (nulidade relativa) e outros não podem (nulidade absoluta). A nulidade relativa fica caracterizada quando o vício é sanável ou convalidável, e a nulidade absoluta ocorre quando o vício não pode ser sanado.

Portanto, é essencial examinar as circunstâncias em que o saneamento ou a convalidação de um ato administrativo é possível, distinguindo entre nulidades absolutas e relativas, conforme a natureza dos vícios envolvidos.

5.8 Revogação do ato administrativo

Maria Sylvia Zanella Di Pietro (2023, p. 277) trata do tema relativo à revogação de atos administrativos destacando sua natureza discricionária e as condições sob as quais pode ser realizada. A autora oferece uma análise clara e detalhada sobre a revogação de atos administrativos, destacando a distinção entre revogação e anulação, e enfatizando a natureza discricionária da revogação.

A explicação sobre os efeitos *ex nunc* é crucial para entender que a revogação não retroage, preservando os efeitos já produzidos pelo ato válido. Portanto, a revogação é definida como o ato administrativo pelo qual a Administração extingue um ato válido por razões de oportunidade e conveniência, produzindo efeitos *ex nunc* (a partir do momento da revogação). Diferente da anulação, que pode ser realizada tanto pelo Judiciário quanto pela Administração, a revogação é exclusiva da Administração, pois se baseia em critérios de oportunidade e conveniência, que são vedados ao Judiciário.

Os principais pontos a serem destacados referem-se à natureza da revogação, trata-se de um ato discricionário, ou seja, depende da avaliação subjetiva da Administração sobre a conveniência e a oportunidade de manter ou extinguir o ato, e produz efeitos *ex nunc*, respeitando os efeitos já produzidos pelo ato revogado.

Os atos vinculados não podem ser revogados, pois não envolvem apreciação de conveniência e oportunidade, assim como os atos exauridos, cujos efeitos já se consumaram. A autoridade que praticou o ato perde a competência para revogá-lo se o ato estiver sob apreciação de uma autoridade superior. Nesse caso a competência foi exaurida. Quanto aos meros atos administrativos, como expedição de certidões, atestados e votos não podem ser revogados, pois seus efeitos são estabelecidos pela lei. Já os atos procedimentais, por se tratarem de atos que integram determinado procedimento, não podem ser revogados devido à preclusão. No mesmo sentido os atos que geram direitos adquiridos não podem ser revogados, conforme estabelece a Súmula nº 473 do STF.

Apenas a autoridade que praticou o ato ou aquela com poderes explícitos ou implícitos para conhecê-lo de ofício ou por recurso tem competência para revogá-lo. A competência para revogar é intransferível, exceto por força de lei, e não pode ser contrastada por outra autoridade administrativa. As limitações à revogação são bem delineadas, fornecendo exemplos concretos que ajudam a compreender em quais situações a revogação não é permitida. A inclusão da Súmula nº 473 do STF reforça a importância de respeitar direitos adquiridos, um princípio fundamental no Direito Administrativo.

5.9 Vícios

Vício é uma deficiência que autoriza a invalidação do ato administrativo. *Ato viciado* é aquele que possui uma imperfeição nos seus elementos que geram sua invalidade. Os vícios provocam a declaração de nulidade ou a anulação do ato administrativo, a depender do caso concreto.

Há profundas divergências doutrinárias com relação aos vícios dos atos administrativos, tocando principalmente na possibilidade ou não de se aplicar aos mesmos a teoria das nulidades do Direito Civil.

O ato administrativo é espécie de ato jurídico, e por isso muitos dos princípios do CC podem ser aplicados; entretanto, é importante observar que o ato administrativo ostenta certas particularidades que devem ser levadas em conta.

Na esfera civil, os vícios estão previstos nos arts. 166 e 171 do CC, correspondendo, respectivamente, às nulidades absolutas e relativas; eles se referem, basicamente, aos três elementos do ato jurídico: *sujeito, objeto* e *forma*.

Já no Direito Administrativo, também, os vícios podem atingir os cinco elementos do ato, caracterizando os vícios quanto à competência e à capacidade (em relação ao sujeito), à forma, ao objeto, ao motivo e à finalidade. Tais vícios estão definidos no art. 2º da Lei de Ação Popular (Lei nº 4.717, de 29.06.1965).

No que se refere ao sujeito ou agente, os dois principais *vícios* que podem apresentar-se são a *incapacidade* e/ou a *incompetência*. A *capacidade* para praticar atos administrativos segue a lei civil, e a *incompetência* ocorre quando o agente público não possui a autorização legal específica para a função.

Já a *incompetência* refere-se à previsão legal para o agente público realizar determinado ato, enquanto a *incapacidade* pode surgir após a posse do agente, como em casos de insanidade mental. A teoria do órgão permite que atos praticados por agentes incapacitados possam ser validados se houver boa-fé e cumprimento dos requisitos legais.

Outra hipótese em que se pode identificar o vício em razão do sujeito está baseada na *teoria do funcionário de fato*. Tal teoria prega que essa hipótese se aplica aos casos em que o agente exerce cargo público sem investidura legal ou com investidura irregular. Os atos praticados por *funcionários de fato* podem ser considerados válidos se houver aparência de regularidade, boa-fé e conformidade ao Direito. A *teoria do funcionário* de fato visa proteger o administrado de boa-fé, evitando a anulação de atos que poderiam prejudicá-lo.

Já na *usurpação de função* a pessoa exerce funções públicas sem qualquer investidura legal. Nesse caso, os atos praticados por usurpadores são considerados inexistentes, e a usurpação de função é tipificada como crime no Código Penal (art. 328).

O *excesso de poder* ocorre quando o agente, embora formalmente competente, excede os limites permitidos para suas atribuições, tornando-se materialmente incompetente.

Vícios relativos ao objeto ocorrem quando o resultado do ato administrativo viola a lei, o regulamento ou outro ato normativo. No contexto dos atos administrativos, o objeto refere-se à consequência jurídica ou resultado produzido pelo ato. Para ser válido, o objeto deve ser: *lícito* (a Administração não pode exigir algo proibido por lei ou que resulte em ilegalidade); *possível* (a Administração não pode, por exemplo, nomear uma pessoa falecida para um cargo público); e *determinado* ou *determinável* (o ato deve especificar claramente o que está sendo expropriado, por exemplo).

O *vício de forma* consiste na omissão ou na observância incompleta ou irregular de formalidades indispensáveis à existência ou seriedade do ato. A obediência à forma não significa excesso de formalismo, mas é um requisito de validade do ato administrativo quando exigido por lei. A ausência de motivação é um vício de formalização que admite convalidação, desde que os demais elementos do ato sejam de acordo com a lei.

O *vício de motivo* se apresenta em duas hipóteses: i) *inexistência do fato* (o fato que fundamenta o ato não ocorreu); ii) *inadequação do fato com o pressuposto de direito* (o fato ocorrido não corresponde à previsão legal). A *teoria dos motivos determinantes* estabelece que a validade de um ato administrativo motivado depende da existência ou veracidade dos motivos alegados. Se a Administração motiva um ato, mesmo que discricionário, ela se vincula aos motivos declarados.

O *vício de finalidade*, também conhecido como *desvio de poder* ou *desvio de finalidade*, ocorre quando o agente pratica o ato visando a um fim diverso daquele previsto na regra de competência. Ex.: desapropriação para atender interesse pessoal, desapropriar imóvel de um inimigo político, punição funcional por implicações pessoais, aplicação de sanção sem motivação válida.

A teoria do *détournement de pouvoir*, desenvolvida pelo Conselho de Estado francês, é utilizada para identificar *desvios de finalidade*. No Brasil, a Lei de Ação Popular (Lei n° 4.717/1965) define o *desvio de finalidade* e permite a anulação de atos administrativos que não tenham como objetivo o interesse público.

Os conceitos jurídicos indeterminados, como boa-fé, interesse público e reputação ilibada, possuem conteúdo e extensão incertos. A interpretação desses conceitos exige valoração subjetiva do intérprete. No Direito Administrativo, esses conceitos são utilizados para garantir certa abertura ao sistema, permitindo a adaptação às circunstâncias específicas de cada caso.

Assim, podem-se identificar diversos tipos de vícios que podem afetar a validade dos atos administrativos, incluindo vícios de sujeito ou competência, objeto, forma, motivo e finalidade. A análise desses vícios é essencial para garantir que os atos administrativos sejam praticados de acordo com a lei e em busca do interesse público. A *teoria dos motivos determinantes* e a interpretação dos *conceitos jurídicos indeterminados* são ferramentas importantes para o controle da legalidade dos atos administrativos.

5.10 Convalidação do ato

Convalidação ou saneamento é o ato administrativo que corrige um vício em um ato ilegal, com efeitos retroativos à data de sua prática. Geralmente, é realizada pela Administração, mas pode ser feita pelo administrado se a manifestação de sua vontade era necessária e não foi observada inicialmente.

A natureza da convalidação pode ser *discricionária*, quando a Administração decide entre convalidar ou invalidar um ato discricionário praticado por autoridade incompetente, baseando-se no interesse público. Ou *vinculada*, que ocorre quando a convalidação é obrigatória, como em atos vinculados praticados por autoridade incompetente, desde que os requisitos legais estejam presentes.

O art. 55 da Lei nº 9.784/1999 permite a convalidação de atos com defeitos sanáveis pela Administração, desde que não causem lesão ao interesse público ou prejuízo a terceiros. A convalidação é vista como uma faculdade discricionária, mas, em muitos casos, é obrigatória para garantir a legalidade.

A possibilidade de convalidação depende do tipo de vício, se for em relação ao sujeito, admite-se convalidação (ratificação) se o ato não for de competência exclusiva. Se o vício for com relação à forma, é possível a convalidação se a forma não for essencial à validade do ato.

Se o vício incidir sobre o motivo e a finalidade, nunca será possível a convalidação, pois são inerentes à situação de fato e ao interesse público. E, ainda, se o vício incidir sobre o objeto, o ato não poderá ser convalidado, mas pode ser convertido em outro ato válido.

A *conversão* transforma um ato inválido em outro de categoria diferente, com efeitos retroativos, para aproveitar os efeitos já produzidos. Exemplo: transformar uma concessão de uso sem licitação em permissão precária.

Diferente da convalidação, a *confirmação* mantém o ato ilegal tal como foi praticado, sem corrigir o vício. É possível quando não causa prejuízo a terceiros ou quando ocorre a prescrição do direito de anular o ato.

Nesse sentido, a convalidação é um mecanismo para corrigir atos administrativos ilegais, garantindo a legalidade e a segurança jurídica, com variações entre discricionariedade e vinculação dependendo do contexto e do tipo de vício presente no ato.

5.11 Formas de extinção do ato

Não há uniformidade doutrinária em relação às nomenclaturas e às classificações das espécies de extinção do ato administrativo. A classificação mais utilizada é aquela elaborada por Celso Antônio Bandeira de Mello (2024, p. 458-459), acompanhado por Maria Sylvia Zanella Di Pietro (2023, p. 267) e Irene Patricia Diom Nohara (2024, p. 178), que indicam as seguintes formas de extinção:

i) *Cumprimento de seus efeitos*, o que pode suceder pelas seguintes razões:
   a) Esgotamento do conteúdo jurídico – por exemplo, o gozo de férias de um funcionário;
   b) Execução material – por exemplo, a ordem, executada, de demolição de uma casa;
   c) Implemento de condição resolutiva ou termo final.

ii) *Desaparecimento* do sujeito ou do objeto.

iii) *Retirada*, que pode ocorrer nas seguintes situações:
   a) *Revogação*, que se dá por razões de oportunidade e conveniência da própria Administração Pública;
   b) *Invalidação*, que ocorre pela desconformidade com o ordenamento jurídico ou a ilegalidade;
   c) *Cassação*, que ocorre porque o destinatário do ato descumpriu condições que deveriam permanecer atendidas a fim de poder continuar desfrutando da situação jurídica – por exemplo: cassação de licença para funcionamento de hotel por haver se convertido em casa de tolerância;
   d) *Caducidade*, que acontece quando sobrevém norma jurídica que tornou inadmissível a situação antes permitida pelo

direito e outorgada pelo ato precedente – por exemplo: a caducidade de permissão para explorar parque de diversões em local que, em face da nova lei de zoneamento, se tornou incompatível com aquele tipo de uso;

e) *Contraposição*, que é a edição de ato com efeitos opostos, como a exoneração que aniquila os efeitos da nomeação.

iv) *Renúncia* é a situação pela qual se extinguem os efeitos do ato porque o próprio beneficiário abre mão de uma vantagem de que desfrutava. Por exemplo: renúncia a um cargo de secretário de Estado.

Capítulo 6

DOS BENS PÚBLICOS

O ordenamento jurídico brasileiro, inaugurou uma classificação metódica dos bens públicos, a partir do CC/1916, antes disso, a doutrina a respeito do assunto era indigente. A lei brasileira adotou terminologia própria e peculiar, escapando do modelo estrangeiro, onde é mais comum a divisão dos bens públicos, conforme o regime jurídico adotado.

O CC/2002 manteve a classificação, apenas esclarecendo que estão incluídos entre os bens públicos aqueles pertencentes às pessoas jurídicas de direito público. Nos termos do art. 99:

> Art. 99. São bens públicos:
> I – os de uso comum do povo, tais como rios, mares, estradas, ruas e praças;
> II – os de uso especial, tais como edifícios ou terrenos destinados a serviço ou estabelecimento da administração federal, estadual, territorial ou municipal, inclusive os de suas autarquias;

III – os dominicais, que constituem o patrimônio das pessoas jurídicas de direito público, como objeto de direito pessoal, ou real, de cada uma dessas entidades.

Parágrafo único. Não dispondo a lei em contrário, consideram-se dominicais os bens pertencentes às pessoas jurídicas de direito público a que se tenha dado estrutura de direito privado.

O conceito de bens particulares é formulado por exclusão, como se observa do disposto no art. 98 do CC/2002: "São públicos os bens do domínio nacional pertencentes às pessoas jurídicas de direito público interno; todos os outros são particulares, seja qual for a pessoa a que pertencerem".

Os bens de domínio nacional pertencentes à União, aos Estados, ao Distrito Federal ou aos Municípios (pessoas jurídicas de direito público ou entes federativos) são considerados bens públicos. Além disso, também são classificados como bens públicos aqueles pertencentes às autarquias e fundações de direito público, bem como os que, embora não pertencentes a tais entidades, estejam destinados à prestação de um serviço público.

O Estado, como pessoa jurídica, assumiu a titularidade dos bens públicos, um fenômeno que se intensificou a partir da Idade Moderna. Os bens públicos incluem coisas corpóreas (móveis ou imóveis) e/ou incorpóreas (direitos, obrigações ou ações) que pertencem a entes ou entidades estatais e que a Administração deve gerenciar em função do interesse público.

José Cretella Júnior (1984, p. 29) define bens do domínio público como "o conjunto de coisas móveis e imóveis de que é detentora a Administração, afetados quer a seu próprio uso, quer ao uso direto ou indireto da coletividade, submetidos a regime jurídico de direito público derrogatório e exorbitante de direito comum".

Bens públicos afetados são aqueles submetidos ao regime jurídico público, ou seja, são inalienáveis, impenhoráveis, imprescritíveis e não graváveis com ônus.

Bens desafetados (ou dominicais) estão sujeitos ao regime jurídico privado; dessa forma, podem ser alienados por compra e venda, doação, permuta, institutos de direito privado, desde que observados os requisitos legais, como a avaliação prévia e o processo licitatório.

6.1 Afetação e desafetação de bens públicos

Afetação é um instituto típico do Direito Administrativo, sem similar no direito privado. Consiste em um ato ou fato pelo qual um bem é consagrado à produção efetiva de utilidade pública. É o mecanismo pelo qual um bem é incorporado ao uso e gozo públicos. *Afetar* significa destinar, consagrar, aparelhar ou preparar algo que está fora do mundo jurídico para que fique apto a produzir os efeitos esperados.

A afetação pode ser *expressa* (quando resulta de um ato administrativo ou lei que manifesta a vontade da Administração) ou *tácita* (advém da atuação direta da Administração, sem manifestação explícita de sua vontade, ou de fato da natureza).

Por meio da afetação, o bem é incorporado ao uso e gozo da comunidade, passando da categoria de bem de domínio privado do Estado para bem de domínio público. Assim, bens dominicais podem se tornar de uso comum do povo ou de uso especial. Além da afetação lícita, que envolve bens integrados ao patrimônio público, existe a afetação ilícita, decorrente da desapropriação indireta, que atinge bens pertencentes a particulares.

A *desafetação* é o oposto da afetação. *Desafetar* significa desprender, separar, desagregar, desconsagrar ou desincorporar. É a manifestação de vontade do Poder Público pela qual um bem é subtraído do domínio público para ser incorporado ao domínio privado do Estado ou de particulares. A *desafetação* também pode ocorrer no caso de extinção de servidão administrativa.

No caso de *desafetação* pode ocorrer da mesma maneira que a *afetação*, tanto de forma *expressa* (realizada por meio de um ato formal) ou de *modo tácito* (resultante de um fato que torna o bem inadequado ao fim ao qual estava afetado).

Alguns autores não admitem a desafetação tácita decorrente de fatos como um rio que seca ou um incêndio que destrói obras de um museu, argumentando que, mesmo nesses casos, é necessário um ato formal de desafetação. No entanto, Maria Sylvia Zanella Di Pietro (2023) pondera que, se o próprio fato transforma o bem em inadequado ao fim ao qual estava afetado, exigir um ato de desafetação seria um formalismo excessivo. Ressalta-se, contudo, que a desafetação pelo não uso exige um ato formal, pois não há critério seguro para especificar o não uso, o que pode gerar incertezas quanto ao momento de cessação do domínio público.

6.2 Inalienabilidade, impenhorabilidade e imprescritibilidade

Os *bens desafetados (ou dominicais)* estão sujeitos ao regime jurídico privado e, portanto, podem ser alienados, desde que observadas as exigências legais (art. 101 do CC/2002). O art. 76, I, da Lei nº 14.133/2021 (Lei de Licitações e Contratos) estabelece os seguintes requisitos para a alienação de bens da Administração Pública: *i) interesse público devidamente justificado; ii) prévia avaliação; e iii) autorização legislativa, quando o bem for imóvel.*

Em contrapartida, os bens públicos de uso comum do povo e de uso especial são inalienáveis enquanto mantiverem essa qualificação, conforme determinado pela lei (art. 100 do CC/2002). Isso significa que, enquanto esses bens conservarem a qualidade de bens do domínio público do Estado, eles não podem ser alienados. No entanto, se forem desafetados conforme a lei, passarão a integrar a categoria de bens dominicais e, consequentemente, serão disponíveis para alienação. Os bens públicos só perdem a inalienabilidade nos casos e na forma que a lei determinar, em observância ao princípio da legalidade administrativa.

No que se refere à *impenhorabilidade*, os bens públicos, sejam móveis ou imóveis, são *impenhoráveis*. Devido a essa característica, a satisfação dos créditos contra o Poder Público é, em regra, realizada por meio de um processo especial de execução denominado precatório, conforme disposto no art. 100 da CF/1988.

Os bens de empresas públicas, sociedades de economia mista e delegatários (particulares) que prestam serviços públicos são, em regra, afetados e, portanto, também impenhoráveis. No entanto, se essas entidades possuem bens que não estão afetados aos serviços públicos, ou se desempenham atividades econômicas, esses bens podem ser penhorados sem restrições. Destaque-se que a Lei nº 14.334, de 10 de maio de 2022, determinou a impenhorabilidade dos bens de hospitais filantrópicos e Santas Casas de Misericórdia.

No que diz respeito à *imprescritibilidade* dos bens públicos, independentemente de sua categoria, são imprescritíveis. Isso significa que não podem ser adquiridos por usucapião (prescrição aquisitiva). A Súmula nº 340 do STF estabelece: "Desde a vigência do Código Civil, os bens dominiais, como os demais bens públicos, não podem ser adquiridos por usucapião".

A Constituição Federal de 1988 reforça essa imprescritibilidade, determinando que nem mesmo as normas de usucapião *pro labore*, que asseguram a propriedade pelo cultivo da terra com o próprio trabalho ou com o trabalho da família, podem ser aplicadas a bens públicos.

O art. 191 da CF/1988 restringe a utilização desse tipo de aquisição de propriedade. O referido dispositivo constitucional beneficia aquele que, não sendo proprietário de imóvel rural ou urbano, possui como sua, por cinco anos ininterruptos e sem oposição, uma área de terra em zona rural, não superior a 50 hectares, tornando-a produtiva por seu trabalho e de sua família, e nela estabelecendo moradia. No entanto, o parágrafo único do artigo explicitamente exclui a aplicação dessa norma a imóveis públicos. Além disso, a usucapião constitucional de área urbana também não se aplica a imóveis públicos, conforme determinação do § 3º do art. 183 da Carta Magna.

Importante também destacar que o regime jurídico público impede que os bens públicos afetados sejam gravados com direitos reais de garantia. Esses direitos são formas de vincular um bem como garantia para o cumprimento de uma obrigação, permitindo que o devedor continue a usufruir do bem, como ocorre em casos de hipoteca, penhor ou anticrese. Devido à sua destinação para a realização de interesses públicos, os bens da Fazenda Pública e de outras pessoas jurídicas de direito público não podem ser oferecidos como direitos reais de garantia.

6.3 Espécies de bens públicos

A categorização dos bens públicos está presente em diversas normas legais. A Constituição Federal de 1988 trata dos bens da União no art. 20. Os bens dos Estados-membros estão dispostos no art. 25. Os bens imóveis da

União são disciplinados no Decreto-Lei nº 9.760/1946. O Código de Águas (Decreto nº 24.643/1934) trata das águas públicas.

As espécies de bens públicos podem ser descritas da seguinte forma:

– *Terras devolutas*;

– *Terrenos reservados*;

– *Faixa de fronteira*;

– *Terras ocupadas pelos índios*;

– *Plataforma continental*;

– *Terrenos de marinha*;

– *Ilhas*;

– *Águas públicas*; e

– *Jazidas e minas*.

Terras devolutas são terras públicas desocupadas, sem dono, que não foram legitimamente incorporadas ao domínio particular. Elas fazem parte dos bens dominicais das entidades estatais e não têm destinação administrativa específica. Dito em outras palavras, são terras delimitadas de forma residual (ou por exclusão), isto é, compreendem aquelas áreas que não entraram legitimamente no domínio particular e ainda não possuem destinação pública.

São consideradas como bens da União as terras devolutas indispensáveis à defesa das fronteiras, fortificações, construções militares, vias federais de comunicação e preservação ambiental (art. 20, II, da CF/1988).

São bens da União, segundo o art. 20, II, da Constituição Federal: "as terras devolutas indispensáveis à defesa das fronteiras, das fortificações e construções militares, das vias federais de comunicação e à preservação ambiental, definidas em lei". No entanto, o art. 26, IV, da CF/1988, destinou aos Estados as terras devolutas que não estão incluídas entre aquelas da União. Já o § 1º do art. 110 da Lei Orgânica Municipal de São Paulo determina que pertencem ao patrimônio municipal as terras devolutas que se localizem dentro de seus limites.

A elucidação das terras da União está disciplinada na Lei n° 6.383/1976, que prevê o processo administrativo e o judicial de discriminação. O procedimento discriminatório se presta precipuamente a separar as terras públicas das particulares, mediante a verificação do título de domínio particular.

Caracterizam-se em áreas que não entraram no domínio particular e não possuem destinação pública. Há uma presunção em favor do domínio público devido ao histórico de propriedade de terras no Brasil, onde inicialmente todas as terras pertenciam ao patrimônio público. Em geral, terras devolutas são disponíveis.

Terras devolutas necessárias à proteção dos ecossistemas naturais são indisponíveis, mesmo se não arrecadadas por ação discriminatória (art. 225, § 5°, da CF/1988). Tais áreas não podem ser adquiridas por usucapião (arts. 183, § 3°, e 191, parágrafo único, da CF/1988).

Há decisões isoladas, como a do Tribunal de Justiça de Minas Gerais, que reconhecem usucapião em casos específicos, reforçando a função social da posse em detrimento da imprescritibilidade.

Terrenos reservados surgiram com a Lei n° 1.507, de 26.9.1867, cujo art. 39 determinava:

> [...] fica reservada para a servidão pública nas margens dos rios navegáveis e de que se fazem os navegáveis, fora do alcance das marés, salvo as concessões legítimas feitas até a data da publicação da presente lei, a zona de sete braças contadas do ponto médio das enchentes ordinárias para o interior e o Governo autorizado para concedê-la em lotes razoáveis na forma das disposições sobre os terrenos de marinha.

Na sequência, foram definidos pelo art. 1°, § 2°, do Decreto n° 4.105, de 22.02.1868. Hoje em dia, constam do art. 14 do Código de Águas (Decreto nº 24.643, de 10.07.1934), nos seguintes termos: "os terrenos reservados são os que, banhados pelas correntes navegáveis, fora do alcance das marés, vão até a distância de 15 metros para a parte da terra, contados desde o ponto médio das enchentes ordinárias".

Caso o terreno marginal ao rio esteja sob a influência das marés, considera-se terreno de marinha. Os terrenos reservados pertencem aos Estados, salvo se, por título legítimo, forem de domínio federal, municipal ou particular (art. 31 do Código de Águas).

São bens públicos dominicais, se não estiverem destinados ao uso comum, ou por qualquer título legítimo não pertencerem ao domínio particular. Importante observar que eles podem ser bens públicos ou particulares; quanto a estes últimos, se a concessão (aforamento) pelo Poder Público foi feita antes da Lei nº 1.507, de 26.09.1867, estarão livres de servidão; no entanto, se a concessão foi feita posteriormente, estarão onerados com a servidão de trânsito instituída por essa lei, visando ao aproveitamento industrial das águas e de energia hidráulica, bem como utilização da navegação do rio (Nohara, 2024, p. 679).

Faixa de fronteira se refere à faixa interna de até 150 quilômetros de largura, paralela à linha divisória terrestre, considerada fundamental para a defesa do Território Nacional, de acordo com o art. 20, § 2º, da CF/1988. O Conselho de Defesa Nacional é órgão competente para propor critérios de utilização da faixa de fronteira (art. 91, § 1º, CF/1988). Tendo em vista fatores estratégicos relacionados com a defesa do território, a ocupação e a utilização da faixa de fronteira serão reguladas por lei. A disciplina legal é encontrada na Lei nº 6.634/1979, regulamentada pelo Decreto nº 85.064/1980. A alienação e a construção na faixa de fronteira ficam sujeitas às limitações impostas por leis de defesa do Estado (Nohara, 2024, p. 680).

As áreas indígenas reservadas são de propriedade da União, e a sua gestão fica a cargo da comunidade indígena, sob a supervisão da Fundação Nacional dos Povos Indígenas (Funai). Aplica-se, nos termos do art. 17 da Lei nº 14.701, às terras indígenas reservadas o mesmo regime jurídico de uso e gozo adotado para terras indígenas tradicionalmente ocupadas.

De acordo com o art. 16 da Lei nº 14.701/2023, as terras destinadas pela União à posse e à ocupação por comunidades indígenas, tem como objetivo garantir sua subsistência digna e a preservação de sua cultura. Podem ser formadas por terras devolutas da União, discriminadas para essa finalidade; áreas públicas pertencentes à União; e áreas particulares desapropriadas por interesse social. Também as reservas, os parques e as colônias agrícolas indígenas constituídos nos termos da Lei nº 6.001/1973 serão considerados áreas indígenas reservadas.

Plataforma continental é um prolongamento da área continental emersa (o continente) com profundidade de até 200 metros e apresenta-se na forma de planície submersa que margeia todos os continentes, sua extensão varia de 70km a 1.000km. Na costa atlântica da América essa placa é em geral extensa, no sudeste do Brasil possui largura média de 160 quilômetros. Já no Oceano Pacífico, onde há intensa atividade tectônica, a placa continental é mais estreita e é ladeada por fossas submarinas, como, por exemplo, no Peru e no Chile. Na plataforma continental há riquezas animais e vegetais, bem como a possibilidade de exploração de recursos minerais contidos em seu subsolo, principalmente petróleo e gás natural, que se formam geralmente em suas rochas sedimentares.

O art. 11 da Lei nº 8.617/1993 estabelece que:

> A plataforma continental do Brasil compreende o leito e o subsolo das áreas submarinas que se estendem além do seu mar territorial, em toda extensão do prolongamento natural de seu território terrestre, até o bordo exterior da margem continental, ou até uma distância de 200 (duzentas) milhas marítimas da linha de base, a partir das quais se mede a

largura do mar territorial, nos casos em que o bordo exterior não atinja esta distância.

O parágrafo único do art. 11 prescreve que a fixação da plataforma continental obedece também aos critérios determinados pelo art. 76 da Convenção de Montego Bay ou Convenção das Nações Unidas sobre o Direito do Mar (CNUDM), celebrada em 1982. Se houver cristas submarinas, determina o § 6º do art. 76 que o limite da plataforma continental pode chegar a 350 milhas marítimas.

Terrenos de marinha são todas as áreas que, banhadas pelas águas do mar ou dos rios navegáveis, vão até a distância de 15 braças craveiras (33 metros) para a parte da terra, contadas desde o ponto em que chega à preamar média.

Essa definição foi adotada pelo Aviso Imperial de 1833, depois incorporou-se ao Código de Águas (art. 13). Somente se incluem no instituto as margens de rios e lagoas que sofrem *influência das marés*, pois, em sua ausência, há, geralmente, terrenos reservados. *Influência das marés*, conforme dispõe o parágrafo único do art. 2º do Decreto-Lei nº 9.760/1946, é a oscilação periódica do nível médio das águas, igual ou superior a 5cm.

O Decreto-Lei nº 9.760/1946 atribuiu ao Serviço de Patrimônio da União, atualmente, Secretaria do Patrimônio da União (SPU), competência para determinar a posição das linhas da preamar média do ano de 1831.

Ilhas correspondem à porção de terra cercada por água de todos os lados. As ilhas classificam-se, geograficamente, em marítimas, fluviais e lacustres.

Ilhas marítimas subdividem-se em: i) *costeiras* (resultantes do relevo continental ou da plataforma submarina); e ii) *oceânicas* (aquelas que se encontram afastadas da costa, possuindo origem diversa das ilhas costeiras). *Ilha fluvial* é a que se forma pela bifurcação ou pelos braços dos rios. *Lacustre* é a que se situa em lagoa ou lago.

São bens da União, conforme o art. 20, IV, CF/1988, as ilhas fluviais e lacustres situadas nas zonas limítrofes com outros países e as ilhas oceânicas e costeiras.

São bens dos Estados, de acordo com o art. 26, III, CF/1988, as demais ilhas fluviais e lacustres, isto é, as não pertencentes à União. Também pertencem aos Estados as áreas, nas ilhas oceânicas e costeiras, que estiverem no seu domínio, excluídas aquelas da União, dos Municípios ou de terceiros (art. 26, II, CF/1988).

As ilhas podem ter natureza de bens dominicais ou de bens de uso comum do povo, caso estejam destinadas ao uso comum, de acordo com o art. 25 do Código de Águas. Ilhas fluviais e lacustres formadas em águas particulares são propriedade privada dos respectivos donos das referidas águas, conforme expressa o art. 23 do Código de Águas.

Águas públicas são águas de uso comum ou dominicais. As *águas de uso comum* incluem: i) os mares territoriais, incluídos golfos, baías, enseadas e portos; ii) as correntes, os canais, os lagos e as lagoas navegáveis ou flutuáveis; iii) as correntes de que se façam essas águas; iv) as fontes e os reservatórios públicos; v) as nascentes, quando forem de tal modo consideráveis que por si sós constituam *caput fluminis*; e vi) os braços de quaisquer correntes públicas, desde que eles influam na navegabilidade ou na flutuabilidade (art. 2º do Código de Águas).

Águas públicas dominicais são todas as águas situadas em terrenos que também o sejam, quando elas não forem do domínio público de uso comum, ou não forem comuns (art. 6º do Código de Águas). São bens da União, de acordo com os incisos III e VI do art. 20 da CF/1988, lagos, rios e quaisquer correntes de água situados em terreno de seu domínio, ou que banhem mais de um Estado, sirvam de limites com outros países, ou se estendam a territórios estrangeiros ou deles provenham, bem como os terrenos marginais e praias fluviais, e o mar territorial.

As águas superficiais ou subterrâneas, fluentes, emergentes ou em depósito, ressalvadas, neste caso, na forma da lei, as decorrentes de obras da União pertencem aos Estados (art. 26, I, CF/1988).

Jazidas são toda massa individualizada de substância mineral ou fóssil, aflorando à superfície ou existente no interior da terra, e que tenha valor econômico (art. 4º do Decreto-Lei nº 227/1967 – Código de Mineração). *Mina* é a jazida em lavra.

O art. 176 da Constituição Federal estabelece que

> as jazidas, em lavra ou não, e demais recursos minerais e os potenciais de energia hidráulica constituem propriedade distinta da do solo, para efeitos de exploração ou aproveitamento, e pertencem à União, garantida ao concessionário a propriedade do produto da lavra.

Muito embora pertençam à União, a Constituição Federal garante aos Estados, ao Distrito Federal e aos Municípios, bem como aos órgãos da administração direta da União, nos termos da lei, participação no resultado da exploração de petróleo ou gás natural, de recursos hídricos para fins de geração de energia elétrica e de outros recursos minerais no respectivo território, plataforma continental, mar territorial ou zona econômica exclusiva, ou compensação financeira por essa exploração (art. art. 20, § 1º, CF/1988). E, ainda, ao proprietário do solo participação nos resultados da lavra, na forma e no valor determinado por lei (art. 176, § 2º, CF/1988).

Capítulo 7

DA ORGANIZAÇÃO ADMINISTRATIVA

A locução *Administração Pública* pode ser empregada em dois sentidos distintos:

i) *Sentido subjetivo, formal ou orgânico* (Administração Pública): são as pessoas jurídicas, os órgãos e os agentes públicos que exercem atividades administrativas (ex.: órgãos públicos, autarquias, empresas públicas, sociedades de economia mista e fundações estatais).

ii) *Sentido objetivo, material ou funcional* (administração pública): é a própria função ou atividade administrativa (ex.: poder de polícia, serviços públicos, fomento e intervenção do Estado no domínio econômico).

Neste capítulo, a atenção estará voltada para a ***Administração Pública em seu sentido orgânico***, que pode ser dividida em duas categorias:

a) Administração Pública Direta (entes federados).
b) Administração Pública Indireta (entidades administrativas).

A análise da estrutura Administração Direta e Indireta é essencial para entender a burocrática do Estado, seu regime jurídico, e mecanismos de planejamento e controle. A racionalização da Administração Pública no Brasil passou por reformas importantes, como os Decretos-Leis nºs 6.016/1943 e 200/1967.

Houve também uma tentativa de criar uma Lei Orgânica da Administração Pública Federal, que não teve sucesso, mas buscou resolver problemas do Decreto-Lei nº 200/1967. A Lei das Estatais (Lei nº 13.303/2016) e o Decreto nº 8.945/2016 regulamentaram o regime jurídico das empresas públicas e das sociedades de economia mista. Em 2017, o Decreto nº 9.203 estabeleceu a política de governança da Administração Pública federal, definindo princípios como capacidade de resposta, integridade, confiabilidade, melhoria regulatória, prestação de contas e transparência.

Devido às limitações das técnicas organizacionais tradicionais, como a *desconcentração* e a *descentralização*, e às novas parcerias entre o Estado e os particulares para a satisfação do interesse público, é possível analisar a organização administrativa a partir dos diversos sujeitos que atuam como protagonistas na execução de serviços públicos e atividades privadas de relevância pública.

Assim, pode-se estabelecer uma organização administrativa dividida em três setores, responsáveis pelo atendimento do interesse público e que sofrem a incidência, em maior ou menor grau, do Direito Administrativo:

– ***Primeiro Setor:*** o Estado (Administração Pública Direta e Administração Pública Indireta).

– *Segundo Setor:* o mercado ou o setor privado (concessionárias e permissionárias de serviços públicos).

– *Terceiro Setor:* sociedade civil (Serviços Sociais Autônomos – Sistema "S", Organizações Sociais – "OS", Organizações da Sociedade Civil de Interesse Público – "OSCIPs", Organizações da Sociedade Civil – "OSCs", entre outros).

Independentemente da nomenclatura adotada pelos autores que tratam do tema, a organização administrativa moderna envolve o estudo da Administração Pública, dos concessionários de serviços públicos e do Terceiro Setor.

7.1 Os órgãos públicos

A LPA Federal (Lei nº 9.784/1999) define órgão como "unidade de atuação integrante da estrutura da Administração Direta e da estrutura da Administração Indireta" (art. 1º, § 2º, I). O órgão (que não possui personalidade jurídica própria) faz parte de uma entidade, que é conceituada como *unidade de atuação dotada de personalidade jurídica* (art. 1º, § 2º, II), podendo ser expressão da Administração Direta, ou seja, da União, dos Estados, do Distrito Federal ou dos Municípios, ou da Administração Indireta. Ele é composto por funções, cargos e agentes, que podem ser alterados sem modificar a unidade orgânica. Ex.: a Procuradoria do INSS é um órgão integrante desta autarquia previdenciária. Os agentes públicos que exercem funções estatais são denominados autoridades pela lei federal, desde que tenham poder de decisão (art. 1º, § 2º, III).

O sistema jurídico não confere autonomia ou independência ao órgão, pois ele é considerado apenas na medida em que faz parte de um todo (daí a ideia de *organicidade*). Um ente federativo com personalidade jurídica, como um Estado-membro, é composto por uma multiplicidade de órgãos, como secretarias, seções, chefias etc. Assim, quando uma secretaria deseja firmar um contrato, ela o celebra em nome da pessoa estatal à qual está vinculada.

Inicialmente, a *teoria do mandato* sugeria que agentes públicos recebiam poderes para agir em nome do Estado, mas foi questionada por implicar duas vontades distintas. Em seguida, *a teoria da representação* propôs que a vontade dos agentes, por força da lei, expressaria a vontade do Estado, similar à tutela ou à curatela, mas também foi criticada por equiparar o Estado a um incapaz.

A *teoria do órgão*, formulada por Otto Gierke, explica como a vontade do Estado se manifesta por meio de seus órgãos, com os agentes públicos expressando essa vontade ao agir. Superando essas teorias, surgiu a noção de imputação dos atos dos agentes ao Estado, em uma relação orgânica, conhecida como *teoria do órgão*. Segundo Hely Lopes Meirelles (2009, p. 68), "órgãos são centros de competências instituídos para o desempenho de funções estatais, através de seus agentes, cuja atuação é imputada à pessoa jurídica a que pertencem". Isso implica que o Estado é responsável pelos atos de seus agentes, mesmo quando estes extrapolam suas atribuições, garantindo o direito de regresso.

A competência dos órgãos é atribuída por lei por meio da *desconcentração*. As leis sobre organização administrativa e criação de cargos na Administração Direta e autárquica federais são de iniciativa do Presidente da República, conforme o § 1º do art. 61 da Constituição. A EC nº 32 proíbe a criação ou extinção de órgãos públicos por decreto (art. 84, VI, *a*).

Meirelles (2009, p. 71-74) tem uma classificação de órgãos públicos que os divide em:

i) *Independentes* (originários da Constituição e representativos dos Poderes de Estado).

ii) *Autônomos* (diretivos, localizados na cúpula da Administração, imediatamente abaixo e subordinados aos Independentes. Ex.: Ministérios e Secretarias).

iii) *Superiores* (não gozam de autonomia, mas detêm poder de decisão, por exemplo, gabinetes, secretarias gerais, procuradorias administrativas e judiciais).

iv) *Subalternos* (com predominância de atribuições de execução, principalmente de atividades-meio e atendimento ao público).

v) *Simples* (com um só centro de competência).

vi) *Compostos* (que reúnem diversos órgãos).

vii) *Singulares* (atuam por um único agente).

viii) *Colegiados* (atuam pela manifestação conjunta e majoritária de seus membros).

7.2 Desconcentração e Descentralização

Tanto a *desconcentração* quanto a *descentralização* são técnicas utilizadas para racionalizar o desenvolvimento e a prestação de atividades do Estado.

De acordo com Hely Lopes Meirelles (2009), a *desconcentração* é a repartição de funções entre vários órgãos (despersonalizados) de uma mesma Administração, sem quebra da hierarquia. Não há criação de novas pessoas jurídicas, mas sim atribuição de competências distribuídas dentro de uma única pessoa jurídica. A *desconcentração* tem por objetivo desobstruir o núcleo do excesso de atribuições, permitindo um desempenho mais adequado e racional.

Segundo Celso Antônio Bandeira de Mello (2024), a *desconcentração* pode ser observada a partir dos seguintes critérios:

i) *Em razão da matéria*: criação de órgãos para tratar de assuntos específicos, como os Ministérios da Justiça, da Saúde, da Educação etc.

ii) *Em razão do grau*: divisão baseada no nível de responsabilidade decisória, como diretores de departamento, chefes de seção etc.

iii) Critério territorial: divisão de atividades pela localização, como administrações regionais de Prefeitura e Delegacias Regionais de Saúde.

As repartições públicas especializadas ou distribuídas por critério territorial são órgãos que compõem a hierarquia da Administração Direta e não possuem personalidade jurídica própria. Seus atos são imputados ao ente estatal ao qual pertencem, que deve figurar nas ações em geral.

Já a *descentralização* envolve a distribuição de competências de uma pessoa para outra, física ou jurídica, sem relação de hierarquia entre elas. Pressupõe a existência de pelo menos duas pessoas, entre as quais as atribuições são divididas duas categorias básicas:

i) *Políticas*: objeto de estudo do Direito Constitucional, abrangem entes federativos (União, Estados, Distrito Federal e Municípios) com personalidade jurídica de direito público interno e competências próprias derivadas diretamente da Constituição.

ii) *Administrativas*: o ente central empresta atribuições a órgãos periféricos ou locais dotados de personalidade jurídica, por outorga (lei) ou delegação (contrato).

As *descentralizações* administrativas, situadas no contexto do Direito Administrativo, classificam-se em:

a) *Descentralização territorial ou geográfica*: comum em países unitários como França e Portugal, onde entidades locais têm

personalidade própria de direito público e capacidade genérica, sujeitas ao controle do poder central. No Brasil, os territórios federais são exemplos, embora atualmente inexistentes.
b) *Descentralização por serviços, funcional ou técnica*: o Poder Público cria ou autoriza a criação de pessoa jurídica de direito público ou privado para executar determinado serviço público. Inclui autarquias, fundações públicas, sociedades de economia mista e empresas públicas. A Lei nº 11.107/2005 introduziu os consórcios públicos para gestão associada de serviços públicos.
c) *Descentralização por colaboração*: transferência da execução de um serviço a uma pessoa jurídica de direito privado previamente existente, mantendo o Poder Público a titularidade do serviço. Exemplos incluem concessão e permissão de serviços públicos, sempre mediante licitação, conforme o art. 175 da Constituição.

7.3 Da Administração Direta e Indireta

A organização do Estado tem se tornado mais complexa devido à necessidade de atender interesses diversos em uma sociedade pluralista e organizada em rede. Com a evolução social, surgem novos interesses que o Estado deve satisfazer, o que exige a reformulação e a criação de novos instrumentos administrativos. A organização administrativa deve ser modernizada para promover os fins estatais, destacando a necessidade de diálogo entre entidades administrativas e particulares. A estrutura estatal deve ser caracterizada por relações de coordenação, utilizando instrumentos como acordos de cooperação e contratos de gestão para racionalizar a atuação administrativa.

Há uma tendência de substituir a administração autoritária por uma administração consensual, buscando legitimidade e eficiência por meio de parcerias. No Brasil, a reformulação do papel e do tamanho do Estado na década de 1990 incluiu a liberalização da economia e a desestatização, com importantes alterações legislativas e a criação do Programa Nacional de Desestatização (PND).

A Reforma Administrativa de 1998 substituiu a Administração Pública burocrática pela gerencial, focada na obtenção de resultados e marcada pela descentralização e avaliação de desempenho. Foram definidos quatro setores do aparelho estatal:

i) *Núcleo estratégico*: responsável pela elaboração de leis, pela definição e pelo cumprimento de políticas públicas.

ii) *Atividades exclusivas*: envolvem atividades essenciais do Estado, como polícia e regulação.

iii) *Serviços não exclusivos*: prestados à coletividade, podendo ser realizados por particulares e pelo setor público não estatal.

iv) *Setor de produção de bens e serviços para o mercado*: atividades econômicas lucrativas, geralmente prestadas por particulares, mas podendo ser realizadas por estatais em casos de interesse coletivo ou segurança nacional.

O Estado Subsidiário atual caracteriza-se pela ausência de intervenção direta quando a sociedade pode atender aos interesses sociais, promovendo parcerias com particulares para atividades administrativas. Exemplos incluem o Programa de Parcerias de Investimentos (PPI), criado para fortalecer a interação entre o Estado e a iniciativa privada na execução de empreendimentos públicos de infraestrutura e outras medidas de desestatização.

A modernização da organização administrativa e a adoção de uma administração consensual e gerencial são essenciais para atender aos interesses de uma sociedade pluralista e em constante evolução, promovendo eficiência e legitimidade na atuação estatal.

7.3.1 Administração Direta

A análise da organização administrativa do Estado brasileiro depende dos princípios constitucionais do *federalismo* e da *separação de poderes*. O *federalismo* impõe a descentralização política entre os níveis federal, estadual e municipal, cada um com autonomia para auto-organização, autogoverno e autoadministração. A autoadministração permite que os entes federados organizem e prestem serviços administrativos de forma independente ou cooperada, conforme suas competências constitucionais.

A *separação de poderes* divide as funções entre o Judiciário, o Legislativo e o Executivo com cada Poder exercendo sua função típica (jurisdicional, legislativa e administrativa, respectivamente) e, atipicamente, funções dos outros Poderes. Por exemplo, o Judiciário pode exercer funções normativas e administrativas, o Legislativo pode julgar o Presidente e organizar seus serviços internos, e o Executivo pode emitir medidas provisórias e leis delegadas.

Todos os Poderes exercem funções administrativas: o Executivo de forma típica, e o Judiciário e o Legislativo de forma atípica. A função administrativa é objeto de estudo no Direito Administrativo e abrange a Administração Pública Direta e Indireta de todos os Poderes e níveis de governo. A doutrina utiliza critérios subjetivos, objetivos e formais para caracterizar a função administrativa, mas adota o critério residual para defini-la como a função que não cria normas jurídicas primárias (legislativa) nem resolve lides com força de coisa julgada (judiciária).

A organização administrativa é complexa e envolve a interação entre diferentes níveis de governo e Poderes, cada um com suas funções e competências específicas. A modernização e a adaptação da Administração Pública são essenciais para atender às demandas de uma sociedade pluralista e em constante evolução.

Nesse sentido, a Administração Direta compreende as pessoas jurídicas políticas (União, Estados, Distrito Federal e Municípios) e os órgãos que integram essas entidades por desconcentração, sem personalidade jurídica própria, aos quais a lei confere funções administrativas. O art. 4º do Decreto-Lei nº 200/1967, com redação dada pela Lei nº 7.596/1987, define que a Administração Federal inclui serviços integrados na estrutura administrativa da Presidência da República e dos Ministérios.

A Administração Direta é organizada com base na hierarquia e na desconcentração, composta por órgãos sem personalidade jurídica. A criação e a extinção desses órgãos dependem de lei de iniciativa do Chefe do Executivo, enquanto sua organização e funcionamento são regulados por decreto, respeitando a Constituição e as áreas de competência previstas em lei. Os decretos podem:

a) Estabelecer a estrutura interna dos órgãos do Poder Executivo;
b) Desmembrar, concentrar, deslocar ou realocar atribuições de órgãos;
c) Remanejar e alterar a denominação de órgãos;
d) Redistribuir cargos, empregos e funções entre órgãos.

A Administração Direta, por meio de seus Ministérios, supervisiona a Administração Indireta, que possui personalidade jurídica e estrutura hierárquica próprias. A vinculação por supervisão em âmbito federal entre órgãos e Ministérios da Administração Direta e entes da Administração Indireta é detalhada a seguir:

1. **Ministério da Agricultura e Pecuária**: Embrap (empresa pública).
2. **Ministério das Cidades**: CBTU e Trensurb (empresas públicas).
3. **Ministério da Ciência, Tecnologia e Inovação**: AEB, CNEN (autarquias); CNPq (fundação); Ceitec, Finep (empresas públicas).
4. **Ministério das Comunicações**: Anatel (autarquia); ECT, Telebras (empresas públicas).

5. **Ministério da Cultura**: Ancine, Iphan, Ibram (autarquias); FBN, FCRB, FCP, Funart. (fundações).
6. **Ministério da Defesa**:
   – Comando da Marinha: CCCPM (autarquia); Emgepron, Amazul (empresas públicas).
   – Comando do Exército: FHE, Fundação Osório (fundações); Imbel (empresa pública).
   – Comando da Aeronáutica: CFIAe (autarquia); NAV Brasil (empresa pública).
7. **Ministério do Desenvolvimento Agrário e da Agricultura Familiar**: Incra (autarquia); ANATER (serviço social autônomo); Conab, CEAGESP, CEASA Minas (empresas públicas).
8. **Ministério do Desenvolvimento, Indústria, Comércio e Serviços**: INPI, INMETRO, Suframa (autarquias); BNDES (empresa pública).
9. **Ministério do Desenvolvimento e Assistência Social, Família e Combate à Fome**.
10. **Ministério dos Direitos Humanos e da Cidadania**.
11. **Ministério da Educação**.
12. **Ministério do Empreendedorismo, da Microempresa e da Empresa de Pequeno Porte**: criado pela Medida Provisória nº 1.187/2023.
13. **Ministério do Esporte**.
14. **Ministério da Fazenda**: CVM, SUSEP (autarquias); CMB, SERPRO, Caixa, Empresa Gestora de Ativos, Agência Brasileira Gestora de Fundos Garantidores e Garantias S.A., Banco do Brasil, Banco da Amazônia, Banco do Nordeste do Brasil (empresas públicas e sociedades de economia mista).
15. **Ministério da Gestão e Inovação em Serviços Públicos**: DATAPREV (empresa pública); ENAP, Funpresp-Exe (fundações).

16. **Ministério da Igualdade Racial.**
17. **Ministério da Integração e Desenvolvimento Regional:** Sudam, Sudene, Sudeco, DNOCS, ANA (autarquias); CODEVASF (empresa pública).
18. **Ministério da Justiça e da Segurança Pública:** CADE, ANPD (autarquias).
19. **Ministério do Meio Ambiente e Mudança do Clima:** Ibama, ICMBio, JBRJ, ANA (autarquias).
20. **Ministério de Minas e Energia:** ANM, ANP, Aneel, ANSN (autarquias); CPRM, EPE, PPSA, Petrobras (empresas públicas e sociedade de economia mista).
21. **Ministério das Mulheres.**
22. **Ministério da Pesca e da Aquicultura.**
23. **Ministério do Planejamento e do Orçamento:** Fundação Instituto Brasileiro de Geografia e Estatística (IBGE – fundação); e Instituto de Pesquisa Econômica Aplicada (Ipea – fundação).
24. **Ministério dos Portos e Aeroportos:** Agência Nacional de Transportes Aquaviários (Antaq – autarquia); Agência Nacional de Aviação Civil (Anac – autarquia); Empresa Brasileira de Infraestrutura Aeroportuária (Infraero – empresa pública); Companhia Docas do Ceará (CDC – empresa pública); Companhia das Docas do Estado da Bahia (Codeba – empresa pública); Companhia Docas do Pará (CDP – empresa pública); Companhia Docas do Rio Grande do Norte (Codern – empresa pública); Companhia Docas do Rio de Janeiro (CDRJ – empresa pública); e Autoridade Portuária de Santos S.A. (empresa pública).
25. **Ministério dos Povos Indígenas:** Fundação Nacional dos Povos Indígenas (Funai – fundação).

26. **Ministério da Previdência Social**: Instituto Nacional do Seguro Social (INSS – autarquia); e a Superintendência Nacional de Previdência Complementar (Previc – autarquia).
27. **Ministério das Relações Exteriores**: Fundação Alexandre de Gusmão (fundação).
28. **Ministério da Saúde**: Agência Nacional de Vigilância Sanitária (Anvisa – autarquia); Agência Nacional de Saúde Suplementar (ANS – autarquia); Fundação Oswaldo Cruz (Fiocruz – fundação); Empresa Brasileira de Hemoderivados e Biotecnologia (Hemobrás – empresa pública); e Hospital Nossa Senhora da Conceição S.A. (empresa pública).
29. **Ministério do Trabalho e Emprego**: Fundação Jorge Duprat Figueiredo de Segurança e Medicina do Trabalho (Fundacentro – fundação).
30. **Ministério dos Transportes**: Departamento Nacional de Infraestrutura de Transportes (DNIT – autarquia); Agência Nacional de Transportes Terrestres (ANTT – autarquia); e Engenharia, Construções e Ferrovias S.A. (Valec – empresa pública).
31. **Ministério do Turismo**: Embratur (Agência Brasileira de Promoção Internacional do Turismo – serviço social autônomo).

Esse resumo, conforme explica Irene Patrícia Nohara (2024, p. 619) destaca a estrutura e a supervisão da Administração Direta e Indireta no Brasil, detalhando a vinculação dos órgãos e entidades aos respectivos Ministérios. A autora esclarece ainda que

> houve de 2018 para 2019 redução significativa do número de Ministérios. Atualmente, de acordo com o art. 19 da MP 870/2019, os Ministérios são: da Agricultura, Pecuária e Abastecimento; da Cidadania; da Ciência Tecnologia,

Inovações e Comunicações; da Defesa; do Desenvolvimento Regional; da Economia; da Educação; da Infraestrutura; da Justiça e Segurança Pública; do Meio Ambiente; de Minas e Energia; da Mulher, da Família e dos Direitos Humanos; das Relações Exteriores; da Saúde; do Turismo; e a Controladoria-Geral da União (Nohara, 2024, p. 584).

7.3.2 Administração Indireta

A Administração Pública Indireta é composta por entidades administrativas que, por intermédio da descentralização legal, exercem funções administrativas e estão vinculadas ao respectivo Ente federativo. Conforme os arts. 37, XIX, da CF/1988, e 4º, II, do Decreto-Lei nº 200/1967, essas entidades incluem:

– Autarquias.
– Empresas públicas (e suas subsidiárias).
– Sociedades de economia mista (e suas subsidiárias).
– Fundações públicas (estatais) de direito público e de direito privado.

7.3.2.1 Autarquias

Autarquias são pessoas jurídicas de direito público, criadas por lei, que integram a Administração Pública Indireta e desempenham atividades típicas de Estado, como, por exemplo, o INSS, o IBAMA e a ANEEL. São instituídas diretamente por lei, de iniciativa do chefe do Executivo, e sua personalidade jurídica começa com a vigência da lei criadora.

O art. 37, XIX, da CF/1988 estabelece que *somente por lei específica poderá ser criada autarquia*. Nesse sentido, pelo princípio do paralelismo das formas, sua extinção também só poderá ser feita por lei específica. Destaque-se que, entre os entes da Administração Indireta, a autarquia é criada por lei, enquanto as demais entidades (as empresas públicas, as sociedades de economia mista e as fundações) devem ter a sua criação autorizada por lei. A autarquia tem personalidade e natureza jurídica de direito público interno, nos termos do art. 41 do CC/2002.

Tais entidades exercem atividades típicas de Estado, embora não haja uma lista clara dessas atividades. Por exemplo, podem exercer poder de polícia, mas não podem desempenhar atividades econômicas. O regime de pessoal é estatutário, conforme o Regime Jurídico Único (RJU). Houve mudanças constitucionais ao longo do tempo, mas, atualmente, após decisão do STF, o regime de pessoal das autarquias deve ser o estatutário.

O patrimônio das entidades autárquicas é composto por bens públicos, que possuem características como alienabilidade condicionada, impenhorabilidade, imprescritibilidade e não onerabilidade. Seus atos são administrativos e possuem todas as prerrogativas inerentes ao regime jurídico administrativo, como presunção de legitimidade e autoexecutoriedade. Os contratos celebrados pelas autarquias são, em regra, administrativos, com cláusulas exorbitantes e submetidos às formalidades da Lei de Licitações. A competência para processar e julgar lides autárquicas varia conforme o nível federativo da autarquia (autarquias federais são julgadas na Justiça Federal, enquanto autarquias estaduais e municipais são julgadas na Justiça Estadual).

No que diz respeito à responsabilização, aplica-se o disposto no art. 37, § 6º, da CF/1988 (responsabilidade civil objetiva, baseada na teoria do risco administrativo). Caso não possuam bens para satisfazer seus débitos, o respectivo ente federado assume responsabilidade subsidiária.

Autarquias possuem imunidade tributária e prerrogativas processuais, como prazo em dobro para manifestações processuais e duplo grau de jurisdição, podem ser classificadas quanto à *vinculação federativa* (monofederativas e plurifederativas), ao *campo de atuação ou objeto* (assistenciais, de fomento, profissionais, administrativas, culturais, de controle) e ao *regime jurídico* (autarquias comuns e autarquias especiais).

Algumas autarquias recebem qualificações especiais, como agências executivas ou reguladoras e associações públicas, que possuem características e funções específicas, como, por exemplo, maior autonomia de gestão e regulação de atividades econômicas ou serviços públicos.

7.3.2.2 Agências reguladoras e executivas

Agência é uma expressão adotada pelo Direito Administrativo brasileiro, inspirado na *common law* – importante esclarecer que nos Estados Unidos e na Inglaterra seu sentido é muito mais amplo. Nos Estados Unidos, principalmente, toda organização administrativa se resume em agências, correspondentes em nosso sistema a qualquer autoridade pública.

No Brasil, há duas espécies de *agências*: i) as agências executivas; e ii) as agências reguladoras.

Agência executiva é uma qualificadora conferida, por meio de decreto específico, às autarquias ou fundações que firmam contrato de gestão com a Administração a que estão vinculadas, com o objetivo de elevar a eficiência e reduzir custos. Por exemplo: INMETRO (Instituto Nacional de Metrologia, Normatização e Qualidade Industrial), uma autarquia federal cujo principal objetivo é colaborar com a uniformização das unidades de medição, importante para o desenvolvimento e a qualidade industrial. A condição de *agência executiva* não cria uma nova entidade administrativa nem altera as relações de trabalho dos colaboradores das instituições assim qualificadas.

A qualificação de autarquia ou fundação como *agência executiva* pode ser conferida mediante iniciativa do Ministério supervisor, com anuência do Ministério da Administração Federal e Reforma do Estado, que verificará se a entidade candidata à qualificação cumpre os seguintes requisitos:

a) Ter celebrado contrato de gestão com o respectivo Ministério supervisor; e
b) Possuir um plano estratégico de reestruturação e desenvolvimento institucional, voltado para a melhoria da qualidade da gestão e para a redução de custos, já concluído ou em andamento (Decreto nº 2.487/1998, art. 1º, § 1º).

Dessa forma, as entidades autárquicas e fundacionais que desejam obter a qualificação de agência executiva e, consequentemente, usufruir de um regime jurídico especial, devem avaliar seu modelo de gestão e elaborar um plano de reestruturação e desenvolvimento institucional. Em seguida à aprovação do plano, é celebrado um contrato de gestão com o Ministério responsável pelo controle administrativo sobre a entidade, e sua qualificação como agência executiva é efetuada por decreto.

Se o plano estratégico de reestruturação e desenvolvimento institucional não for cumprido, a entidade perderá a qualificação de agência executiva. O § 2º do art. 75 da Lei nº 14.133/2021 (Lei de Licitações e Contratos) estabelece que os valores de contratação direta dos incisos I e II serão duplicados para compras, obras e serviços contratados por consórcio público ou por autarquia ou fundação qualificadas como agências executivas, conforme a lei.

No que diz respeito às *agências reguladoras*, é importante observar que o advento da regulação por meio de agências especializadas, atuantes em setores econômicos específicos, cresceu no cenário brasileiro já no fim da década de 1990. Esse prodígio foi impulsionado pela globalização econômica e pelas metas de ajustes fiscais assumidas pelas burocracias latino-americanas junto a organismos financeiros internacionais, resultando em privatizações.

No Direito Administrativo, a privatização pode ser entendida de duas formas. *Em sentido estrito*, refere-se à venda de estatais para a iniciativa privada, frequentemente acompanhada da liberação de atividades econômicas antes monopolizadas pelo Estado, o que exige alterações no ordenamento jurídico. *Em sentido amplo*, envolve a transferência do exercício de serviços públicos a particulares por meio de concessões e permissões, onde o Estado delega a prestação do serviço a empresas privadas.

Nos anos 1990, o Brasil experimentou ambas as modalidades de privatização: a venda de estatais e a abertura de atividades econômicas, acompanhada da flexibilização de monopólios, e a intensificação das concessões e permissões de serviços públicos, reduzindo a execução direta pelo Estado.

Maria Sylvia Zanella Di Pietro (2023, p. 629) explica que a intervenção estatal no domínio econômico pode ser direta ou indireta. A intervenção direta ocorre quando o Estado, por meio de suas empresas, exerce atividade econômica em competição com a iniciativa privada ou em regime de monopólio, conforme os arts. 173 e 177 da CF/1988. No entanto, a intervenção indireta acontece quando o Estado exerce apenas atividade normativa que impacta a atividade econômica, conforme se depreende o art. 174 da Constituição Federal vigente.

Na intervenção direta, o Estado é produtor de bens e serviços; na indireta, é regulador da atividade prestada por particulares. Di Pietro afirma que o papel do Estado regulador não é incompatível com o de produtor de bens e serviços, mas este último só é assumido por motivos de segurança nacional ou relevante interesse coletivo, conforme definido em lei (art. 173 da CF/1988). A flexibilização dos monopólios ocorreu com o advento de emendas constitucionais em 1995: i) EC nº 5 (atividade de gás canalizado); ii) EC nº 8 (telecomunicações e radiodifusão); iii) EC nº 9 (petróleo (art. 177, § 1º).

As ECs nºs 8 e 9 introduziram a expressão *órgão regulador* no texto constitucional. O novo modelo de regulação em indústrias de energia, principalmente após a abertura, é chamado de regulação setorial. Existe também a regulação concorrencial, baseada na aplicação da legislação antitruste (Nohara, 2024, p. 534).

O art. 25 da Lei nº 13.848/2019 determina que, para promover a concorrência e a eficácia da implementação da legislação de defesa da concorrência nos mercados regulados, as agências reguladoras e os órgãos de defesa da concorrência devem cooperar estreitamente, privilegiando a troca de experiências.

Antes da intensificação das concessões e permissões de serviços públicos, a intervenção estatal por meio da legislação antitruste era focada principalmente nas atividades liberadas ao mercado, menos nos serviços públicos. A transferência de serviços públicos para particulares foi acompanhada pela criação de entes especializados para promover a intervenção adequada no setor regulado, seja por meio de atividade normativa (*rulemaking*) ou pela prática de atos administrativos (*adjudication*) relacionados ao controle na delegação do serviço.

As agências reguladoras foram incumbidas de identificar falhas específicas no setor regulado, analisando estruturas de competição para evitar práticas restritivas à livre-competição entre licitantes, visando contratações mais alinhadas com as necessidades coletivas.

Assim, a preocupação com a concorrência deslocou-se das atividades livres do mercado para a prestação de serviços públicos, que passaram a ser realizados com maior intensidade pela iniciativa privada, orientada para o lucro.

Teoricamente, isso significa que o Direito Administrativo cada vez mais se aproxima do Direito Econômico e, em certa medida, do Direito do Consumidor, embora o *status* do cidadão-usuário de serviços públicos ainda seja diferenciado do consumidor de bens e serviços oferecidos pela iniciativa privada.

As agências reguladoras são autarquias com regime especial, definidas por suas leis instituidoras, que regulam e fiscalizam setores específicos. O regime especial, conforme o art. 3º da Lei nº 13.848/2019, caracteriza-se pela ausência de tutela ou subordinação hierárquica, autonomia funcional, decisória, administrativa e financeira, e estabilidade dos dirigentes durante seus mandatos. Os dirigentes têm mandato fixo de cinco anos, sem possibilidade de recondução, garantindo maior estabilidade e autonomia política, e a perda de mandato ocorre em casos de renúncia, condenação judicial transitada em julgado ou decisão definitiva em processo disciplinar, e infringência de vedações legais. Ex-dirigentes devem cumprir um período de quarentena para evitar assimetria de informações e possíveis conflitos de interesse. A violação pode resultar em sanções administrativas, civis e criminais.

A ausência de tutela hierárquica impede a interposição de recurso hierárquico impróprio contra decisões finais das agências, exceto em casos previstos por lei, assegurando a apreciação judicial. As agências são dirigidas por um Conselho Diretor ou Diretoria Colegiada, composto por até quatro Conselheiros ou Diretores e um Presidente. A estrutura colegiada promove decisões mais objetivas e técnicas. Os dirigentes devem ser brasileiros, de reputação ilibada e notório conhecimento na área de atuação. Devem ter experiência profissional relevante e formação acadêmica compatível. O Presidente da República indica e nomeia os dirigentes após aprovação pelo Senado Federal.

As agências reguladoras podem resolver conflitos por conciliação, mediação ou arbitragem, envolvendo interesses de cidadãos-usuários e empresários dos setores regulados. Contudo, seus atos estão sujeitos ao controle judicial. Submetem-se ao controle do Congresso Nacional e ao controle financeiro, contábil e orçamentário pelo Poder Legislativo, com auxílio do Tribunal de Contas. Elas também possuem autonomia financeira, com recursos provenientes de dotações orçamentárias e atividades próprias. Leis específicas podem prever outras formas de receita, como taxas de fiscalização, multas, rendimentos de operações financeiras e doações.

Cada agência reguladora é criada por lei que determina seu regime específico e regula setores estratégicos da economia. Todas se subordinam à Lei nº 13.848/2019, que disciplina a gestão, a organização, o processo decisório e o controle social das agências reguladoras. A previsão constitucional aplicável às agências reguladoras é:

i) Art. 21, XI, alterado pela EC nº 08/1995 (a instituição de órgão regulador para o setor de telecomunicações);

ii) Art. 174 (o Estado é agente normativo e regulador da atividade econômica; e

iii) Art. 177, § 2º, III, da CF/1988, alterado pela EC nº 09/1995 (estabelece a criação de órgão regulador do setor do petróleo e gás natural).

O texto constitucional não menciona a adoção do modelo das agências norte-americanas, mas essa foi a opção adotada pelo legislador infraconstitucional. Ex.: Lei nº 9.427/1996 (Agência Nacional de Energia Elétrica – ANEEL); Lei nº 9.472/1997 (Agência Nacional de Telecomunicações – ANATEL); Lei nº 9.478/1997 (Agência Nacional do Petróleo, Gás Natural e Biocombustíveis – ANP); Lei nº 9.782/1999 (Agência Nacional de Vigilância Sanitária – ANVISA); Lei nº 9.961/2000 (Agência Nacional de Saúde Suplementar – ANS); Lei nº 9.984/2000 (Agência Nacional de Águas e Saneamento Básico – ANA); Lei nº 10.233/2001 (Agência Nacional de Transportes Terrestres – ANTT e Agência Nacional de Transportes Aquaviários – ANTAQ); MP nº 2.228-1/2001 e Lei nº 10.454/2002 (Agência Nacional do Cinema – ANCINE); Lei nº 11.182/2005 (Agência Nacional de Aviação Civil – ANAC); Lei nº 13.575/2017 (Agência Nacional de Mineração – ANM).

As agências reguladoras são autarquias com regime jurídico especial, dotadas de autonomia reforçada em relação ao ente central, tendo em vista dois fundamentos principais: *despolitização* (ou *desgovernamentalização*), conferindo tratamento técnico e maior segurança jurídica ao setor regulado; e *necessidade de celeridade na regulação de determinadas atividades técnicas*.

O regime especial das agências reguladoras é caracterizado pela ausência de tutela ou de subordinação hierárquica, pela autonomia funcional, decisória, administrativa e financeira e pela investidura a termo de seus dirigentes e estabilidade durante os mandatos, além das demais peculiaridades previstas na respectiva legislação (art. 3º da Lei nº 13.848/2019).

Em resumo, as agências reguladoras no Brasil são autarquias com regime especial que garantem maior autonomia e estabilidade, promovendo uma regulação técnica e objetiva dos setores econômicos estratégicos, com mecanismos de controle e fiscalização adequados.

Ao contrário das agências executivas, que são uma qualificação atribuída a autarquias ou fundações, as agências reguladoras são autarquias em regime especial, criadas e extintas por lei. Vale destacar que uma agência reguladora pode também ser qualificada como agência executiva, desde que tenha seu plano estratégico de reestruturação e desenvolvimento aprovado e celebre um contrato de gestão com o ministério supervisor correspondente à sua área de atuação.

7.3.2.3 Fundações

Existem três tipos básicos de fundações no Direito:

a) *Fundações de Direito Privado instituídas por particulares* (regidas pelo Direito Civil, não são objeto de estudo do Direito Administrativo).
b) *Fundações de Direito Privado instituídas pelo Poder Público* (criadas pelo Estado, mas com natureza jurídica privada).
c) *Fundações de Direito Público ou fundações estatais* (têm natureza jurídica de autarquia).

O tema das fundações públicas é um dos mais controversos no Direito Administrativo brasileiro. A Constituição de 1988 ajudou a esclarecer muitos pontos obscuros e alterados do Decreto-Lei nº 200/1967. Atualmente, discute-se um anteprojeto de Lei Orgânica da Administração Pública que modifica a disciplina das fundações.

As fundações privadas são constituídas por um conjunto de bens destinados a certas finalidades. No Direito Romano, as corporações públicas e privadas não atribuíam personalidade jurídica aos patrimônios, prática que mudou com a influência cristã. Hoje, a doutrina define fundação como patrimônio personalizado destinado a um fim.

No direito privado, a fundação é criada por ato unilateral e irrevogável, com dotação especial de bens livres. O Ministério Público fiscaliza as fundações, garantindo que o patrimônio seja suficiente para as finalidades institucionais. Se insuficiente, os bens podem ser incorporados a outra fundação com fins semelhantes.

A doutrina e a jurisprudência admitem fundações públicas de direito privado, criadas pelo Estado com natureza jurídica privada, mas com regime jurídico que sofre derrogações de caráter público. O Decreto-Lei nº 200/1967 define fundação pública como entidade sem fins lucrativos, criada por autorização legislativa, com autonomia administrativa e patrimônio próprio.

Apesar de sua natureza privada, a fundação pública deve aplicar integralmente os resultados de suas atividades na realização de seus objetivos, conforme a lei complementar referida no inciso XIX do art. 37 da CF/1988. As fundações, sejam privadas ou públicas, desempenham papéis importantes na sociedade, com regulamentações específicas que garantem sua atuação conforme os objetivos institucionais e a legislação vigente.

Fundações estatais são entidades de direito público, criadas por lei específica, de iniciativa do Chefe do Poder Executivo. As fundações estatais de direito privado, assim como as empresas estatais, dependem de autorização legal para serem criadas, no entanto, o surgimento efetivo da personalidade jurídica só se realiza com o registro dos atos constitutivos no Respectivo Cartario. Nessa linha de raciocínio, tem-se a *fundação privada*, regida pelo CC (arts. 44, III, e 62 a 69), e a *fundação estatal* (também denominada governamental ou pública), integrante da Administração Pública Indireta, nos termos dos arts. 37, XIX, da CF/1988, e 4º, II, *d*, do Decreto-Lei nº 200/1967 (Oliveira, 2021, p. 279).

O regime de pessoal das fundações estatais de direito público é o regime estatutário, já no caso das fundações estatais de direito privado, o regime é celetista, ou seja, regido pela CLT.

As *fundações estatais* são controladas pelo Tribunal de Contas, mas não se submetem ao controle pelo Ministério Público previsto no art. 66 do CC/2002. O patrimônio das fundações estatais de direito público é composto por bens públicos, na forma do art. 98 do CC/2002. Já as fundações estatais de direito privado possuem bens privados, o que não afasta algumas prerrogativas de direito público.

Fundações estatais de direito público editam, em regra, atos administrativos e celebram contratos administrativos, submetidos ao regime de direito público, aquelas de direito privado editam, em regra, atos privados e celebram os denominados *contratos privados da Administração*.

Quanto ao foro processual, as fundações estatais de direito público estão adstritas à Justiça Federal, exceto as de falência, as de acidentes de trabalho e as sujeitas à Justiça Eleitoral e à Justiça do Trabalho. As fundações estatais de direito privado terão suas demandas apreciadas pela Justiça Estadual.

7.3.2.4 Empresas estatais

Empresas estatais incluem entidades sob controle acionário do Estado, como empresas públicas, sociedades de economia mista, suas subsidiárias e outras sociedades controladas pelo Poder Público.

Empresas públicas são pessoas jurídicas de direito privado, criadas por autorização legal, com capital formado por bens públicos, prestando serviços públicos ou atividades econômicas. Ex.: BNDES, Caixa Econômica Federal.

Sociedades de economia mista são pessoas jurídicas de direito privado, criadas por autorização legal, sob a forma de sociedade anônima, com capital público e privado, prestando serviços públicos ou atividades econômicas. Ex.: Petrobras, Banco do Brasil.

A Lei nº 13.303/2016 (Lei das Estatais) regula o regime societário, licitações, contratos e controle das empresas estatais. *Empresas públicas e sociedades de economia mista* têm regimes jurídicos híbridos, combinando normas de direito público e privado. Essas empresas têm tratamento diferenciado devido aos princípios dos serviços públicos e à ausência de concorrência com particulares.

A criação de empresas estatais e suas subsidiárias requer autorização legislativa específica, e o controle acionário deve permanecer com o ente federado, mesmo com participação minoritária de entidades privadas. É obrigatória a adoção de práticas de governança corporativa, transparência e controle interno; devem também divulgar informações relevantes, elaborar políticas de divulgação e adotar práticas de sustentabilidade ambiental e responsabilidade social.

Empregados das estatais estão submetidos ao regime celetista, ou seja, a legislação aplicável é a contida na CLT e a forma de ingresso às normas constitucionais como concurso público e teto remuneratório. Os dirigentes das estatais devem atender a requisitos específicos estabelecidos na Lei nº 13.303/2016.

O patrimônio das estatais é constituído por bens privados, sujeitos a modulações de direito público, bens das estatais prestadoras de serviços públicos podem ser impenhoráveis se necessários à continuidade do serviço. Tais entidades também respondem pelos danos causados a terceiros, com responsabilidade variando conforme a atividade (objetiva para serviços públicos, subjetiva para atividades econômicas).

Empresas estatais estão sujeitas ao controle pelo Tribunal de Contas, sem interferência na gestão ou definição de políticas públicas. Empresas estatais econômicas não têm imunidade tributária e devem seguir o regime jurídico das empresas privadas, já as estatais prestadoras de serviços públicos podem ter imunidade tributária reconhecida pelo STF.

A possibilidade de falência das estatais é controversa. A Lei nº 11.101/2005 exclui as estatais da falência, mas há divergências doutrinárias sobre a constitucionalidade dessa exclusão.

Muito embora haja similaridades, as empresas públicas e as sociedades de economia mista apresentam diferenças relacionadas à composição do capital, à forma societária e ao foro competente para o processo e julgamento dos litígios (Pinto Jr., 2010, p. 317).

Alguns autores mencionam uma diferença importante, enquanto a empresa pública não exige finalidade lucrativa, a sociedade de economia mista deve possuir, necessariamente, finalidade lucrativa, uma vez que, nesse último caso, o Estado busca investidores e parceiros no mercado (capital privado), devendo remunerar adequadamente a expectativa de retorno do investimento feito pelo particular.

7.3.2.5 Terceiro Setor

O *setor público não estatal*, também chamado de *terceiro setor* (Nohara, 2024, p. 585), engloba entidades da sociedade civil sem fins lucrativos que realizam atividades de interesse público. Essas organizações, denominadas OSCs, a partir da Lei nº 13.019/2014, não distribuem lucros e reinvestem qualquer excedente financeiro em suas atividades.

O *terceiro setor* é composto por entidades privadas, voluntárias, autônomas e sem fins lucrativos que desenvolvem atividades de interesse público e possuem um regime jurídico próprio (Mânica, 2022, p. 17). Este se contrapõe ao *primeiro setor* (público ou estatal) e ao *segundo setor* (privado ou mercado), incluindo organizações paraestatais, que atuam paralelamente ao Estado, e entes de colaboração, que estabelecem vínculos jurídicos com o Poder Público.

A redemocratização do Brasil na década de 1980 e a Constituição Federal de 1988 foram marcos importantes para o fortalecimento das Organizações Não Governamentais (ONGs). A Reforma Administrativa dos anos 1990 incentivou parcerias entre o Estado e as OSCs, um movimento chamado de publicização (Nohara, 2024, p. 585).

O Tribunal de Contas da União não submete as entidades do terceiro setor ao regime da Lei de Licitações e Contratos Administrativos, mas exige que incorporem os princípios da licitação. A Lei de Parcerias flexibilizou as exigências para contratações feitas por ONGs que recebem recursos do Estado, estabelecendo critérios de seleção e regras de monitoramento e fiscalização das parcerias.

De acordo com Hely Lopes Meirelles (2009, p. 385), os serviços sociais autônomos são instituídos por lei, possuem personalidade jurídica de direito privado e têm como objetivo fornecer assistência ou ensino a determinadas categorias sociais ou grupos profissionais, sem fins lucrativos. Eles são mantidos por dotações orçamentárias ou contribuições parafiscais.

Essas entidades colaboram com o Estado em atividades que recebem especial proteção do Poder Público, o qual pode delegar a capacidade tributária ativa, permitindo-lhes cobrar, arrecadar e fiscalizar contribuições compulsórias. No entanto, a doutrina do Direito Tributário é clara ao afirmar que a competência para criar, regular e instituir tributos é indelegável.

Os serviços sociais autônomos seguem predominantemente o regime de direito privado, com algumas derrogações de direito público devido aos seus fins institucionais de interesse público ou social, ao recebimento de contribuições parafiscais e aos incentivos e recursos públicos que recebem.

Maria Sylvia Zanella Di Pietro (2023, p. 671) destaca que, embora não integrem a Administração Indireta, esses serviços autônomos estão sujeitos a regras publicísticas, como a necessidade de observância dos princípios da licitação, exigência de processo seletivo para contratação de pessoal e prestação de contas.

O Tribunal de Contas da União determina que, apesar de não se submeterem à Lei Geral de Licitações e Contratos, os entes do sistema "S" devem respeitar os princípios administrativos (legalidade, impessoalidade, isonomia, moralidade, publicidade e eficiência) em seus processos de contratação, elaborando regulamentos próprios. Não é necessário concurso público, apenas processo seletivo.

Esses serviços estão sujeitos ao controle externo, especialmente do Tribunal de Contas, quanto à gestão dos recursos públicos, conforme o art. 70, parágrafo único, da CF/1988, e ao controle estabelecido em cada legislação pertinente. O art. 183 do Decreto-Lei nº 200/1967 também dispõe que entidades privadas que recebem contribuições parafiscais e prestam serviços de interesse público ou social estão sujeitas à fiscalização do Estado.

Embora dependam de lei autorizadora para sua criação, sua personalidade jurídica começa com a inscrição do estatuto no órgão de registro. Tais agentes praticam atos de direito privado, mas, se algum ato for produzido em decorrência de função delegada, será equiparado a atos administrativos e sujeito a controle especial, como o mandado de segurança.

Seus empregados estão sujeitos ao regime trabalhista da CLT e são equiparados para fins criminais e de improbidade administrativa. Exemplos de entes paraestatais do sistema "S" incluem:

- Serviço Social do Comércio (Sesc);
- Serviço Social da Indústria (Sesi);
- Serviço Nacional de Aprendizagem Industrial (Senai);
- Serviço Nacional de Aprendizagem Comercial (Senac);
- Serviço de Apoio às Micro e Pequenas Empresas (Sebrae);
- Serviço Nacional de Aprendizagem Rural (Senar);
- Serviço Social do Transporte (Sest);
- Serviço Nacional de Aprendizagem do Transporte (Senat).

Quanto à processualidade, esses serviços estão submetidos à Justiça Estadual, conforme a Súmula n° 516/STF. As corporações profissionais, também chamadas de ordens e conselhos de classe ou autarquias corporativas, desempenham atividades de fiscalização de diversas categorias profissionais, incluindo o poder disciplinar e de polícia. Elas prestam atividades típicas do Estado e exercem regulação, fiscalização e disciplina do exercício profissional, conforme os arts. 21, XXIV, e 22, XVI, da CF/1988.

Embora não integrem a Administração Pública, possuem capacidade tributária ativa e se submetem à fiscalização do Tribunal de Contas. São consideradas autarquias por possuírem autonomia administrativa e financeira, serem criadas por lei e desempenharem atividades tipicamente públicas.

Exemplos de corporações profissionais incluem a Ordem dos Músicos, os Conselhos de Medicina, Engenharia, Arquitetura, Agronomia e Psicologia.

Atualmente, há discussões no STF sobre o regime jurídico dessas entidades, com a ADC n° 36 propondo a aplicação do regime celetista, e a ADPF n° 367 defendendo o caráter público das atividades e a natureza autárquica dessas instituições. A decisão final do STF ainda é aguardada.

A Ordem dos Advogados do Brasil (OAB) foi considerada autarquia em regime especial até 2006, mas, conforme decisão na ADI n° 3.026/DF, não pode ser equiparada aos demais órgãos de fiscalização profissional devido às suas finalidades institucionais diferenciadas.

As OS são entidades do terceiro setor qualificadas para desempenhar atividades de interesse social, sem fins lucrativos. Surgiram na década de 1990, durante a Reforma Administrativa liderada pelo Ministro Bresser Pereira, inspiradas nas QUANGOS inglesas, que são entidades públicas autônomas responsáveis por políticas públicas.

A Lei n° 9.637/1998 regulamenta as OS no âmbito federal, permitindo que outras esferas de governo criem suas próprias legislações. As OS atuam em setores como ensino, pesquisa científica, desenvolvimento tecnológico, meio ambiente, cultura e saúde. Para serem qualificadas, devem comprovar seu registro e obter aprovação do Ministro ou autoridade supervisora da área correspondente.

A qualificação é um título jurídico concedido de forma discricionária pelo Poder Público, mas deve seguir princípios constitucionais como impessoalidade, moralidade, publicidade e eficiência. A OS deve reinvestir seus excedentes financeiros em suas atividades e é proibida de distribuir bens ou patrimônio líquido.

O vínculo jurídico das OS com o Poder Público é o contrato de gestão, que define as responsabilidades e obrigações de ambas as partes. Esse contrato inclui metas, prazos, critérios de avaliação de desempenho e limites para despesas com remuneração. O fomento às OS pode incluir recursos orçamentários, bens públicos e cessão de servidores.

A execução do contrato de gestão é fiscalizada pelo órgão supervisor, e irregularidades devem ser comunicadas ao Tribunal de Contas da União. Em casos de malversação de recursos, pode-se solicitar a indisponibilidade dos bens da entidade e de seus dirigentes. A desqualificação de uma OS ocorre por meio de processo administrativo com ampla defesa, resultando na reversão dos bens ao Poder Público.

Exemplos de OS incluem a Fundação Roquette Pinto, o Instituto de Matemática Pura e Aplicada (IMPA), e a Associação Beneficente Hospital Universitário (ABHU). Essas entidades desempenham um papel crucial na execução de serviços sociais não exclusivos do Estado, promovendo eficiência e inovação na gestão pública.

As OSCIPs são entidades privadas, sem fins lucrativos, criadas por iniciativa de particulares para prestar serviços sociais não exclusivos do Estado, com incentivo e fiscalização do Poder Público. Elas são regulamentadas pela Lei nº 9.790/1999 e pelo Decreto nº 3.100/1999, e precisam ser habilitadas pelo Ministério da Justiça para obter a qualificação. Trata-se de pessoas jurídicas de direito privado, sem fins lucrativos, cujos objetivos devem incluir finalidades como assistência social, cultura, educação gratuita, saúde gratuita, segurança alimentar, preservação ambiental, desenvolvimento sustentável, voluntariado, desenvolvimento econômico e social, combate à pobreza, entre outros.

Obriga-se a estar em funcionamento regular há pelo menos três anos e atender aos requisitos legais em seus objetivos sociais e normas estatutárias. O vínculo jurídico é estabelecido por meio de termo de parceria, que define direitos, responsabilidades e obrigações das partes, cujas cláusulas essenciais incluem especificação do programa de trabalho, metas e prazos, critérios de avaliação de desempenho, receitas e despesas, e relatórios de execução física e financeira. Recebem auxílio do Estado, mas não podem contar com a cessão de servidores ou bens públicos. A execução das atividades é supervisionada pelo órgão público da área correspondente e pelos Conselhos de Políticas Públicas. Tais entidades devem prestar contas ao Tribunal de Contas se receberem recursos ou bens públicos. Caso haja malversação de recursos, os responsáveis devem representar ao Ministério Público ou à Advocacia-Geral da União.

A perda de qualificação pode ocorrer a pedido da entidade ou por decisão administrativa ou judicial, assegurando ampla defesa e contraditório. A perda da qualificação implica a reversão dos bens e recursos ao Poder Público. Os dirigentes que atuam na gestão executiva podem ser remunerados, respeitando os valores de mercado. É permitida a participação de servidores públicos em conselhos ou diretorias de OSCIPs.

As OSCIPs desempenham um papel crucial na execução de serviços sociais, promovendo a colaboração entre o setor privado e o Poder Público, com foco na transparência, na eficiência e na responsabilidade social.

A *Lei de Parcerias*, também conhecida como *Marco Regulatório das Organizações da Sociedade Civil* (OSC), foi instituída pela Lei nº 13.019/2014 e alterada pela Lei nº 13.204/2015, regulamentada pelo Decreto nº 8.726/2016, tem como objetivo disciplinar as parcerias entre a Administração Pública e as OSCs, promovendo a cooperação para a realização de finalidades de interesse público.

A lei busca incentivar a ação das OSCs, promovendo a cidadania e a influência democrática na efetivação de políticas públicas. As OSCs complementam, mas não substituem as funções do Estado, que mantém suas competências institucionais conforme a Constituição.

O *termo de colaboração* é o instrumento que celebra o ajuste, formalizando parcerias para finalidades de interesse público propostas pela Administração Pública, com transferência de recursos financeiros. Já o *termo de fomento* formaliza parcerias para finalidades de interesse público propostas pelas OSCs, também com transferência de recursos financeiros. E, ainda, o *termo de cooperação* é utilizado quando não há transferência de recursos públicos, podendo ser proposto tanto pela Administração Pública quanto pela OSC.

Para selecionar as parcerias, a lei prevê o chamamento público, que deve observar princípios como isonomia, legalidade, impessoalidade, moralidade, publicidade e eficiência. O chamamento é julgado por uma comissão de seleção, garantindo transparência e objetividade.

A lei estabelece diretrizes para promover a cooperação entre o Poder Público e as OSCs, incluindo:

- Fortalecimento institucional das OSCs.
- Controle de resultados.
- Uso de tecnologias de informação e comunicação.
- Cooperação entre entes federados.
- Transparência e publicidade.
- Capacitação de gestores públicos.
- Adoção de práticas de gestão para evitar benefícios indevidos.

A lei prevê situações de dispensa e inexigibilidade de chamamento público, como em casos de urgência, calamidade pública, programas de proteção, e atividades vinculadas à educação, saúde e assistência social. O Procedimento de Manifestação de Interesse Social (PMIS) permite que OSCs, movimentos sociais e cidadãos apresentem propostas ao Poder Público, que avaliará a possibilidade de realização de um chamamento público. Embora elogiável por promover transparência, o PMIS não vincula a Administração Pública à realização do chamamento.

A parceria é acompanhada por uma comissão de monitoramento e avaliação, que inclui pelo menos um servidor público efetivo. A prestação de contas é feita por meio de relatórios de execução do objeto e execução financeira, além de possíveis relatórios de visita técnica e monitoramento. A lei não se aplica a:

– Transferências de recursos homologadas pelo Congresso Nacional ou autorizadas pelo Senado Federal;
– Contratos de gestão com organizações sociais;
– Convênios e contratos com entidades filantrópicas no setor de saúde;
– Termos de compromisso cultural;
– Termos de parceria com OSCIPs;
– Transferências específicas previstas em outras leis;
– Pagamentos de anuidades, contribuições ou taxas associativas a organismos internacionais ou entidades obrigatoriamente constituídas por membros de Poder ou do Ministério Público, dirigentes de órgãos públicos, ou pessoas jurídicas de direito público interno;
– Parcerias com serviços sociais autônomos (sistema S).

A Lei de Parcerias ampliou as hipóteses de improbidade administrativa para incluir irregularidades em parcerias firmadas com entidades privadas. A vigência das parcerias deve ser correspondente ao tempo necessário para a execução integral do objeto, com um prazo máximo geral de cinco anos, podendo ser prorrogado para até 10 anos com justificativa técnica.

Capítulo 8

DOS SERVIÇOS PÚBLICOS

Maria Sylvia Zanella Di Pietro define serviço público "como toda atividade material que a lei atribui ao Estado para que a exerça diretamente ou por meio de seus delegados, com o objetivo de satisfazer concretamente às necessidades coletivas, sob regime jurídico total ou parcialmente público" (Di Pietro, 2023, p. 146).

Para Rafael Carvalho Rezende Oliveira (2021, p. 446),

> serviço público é uma espécie de atividade econômica em sentido amplo, pois se destina à circulação de bens e/ou serviços do produtor ao consumidor final, mas não se confunde com as atividades econômicas em sentido estrito, tendo em vista o objetivo do serviço público (interesse público) e a titularidade do Estado.

As primeiras noções de serviço público surgiram na França, com a Escola de Serviço Público, que abrangia amplamente todas as atividades do Estado. Rousseau foi o primeiro a utilizar a expressão *serviço público* no *Contrato Social* (1762), referindo-se a qualquer atividade estatal destinada a satisfazer necessidades coletivas e substituindo o serviço do Rei pela titularidade da soberania estatal.

No direito francês, a concepção de serviço público foi crucial por duas razões principais: separar a competência da jurisdição administrativa da justiça comum e definir o próprio Direito Administrativo. Inicialmente, três critérios foram usados para definir a competência das jurisdições: proibição de tribunais judiciais condenarem o Estado a pagar somas em dinheiro, distinção entre atos de autoridade e atos de gestão, e separação entre gestão pública e privada.

O caso Blanco, em 1873, marcou uma mudança nos critérios de definição de competência, estabelecendo que danos causados por atividades de serviço público deveriam ser regidos por princípios próprios. O caso Terrier, em 1903, consolidou a ligação entre serviço público e competência administrativa, definindo que a organização e o funcionamento dos serviços públicos eram de competência administrativa (Rivero, 1995, p. 190).

A Escola do Serviço Público, liderada por Leon Duguit, formulou noções amplas de serviço público, considerando-o uma atividade ou organização que abrange todas as funções do Estado e substituindo a noção de soberania pela de serviço público. Dois elementos principais caracterizavam o serviço público: ser uma atividade assumida por uma coletividade pública e ter como objetivo satisfazer uma necessidade de interesse geral, além de estar submetido a um regime jurídico derrogatório do direito comum.

No direito brasileiro, alguns doutrinadores adotaram conceitos amplos de serviço público. Mário Masagão (1933) considerava serviço público toda atividade exercida pelo Estado para cumprir seus fins, incluindo atividades judiciárias e administrativas. José Cretella Júnior (1992) definiu serviço público como toda atividade exercida pelo Estado para satisfazer necessidades públicas mediante procedimento de direito público. Hely Lopes Meirelles (2009) restringiu o conceito ao definir serviço público como aquele prestado pela Administração ou seus delegados para satisfazer necessidades coletivas, excluindo atividades legislativas e jurisdicionais.

Odete Medauar (2015) e Edmir Netto de Araújo (2018) também adotaram conceitos amplos, mas com distinções entre atividades administrativas e outras funções do Estado. Celso Antônio Bandeira de Mello (2024) e Marçal Justen Filho (2013) apresentaram conceitos mais restritivos, focando em atividades diretamente fruíveis pelos administrados e vinculadas a direitos fundamentais.

No direito positivo brasileiro, o art. 2º, II, da Lei nº 13.460/2017 "define serviço público como atividade administrativa ou de prestação direta ou indireta de bens ou serviços à população, exercida por órgão ou entidade da administração pública".

A definição de *serviços públicos* tem passado por significativas transformações ao longo do tempo, tanto em relação aos seus elementos constitutivos quanto à sua abrangência. Além disso, há divergências entre os autores, pois alguns adotam um conceito amplo, enquanto outros preferem um conceito mais restrito. Em ambas as abordagens, geralmente combinam-se três elementos para a definição:

a) *Subjetivo* (ou orgânico): relaciona-se com a pessoa que presta o serviço público (Estado ou delegatários);
b) *Material*: define o serviço público como atividade que satisfaz os interesses da coletividade; e
c) *Formal*: caracteriza o serviço público como atividade submetida ao regime de direito público.

No que se refere ao *elemento subjetivo*, Maria Sylvia Zanella di Pietro (2023, p. 147) entende que o serviço público é sempre uma responsabilidade do Estado, conforme estabelecido no art. 175 da CF/1988, e depende do Poder Público. A sua criação é efetivada por meio de lei, representando uma escolha do Estado que decide assumir a execução de uma atividade específica que, devido à sua importância para a coletividade, não deve depender da iniciativa privada.

A gestão do serviço público também é incumbência do Estado. Esta pode ser realizada diretamente, por meio dos próprios órgãos que compõem a Administração Pública centralizada da União, dos Estados e dos Municípios, ou indiretamente, intermediada por concessão ou permissão, ou ainda por meio de pessoas jurídicas criadas pelo Estado com essa finalidade.

Quanto ao *elemento material,* percebe-se certa unanimidade entre os doutrinadores, seja entre aqueles que adotam um conceito mais amplo, abrangendo todas as atividades do Estado, ou entre os que preferem um conceito mais restrito, incluindo apenas a atividade administrativa. Todos concordam que o serviço público corresponde a uma atividade de interesse público.

É verdade que muitos particulares também podem exercer atividades de interesse geral; no entanto, há dois aspectos a considerar: primeiro, raramente esse é o objetivo primordial dos particulares, pois geralmente são movidos por seus próprios interesses; segundo, o objetivo de interesse público por si só não é suficiente para caracterizar um serviço público, sendo necessário que a lei atribua esse objetivo ao Estado. Nesse sentido, pode-se afirmar que todo serviço público tem como objetivo atender às necessidades públicas, mas nem toda atividade de interesse público é um serviço público.

Diferentemente da empresa privada, o serviço público pode operar com prejuízo. Uma das razões de ser do serviço público é satisfazer necessidades cuja não rentabilidade afasta a iniciativa privada. Apenas a pessoa pública, por meio de impostos, pode transferir o financiamento do serviço dos usuários para o conjunto da coletividade. A gratuidade prevalece em muitos serviços (educação, assistência social, saúde); mesmo quando há contribuição do usuário, esta pode ser inferior ao custo. No caso de serviços comerciais e industriais (transporte, água, energia elétrica), a gratuidade é excluída pela própria natureza da atividade, e a gestão tende, no mínimo, ao equilíbrio financeiro e, eventualmente, ao lucro para permitir o autofinanciamento.

A avaliação do que constitui interesse geral é discricionária. O Poder Público pode decidir que o interesse geral exige que ele assuma a responsabilidade por determinada necessidade, eliminando a atuação do particular, seja por considerá-lo ineficaz (como nos serviços públicos não rentáveis), seja por considerá-lo perigoso (como na manutenção da ordem pública). Nesse caso, o serviço é monopolizado.

Inversamente, o Poder Público pode permitir que o particular exerça a atividade livremente, ao lado da Administração Pública (como no ensino, na ação sanitária e social), compartilhando a satisfação da mesma necessidade. Daí a classificação dos serviços públicos em exclusivos e não exclusivos do Estado, embora, neste último caso, se trate de serviços públicos impróprios quando prestados por particulares.

No que tange ao *elemento formal*, o regime jurídico do serviço público é definido por lei e varia conforme o tipo de serviço prestado. Para serviços não comerciais ou industriais, o regime é de direito público, caracterizado por agentes estatutários, ou seja, servidores são regidos por estatutos específicos. Os bens utilizados são considerados públicos. As decisões possuem presunção de veracidade e executoriedade. A responsabilidade por danos causados a terceiros é objetiva, ou seja, independe de culpa (art. 37, § 6º, da CF/1988), e os contratos Administrativos são regidos pelo direito público.

Apesar disso, é possível utilizar institutos de direito privado em certas circunstâncias desde que previstas em lei, especialmente em contratos como locação, comodato, enfiteuse e compra e venda. Para serviços comerciais e industriais, o regime jurídico é de direito comum (civil e comercial), com algumas derrogações pelo direito público.

Os trabalhadores são regidos pelo regime celetista, com algumas equiparações aos servidores públicos. Os contratos com terceiros geralmente seguem o direito comum. Os bens não afetados ao serviço público seguem o direito privado, enquanto os vinculados ao serviço têm regime semelhante aos bens públicos de uso especial. As relações entre a entidade prestadora do serviço e a pessoa jurídica política que a instituiu são regidas pelo direito público, que é um regime híbrido, podendo prevalecer o direito público ou privado conforme a lei específica de cada caso, mas nunca se aplica integralmente o direito comum como nas empresas privadas.

Autores como Celso Antônio Bandeira de Mello (2024, p. 717) e Marçal Justen Filho (2013, p. 692) defendem que o serviço público é sempre prestado sob o regime de direito público. Mesmo quando normas de direito privado são aplicadas, o regime publicístico é inerente ao conceito de serviço público. As entidades prestadoras de serviço público, mesmo sendo pessoas jurídicas de direito privado (como empresas estatais e concessionárias), seguem os mesmos princípios da Administração Pública, como continuidade, isonomia entre usuários, mutabilidade, generalidade e universalidade.

8.1 Princípios aplicáveis ao serviço público

A prestação de serviços públicos, por pessoa pública ou privada, é permeada por princípios específicos que garantem identidade própria a este instituto do Direito.

a) *Princípio da continuidade*: impõe a prestação ininterrupta do serviço público, tendo em vista o dever do Estado de satisfazer e promover direitos fundamentais.

b) *Princípio da igualdade (uniformidade ou neutralidade)*: o Poder Público e o delegatário têm o dever de prestar o serviço público, de maneira igualitária, a todos os particulares, que satisfaçam as condições técnicas e jurídicas, sem qualquer distinção de caráter pessoal.

c) *Princípio da mutabilidade (ou atualidade)*: os serviços públicos devem se adaptar à evolução social e tecnológica.
d) *Princípio da generalidade (ou universalidade)*: exige que a prestação do serviço público beneficie o maior número possível de beneficiários. O prestador deve empreender esforços para levar as comodidades materiais para as pessoas que ainda não recebem o serviço público.
e) *Princípio da modicidade*: o valor cobrado do usuário deve ser proporcional ao custo do respectivo serviço, com o objetivo de viabilizar o acesso pelo maior número possível de pessoas, o que demonstra a sua íntima vinculação com o princípio da universalidade.

8.2 Classificação de serviços públicos

A classificação dos serviços públicos depende do critério a ser adotado. Rafael Rezendo Oliveira (2021) classifica os serviços públicos da seguinte forma:

a) Quanto aos destinatários podem ser:
   i) *Uti universi* – são os serviços prestados à coletividade em geral, sem a identificação individual dos usuários e, portanto, sem a possibilidade de determinar a parcela do serviço usufruída por cada pessoa (ex.: iluminação pública, calçamento etc.). Considerados serviços indivisíveis, o seu custeio deve

ser feito, em regra, por imposto, não sendo possível a cobrança de taxa ou tarifa.

ii) *Uti singuli* – são os serviços prestados a usuários determinados, sendo possível mensurar a sua utilização por cada um deles (ex.: fornecimento domiciliar de água e de energia elétrica, transporte público, telefonia etc.). A remuneração dos serviços individuais pode ser feita por taxa (regime tributário) ou por tarifa (regime contratual).

b) Quanto à essencialidade, estão divididos em duas modalidades:
   i) *Essenciais ou serviços de necessidade pública* – aqueles de execução privativa da Administração/Pública, e são considerados como indispensáveis à coletividade (ex.: serviços judiciários).
   ii) *Não essenciais ou serviços de utilidade pública* – aqueles que podem ser prestados por particulares (ex.: serviços funerários).

c) Quanto ao objeto, podem ser:
   i) *Serviços públicos administrativos* – são executados pela Administração Pública para atender às suas necessidades internas ou como forma de preparação para outros serviços que serão prestados ao público (ex.: imprensa oficial);
   ii) *Serviços públicos comerciais (ou industriais)* – serviços que produzem renda para os seus prestadores (ex.: transporte público, energia, água), excluídos os serviços que devem ser necessariamente gratuitos (ex.: saúde e educação, quando prestados pelo Estado). A execução dos serviços públicos comerciais pode ser delegada, por concessão ou permissão, aos particulares.
   iii) *Serviços públicos sociais* – serviços que atendem às necessidades coletivas de caráter social (direitos fundamentais sociais). Esses serviços podem ser prestados pelo Estado ou pelo

particular. A peculiaridade desses serviços reside na ausência de exclusividade, na sua titularidade, por parte do Estado (serviços não reservados ou não exclusivos), uma vez que o texto constitucional admite que os particulares prestem tais serviços, sem a necessidade de delegação formal do Poder Público (ex.: saúde – art. 199 da CF/1988; educação – art. 209 da CF/1988; assistência social – art. 204, I e II, da CF/1988; e previdência social – art. 202 da CF/1988).

d) Quanto à titularidade estatal, classificam-se em:
   i) *Próprios* – são de titularidade exclusiva do Estado, e a execução pode ser feita diretamente pelo Poder Público ou indiretamente por meio de concessão ou permissão (ex.: transporte público, considerado direito fundamental social, na forma do art. 6º da CF/1988, alterado pela EC nº 90/2015).
   ii) *Impróprios* – são as atividades, executadas por particulares, que atendem às necessidades da coletividade, mas que não são titularizadas, ao menos com exclusividade, pelo Estado. Tais serviços são nomeados como impróprios ou virtuais, justamente por não serem serviços públicos propriamente ditos, uma vez ausente o requisito da *publicatio* (ou publicização). São, em verdade, atividades titularizadas por particulares, e não pelo Estado, com a peculiaridade de que satisfazem o interesse social (atividades privadas de utilidade ou de relevância pública), motivo pelo qual se encontram submetidas ao poder de polícia do Estado e a determinados princípios típicos dos serviços públicos, tais como a continuidade (ex.: necessidade de continuidade para atividade de compensação bancária, com requisitos especiais para o direito de greve dos respectivos empregados – art. 10, XI, da Lei nº 7.783/1989).

e) Quanto à criação:
  i) *Inerentes* – são aqueles embrionários às funções estatais típicas, que envolvem o exercício do poder de autoridade. Em razão disso, é dispensável a sua caracterização normativa como serviço público, uma vez que a natureza da atividade já demonstra o seu caráter de serviço público (ex.: prestação jurisdicional).
  ii) *Por opção legislativa* – são atividades econômicas consideradas como serviços públicos por determinada norma jurídica. A legislação, no caso, retira determinadas atividades econômicas do regime da livre-iniciativa, colocando-as sob a titularidade estatal. A prestação desses serviços pode ser delegada à iniciativa privada (art. 175 da CF/1988), como acontece, por exemplo, nos serviços públicos de transporte. Conforme mencionado anteriormente, a criação de novos serviços públicos depende de previsão constitucional ou legal e deve ser pautada pela essencialidade das atividades e por sua vinculação estreita com a dignidade da pessoa humana ou com o bem-estar da coletividade (Oliveira, 2021, p. 435).

8.3 Garantias e proteção jurídica dos usuários de serviço público

A EC nº 19/1998 adicionou o § 3º ao art. 37 da CF/1988, prevendo uma lei que discipline as formas de participação do usuário na administração pública direta e indireta, regulando especialmente:

I – as reclamações relativas à prestação dos serviços públicos em geral, asseguradas a manutenção de serviços de atendimento ao usuário e a avaliação periódica, externa e interna, da qualidade dos serviços;

II – o acesso dos usuários a registros administrativos e a informações sobre atos de governo, observado o disposto no artigo 5º, X e XXXIII;

III – a disciplina da representação contra o exercício negligente ou abusivo de cargo, emprego ou função na administração pública.

Esse dispositivo é regulamentado pela Lei nº 13.460, de 26 de junho de 2017, e suas alterações posteriores.

Esse comando constitucional aplica-se à Administração Pública Direta e Indireta, alcançando as autarquias (inclusive agências reguladoras), as fundações públicas, as sociedades de economia mista, as empresas públicas e os consórcios públicos.

Conforme o art. 1º, § 2º, da Lei nº 13.460/2017, sua aplicação ocorre sem prejuízo do cumprimento de normas regulamentadoras específicas, quando se trata de serviço ou atividade sujeitos a regulação ou supervisão (como telecomunicações, energia elétrica, portos, entre outros) e serviços previstos na Lei nº 8.080, de 19 de setembro de 1990, quando caracterizada relação de consumo. Se o serviço público é prestado por particular, como nas concessões e permissões de serviço público e nas PPPs (concessão patrocinada e concessão administrativa), aplicam-se as normas do art. 7º da Lei nº 8.987, de 13 de fevereiro de 1995, sobre direitos e obrigações dos usuários, sem prejuízo da aplicação subsidiária da Lei nº 13.460/2017 (art. 1º, § 3º).

A Lei nº 13.460, de 26 de junho de 2017, em cumprimento ao art. 37, § 3º, da Constituição, dispõe sobre a participação, a proteção e a defesa dos usuários dos serviços públicos da administração pública. Esta lei define os direitos básicos e deveres dos usuários, como a participação no acompanhamento da prestação e na avaliação dos serviços; a liberdade de escolha entre os meios oferecidos; a proteção das informações pessoais; e a obtenção de informações precisas e de fácil acesso nos locais de prestação do serviço, entre outros. A lei prevê a divulgação de uma Carta de Serviços ao Usuário, que visa informar o usuário sobre os serviços prestados pelo órgão ou entidade, as formas de acesso a esses serviços e seus compromissos e padrões de qualidade de atendimento ao público.

A norma legal também estabelece comandos sobre o direito dos usuários de apresentarem manifestações perante a administração pública acerca da prestação de serviços públicos. Essas manifestações devem ser dirigidas à ouvidoria do órgão ou entidade responsável e conter a identificação do requerente. Podem ser feitas por meio de Conselhos de Usuários, constituídos com observância de critérios de representatividade e pluralidade das partes (art. 19). Há uma vedação expressa de recusa de recebimento da manifestação (art. 11).

Além disso, a lei contém normas sobre as ouvidorias, definindo suas atribuições, que devem ser disciplinadas por atos normativos específicos de cada Poder.

A Lei nº 13.460 é regulamentada pelo Decreto nº 9.094, de 17 de julho de 2017, com alterações posteriores.

No Estado de São Paulo, a Lei nº 10.294, de 20 de abril de 1999, estabelece normas sobre a proteção e defesa do usuário do serviço público do Estado, prestado pela administração direta, indireta ou fundacional, e mesmo por particulares, mediante concessão, permissão, autorização ou qualquer outra forma de delegação, por ato administrativo, contrato ou convênio. Ela regula três tipos de direitos básicos dos usuários: I – a informação; II – a qualidade na prestação do serviço público; e III – o controle adequado do serviço público.

Para garantir o controle adequado, a lei determina a instituição de Ouvidorias e Comissões de Ética por todos os órgãos e entidades prestadores de serviços públicos no Estado de São Paulo. Estabelece normas sobre o processo administrativo a que responderão os prestadores de serviços públicos que causem dano ao usuário, a terceiros e ao Poder Público, e o direito de regresso contra os agentes responsáveis nos casos de dolo ou culpa.

O art. 28 define as sanções cabíveis, que são as previstas no Estatuto dos Funcionários Públicos Civis do Estado de São Paulo e nos regulamentos das entidades da Administração indireta e fundacional, sem prejuízo de outras de natureza administrativa, civil ou penal. Para as entidades particulares delegatárias de serviços públicos, as sanções cabíveis são as previstas nos respectivos atos de delegação, com base na legislação vigente.

A lei paulista cria o Sistema Estadual de Defesa do Usuário de Serviços Públicos – SEDUSP, que é integrado por: (i) Ouvidorias, (ii) Comissões de Ética, (iii) uma Comissão de Centralização de Informações dos Serviços Públicos do Estado de São Paulo, com representação dos usuários, visando sistematizar e controlar todas as informações relativas aos serviços especificados na lei, facilitando o acesso aos dados colhidos; e (iv) os órgãos encarregados do desenvolvimento de programas de qualidade do serviço público.

A prestação dos serviços públicos, segundo a legislação vigente, encontra-se submetida ao CDC. Nesse sentido, o art. 7º da Lei nº 8.987/1995, que enumera os direitos e as obrigações dos usuários, consagra, expressamente, a aplicação da Lei nº 8.078/1990 aos serviços públicos. Da mesma forma, o CDC faz referência aos serviços públicos (arts. 4º, VII, 6º, X, e 22).

Há controvérsias, no entanto, sobre a amplitude da aplicação do CDC aos serviços públicos, pois o art. 3º, § 2º, do CDC exige a remuneração do serviço, prestado por fornecedor público ou privado, para qualificação da relação de consumo, sendo certo que os serviços públicos podem ser remunerados ou não.

Capítulo 9

DAS LICITAÇÕES

9.1 Noções introdutórias

Licitação é o processo administrativo utilizado pela Administração Pública e pelas demais pessoas indicadas pela lei, com o objetivo de garantir a isonomia, selecionar a melhor proposta e promover o desenvolvimento nacional sustentável, por meio de critérios objetivos e impessoais, para celebração de contratos.

É competência privativa da União legislar sobre normas gerais de licitação, em todas as modalidades, conforme dispositivo contido no art. 22, XXVII, da CF/1988. Normas gerais são aquelas que veiculam princípios, diretrizes e balizas uniformizadoras do processo, o que garante certa homogeneidade no tratamento da licitação.

A Lei nº 14.133/2021 institui normas sobre licitações e contratos da Administração Pública direta, autárquica e fundacional, obedecido o disposto no art. 37, XXI, da CF/1988. A Lei de Licitações é aplicada a todas as administrações dos entes federativos, que podem também produzir normas específicas para atender às suas peculiaridades, uma vez que se trata de tema estritamente de Direito Administrativo.

A nova lei veio padronizar e digitalizar processos, além de estabelecer a forma eletrônica como principal meio de contratação pública. Entre outras mudanças, insere no Código Penal um capítulo específico para tratar dos crimes em licitações e contratos administrativos, prevendo penas para quem admitir, possibilitar ou dar causa à contratação direta fora das hipóteses previstas em lei.

Para Irene Patricia Diom Nohara (2024, p. 255),

> licitação é o processo administrativo pelo qual um ente seleciona a proposta mais vantajosa entre as oferecidas para a celebração de contrato de seu interesse. Possui natureza jurídica de processo administrativo formal. Trata-se, portanto, de um encadeamento de atos lógica e cronologicamente ordenados, num procedimento, como, por exemplo, atos da fase preparatória, edital, apresentação de propostas e lances (se for o caso), julgamento,1 homologação, que visam à adjudicação do objeto ao licitante vencedor, sendo também acompanhado de garantias.[11]

Observe-se que o término da licitação ocorre com a adjudicação, isto é, não se trata propriamente da celebração do contrato administrativo, embora a licitação tenha como objetivo o certame. Assim, a licitação é um procedimento voltado à celebração do contrato administrativo; contudo, não se

---

11 A Lei nº 14.133/2021 assimilou a inversão de fases; nesse caso, o julgamento é anterior à habilitação, que recai sobre os documentos do licitante mais bem classificado (exceto se houver "desinversão" motivada com explicitação dos benefícios). Esse novo procedimento dá maior celeridade ao processo.

pode afirmar que o contrato administrativo esteja sempre vinculado à licitação, uma vez que, muito embora a licitação seja a regra geral, nem toda contratação com o Poder Público é precedida do processo licitatório, existindo circunstâncias excepcionais especificadas na legislação que permitem a contratação direta.

Além disso, nem toda licitação resulta na celebração de contrato administrativo, podendo ocorrer a revogação do procedimento em razão de fato superveniente devidamente comprovado, ou a anulação, diante de vício de ilegalidade.

O procedimento é formal, considerando que há competitividade, e o respeito aos requisitos formais do certame provoca, por vezes, uma faceta de garantia de isonomia; no entanto, dizer que é formal não implica adotar uma ideia de formalismo exagerado que não trabalha com a instrumentalidade das formas ou com economia processual, apenas significa que, tratando-se de licitação, há a necessidade de uma observância mais atenta às formas, dada a competição que ela veicula na prática.

A partir da nova lei, mesmo diante de irregularidades no procedimento, conforme será visto, o art. 147 da Lei nº 14.133/2021 dá prioridade ao saneamento ou à convalidação do vício, sendo que a decisão sobre a declaração de nulidade do contrato somente será adotada se for medida de interesse público, o que demanda a avaliação de uma série de aspectos consequenciais da paralisação do contrato.

Na realidade, o correto seria dizer que o procedimento, isto é, o encadeamento de atos, obedece a uma rigorosa formalidade, uma vez que todos têm direito público subjetivo à fiel observância do procedimento pertinente estabelecido pela lei e previsto no edital, sendo tal instrumento convocatório considerado *regra interna* da licitação.

O art. 5º da Lei nº 14.133/2021 determina que, na aplicação da Lei de Licitações e Contratos, serão observadas as disposições constantes do Decreto-Lei nº 4.657/1942 (LINDB). Importante destacar que, em 2018, houve a inserção de 10 dispositivos na LINDB, por meio da Lei nº 13.655/2018, voltados para a interpretação do direito público para garantir maior segurança jurídica.

Além de a licitação ter um objetivo contratual, ou melhor, ser um processo que visa selecionar a proposta mais vantajosa com vistas à futura celebração de contrato, a partir do acoplamento dos objetivos de inovação e promoção de desenvolvimento nacional sustentável, a licitação passa simultaneamente a ter uma natureza jurídica metacontratual de promoção de políticas públicas voltadas ao desenvolvimento nacional sustentável e à inovação.

Os objetivos da licitação encontram-se explicitados no art. 11 da Lei nº 14.133/202, Nova Lei de Licitações e Contratos (NLLC), nos seguintes termos:

> Art. 11. O processo licitatório tem por objetivos:
> I – assegurar a seleção da proposta apta a gerar o resultado de contratação mais vantajoso para a Administração Pública, inclusive no que se refere ao ciclo de vida do objeto;
> II – assegurar tratamento isonômico entre os licitantes, bem como a justa competição;
> III – evitar contratações com sobrepreço ou com preços manifestamente inexequíveis e superfaturamento na execução dos contratos;
> IV – incentivar a inovação e o desenvolvimento nacional sustentável.
> Parágrafo único. A alta administração do órgão ou entidade é responsável pela governança das contratações e deve implementar processos e estruturas, inclusive de gestão de riscos e controles internos, para avaliar, direcionar e monitorar os processos licitatórios e os respectivos contratos, com o intuito de alcançar os objetivos estabelecidos no *caput* deste artigo, promover um ambiente íntegro e

confiável, assegurar o alinhamento das contratações ao planejamento estratégico e às leis orçamentárias e promover eficiência, efetividade e eficácia em suas contratações.

Garantir a seleção da proposta capaz de gerar o resultado de contratação mais vantajoso para a Administração Pública implica, como regra geral, que a Administração encontre maior qualidade na prestação e/ou maior benefício econômico, dependendo do critério de julgamento utilizado, considerando também o ciclo de vida do objeto.

A previsão da observância do ciclo de vida do objeto inserida na Lei nº 14.133/2021 foi inspirada na previsão do art. 31 da Lei das Estatais (Lei nº 13.303/2016), a qual, por sua vez, teve base na definição contida na política nacional de resíduos sólidos. Considerar o ciclo de vida do objeto implica planejar a licitação de forma que a vantagem não se restrinja ao critério imediato do custo de aquisição do produto, mas que leve em consideração uma visão global que pondere o custo de uso (como o consumo de energia), de manutenção (para que continue operacional) e de descarta do objeto (coleta e reciclagem).

De acordo com o art. 3º, IV, da Lei nº 12.305/2010 (lei que institui a Política Nacional de Resíduos Sólidos), o ciclo de vida do produto compreende "a série de etapas que envolvem o desenvolvimento do produto, a obtenção de matérias-primas e insumos, o processo produtivo, o consumo e a disposição final", sendo considerada, no caso da licitação, toda a trajetória do objeto (serviço ou produto): da gênese ao seu descarte.

9.2 Princípios aplicáveis à licitação

Os princípios previstos no art. 5º da Lei de Licitações (Lei nº 14.133/2021) incluem: legalidade, impessoalidade, moralidade, publicidade, eficiência, interesse público, probidade administrativa, igualdade, planejamento, transparência, eficácia, segregação de funções, motivação, vinculação ao edital, julgamento objetivo, segurança jurídica, razoabilidade, competitividade, proporcionalidade, celeridade, economicidade e desenvolvimento nacional sustentável, bem como as disposições do Decreto-Lei nº 4.657, de 4 de setembro de 1942 (LINDB).

Embora muitos conteúdos sejam previstos como se tivessem natureza jurídica de princípios, na realidade, alguns acréscimos são diretrizes que orientam a gestão das licitações e dos contratos, e não propriamente princípios. Exemplos disso são: planejamento, segregação de funções e desenvolvimento nacional sustentável. No entanto, como houve a estruturação legal nessa categoria, esses temas serão abordados no item de princípios, apesar da necessidade de se fazer essa ressalva.

Anteriormente, a Lei nº 8.666/1993 previa os seguintes princípios: legalidade, impessoalidade, moralidade, igualdade (isonomia), publicidade, probidade administrativa, vinculação ao instrumento convocatório, julgamento objetivo e outros princípios correlatos. Esse rol não era taxativo, assim como não se pode considerar o da nova lei, que também faz alusão à aplicabilidade da LINDB.

Consequentemente, além dos princípios repetidos, foram mencionados 14 novos princípios expressamente previstos no art. 5º da Lei nº 14.133/2021: eficiência; interesse público; planejamento; transparência; eficácia; segregação de funções; motivação; segurança jurídica; razoabilidade; competitividade; proporcionalidade; celeridade; economicidade; e desenvolvimento nacional sustentável.

9.2.1 Princípio da legalidade ou formalidade

A licitação é um procedimento concorrencial que, por sua natureza, exige um maior formalismo. Lúcia Valle Figueiredo (2004, p. 438) e Celso Antônio Bandeira de Mello (2008, p. 495) justificam essa exigência ao constatarem que o informalismo não é adequado para procedimentos que envolvem concorrência, pois ele comprometeria garantias importantes, como a igualdade entre os concorrentes. O agente de contratação ou a comissão não podem ignorar os critérios estabelecidos no edital para o julgamento das propostas ou para a habilitação dos candidatos. Isso não significa, entretanto, que se deva atuar com rigor excessivo na interpretação dos textos normativos, uma vez que já está superada a visão de que os intérpretes devem ser autômatos que aplicam a lei de forma estritamente literal.

9.2.2 Princípio da impessoalidade

Trata-se de um princípio que exige do agente público uma conduta imparcial e livre de favoritismos. Relaciona-se com a moralidade, pois demanda que a Administração atue de forma a evitar a busca por interesses próprios dos agentes públicos ou de terceiros. Uma conduta impessoal é, portanto, aquela em que não há intenção de beneficiar ou prejudicar pessoas ou empresas.

Esse princípio também decorre da igualdade, visto que a Administração deve tratar de forma igual todos aqueles que preencham os requisitos legais, sem realizar discriminações impertinentes, especialmente nas licitações. Como expressão da impessoalidade no âmbito das licitações, a Administração não pode celebrar contratos preterindo a ordem de classificação das propostas ou com terceiros estranhos ao procedimento licitatório.

O julgamento objetivo também se relaciona com a impessoalidade, pois busca excluir subjetivismos da análise por parte da comissão de licitação.

Nem sempre é possível ao ser humano realizar uma análise baseada na neutralidade de determinada situação, já que há variações, mesmo que inconscientes, na forma como as pessoas analisam e julgam as coisas, em função da experiência acumulada ao longo de suas trajetórias de vida. O que se exige, na verdade, dos agentes de contratação, dos integrantes das comissões e das autoridades competentes não é uma neutralidade inalcançável ao ser humano, mas sim a imparcialidade no julgamento. Esta se concretiza por meio de uma avaliação objetiva, que será ainda mais clara se houver motivação na desclassificação ou na inabilitação de determinados concorrentes.

9.2.3 Princípio da moralidade

A moralidade administrativa exige que os agentes que promovem licitações atuem de maneira ética, honesta, leal e de boa-fé. Essa moralidade está relacionada ao comportamento esperado da Administração, que, no contexto da licitação, deve objetivamente buscar a melhor vantagem na contratação, garantindo a igualdade de condições entre os participantes e assegurando uma competição justa. A boa-fé demanda, portanto, do agente de contratação ou da comissão: i) proibição de abuso de poder, seja pelo excesso ou pelo desvio de finalidade; ii) vedação da conduta contraditória, dissonante do anteriormente assumido, ao qual se havia adaptado a outra parte e que tinha gerado legítimas expectativas; iii) proibição de omissão irrazoável no respeito aos critérios da licitação; iv) vedação de apego exacerbado a formalismo estéril, como meio de excluir licitante apto a participar do certame; e v) respeito ao tempo, sendo proibidos: o exercício prematuro de atos e a desobediência aos prazos, que se manifesta, por exemplo, no retardamento desonesto da prática de um ato ou de uma decisão (Nohara, 2024, p. 272).

9.2.4 Princípio da publicidade

Este deve orientar toda a atuação da Administração, uma vez que está positivado no *caput* do art. 37 do texto constitucional. Conforme apontado no capítulo sobre princípios, a publicidade visa ao cumprimento do dever de divulgação dos atos da Administração Pública. No caso da licitação, o § 3º, art. 25 da Lei nº 14.133/2021 determina que todos os elementos do edital, incluindo minuta de contrato, termos de referência, anteprojeto, projetos e outros anexos, devem ser divulgados em sítio eletrônico oficial na mesma data de divulgação do edital, sem necessidade de registro ou identificação para acesso.

O Portal Nacional de Contratações Públicas (PNCP) é o meio de divulgação oficial das contratações, sendo exigido pelo art. 54 da lei que a publicidade do edital de licitação seja realizada mediante divulgação e manutenção do inteiro teor do ato convocatório e de seus anexos no PNCP. São facultadas a divulgação adicional e a manutenção do inteiro teor do edital e de seus anexos em sítio eletrônico oficial do ente federativo ou do órgão responsável pela licitação, admitindo-se, ainda, nos termos do § 2º do art. 54, a divulgação direta aos interessados devidamente cadastrados para tal fim.

Além disso, após a homologação do processo licitatório, deve-se dar publicidade, seja no PNCP, seja no sítio do órgão ou ente responsável, aos documentos elaborados na fase preparatória que porventura não tenham integrado o edital e seus anexos.

Note-se que a lei adotou, em caráter facultativo, o sistema de orçamento sigiloso inspirado no sistema do RDC, sendo que esse sigilo do detalhamento dos quantitativos e demais informações necessárias para elaboração das propostas não prevalecerá em relação aos órgãos de controle interno e externo, conforme disposto no art. 24 da Lei nº 14.133/2021.

9.2.5 Princípio da eficiência

A eficiência foi, conforme já explicado no capítulo 2, um princípio positivado no *caput* do art. 37 da CF/1988, por meio da EC nº 19/1998, que implementou a Reforma Administrativa. Geralmente, associa-se o princípio da eficiência à exigência de uma boa administração. No que se refere às licitações, deve-se buscar os meios mais adequados que melhor atendam às necessidades de contratação da Administração Pública, sempre considerando a ponderação entre os custos e os benefícios a serem obtidos.

Como os contratos envolvem atender a necessidades coletivas e mobilizam recursos públicos, a eficiência deve estar sempre presente no horizonte do agente de contratação. No entanto, é importante ressaltar que eficiência não significa que os fins justificam qualquer meio. Dependendo da situação, os requisitos formais da licitação devem ser observados, pois eles não são meros instrumentos; muitas vezes, são garantias de isonomia, de justa competição, entre outros aspectos.

9.2.6 Princípio da isonomia (igualdade)

A igualdade está diretamente relacionada com a impessoalidade, pois exige da Administração um tratamento isonômico a todos os participantes da licitação. Este é um princípio cuja obediência respeita um dos objetivos principais da licitação. O princípio da igualdade desdobra-se em duas dimensões: *a igualdade formal e a igualdade material*. A *igualdade formal* estabelece que todos devem ser tratados como iguais perante a lei. Já a *igualdade material* determina que os iguais devem ser tratados de forma igual, e os desiguais, de forma diferente, conforme suas situações específicas.

Celso Antônio Bandeira de Mello (1997, p. 38) explica que a isonomia não proíbe a diferença de tratamento, que é inerente às atividades legislativas, mas veda o tratamento discriminatório arbitrário, ilógico ou irrazoável. O autor esclarece que, para averiguar se houve violação ao princípio, é necessário investigar, de um lado, o critério discriminatório adotado e, de outro, se há justificativa racional para, à vista do traço desigualado, atribuir o tratamento jurídico específico em função da desigualdade afirmada.

Maria Sylvia Zanella Di Pietro (1995, p. 24) desenvolve um raciocínio semelhante:

> O limite à discricionariedade do legislador é representado pelo fato de que este, ao estabelecer discriminações entre os indivíduos, deve levar em conta os objetivos que pretende alcançar com essas discriminações; estas têm que ser plausíveis, aceitáveis, razoáveis e racionais em relação aos fins que o ordenamento jurídico impõe. Em resumo, deve haver uma relação entre a imposição legal e o objetivo imposto pelo ordenamento jurídico, sob pena de inconstitucionalidade.

Exemplo claro de isonomia se traduz na regulamentação do Estatuto da Microempresa e da Empresa de Pequeno Porte, que estabelece favorecimentos a estas empresas nas licitações (arts. 42 a 49 da Lei Complementar nº 123/2006), desde que sejam razoáveis e pertinentes com os objetivos previstos no art. 179 da CF/1988. Também promovem a isonomia, as margens de preferências para produtos manufaturados e para serviços nacionais previstas de forma facultativa pela Lei nº 12.349, de 15 de dezembro de 2010.

9.2.7 Princípio da competitividade

É um princípio fundamental da licitação que assegura que, para alcançar seus objetivos de selecionar a proposta mais vantajosa e proporcionar igualdade de oportunidades, haja uma diversidade de concorrentes, sendo vedadas discriminações irrelevantes ao objeto do contrato. Para garantir a livre-concorrência, estabelece o art. 9º, I, da Lei nº 14.133/2021, que é proibido ao agente público designado para atuar na área de licitações e contratos, exceto nos casos previstos em lei.

Considera-se crime, agora com base no art. 337-F, que foi incorporado ao Código Penal, "frustrar ou fraudar, com o intuito de obter para si ou para outrem vantagem decorrente da adjudicação do objeto da licitação, o caráter competitivo do processo licitatório", sendo a pena de reclusão de quatro a oito anos e multa. Houve um aprimoramento técnico em relação ao artigo anterior, revogado (art. 90 da Lei nº 8.666/1993), com a supressão do trecho: "mediante ajuste, combinação ou qualquer outro expediente", pois a expressão *qualquer outro expediente* por um tempo levou a tentativas de incriminação de pessoas simplesmente pelo uso de *software* (robô) de lances na participação em licitação, entendimento hoje superado.

9.2.8 Princípio da celeridade

A *celeridade* no processo licitatório é um desdobramento do princípio da razoável duração do processo, conforme estabelecido nos seguintes termos do art. 5º, LXXVIII, da CF/1988: "a todos, no âmbito judicial e administrativo, são assegurados a razoável duração do processo e os meios que garantam a celeridade de sua tramitação".

O setor de contratações públicas mobiliza muitos recursos, na ordem de 10 a 15% do PIB nacional, sendo responsável por fomentar a infraestrutura e mobilizar amplos segmentos. Assim, também a celeridade na execução tanto das licitações quanto dos contratos, é fundamental para o bom funcionamento desse importante setor da economia, conhecido como *setor de compras governamentais*.

A demora da Administração Pública pode ser prejudicial ao desenvolvimento de inúmeras atividades no atual estágio do capitalismo contemporâneo, sendo que o tempo tem um custo alto, pois a morosidade na liberação de espaço para construção de obra pública, no pagamento ao contratado na realização do certame, pode gerar muitos prejuízos tanto para a Administração Pública quanto para o particular.

É evidente que, para que tudo seja bem planejado e executado, não se pode tentar acelerar o que demanda um tempo adequado e razoável. O mesmo raciocínio se aplica à garantia de contraditório e ampla defesa, sem a qual invalidações não podem ocorrer. Logo, celeridade relaciona-se com a razoável duração do processo, mas a Administração não pode, sob o pretexto de acelerar, menosprezar as garantias constitucionais e legais e suprimir, portanto, os direitos dos licitantes.

9.2.9 Princípio da razoabilidade

A razoabilidade está associada à proporcionalidade. De acordo com Agustin Gordillo (1977, p. 183), um ato é considerado irrazoável se não explicitar os fundamentos fáticos, se não levar em conta fatos notórios ou se for desproporcional, ou seja, se não mantiver uma proporção adequada entre os meios utilizados e os objetivos que se pretende alcançar. A licitação é um processo que deve ser conduzido com razoabilidade, utilizando meios que sejam proporcionais aos fins desejados, sob pena de invalidação do ato.

9.2.10 Princípio da probidade administrativa

A conduta dos agentes públicos e dos particulares que participam de licitações deve ser guiada pela probidade, que se relaciona com a moralidade e com a indisponibilidade dos interesses públicos. Esse princípio está contido no art. 37, § 4º, da CF, que estabelece que os atos de improbidade administrativa resultarão em suspensão dos direitos políticos, perda da função pública, indisponibilidade dos bens e ressarcimento ao erário, conforme a forma e a gradação previstas em lei.

Considerando que o procedimento licitatório é frequentemente um terreno fértil para ajustes escusos entre agentes públicos corrompíveis e particulares potencialmente corruptores, em evidente burla à sistemática legal, os legisladores decidiram criminalizar algumas condutas específicas. Essas condutas, anteriormente descritas nos arts. 89 a 98 da Lei nº 8.666/1993, foram deslocadas para o Código Penal com a vigência da Lei nº 14.133/2021.

Conforme analisa Vicente Greco Filho, a Lei de Licitações apresenta graves defeitos de técnica, originados do furor incriminatório que permeou muitas leis da década de 1990. De tão malfeitas, essas leis acabam não sendo aplicadas como deveriam. Observa-se que é mais comum a condenação com base na Lei de Improbidade Administrativa, que não possui natureza penal, do que com base nas práticas criminais descritas na Lei de Licitações, cujos ilícitos criminais foram deslocados para o Código Penal pela Lei nº 14.133/2021.

A Lei de Improbidade Administrativa (Lei nº 8.429/1992) foi editada em resposta aos anseios de combate à corrupção em seu sentido amplo. Contudo, deve-se advertir que o ato de improbidade, em si, não constitui crime, mas pode caracterizá-lo. Por isso, a parte final do art. 37, § 4º, da CF traz a expressão *sem prejuízo da ação penal cabível*.

Nesse sentido, a Lei nº 8.429/1992, que não tem caráter penal e é aplicada sem prejuízo de sanções civis, criminais e administrativas, caracteriza como ato de improbidade que causa lesão ao erário a ação ou omissão, a partir da Lei nº 14.230/2021, sempre dolosa, que enseje perda patrimonial, desvio, apropriação, malbaratamento ou dilapidação de bens ou haveres públicos. Notadamente, isso inclui "frustrar a licitude de processo licitatório ou de processo seletivo para celebração de parcerias com entidades sem fins lucrativos, ou dispensá-los indevidamente, acarretando perda patrimonial efetiva" (art. 10, VIII, com redação da Lei nº 14.230/2021).

Podem responder por improbidade tanto o agente público quanto aquele que, mesmo não sendo servidor, induza ou concorra dolosamente para a prática do ato de improbidade. Por esse motivo, exige-se não apenas dos agentes públicos que realizam licitações que atuem de forma íntegra, mas também dos particulares que desejam participar dos certames.

Além disso, a Lei nº 12.846/2013, conhecida como Lei Anticorrupção, considera atos lesivos à Administração Pública, nacional ou estrangeira, todos aqueles praticados por pessoas jurídicas que atentem contra o patrimônio público nacional ou estrangeiro, contra os princípios da administração ou os compromissos internacionais assumidos pelo Brasil. O inciso IV do art. 5º da lei é voltado exclusivamente às licitações e aos contratos, coibindo as seguintes práticas:

– Frustrar ou fraudar, mediante ajuste, combinação ou qualquer outro expediente, o caráter competitivo de procedimento licitatório público.
– Impedir, perturbar ou fraudar a realização de qualquer ato de procedimento licitatório público.
– Afastar ou procurar afastar licitante, por meio de fraude ou oferecimento de vantagem de qualquer tipo.
– Fraudar licitação pública ou contrato dela decorrente.
– Criar, de modo fraudulento ou irregular, pessoa jurídica para participar de licitação pública ou celebrar contrato administrativo.

9.2.11 Princípio do interesse público

O objetivo a ser alcançado na realização da licitação pública por meio da celebração de contratos e aquisição de bens e serviços é o atendimento ao interesse público. Quando se menciona interesse público, dentro das categorias abordadas no capítulo 2 – dedicado aos princípios –, refere-se ao interesse público primário, ou seja, ao interesse da coletividade.

O interesse público legitima a presença de poderes e de deveres, como é o caso da realização da licitação. Assim, ao mesmo tempo que há a supremacia do interesse público, existe também o outro ângulo, que é a indisponibilidade do interesse público. Sob essa perspectiva, a Administração Pública, como regra, não pode doar bens públicos; ela deve promover licitação para aliená-los, sendo inclusive alvo de verificação se a alienação não é feita a preço vil, o que poderia representar prejuízo ao erário ou ao patrimônio que, em última análise, é público e não particular.

9.2.12 Princípio do planejamento

Embora o planejamento seja mais uma diretriz de gestão das licitações e contratos do que propriamente um princípio, é louvável que a lei tenha reforçado a necessidade de planejamento nos processos licitatórios. Isso é importante tanto para fins contratuais quanto para que o certame seja uma expressão de uma política pública que promova objetivos extracontratuais, como a inovação e o desenvolvimento nacional sustentável (Nohara, 2024, p. 277).

Em sentido amplo, o planejamento é uma estratégia administrativa fundamental para a consecução de objetivos e metas. Nesse sentido, o planejamento não é uma modalidade de intervenção estatal, mas qualifica a intervenção do Estado para que seja racionalizada.

O planejamento vislumbrado na Lei nº 14.133/2021 deve ser pressuposto no uso dos mecanismos estabelecidos para eficiência, eficácia e efetividade na licitação. O art. 174 da CF/1988 determina que o Estado, em seu papel normativo e regulador da atividade econômica, exerce planejamento de forma determinante para o setor público e indicativa para o setor privado. Portanto, o planejamento é pressuposto e determinante nas atividades do Estado. Como a licitação busca estabelecer contratos que serão executados pelo setor privado para o Poder Público, também há uma faceta regulatória ou indutora de comportamentos pela esfera pública. A atividade licitatória do Estado tem uma função indicativa ou fomentadora de atitudes dos fornecedores e contratados do mercado.

A fase preparatória do processo licitatório é caracterizada pelo planejamento, devendo ser compatibilizada com o plano de contratações anual, quando elaborado, e com as leis orçamentárias, além de abordar todas as considerações técnicas, mercadológicas e de gestão que podem interferir na contratação.

Ao realizar uma licitação considerando o ciclo de vida do produto, é indispensável o planejamento como estratégia de racionalização. Isso inclui a extração de matéria-prima, produção, fabricação, transporte, comercialização, uso e descarte, ponderando externalidades ambientais e custos de armazenamento e transporte. No Estudo Técnico Preliminar (ETP), serão abordados requisitos como consumo de energia e outros recursos, bem como logística reversa para desfazimento e reciclagem de bens e refugos.

De acordo com o art. 40 da lei, o planejamento de compras deve considerar a expectativa de consumo, observando:

– Condições de aquisição e pagamento semelhantes às do setor privado;
– Processamento por meio de sistema de registro de preços, quando pertinente;

– Determinação de unidades e quantidades a serem adquiridas em função de consumo e utilização prováveis;
– Condições de guarda e armazenamento; e
– Atendimento à padronização, ao parcelamento – quando tecnicamente viável e economicamente vantajoso – e à responsabilidade fiscal.

9.2.13 Princípio da transparência

Alguns autores equiparam o *princípio da transparência* ao *princípio da publicidade* tratando-os como sinônimos. No entanto, há características marcantes que distinguem um do outro. Enquanto a publicidade obriga o Estado a tornar públicos seus atos, a transparência se volta para a abertura de processos e resultados de assuntos públicos relativos à gestão pública, com informações compreensíveis e espaços para participação popular na busca de soluções para problemas na gestão pública.

Trata-se de um termo derivado do vocabulário da governança pública, que se relaciona com a divulgação dos atos de gestão aos interessados. A abordagem da transparência contempla exigências de divulgação de informações de forma clara, objetiva e evidente apartando-se da ideia de simples publicização.

9.2.14 Princípio da segurança jurídica

Positivado expressamente em âmbito federal a partir do art. 2º, *caput*, da LPA, sendo seu conteúdo detalhado no inciso XIII do parágrafo único do art. 2º da mesma lei, no seguinte sentido: "interpretação da norma administrativa da forma que melhor garanta o atendimento do fim público a que se dirige, vedada aplicação retroativa de nova interpretação".

Posteriormente, o art. 24 da LINDB, com redação dada pela Lei nº 13.655/2018, determinou que

> a revisão, nas esferas administrativa, controladora ou judicial, quanto à validade de ato, contrato, ajuste, processo ou norma administrativa cuja produção já se houver completado levará em conta as orientações gerais da época, sendo vedado que, com base em mudança posterior de orientação geral, se declarem inválidas situações plenamente constituídas.

O princípio da segurança jurídica também se desdobra no princípio da proteção à confiança e no reconhecimento de expectativas legítimas por parte do particular, agora tuteladas com maior força pelo Direito. Além disso, coíbe comportamento contraditório do Estado, com a proibição do *venire contra factum proprium*, em amparo à regularidade e à presunção de legitimidade dos atos estatais.

Como o art. 5º da Lei nº 14.133/2021 determina serem aplicáveis na interpretação das licitações os dispositivos da LINDB, há resistências a que haja exigências abruptas e irrazoáveis, dentro do espírito do art. 23 da LINDB, de proteção à segurança jurídica, segundo o qual se determina que a decisão administrativa, controladora ou judicial que estabelecer interpretação ou orientação nova sobre norma de conteúdo indeterminado, impondo novo dever ou novo condicionamento de direito, deverá prever regime de transição quando indispensável para que o novo dever ou condicionamento de direito seja cumprido de modo proporcional, equânime e eficiente sem prejuízo aos interesses gerais.

9.2.15 Princípio da economicidade

Trata-se de princípio expresso no art. 70 da CF/1988, que visa à promoção dos melhores resultados ao menor custo possível. Ela incorpora qualidade a um custo reduzido, ou seja, melhor desempenho qualitativo.

Economicidade refere-se a verificar se foi obtida a melhor proposta para a realização da despesa pública, ou seja, se o caminho seguido foi o mais adequado e abrangente para chegar à despesa e se ela foi feita com moderação, dentro da equação custo-benefício (Oliveira; Horvath; Tambasco, 1990, p. 94).

9.2.16 Princípio da motivação

Diz respeito à ideia que impõe aos atos editados que sejam justificados, apontando seu fundamento de fato e de direito. A partir da LINDB, também é obrigatória demonstração da necessidade e adequação da medida imposta ou da invalidação de ato, contrato, ajuste, processo ou norma administrativa, inclusive em face das possíveis alternativas.

Inicialmente positivado pela Lei nº 9.784/1999 (Lei de Procedimento Administrativo), art. 2º, o referido princípio já constava do texto constitucional, ao exigir dos tribunais que motivem suas decisões administrativas, conforme o art. 93, X, CF/1988. A motivação deve ser explícita, clara e congruente e viabiliza, pela explicitação das razões, motivos e fundamentos do ato, que haja o contraditório e a ampla defesa, sendo ainda auxiliar no controle interno, externo e social da Administração Pública, conforme visto.

9.2.17 Princípio da segregação de função

A lei exige a observância do princípio da segregação de funções, que proíbe a designação do mesmo agente público para atuar simultaneamente em funções mais suscetíveis a riscos, com o objetivo de reduzir a possibilidade de ocultação de erros ou fraudes, conforme o § 1º do art. 7º da lei. Embora a lei tenha sido elaborada sob a ótica do controle nesse aspecto, a segregação de funções também serve para evitar a sobrecarga do servidor e reduzir riscos desnecessários. Alguns autores consideram princípio da mesma forma que Rafael Oliveira (2021, p. 638). Outros consideram a segregação de função como uma ferramenta que gera eficiência administrativa, conforme o Acórdão nº 409/2007 do Tribunal de Contas da União (Nohara, 2024, p. 278).

No que diz respeito à responsabilização, os órgãos de controle devem adotar as providências necessárias para a apuração de infrações administrativas, observando a segregação de funções e a necessidade de individualização das condutas. Esta implica a separação de tarefas, sendo divididas entre diferentes agentes: a autorização, a execução e o controle, com a finalidade de evitar conflitos de interesse. Basicamente, não é adequado atribuir ao mesmo agente atividades incompatíveis, como a execução e simultaneamente a fiscalização, para que a pessoa não oculte ou perpetre erros e fraudes durante o desempenho da função.

9.2.18 Princípio da vinculação ao instrumento convocatório (edital)

O edital é o instrumento convocatório da licitação, ou seja, o ato pelo qual a Administração convida os interessados a participarem do processo licitatório. Ele representa a regra interna de cada licitação, conforme mencionado. O princípio da vinculação ao edital implica que a Administração não pode descumprir as normas e condições por ele estabelecidas, estando estritamente vinculada a elas.

A inobservância do conteúdo do instrumento convocatório pela Administração Pública pode resultar em nulidade. Este princípio é um corolário:

(a) primeiramente, da legalidade, que é mais rigorosa na licitação e abrange a obediência às regras estabelecidas no edital, conforme visto; (b) da igualdade entre os licitantes; bem como (c) do julgamento objetivo com base em critérios preestabelecidos, pois nem a Administração nem os particulares podem invocar obediência a regras emanadas de outras fontes para essas finalidades.

Ressalte-se que o edital também vincula o contrato a ser celebrado, integrando, ainda, a minuta do futuro contrato, quando necessária – constante como anexo do instrumento –, conforme o art. 18, VI, da Lei nº 14.133/2021. Será visto que o contrato pode detalhar de forma mais pormenorizada algumas cláusulas mais genéricas previstas no edital.

9.2.19 Princípio do julgamento objetivo

Significa que o agente de contratação ou a comissão deve realizar a avaliação em conformidade com os critérios previamente estabelecidos no edital e com fatores exclusivamente nele mencionados. Os critérios estabelecidos no art. 33 da Lei nº 14.133/2021 para a realização do julgamento são:

- Menor preço;
- Maior desconto;
- Melhor técnica ou conteúdo artístico;
- Técnica e preço;
- Maior lance, no caso de leilão; e
- Maior retorno econômico, no caso de contrato de eficiência.

É proibida, no julgamento da proposta, a utilização de qualquer elemento, critério ou fator sigiloso, secreto, subjetivo ou reservado que possa, ainda que indiretamente, comprometer a igualdade entre os licitantes.

9.2.20 Princípio do Desenvolvimento Nacional Sustentável

Muito mais do que um princípio propriamente dito, trata-se de uma diretriz ou orientação, sendo corretamente previsto como objetivo almejado pela licitação e pelo contrato, e não propriamente como um princípio (seguindo os passos da Lei das Estatais – Lei nº 13.303 –, que também o prevê como princípio no seu art. 31), apesar da positivação feita no rol do art. 5º da Lei nº 14.133/2021. Nesse sentido, deve-se enfatizar que é objetivo fundamental da República Federativa do Brasil "garantir o desenvolvimento nacional" (art. 3º, II, da CF).

Desenvolvimento nacional significa direcionar as políticas públicas voltadas para o desenvolvimento a fim de suprir necessidades internas da nação, dado que, segundo o referencial teórico de Celso Furtado, o verdadeiro desenvolvimento promove melhorias nas condições de vida da população, o que engloba crescimento econômico, mas não se restringe a esse aspecto, pois deve também promover o desenvolvimento social.

Além do desenvolvimento nacional, do prisma socioeconômico, há a menção à sustentabilidade desse desenvolvimento; logo, há desenvolvimento econômico, social e ambiental. Assim, a inclusão do termo sustentável faz emergir a tripla dimensão do desenvolvimento sustentável: econômico, social e ambiental.

São exemplos de mecanismos e ferramentas previstos na Lei de Licitações que promovem tal objetivo:

- Respeito ao favorecimento das microempresas e empresas de pequeno porte, o que significa desenvolvimento local sustentável.
- Vantagem que considere o ciclo de vida do produto, sendo analisadas as externalidades ambientais.

- Estudos técnicos preliminares que considerem o adequado tratamento do impacto ambiental do empreendimento.
- Estabelecimento de margens de preferência para bens manufaturados e serviços nacionais que atendam às normas técnicas, e bens reciclados, recicláveis ou biodegradáveis, conforme regulamento.
- Respeito às regras de acessibilidade para pessoas com deficiência ou com mobilidade reduzida, sendo, ainda, obrigatório na habilitação que o licitante declare que cumpre exigências de reserva de cargos para pessoas com deficiência e para reabilitados da Previdência Social.
- O edital poderá exigir que percentual mínimo da mão de obra responsável pela execução do objeto da contratação seja constituído por mulheres vítimas de violência doméstica e por oriundos ou egressos do sistema prisional (art. 25, § 9º, da lei), o que, no âmbito federal, foi regulamentado pelo Decreto nº 11.430/2023.
- Valorizar, como um critério de desempate, empresas que adotam ações de equidade entre homens e mulheres no ambiente de trabalho, conforme o inciso III do art. 60 da lei.
- Critérios de remuneração variável vinculados ao desempenho do contratado, inclusive com base em critérios de sustentabilidade ambiental.
- Em hipótese de irregularidade insanável, conforme determinação do art. 147 da Lei nº 14.133/2021, a declaração da nulidade somente será tomada se houver, entre vários critérios, a análise da *motivação social e ambiental do contrato*.

9.3 Modalidades de licitação

O art. 28 da Lei nº 14.133/2021 esclarece quais são as modalidades de licitação, nos seguintes termos:

> Art. 28. São modalidades de licitação:
> I – pregão;
> II – concorrência;
> III – concurso;
> IV – leilão;
> V – diálogo competitivo.
> [...]
> § 2º É vedada a criação de outras modalidades de licitação ou, ainda, a combinação daquelas referidas no *caput* deste artigo.

A Lei nº 14.133/2021 modificou a estrutura das modalidades de licitação ao extinguir a *tomada de preços* e o *convite*, incorporar o *pregão* às licitações e adicionar elementos de disputa à *concorrência*. Além disso, introduziu a modalidade do *diálogo competitivo* como uma novidade.

Sob a vigência da antiga Lei nº 8.666/1993, a *concorrência* era destinada a licitações de grande vulto, a tomada de preços era utilizada para contratações de médio vulto com licitantes cadastrados ou que atendessem aos requisitos de cadastramento, e o convite era aplicado a licitações de pequeno valor, sendo realizado entre, no mínimo, três interessados do ramo pertinente ao objeto, cadastrados ou não, escolhidos e convidados pela unidade administrativa.

De acordo com o § 2º do art. 28 da Lei nº 14.133/2021, é proibida a criação de outras modalidades de licitação ou a combinação das modalidades previstas (pregão, concorrência, concurso, leilão e diálogo competitivo).

Enquanto as modalidades de licitação definem critérios para os procedimentos das licitações, os tipos de licitação definem critérios de escolha do vencedor, ou seja, os critérios de julgamento das propostas apresentadas pelos participantes. São quatro os tipos de licitação: *menor preço, maior lance ou oferta, melhor técnica* e *técnica e preço*, contudo, o tipo mais usual é o do *menor preço*, que funciona como regra geral para as compras dos órgãos públicos.

- *Pregão*

O *pregão*, definido no inciso XLI do art. 6º da Lei nº 14.133/2021, é uma modalidade de licitação obrigatória para a aquisição de bens e serviços comuns, com critérios de julgamento baseados no menor preço ou maior desconto. Ele pode ser realizado de forma presencial ou eletrônica, sendo esta última a preferencial.

As principais características do *pregão* são a simplificação e a celeridade, porque ele inverte as fases tradicionais de licitação, analisando a documentação do vencedor após a competição, o que agiliza o processo.

A modalidade eletrônica moderniza e democratiza o procedimento, permitindo maior acesso e competitividade. As estatísticas apontam que o pregão eletrônico reduz significativamente o tempo e os custos das licitações.

O critério de julgamento é o menor preço ou maior desconto. O pregoeiro pode negociar diretamente para obter melhores preços, e não há exigência de garantia, facilitando a participação.

Essa modalidade não se aplica a obras, locações imobiliárias, alienações e serviços técnicos especializados de natureza predominantemente intelectual. Os serviços comuns de engenharia podem ser adquiridos tanto por pregão quanto por concorrência.

O pregão foi inicialmente criado pela Medida Provisória nº 2.026/2000 e consolidado pela Lei nº 10.520/2002. Depois incorporado na Lei nº 14.133/2021, que revogou a *Lei do Pregão* e adota suas características na nova legislação de licitações.

Essa modalidade se destaca por sua eficiência, transparência e capacidade de reduzir custos, sendo uma das principais modalidades de licitação na Administração Pública brasileira.

- *Concorrência*

É a modalidade de licitação definida no inciso XXXVIII do art. 6º da Lei nº 14.133/2021, destinada à contratação de bens e serviços especiais, bem como de obras e serviços comuns e especiais de engenharia. Os critérios de julgamento podem ser: (a) menor preço; (b) melhor técnica ou conteúdo artístico; (c) técnica e preço; (d) maior retorno econômico; e (e) maior desconto.

Com a nova lei, a tomada de preços e o convite foram extintos, e a definição de concorrência passou a ser comparada com o pregão. Conforme o art. 29, tanto a concorrência quanto o pregão seguem o rito procedimental comum descrito no art. 17, que inclui as fases: preparatória; de divulgação do edital de licitação; de apresentação de propostas e lances; de julgamento; de habilitação; recursal; e de homologação.

No entanto, é importante destacar que o pregão não se aplica às contratações de serviços técnicos especializados de natureza predominantemente intelectual e de obras e serviços de engenharia, exceto para os serviços comuns de engenharia, que podem ser adquiridos tanto por concorrência quanto por pregão. A concorrência é obrigatória para:

a) Bens e serviços especiais, bem como obras e serviços especiais de engenharia.
b) Registro de preços, exceto na hipótese do pregão.
c) Concessão de serviços públicos, conforme o art. 2º, II, da Lei nº 8.987/1995, alterado pela Lei nº 14.133/2021, sendo também admitida a adoção do diálogo competitivo.

d) Celebração de PPPs, conforme o art. 10 da Lei nº 11.079/2004, que, após a alteração pela nova lei, também passou a admitir o diálogo competitivo.

- *Concurso*

O art. 6º, inciso XXXIX, da Lei nº 14.133/2021 define o concurso como a modalidade de licitação destinada à escolha de trabalho técnico, científico ou artístico, cujo critério de julgamento é a melhor técnica ou conteúdo artístico, com a concessão de prêmio ou remuneração ao vencedor. O art. 30 da Lei nº 14.133/2021 estabelece que o concurso deve seguir as regras e condições previstas em edital, que deve indicar: (i) a qualificação exigida dos participantes; (ii) as diretrizes e formas de apresentação do trabalho; (iii) as condições de realização e o prêmio ou remuneração a ser concedida ao vencedor.

O edital do concurso, por estar associado à melhor técnica ou conteúdo artístico, deve ter um prazo de 35 dias úteis, conforme o inciso IV do art. 55 da Lei nº 14.133/2021, o que representa uma pequena mudança em relação aos 45 dias corridos previstos no art. 21, § 2º, I, da Lei nº 8.666/1993. Nos concursos destinados à elaboração de projetos, o vencedor deve ceder à Administração todos os direitos patrimoniais relativos ao projeto e autorizar sua execução conforme o juízo de conveniência e oportunidade das autoridades competentes, conforme o art. 93 da Lei nº 14.133/2021.

Portanto, o concurso é uma modalidade peculiar de licitação, cujo principal objetivo é fomentar atividades técnicas, científicas e artísticas, e não necessariamente a contratação da execução do projeto. Caso a execução do projeto seja necessária, ela deve ser objeto de uma nova licitação para a escolha do executor. Assim, o concurso termina com a escolha dos trabalhos e a premiação dos vencedores, que não têm direito à contratação de seu projeto, cuja execução será uma decisão discricionária da Administração.

- *Leilão*

Trata-se da modalidade de licitação para alienação de bens imóveis ou de bens móveis inservíveis ou legalmente apreendidos, destinada a quem oferecer o maior lance.

A lei anterior (Lei nº 8.666/1993) definia, no art. 22, § 5º, leilão como uma modalidade de licitação entre quaisquer interessados para a venda de bens móveis inservíveis para a administração ou de produtos legalmente apreendidos ou penhorados, ou para a alienação de bens imóveis a quem oferecesse o maior lance, igual ou superior ao da avaliação.

O *leilão*, conforme estabelece o art. 31 da Lei nº 14.133/2021, poderá ser conduzido por leiloeiro oficial ou por servidor designado pela autoridade competente da Administração, e regulamento deverá dispor sobre seus procedimentos operacionais. Se optar pela realização de leilão por intermédio de leiloeiro oficial, a administração deverá selecioná-lo mediante credenciamento ou licitação na modalidade pregão e adotar o critério de julgamento de maior desconto para as comissões a serem cobradas, utilizando como parâmetros máximos os percentuais definidos na lei que regula a referida profissão e observando os valores dos bens a serem leiloados.

O leilão, conforme determina o § 2º do art. 31 da Lei nº 14.133/2021, será precedido da divulgação do edital em sítio eletrônico oficial, que conterá:

- Descrição do bem, com suas características, e, no caso de imóvel, sua situação e suas divisas, com remissão à matrícula e aos registros.
- O valor pelo qual o bem foi avaliado, o preço mínimo pelo qual poderá ser alienado, as condições de pagamento e, se for o caso, a comissão do leiloeiro designado.
- A indicação do lugar onde estiverem os móveis, os veículos e os semoventes.
- O sítio da internet e o período em que ocorrerá o leilão, salvo se excepcionalmente for realizado sob a forma presencial por

comprovada inviabilidade técnica ou desvantagem para a Administração, hipótese em que serão indicados o local, o dia e a hora da sua realização.
- A especificação de eventuais ônus, gravames ou pendências existentes sobre os bens a serem leiloados.

Além da divulgação no sítio oficial, o edital do leilão será afixado em local de ampla circulação de pessoas na sede da Administração, e poderá, ainda, ser divulgado por outros meios necessários para ampliar a publicidade e a competitividade da licitação, nos termos do § 3º do art. 31 da Lei nº 14.133/2021. É interessante que a Administração Pública passe a usar também as redes sociais, quando o objetivo for a divulgação.

De acordo com o § 4º do art. 31 da Lei nº 14.133/2021, o leilão não exigirá registro cadastral prévio, não terá fase de habilitação e deverá ser homologado assim que concluída a fase de lances, superada a fase recursal e efetivado o pagamento pelo licitante vencedor, na forma definida no edital.

Ressalte-se que o Decreto nº 11.461/2023 institui o Sistema de Leilão Eletrônico, uma ferramenta informatizada disponibilizada pelo Ministério da Gestão e Inovação em Serviços Públicos para a realização de licitação na modalidade leilão, destinada à alienação de bens móveis inservíveis ou legalmente apreendidos.

Não se aplica o Decreto: (i) aos bens legalmente apreendidos, administrados e alienados pela Secretaria Especial da Receita Federal do Brasil do Ministério da Fazenda, que serão leiloados na forma de regulamento específico, conforme o disposto no § 10 do art. 29 do Decreto-Lei nº 1.455, de 7 de abril de 1976, e no art. 31 da Lei nº 14.133, de 2021; e (ii) a microcomputadores de mesa, monitores de vídeo, impressoras e demais equipamentos de informática, eletroeletrônicos, peças-parte ou componentes, observado o disposto na Lei nº 14.479, de 21 de dezembro de 2022.

- *Diálogo competitivo*

Conforme o art. 6º, XLII, é uma modalidade de licitação onde a Administração realiza diálogos com licitantes previamente selecionados para desenvolver alternativas que atendam às suas necessidades, culminando na apresentação de propostas finais.

O *diálogo competitivo* é uma modalidade de licitação introduzida pela Nova Lei de Licitações (Lei nº 14.133/2021), inspirada na Diretiva 2014/24 da União Europeia e adotada em países como Inglaterra, Holanda, França e Portugal. Tem por objetivo atender às necessidades de obras, serviços e compras quando o Poder Público conhece suas necessidades, mas não sabe como melhor supri-las devido à variabilidade do mercado. Traz semelhança com o Procedimento de Manifestação de Interesse (PMI), mas ocorre durante a licitação, permitindo debates técnicos e de inovação com os licitantes já participantes.

É conduzido por uma comissão de contratação composta por pelo menos três servidores efetivos ou empregados públicos. Os profissionais contratados para assessoramento técnico devem assinar termo de confidencialidade e evitar conflitos de interesse. Ainda permite à Administração definir a melhor solução durante o certame e, posteriormente, abrir uma fase competitiva para apresentação de propostas baseadas nessa solução. As condições para uso incluem inovação tecnológica, necessidade de adaptação de soluções de mercado e dificuldade em definir especificações técnicas precisas.

A Administração deve divulgar suas necessidades e exigências no edital, com um prazo mínimo de 25 dias úteis para manifestação de interesse. O diálogo continua até que a Administração identifique a solução adequada, com reuniões registradas em ata e gravadas. Após a conclusão do diálogo, um novo edital especifica a solução encontrada e abre um prazo mínimo de 60 dias úteis para apresentação de propostas.

A Administração pode solicitar esclarecimentos ou ajustes nas propostas, desde que não haja discriminação ou distorção da concorrência. A proposta vencedora é definida com base nos critérios divulgados no início da fase competitiva, assegurando a contratação mais vantajosa.

As reuniões e fases do diálogo são documentadas e integradas ao processo licitatório. A Administração deve garantir ampla publicidade e competitividade, utilizando meios como redes sociais para divulgação. O diálogo competitivo é uma inovação que permite maior flexibilidade e interação entre a Administração Pública e os licitantes, visando contratações mais ajustadas e eficientes.

9.4 Procedimentos auxiliares

Adotando a sistemática semelhante à prescrita nos arts. 29 a 33 da Lei nº 12.462/2011 – Regime Diferenciado de Contratação (RDC), e 63 a 67 da Lei nº 13.303/2016 (Lei das Estatais), a nova Lei de Licitações e Contratos Administrativos apresenta um rol de procedimentos auxiliares que poderão ser adotados nas licitações e nas contratações públicas.

Os procedimentos auxiliares se caracterizam pelo conjunto de mecanismos pré-contratuais utilizados com o objetivo de instrumentalizar futuras licitações ou processos de contratação direta.

O art. 78 da Lei nº 14.133/2021 prevê os seguintes procedimentos auxiliares das licitações e das contratações: (i) credenciamento; (ii) pré-qualificação; (iii) procedimento de manifestação de interesse; (iv) sistema de registro de preço; (v) registro cadastral.

- *Credenciamento*

Trata-se de um procedimento de natureza pré-contratual e pode ser utilizado nas seguintes hipóteses:

– Paralela e não excludente: situação em que é viável e vantajosa para a Administração a realização de contratações simultâneas em condições padronizadas, como, por exemplo, no caso de contratação para a Agricultura Familiar.

– Com seleção a critério de terceiros: quando a seleção do contratado está a cargo do beneficiário direto da prestação, a exemplo da contratação de laboratórios para a realização de exames pelo SUS. Nesse caso, vários laboratórios são credenciados e o beneficiário escolherá o de seu interesse.

– Em mercados fluidos: hipótese em que a flutuação constante do valor da prestação e das condições de contratação inviabiliza a seleção de agente por meio de processo de licitação, a exemplo da aquisição de passagens aéreas.

O art. 25, *caput*, da Lei nº 8.666/1993 mencionava o *credenciamento*. No entanto, seu uso não é muito comum. Aliás, a Lei nº 8.666/1993 não traz essa figura de forma expressa, foram a doutrina e os entendimentos jurisprudenciais que trataram dela. Agora, estando de forma expressa no corpo da Lei nº 14.133/2021 e futuramente regulamentado, entende-se que sua utilização será expressiva devido aos benefícios que esse procedimento fornece.

- *Pré-qualificação*

A *pré-qualificação* é tratada no art. 80 da Lei nº 14.133/2021 e consiste em um procedimento técnico-administrativo para efetivar duas seleções:

1. Licitantes que reúnam condições de habilitação para participar de futura licitação ou de licitação vinculada a programas de obras ou de serviços objetivamente definidos.
2. Bens que atendam às exigências técnicas ou de qualidade estabelecidas pela Administração.

O § 3º desse mesmo artigo determina que do edital de pré-qualificação constarão as informações mínimas necessárias para definição do objeto, assim como a modalidade, a forma da futura licitação e os critérios de julgamento. Conforme previsto no § 10, a licitação poderá ser restrita a licitantes ou bens pré-qualificados.

- *Procedimento de manifestação de interesse*

Refere-se a procedimento expresso no art. 81 da Lei nº 14.133/2021, já estava previsto no art. 21 da Lei nº 8.987/1995 e regulamentado pelo Decreto nº 8.428/2015. Trata-se de realização de estudos de viabilidade de algum projeto de interesse da Administração, empreendido por entidade particular.

Note-se que este procedimento não gera direito de preferência no processo licitatório, não obrigará o Poder Público a realizar licitação, e não implicará, por si só, direito a ressarcimento de valores envolvidos em sua elaboração, sendo remunerado somente pelo vencedor da licitação, vedada, em qualquer hipótese, a cobrança de valores do Poder Público (art. 81, § 2º).

A Lei de Licitações e Contratos Administrativos, com o intuito de beneficiar as microempresas e empresas de pequeno porte, autoriza que o PMI possa ser restrito a *startups*, definidas nesse mesmo dispositivo como os microempreendedores individuais, as microempresas e as empresas de pequeno porte, de natureza emergente e com grande potencial, que se dediquem à pesquisa, ao desenvolvimento e à implementação de novos produtos ou serviços baseados em soluções tecnológicas inovadoras que possam causar alto impacto, exigida, na seleção definitiva da inovação, validação prévia fundamentada em métricas objetivas, de modo a demonstrar o atendimento das necessidades da Administração.

- *Sistema de registro de preços*

O *sistema de registro de preços* (SRP) já é de larga utilização por todos os entes da Federação, havia previsão no art. 15, II, da Lei nº 8.666/1993, regulamentado pelo Decreto nº 7.892/2013. Também é previsto na Lei das Estatais, nos termos do art. 66, *caput*, §§ 1º, 2º e 3º, da Lei nº 13.303/2016.

O SRP pode ser definido como procedimento administrativo por meio do qual a Administração Pública seleciona as propostas mais vantajosas, mediante concorrência ou pregão, que ficarão registradas perante a autoridade estatal para futuras e eventuais contratações. A Nova Lei de Licitações trouxe algumas novidades sobre esse assunto:

a) O art. 82, § 3º permite o registro de preços com indicação limitada a unidades de contratação, sem indicação do total a ser adquirido, nas seguintes situações: quando for a primeira licitação para o objeto e o órgão ou entidade não tiver registro de demandas anteriores, no caso de alimento perecível e no caso em que o serviço estiver integrado ao fornecimento de bens. Nesses casos, veda-se a participação de outro órgão ou entidade na Ata.

b) O art. 82, § 6º traz a possibilidade de se fazer registro de preços para as hipóteses de inexigibilidade e de dispensa de licitação para a aquisição de bens ou para a contratação de serviços por mais de um órgão ou entidade.

c) O art. 84 trata da duração da *ata de registro de preços* (ARP) por um ano, sendo possível a prorrogação desse prazo por igual período, se for vantajoso.

d) Art. 85 traz a possibilidade de se contratar a execução de obras e serviços de engenharia pelo SRP, desde que haja projeto padronizado, sem complexidade técnica e operacional e necessidade permanente ou frequente de obra ou serviço a ser contratado.

Com relação à figura do *carona*, a nova lei não inovou. Manteve-se o mesmo percentual atualmente existente no Decreto nº 7.892/2013, de 50% para cada *carona*, e o grupo não pode ultrapassar o dobro do quantitativo, exceto quando se tratar de adesão à ARP com recursos de transferência voluntária da União e adesão à ARP do Ministério da Saúde, no caso de aquisição emergencial de medicamentos e material de consumo médico-hospitalar (art. 86, §§ 4º, 5º, 6º e 7º).

- **Registro cadastral**

O *registro cadastral* era anteriormente regulado pela Lei nº 8.666/1993 que, em seu art. 34, determinando aos órgãos e entidades da Administração Pública que realizassem licitações frequentes, deveriam manter registros cadastrais para efeito de habilitação, na forma regulamentar, válidos por, no máximo, um ano.

A nova Lei de Licitações, seguindo a tendência de outros dispositivos legais, disciplinou o *registro cadastral* no art. 87 da Lei nº 14.133/2021, determinando que os órgãos e as entidades da Administração Pública deverão utilizar o sistema de registro cadastral unificado disponível no Portal Nacional de Contratações Públicas, para efeito de cadastro unificado de licitantes, na forma que dispuser regulamento.

O sistema de registro cadastral unificado será público e deverá ser amplamente divulgado e estar permanentemente aberto aos interessados, sendo obrigatória a realização, no mínimo anualmente, pela *internet*, de chamamento público para atualização dos registros existentes e ingresso de novos interessados (art. 87, § 1º).

É proibida a exigência pelo órgão ou entidade licitante de registro cadastral complementar para acesso a edital e anexos (art. 87, § 2º). Fica autorizada a realização de licitação restrita a fornecedores cadastrados, atendidos os critérios, as condições e os limites estabelecidos em regulamento e a ampla publicidade dos procedimentos para o cadastramento (art. 87, § 3º, da Nova Lei de Licitações). Nesse caso, será permitida a participação de fornecedor que realize seu cadastro dentro do prazo para apresentação de propostas previsto no edital (art. 87, § 4º).

Na inscrição e na atualização do cadastro, o interessado fornecerá os elementos necessários à satisfação das exigências de habilitação (art. 88). O inscrito, que receberá certificado de cadastramento, será classificado por categorias – considerada sua área de atuação – subdivididas em grupos, segundo a qualificação técnica e econômico-financeira avaliada, de acordo com regras objetivas divulgadas no sítio eletrônico oficial da Administração (art. 88, § 1º, da Nova Lei de Licitações). O interessado que requerer o cadastro poderá participar de processo licitatório até a decisão da Administração, ficando condicionada a celebração do contrato à emissão do certificado de que trata o § 2º (art. 88, § 6º).

O *registro cadastral* deve conter as avaliações das atuações dos inscritos no cumprimento das obrigações contratuais, inclusive a menção ao seu desempenho na execução contratual, com base em indicadores objetivamente definidos e aferidos, e a eventuais penalidades aplicadas, o que constará do registro cadastral em que a inscrição for realizada (art. 88, § 3º). A anotação do cumprimento de obrigações pelo contratado é condicionada a implantação e regulamentação do cadastro de atestado de cumprimento de obrigações, apto para se realizar o registro de forma objetiva, em atendimento aos princípios da impessoalidade, da igualdade, da isonomia, da publicidade e da transparência, de modo a possibilitar a implementação de medidas de incentivo aos licitantes que possuírem ótimo desempenho anotado em seu registro cadastral (art. 88, § 4º).

O desempenho do cadastrado é relevante, por exemplo: a) no julgamento por melhor técnica ou por técnica e preço (art. 37, III); b) no desempate entre licitantes (art. 60, II).

Assim, o cadastramento deixa de lado seu conteúdo meramente formal, como sistema de análise documental, na linha adotada pela Lei nº 8.666/1993, e passa a utilizar conteúdo material, com a efetiva preocupação de avaliação do desempenho dos cadastrados em contratações com a Administração, tendência já consagrada, por exemplo, no RDC (arts. 25, II, e 31, § 3°, da Lei n° 12.462/2011) e nas contratações realizadas por empresas estatais (arts. 55, II, e 65, § 3°, da Lei n° 13.303/2016). O registro poderá ser alterado, suspenso ou cancelado quando o inscrito deixar de satisfazer exigências legais ou regulamentares (art. 88, § 5°).

9.5 Procedimentos da Licitação – Fases interna e externa

As licitações ocorrem em duas fases: *interna* e *externa*.

Fase interna ou fase preparatória, como o próprio nome já indica, é aquela em que a Administração Pública desenvolve o planejamento da contratação, é o momento no qual são realizados os procedimentos prévios e ocorre no interior do órgão público.

Na fase preparatória realiza-se por atos iniciais, e se desenvolvem os atos e primeiras providências, como a definição do objeto, os atos preparatórios da convocação, as regras do desenvolvimento do certame e da futura contratação.

O planejamento é necessário para "promover um ambiente íntegro e confiável, assegurar o alinhamento das contratações ao planejamento estratégico e às leis orçamentárias e promover eficiência, efetividade e eficácia em suas contratações" (art. 11, parágrafo único).

A Nova Lei de Licitações vai muito além do planejamento individual de cada processo de contratação. Destaca o dever de boa governança sobre a atividade de contratação pública, de forma que os agentes públicos responsáveis implementem medidas, instrumentos, de programação e gestão de riscos para as contratações globalmente pensadas.

A fase interna começa com a *formalização da demanda* – é quando o demandante exterioriza a necessidade a ser satisfeita (em características, quantitativos, prazos). O documento que inaugura essa fase é o *documento de formalização de demanda* (DFD).

O segundo passo é o *Estudo Técnico Preliminar* (ETP), que tem como finalidade evidenciar o problema a ser resolvido e a solução mais adequada, com o correspondente valor estimado, acompanhado de montantes unitários, memórias de cálculo e documentos de suporte (arts. 6º, iniso. XX, e 18, § 1º, alíneas). O ETP será dispensado nos casos em que a licitação não for obrigatória em razão do valor, bem como para os casos de guerra ou grave perturbação da ordem ou de emergência e calamidade pública.

O *gerenciamento de riscos* é o passo destinado a avaliar os riscos que possam comprometer o sucesso da licitação e execução contratual (art. 18, X). A seguir elabora-se o *Termo de Referência* (TR), produzido com amparo no *Estudo Técnico Preliminar* (ETP) e no *gerenciamento de riscos*, sintetiza as principais decisões e informações acerca do objeto a ser contratado, a definição da estratégia para a seleção da melhor proposta (com indicação da modalidade eleita, critério de julgamento e modo de disputa), bem como as condições que regerão a futura contratação (arts. 6º, inciso XXIII, alíneas, e 18, II);

O *Anteprojeto*, o *Projeto Básico* e o *Projeto Executivo* são peças técnicas que têm o objetivo de, a partir da adequada análise da necessidade e objetivos da Administração, definir o objeto de engenharia que será contratado e o formato da referida execução (arts. 6º, XXIV, alíneas, XXV, alíneas, XXVI, e 18, inciso II).

A seguir providencia-se o *edital*, contemplando motivação circunstanciada acerca das condições definidas, inclusive quanto à divulgação do orçamento (arts. 18, V, IX, XI, e 24) e a *Minuta do Contrato* (art. 18, VI).

A *pesquisa de preços* serve para que o órgão contratante avalie se as propostas das empresas concorrentes se enquadram nos preços de mercado, não estando nem muito acima da faixa média, e também sem estar muito abaixo do preço mínimo, tornando-a inexequível. Assim, ela se resume a uma fase interna da elaboração do processo do edital, e não necessariamente precisa ser exposta ao público.

Importante observar, por fim, que, finalizadas as etapas acima, o processo deverá ser encaminhado para o órgão de assessoramento jurídico da Administração, para controle prévio de legalidade (art. 53).

A Nova Lei de Licitações (Lei nº 14.133/2021) detalha minuciosamente a exigência de planejamento nas licitações, introduzindo a definição do ETP. Este documento constitui a primeira etapa do planejamento de uma contratação, caracterizando o interesse público envolvido e a melhor solução, servindo de base para o anteprojeto, o termo de referência ou o projeto básico, caso se conclua pela viabilidade da contratação.

O parágrafo único do art. 11 da Lei nº 14.133/2021 estabelece que a alta administração do órgão ou entidade é responsável pela governança das contratações, devendo implementar processos e estruturas, incluindo gestão de riscos e controles internos, para avaliar, direcionar e monitorar os processos licitatórios e os respectivos contratos. O objetivo é alcançar as metas estabelecidas, promover um ambiente íntegro e confiável, assegurar o alinhamento das contratações ao planejamento estratégico e às leis orçamentárias, além de promover eficiência, efetividade e eficácia nas contratações.

A partir de documentos de formalização de demandas, o inciso VII do art. 12 da Lei nº 14.133/2021 estabelece que os órgãos responsáveis pelo planejamento de cada ente federativo podem, conforme regulamento, elaborar um plano de contratações anual. O objetivo é racionalizar as contratações dos órgãos e entidades sob sua competência, garantir o alinhamento com o planejamento estratégico e subsidiar a elaboração das respectivas leis orçamentárias.

Apesar de o art. 13 da Nova Lei de Licitações assegurar a publicidade dos atos praticados no desenvolvimento dos processos licitatórios, o seu parágrafo determina que essa publicidade será mitigada, nos seguintes casos: I

– quanto ao conteúdo das propostas, até a respectiva abertura; II – quanto ao orçamento da Administração, nos termos do art. 24 desta lei.

Cada processo tem uma *reserva orçamentária*, de acordo com a classificação da despesa, contida no sítio da Secretaria da Fazenda. Também conhecida como pré-empenho, a *Nota de Reserva* permite o bloqueio de crédito orçamentário para futuro empenhamento. Normalmente é utilizada na abertura de processos licitatórios não vinculada a um credor específico, permitindo o preenchimento automático do empenho. A nota de empenho deve conter todas as informações da conta corrente, emissão de empenho (classificação institucional, funcional programática, classificação econômica, fonte de recurso e código de aplicação), assim como o histórico do empenho.

Reserva Orçamentária x Dotação Orçamentária: é toda e qualquer verba prevista como despesa em orçamentos públicos e destinada a fins específicos. Os estágios da despesa pública compreendem o empenho, a liquidação e o pagamento (Lei nº 4.320/1964).

O *empenho* é a etapa em que o governo reserva o dinheiro que será pago quando o bem for entregue ou o serviço concluído. Isso ajuda a Administração Pública a organizar os gastos pelas diferentes áreas do governo, evitando que se gaste mais do que foi planejado. Já a *liquidação* é quando se verifica que a Adminsitração Pública recebeu aquilo que comprou. Ou seja, quando se confere que o bem foi entregue corretamente ou que a etapa da obra foi concluída como acordado.

Por fim, se estiver tudo certo com as fases anteriores, a Adminsitração Pública pode fazer o pagamento, repassando o valor ao vendedor ou prestador de serviço contratado.

O *Portal da Transparência* traz informações sobre a execução da despesa e da receita no Governo Federal, mas os Estados e os Municípios também são obrigados a publicar as respectivas receitas e despesas, por força da Lei Complementar nº 131.

O Decreto nº 10.947/2022, que regulamenta o inciso VII do art. 12 da Lei nº 14.133/2021, dispõe sobre o *plano de contratações anual* e institui o *Sistema de Planejamento e Gerenciamento de Contratações* no âmbito da Administração Pública Federal direta, autárquica e fundacional.

A *fase externa* tem início com a divulgação do *edital* e continua com as seguintes etapas: i) a habilitação das empresas participantes da disputa, ii) o julgamento das propostas, iii) a homologação; e a iv) a adjudicação do objeto da licitação.

> 1ª) *Abertura*: o edital é divulgado no Diário Oficial com as informações pertinentes à data, ao local e aos requisitos de participação da licitação.
>
> 2ª) *Credenciamento*: a comissão de contratação recebe e analisa os documentos enviados pelos licitantes (empresas).
>
> 3ª) *Propostas*: abre-se a fase de envio de propostas ou lances, a depender da licitação.
>
> 4ª) *Julgamento*: o vencedor dos lances tem os seus documentos analisados novamente.
>
> 5ª) *Habilitação*: o vencedor da licitação tem a sua habilitação jurídica avaliada, assim como os critérios fiscais, técnicos e financeiros.
>
> 6ª) *Homologação*: ocorre a aprovação da licitação, após todos os procedimentos, de maneira justa e transparente.
>
> 7ª) *Adjudicação*: fase final, em que o objeto da licitação é atribuído ao vencedor do processo licitatório.

Os *recursos administrativos* no processo de licitação podem ocorrer em diferentes momentos, destacando-se o prazo de três dias úteis a partir da intimação ou lavratura da ata referente ao julgamento das propostas e à habilitação ou inabilitação dos licitantes. A apreciação desses recursos deve ser feita em fase única.

De acordo com o inciso I do § 1º do art. 165 da Lei nº 14.133/2021, a intenção de recorrer deve ser manifestada imediatamente, sob pena de preclusão. O prazo de três dias úteis para apresentação das razões recursais começa a contar da data de intimação ou lavratura da ata de habilitação ou inabilitação, ou, em caso de inversão de fases, da ata de julgamento.

O recurso deve ser dirigido à autoridade que editou o ato ou proferiu a decisão recorrida. Se essa autoridade não reconsiderar o ato ou decisão em três dias úteis, encaminhará o recurso à autoridade superior, que deverá decidir em até 10 dias úteis após o recebimento dos autos.

O acolhimento do recurso resultará na invalidação apenas do ato insuscetível de aproveitamento. O prazo para apresentação de contrarrazões é igual ao do recurso e começa na data de intimação pessoal ou divulgação da interposição do recurso, garantindo ao licitante acesso aos elementos necessários para a defesa de seus interesses.

9.6 Dispensa e inexigibilidade de licitação

As contratações públicas (obras, serviços, compras e alienações) são realizadas mediante processos de licitação pública, que asseguraram igualdade de condições a todos os concorrentes, com cláusulas que estabeleçam obrigações de pagamento, mantidas as condições efetivas da proposta, nos termos da lei, o qual somente permitirá as exigências de qualificação técnica e econômica indispensáveis à garantia do cumprimento das obrigações, conforme preconiza o art. 37, XXI, da CF/1988. Porém, a legislação também prevê que em situações específicas poderá ocorrer a dispensa ou a inexigibilidade de licitação, ou seja, a Administração Pública poderá contratar sem realizar procedimento licitatório, são as chamadas contratações diretas.

Tais hipóteses são bem específicas e exigindo agilidade e eficácia na contratação, no entanto, ainda devem respeitar os princípios fundamentais do processo de licitação. Note-se que dispensa e inexigibilidade de licitação não são expressões sinônimas.

A *dispensa* constitui-se de hipóteses em que a licitação seria viável, mas a Administração Pública opta por não realizar o processo licitatório. Dito de outra forma, a dispensa de licitação é a possibilidade de celebrar um contrato entre a Administração e o particular diretamente, sem o processo de licitação. Nesses casos, o administrador tem a faculdade de licitar ou não, levando sempre em consideração o interesse público. As hipóteses que autorizam a dispensa de licitação estão apontadas no art. 75 da Lei nº 14.133/2021, e a documentação exigida para tal dispensa encontra-se descrita no art. 72 da mesma lei.

Já na *inexigibilidade de licitação*, o administrador não tem a faculdade para licitar, mas, nesse caso, por não haver competição (inviabilidade lógica) em relação ao objeto a ser contratado, faltando, portanto, uma condição imprescindível para um procedimento licitatório. A licitação nesses casos é materialmente impossível. De acordo com o art. 74 da Lei nº 14.133/2021, a inexigibilidade de licitação deriva da inviabilidade de competição, ou seja, são aquelas situações em que não é possível se escolher a proposta mais vantajosa, pois a estrutura legal do procedimento licitatório não é adequada para a obtenção do resultado pretendido.

9.7 Sanções administrativas

A Lei nº 14.133/2021 foi mais diligente no que se refere às sanções administrativas em relação à lei anterior, assim, tanto os licitantes como os agentes públicos devem compreender estas novas disposições para sua adequada aplicação prática.

O regramento atinente às sanções inicia-se no art. 155 e seus incisos, com a descrição das condutas classificadas como infração, quando praticadas pelo licitante ou pelo contratado. Neste ponto, percebe-se que o legislador deixa claro que a conduta pode ser praticada tanto na fase da licitação como também na fase da execução contratual.

Além disso, diferentemente do previsto na lei anterior (Lei nº 8.666/1993), que não elencava um rol específico, há, na nova lei, a descrição das condutas que, se cometidas, serão alvo de responsabilização.

A Nova Lei de Licitações (Lei nº 14.133/2021) apresenta, nos termos do art. 156, quatro tipos de sanções: *i) advertência, ii) multa, iii) impedimento de licitar/contratar, e iv) declaração de inidoneidade para licitar e contratar.*

Vale destacar que, de acordo com os princípios constitucionais da ampla defesa e do contraditório, é direito do licitante ou contratado a oportunidade de defesa nestes processos. Sendo assim, a lei prevê que, nos casos das sanções de multa, impedimento de licitar e contratar, e declaração de inidoneidade, o licitante ou o contratado poderá apresentar defesa escrita, no prazo de 15 dias úteis, contados da data da intimação.

No caso das sanções de impedimento de licitar e contratar e declaração de inidoneidade, cabíveis também serão as alegações finais, quando houver deferimento de pedido de produção de novas provas ou de juntada de provas julgadas indispensáveis pela comissão, também no prazo de 15 dias úteis, contado da data da intimação.

E, por fim, caberá recurso nos casos de advertência, multa e impedimento de licitar e contratar, e no caso da declaração de inidoneidade caberá pedido de reconsideração. Em ambos os casos, se apresentados, deverão cumprir o prazo de 15 dias úteis, contado da data da intimação.

9.8 Anulação e revogação de licitações antes da adjudicação e homologação

A *anulação de uma licitação* segue as mesmas regras aplicáveis à anulação dos atos administrativos em geral, com base no poder de autotutela, a Administração Pública deve anular a licitação, de ofício ou provocada, sempre que constatar ou ficar demonstrada ilegalidade ou ilegitimidade no procedimento. Paralelamente a esse controle administrativo, o Poder Judiciário, desde que provocado, tem também competência para anular o procedimento licitatório em que se comprove a existência de vício (ilegalidade ou ilegitimidade).

A revogação da licitação sofre restrições em relação à regra geral aplicável aos atos administrativos. Nesse sentido, a regra geral é a possibilidade de a Administração Pública, também com base no poder de autotutela, revogar os seus atos discricionários, por motivo de oportunidade e conveniência, ressalvadas somente aquelas hipóteses em que a revogação não é cabível.

Portanto, diferentemente da anulação, a revogação de uma licitação somente é possível em situações específicas e determinadas em lei. Em termos de licitação, a anulação e a revogação encontram guarida no art. 71, II, §§ 2º e 3º, da Lei Federal nº 14.133/2021 (Lei de Licitações), hipóteses em que a autoridade licitante pode (uma vez encerradas as fases de julgamento e habilitação, e exauridos os recursos administrativos) revogar a licitação por motivos de conveniência e oportunidade, desde que: 1) esses motivos decorram de fato superveniente; e 2) e os interessados, sobretudo o licitante vencedor, quando houver, sejam instados a se manifestarem (em consonância com as garantias do contraditório e da ampla defesa) sobre a pretendida revogação, bem como nos arts. 57, 62 e 75 da Lei Federal nº 13.303/2016 (Lei das Estatais).

Evidentemente, depois de assinado o contrato, não se pode mais revogar a licitação. Já a anulação pode ser feita mesmo depois de assinado o contrato e, como visto, a nulidade da licitação implica a nulidade do contrato dela decorrente.

Por fim, vemos que, devidamente justificados, tanto o ato de anulação como a revogação são instrumentos possíveis no mundo licitatório e, de acordo com a doutrina que vem sendo adotada, quando tais atos são praticados anteriormente à adjudicação e à homologação, pode-se dispensar o contraditório e a ampla defesa.

Capítulo 10

DOS CONTRATOS ADMINISTRATIVOS

Segundo Irene Patricia Diom Nohara (2024, p. 369),

> contrato administrativo pode ser conceituado, em sentido restrito, como o ajuste de vontades firmado entre a Administração Pública e terceiros regido por regime jurídico de direito público e submetido às modificações de interesse público, assegurados os interesses patrimoniais do contratado.

Assim como o ato administrativo é espécie do gênero ato jurídico, instituto originariamente do Direito Civil, o contrato administrativo é espécie do gênero contrato, analisado de maneira mais detalhada na teoria das obrigações, também no contexto civilista. Portanto,

> contratos administrativos em espécie é o acordo estabelecido entre a Administração Pública e um particular (seja pessoa física ou jurídica), regulado pelo direito público, com

o objetivo principal de realizar uma atividade que atenda a um interesse da coletividade.

Tais contratos possuem características típicas, como a presença da Administração Pública em pelo menos um dos polos da relação jurídica, ou seja, frequentemente pressupõe a presença da Administração Pública, no entanto, sua posição é de superioridade em relação ao particular, ou verticalidade.

Maria Sylvia Zanella Di Pietro (2023, p. 285) adverte que há forte divergência doutrinária a respeito desse tema, com pelo menos três correntes principais. Segundo a autora, a primeira corrente defende a *negação da existência de contrato administrativo*. Seus adeptos argumentam que o contrato administrativo não observa os princípios da igualdade entre as partes, da autonomia da vontade e da força obrigatória das convenções, característicos de todos os contratos. Acreditam também que a Administração ocupa uma posição de supremacia em relação ao particular, não há autonomia da vontade, e o princípio da força obrigatória das convenções é desrespeitado devido à mutabilidade das cláusulas regulamentares.

A segunda corrente considera que todos os contratos celebrados pela Administração são administrativos. Eles acreditam que não existe contrato de direito privado quando a Administração está envolvida, pois sempre há a interferência do regime jurídico administrativo. Assim, todos os contratos da Administração, como compra e venda, locação e comodato, são considerados administrativos.

E a terceira corrente admite a *existência de contratos administrativos como espécie do gênero contrato*. A maioria dos administrativistas brasileiros adota essa posição, reconhecendo a existência de contratos administrativos com características próprias que os distinguem dos contratos de direito privado. Nesse cenário, vários critérios são apontados para demonstrar distinção, incluindo:

- Critério subjetivo ou orgânico: a Administração age como Poder Público com poder de império na relação contratual.

- Objeto relacionado à organização e funcionamento dos serviços públicos.
- Finalidade pública, embora contestada por alguns.
- Procedimento de contratação, apesar de não ser um critério absoluto.
- Presença de cláusulas exorbitantes do direito comum, que asseguram a supremacia da Administração sobre o particular.

Essas correntes refletem diferentes interpretações sobre a natureza e as características dos contratos administrativos, destacando a complexidade e a diversidade de opiniões no campo jurídico publicista.

Importante destacar que os contratos celebrados pela Administração Pública que não estão no rol de contratos administrativos, os chamados *Contratos da Administração*, incluem todos aqueles firmados pela Administração Pública, inclusive os regidos pelo *direito privado* (Direito Civil). Atualmente, o critério mais adequado para a conceituação dos contratos administrativos é o formal, que classifica como contrato administrativo aquele submetido aos princípios e regras do Direito Administrativo.

Em matéria de Direito Civil vemos que os contratos surgiram tendo como núcleo central as manifestações de vontade capazes de produzir efeitos para os pactuantes. No entanto, são raros os casos em que o contrato administrativo é firmado exclusivamente entre entidades governamentais, visando à cooperação mútua e à persecução de objetivos comuns.

O art. 22, XXVII, da CF/1988 estabelece que compete privativamente à União criar normas gerais sobre licitações e contratos administrativos. Como compete à União editar apenas as normas gerais, aos demais entes federativos resta a competência legislativa para expedir regras específicas em matéria de licitações e contratos. Enquanto no direito privado a celebração de contratos é livre e independe de formalidades prévias, bastando a manifestação de vontade, no Direito Público essa liberdade não existe, pois vigora a ideia de formalismo para maior proteção do interesse público, que deve sempre estar no núcleo das condutas administrativas.

Por essa razão, os contratos firmados pela Administração Pública, em sua grande maioria, possuem liturgias que antecedem à sua celebração. Entre tais liturgias, nenhuma é mais relevante do que o processo licitatório, cujo objetivo é selecionar interessados para a contratação pública oferecendo condições mais vantajosas. Contratos e licitações são institutos indissociáveis e complementares, o que significa que não há como estudá-los de forma separada. Tanto é assim que a lei que os regula é a mesma – atualmente a Lei nº 14.133, de 01.04.2021 – a NLLC.

Contrato é uma modalidade de negócio jurídico constituído pelo acordo entre partes que se comprometem reciprocamente a determinadas obrigações. Para sua caracterização é necessária a presença dos seguintes elementos: *consensualidade, força obrigatória* e *relatividade,* ou seja, a regra de que não pode obrigar ou prejudicar terceiros alheios à relação jurídica.

Nem sempre o Poder Público atua de forma impositiva, emitindo unilateralmente atos administrativos imperativos, às vezes, também celebra acordos de vontade com particulares para a produção de efeitos jurídicos recíprocos desejados por ambas as partes.

Segundo Odete Medauar (2015, p. 266):

> Sendo o órgão estatal uma das partes do vínculo contratual, não poderiam prevalecer os mesmos preceitos aplicáveis aos contratos firmados entre particulares. Isso porque os contratos celebrados por órgãos ou entes estatais direcionam-se ao atendimento do interesse público e este prepondera sobre os interesses privados. Daí ser inaplicável aos contratos firmados por órgãos estatais a plena igualdade entre as partes e a imutabilidade do que foi inicialmente pactuado. A defesa do interesse público levou à atribuição de

prerrogativas à Administração, que é parte do contrato, sem sacrifício de direitos pecuniários do particular contratado.

Resta evidente, portanto, que essa espécie de contrato assegura prerrogativas, previstas em lei, para que a atuação da Administração possa assegurar o interesse público expresso no texto normativo, mas sem que isso signifique preterir os direitos do contratante particular, posto que seu direito de ordem pecuniária estará sempre garantido.

10.1 Características dos contratos administrativos

Enquanto os contratos de direito privado exigem a capacidade civil do contratante, objeto lícito, possível, determinado ou determinável, e a forma é livre, salvo previsão legal em sentido contrário, os contratos administrativos demandam não apenas a capacidade, mas sobretudo a competência das autoridades públicas.

Além dos requisitos de validade do objeto, que deve ser orientado para a consecução de finalidades públicas, são exigidos elementos próprios do regime jurídico de direito público, que determinam maior formalismo, como corolário do princípio da publicidade ou transparência administrativa; procedimento prévio de licitação (exceto nas hipóteses de contratação direta autorizadas em lei, para garantir os objetivos de igualdade dos contratantes, visando à justa competição e à busca por resultados de contratação mais vantajosos para a Administração); uma gama de prerrogativas denominadas cláusulas exorbitantes, que geram mutabilidade ou instabilização da relação jurídica, em face da supremacia do interesse público em relação ao particular, desde que seja respeitado o equilíbrio econômico-financeiro do contrato.

São características genéricas do contrato administrativo, presentes, portanto, nos contratos em geral:

- *Consensualidade*: derivação de acordo de vontades;
- *Formalidade*: deve ser, em geral, escrito e obedecer a diversos requisitos formais;
- *Onerosidade*: é, em regra, remunerado;
- *Comutatividade*: assegura vantagens recíprocas;
- firmado *intuitu personae*: obriga o contratado a realizar o contrato, não se permitindo, salvo nos limites fixados, a subcontratação;
- *Natureza de contrato de adesão*: em que as cláusulas são preestabelecidas pela Administração e normalmente constam em forma de minuta do próprio edital da licitação, sendo fiéis às determinações contidas em leis e regulamentos.

Além dessas, há características específicas, contidas nos contratos administrativos:

- Participação do Poder Público ou da Administração Pública como parte contratante;
- Finalidade de atendimento ao interesse público, que gera a mutabilidade do contrato;
- Obediência ao procedimento prévio de licitação, à exceção dos casos de contratação direta permitida nas hipóteses legais; e
- Presença de cláusulas exorbitantes, baseada na supremacia do interesse público, veiculado pela Administração.

A exorbitância é a característica mais destacada pelos teóricos da matéria, pois se relaciona, entre outras coisas, com a faculdade de a Administração Pública modificar o contrato unilateralmente ou rescindi-lo, tendo em vista a consecução dos interesses públicos. Essa veicula, portanto, prerrogativas que posicionam a Administração Pública, como titular da promoção dos interesses públicos, em um patamar de supremacia que lhe confere o direito de alterar unilateralmente (*ius variandi ou mutabilidade*) o contrato, desde que respeite seu equilíbrio econômico-financeiro.

Como manifestação de prerrogativas administrativas, as cláusulas exorbitantes não envolvem poderes arbitrários, mas são, nos dizeres de Celso Antônio Bandeira de Mello (2011), prerrogativas de supremacia *instrumentais à realização da finalidade pública*, uma vez que a tônica do contrato é deslocada *da simples harmonia de interesses para a consecução de um fim de interesse público*.

Essas características específicas dos contratos administrativos refletem a necessidade de assegurar que as atividades contratadas estejam alinhadas com os interesses públicos e sejam conduzidas de maneira transparente e equitativa, garantindo a eficiência e a eficácia na gestão dos recursos públicos.

10.2 Espécies de contratos administrativos

A legislação brasileira traz um rol diversificado de espécies de contratos administrativos. Maria Sylvia Zanella Di Pietro (2023, p. 329) aponta as seguintes modalidades dentre os contratos administrativos, sujeitos ao direito público: "concessão de serviço público, de obra pública, de uso de bem público, concessão patrocinada, concessão administrativa (as duas últimas como formas de parcerias público-privadas), contrato de prestação ou locação de serviços, de obra pública, de fornecimento". Incluíram-se neste capítulo a modalidades de *convênio* e *consórcio*, muito embora essas formas de parcerias/ajustes não tenham, em rigor, natureza contratual (em sentido estrito).

- *Concessão de serviço público*

O contrato de *concessão*, em sentido amplo, pode ser definido como o contrato administrativo pelo qual a Administração confere ao particular a execução remunerada de serviço público, de obra pública ou de serviço de que a Administração Pública seja a usuária direta ou indireta, ou lhe cede o uso de bem público, para que o explore pelo prazo e nas condições regulamentares e contratuais. Trata-se de uma contratação complexa, com longa duração e investimentos vultosos.

A *concessão de serviços* pode ser realizada de duas formas: *concessão simples*, regulada pela Lei nº 8.987/1995, e *concessão especial*, na modalidade de PPPs, regulada pela Lei nº 11.079/2004.

A distinção das modalidades está no fato de que, na concessão simples, a remuneração do concessionário ocorre pelo pagamento de tarifas pelos usuários do serviço. É o que acontece, por exemplo, em rodovias pedagiadas sob concessão.

Já nas PPPs, a remuneração do concessionário se dá por contraprestação direta do Poder Público, seja integralmente (concessão administrativa), seja parcialmente, cumulada com o pagamento de tarifas pelos usuários (concessão patrocinada). Ainda, na concessão de uso de bem público, concede-se o uso privativo de bem para que seja utilizado conforme sua destinação originária. A concessão de obra pública também se distingue do contrato de obra pública pois, enquanto neste há remuneração direta e específica pelo Poder Público, na primeira, a remuneração é paga pelos próprios beneficiários da obra, e não pela Administração.

A *concessão de serviço público* é um dos contratos administrativos mais importantes no contexto brasileiro, utilizado quando o Poder Público opta por delegar a execução de determinados serviços a entidades do setor. Ex.: transporte aéreo, rodoviário ou marítimo de passageiros, radiodifusão sonora (rádio) e de sons e imagens (televisão), telecomunicações em geral, rodovias etc.

A concessão, em sentido amplo, é o contrato administrativo pelo qual a Administração confere ao particular a execução remunerada de serviço público, de obra pública ou de serviço nos quais a Administração Pública seja a usuária direta ou indireta, ou lhe cede o uso de bem público, para que o explore pelo prazo e nas condições regulamentares e contratuais.

Em todas as modalidades de concessão, há uma reserva de direitos, poderes e vantagens pelo concedente, como rescisão unilateral do contrato, fiscalização e aplicação de sanções. De acordo com Maria Sylvia Zanella Di Peitro (2023, p. 332), não existe uniformidade de pensamento entre os doutrinadores na definição do instituto da *concessão*. Para fins de sistematização, pode-se separá-los em três grupos:

1. O primeiro grupo prega uma visão mais ampla, seguindo a doutrina italiana, que atribui uma concepção muito aberta ao termo concessão, abrangendo qualquer tipo de ato, unilateral ou bilateral, pelo qual a Administração outorga direitos ou poderes ao particular. Essa visão não tem muita aceitação no direito brasileiro, que, em matéria de contrato, foi influenciado pelo direito francês.

2. O segundo grupo defende uma acepção menos ampla porque distingue a concessão translativa (ato administrativo que atribui ao concessionário poderes e deveres inalterados do concedente) da constitutiva (ato administrativo que delega ao concessionário poderes para utilizar ou explorar bem público em qualidade inferior e quantidade menor), e admitem três tipos de concessão: a *de serviço público*, a *de obra pública* e a de *uso de bem público*.

3. E o terceiro grupo considera como concessão apenas a delegação de poderes para a prestação de serviços públicos. Conforme essa corrente, não há um gênero *concessão* com diversas espécies, mas sim uma espécie única que envolve a incumbência de um serviço público a uma pessoa de direito privado.

A *concessão de serviços públicos* está disciplinada pela Lei nº 8.984/1995, cuja remuneração básica decorre de tarifa paga pelo usuário ou outra forma de contrapartida decorrente da própria exploração do serviço.

Já a *concessão de obra pública* está disciplinada pelas Leis nºs 8.987/1995 ou 11.079/2004.

A *concessão de uso de bem público*, com ou sem exploração do bem, é disciplinada por legislação esparsa.

As *PPPs inauguram duas novas modalidades de concessões*: a *concessão patrocinada* (modalidade de PPP instituída pela Lei nº 11.079/2004, conjugando tarifa paga pelos usuários e contraprestação pecuniária do concedente), e a *concessão administrativa* (que se caracteriza pela prestação de serviço de que a Administração Pública seja a usuária direta ou indireta, também disciplinada pela Lei nº 11.079/2004). A remuneração básica por contraprestação feita pelo parceiro público ao parceiro privado.

Com relação à *concessão de serviço público precedida de obra*, o art. 2º, III, da Lei nº 8.987/1995, alterado pela Lei nº 14.133/2021, define a concessão de serviço público precedida de obra pública como a construção, a conservação, a reforma, a ampliação ou o melhoramento de obras de interesse público, delegadas pelo poder concedente, mediante licitação, a uma pessoa jurídica ou consórcio de empresas que demonstre capacidade para sua realização, por sua conta e risco, com remuneração e amortização do investimento por meio da exploração do serviço ou obra por prazo determinado.

- *Permissão de serviço público*

Importante observar a diferença entre *concessão* e *permissão*, podendo-se adiantar que esta, doutrinariamente, não tem natureza contratual, sendo tratada neste capítulo para permitir a adequada diferenciação dos institutos e pelo fato de o art. 175 da CF ter uma redação que permitiu concluir que se trata de contrato; e assim foi a permissão tratada na Lei nº 8.987/1995.

A *permissão de serviço público* é, tradicionalmente, considerada ato unilateral, discricionário e precário, pelo qual o Poder Público transfere a outrem a execução de um serviço público, para que o exerça em seu próprio nome e por sua conta e risco, mediante tarifa paga pelo usuário.

A diferença está na forma de constituição, pois a concessão decorre de acordo de vontades, e a permissão, de ato unilateral, e na precariedade existente na permissão e não na concessão. Para Celso Antônio Bandeira de Mello (2019, p. 808), a permissão, pelo seu caráter precário, seria utilizada, normalmente, quando:

> – O permissionário não necessitasse alocar grandes capitais para o desempenho do serviço;
> – Poderia mobilizar, para diversa destinação e sem maiores transtornos, o equipamento utilizado;
> – O serviço não envolvesse implantação física de aparelhamento que adere ao solo;
> – Os riscos da precariedade a serem assumidos pelo permissionário fossem compensáveis seja pela rentabilidade do serviço, seja pelo curto prazo em que se realizaria a satisfação econômica almejada.

Já Hely Lopes Meirelles (2009, p. 398) entende que se poderá acrescentar a essas hipóteses, em que seria preferível a permissão, aquela em que os serviços permitidos são

> transitórios, ou mesmo permanentes, mas que exijam frequentes modificações para acompanhar a evolução da técnica ou as variações do interesse público, tais como o transporte coletivo, o abastecimento da população e demais atividades cometidas a particulares, mas dependentes de controle estatal.

No que tange à *permissão de serviço público*, destacamos os seguintes aspectos:

- Trata-se de contrato de adesão, precário e revogável unilateralmente pelo poder concedente (de acordo com o art. 175, parágrafo único, inciso I, da CF/1988, e do art. 40 da Lei nº 8.987/1995), embora tradicionalmente seja tratada pela doutrina como ato unilateral, discricionário e precário, gratuito ou oneroso, *intuitu personae*.
- Sempre dependerá de licitação, de acordo com o art. 175 da CF/1988.
- O seu objeto é a execução de serviço público, continuando a titularidade do serviço com o Poder Público.
- O serviço é executado em nome do permissionário, por sua conta e risco.
- O permissionário sujeita-se às condições estabelecidas pela Administração e a sua fiscalização.
- Por se tratar de ato precário, pode ser alterado ou revogado a qualquer momento pela Administração, por motivo de interesse público.
- Muito embora seja de sua natureza a outorga sem prazo, admite-se a possibilidade de fixação de prazo, hipótese em que a revogação antes do termo estabelecido dará ao permissionário direito à indenização.

- *Contrato de obra pública*

É o ajuste pelo qual a Administração seleciona uma empresa privada para realizar a construção, reforma ou ampliação de um imóvel destinado ao público ou ao serviço público. Esses contratos podem ser executados basicamente sob dois regimes: empreitada e regime de tarefas. O contrato de obra pública visa a execução indireta de obras cuja titularidade pertence ao

Estado. No inciso XII de seu art. 6º, a Lei de Licitações e Contratos Administrativos define *obra* como:

> [...] toda atividade estabelecida, por força de lei, como privativa das profissões de arquiteto e engenheiro que implica intervenção no meio ambiente por meio de um conjunto harmônico de ações que, agregadas, forma um todo que inova o espaço físico da natureza ou acarreta alteração substancial das características originais de bem imóvel.

Nesse sentido, abre-se a possibilidade para uma série de contratos de empreitada que abrangem desde etapas parcelares do projeto e execução da obra até a contratação integral e complexa de todos os atos e materiais necessários para a plena realização da obra.

- *Contrato de fornecimento*

O contrato de fornecimento é o acordo de vontades em que a Administração adquire bens móveis para uso em repartições ou estabelecimentos públicos. Ex.: fornecimento de gêneros alimentícios para escolas públicas ou presídios, podendo ser integral, parcelado ou contínuo. Dito de outra forma, trata-se de contrato administrativo pelo qual a Administração adquire bens móveis e semoventes necessários à execução de obras ou serviços e que é conhecido como contrato de fornecimento.

Esse contrato se assemelha à compra e venda do direito privado, diferenciando-se pelo procedimento prévio de licitação (com possibilidade de dispensa em razão do valor) e pela inclusão de cláusulas exorbitantes nas modalidades de fornecimento contínuo, parcelado e integral para entrega futura.

O fornecimento pode ser parcelado (realizado em partes, sendo concluído apenas na entrega final de todas as parcelas); contínuo (realizado por um período determinado, destinado à entrega de bens de consumo habitual), ou permanente, como papel, tinta, combustível, entre outros. Este tipo de fornecimento é definido pela lei como serviços e compras contratados pela Administração Pública para a manutenção da atividade administrativa, decorrentes de necessidades permanentes ou prolongadas. A entrega é sucessiva e o contrato se exaure nas datas prefixadas.

O fornecimento integral é a hipótese em que o contrato se extingue com a entrega total do bem adquirido, sem parcelamento ou continuidade. Essas modalidades garantem que a Administração Pública possa adquirir os bens necessários de maneira eficiente e conforme suas necessidades específicas, respeitando os procedimentos legais e contratuais estabelecidos.

- *Contrato de prestação de serviço*

O *contrato de prestação de serviço* consiste na contratação de particular para a realização de atividade prestada em benefício da própria Administração. Essa modalidade contratual pode ter por objeto:

– Serviço de natureza comum, isto é, que não necessita de especial qualificação técnica do prestador.

– Serviço de natureza especial, marcado pela necessidade de habilitação adequada de caráter técnico ou intelectual para seu exercício. Nesta última categoria estão compreendidos os serviços indicados pelo inciso XVIII do art. 6º da Lei nº 14.133/2021, dentre os quais se menciona: i) a realização de estudos técnicos, pareceres ou perícias; ii) a restauração de obras de art. ou de bens de valor histórico; e iii) o exercício da advocacia em defesa do ente público nas casas judiciais ou administrativas.

Para os serviços de natureza especial, tem-se como inexigível a licitação prévia, na forma do art. 74, III, da referida lei.

No âmbito federal, a contratação de serviços terceirizados, ou seja, executados de forma indireta, foi regulamentada pelo Decreto nº 9.507/2018, que revogou o Decreto nº 2.271/1997, abrangendo tanto a Administração Direta quanto a Indireta.

O decreto exige que a contratação seja precedida de planejamento, com o objeto definido de forma precisa no instrumento convocatório, no projeto básico ou no termo de referência, e no contrato como exclusivamente de prestação de serviços. Podem ser previstos padrões de aceitabilidade e nível de desempenho para aferição da qualidade esperada na prestação dos serviços, com previsão de adequação de pagamento conforme o resultado. O art. 7º do Decreto nº 9.507/2018 proíbe nos contratos de serviços terceirizados:

– Indexação de preços por índices gerais, nas hipóteses de alocação de mão de obra.
– Caracterização do objeto como fornecimento de mão de obra.
– Previsão de reembolso de salários por parte da contratante.
– Pessoalidade e subordinação direta dos empregados da contratada aos gestores da contratante.

O cerne da terceirização é justamente a ausência de subordinação, enfatizada pelo decreto. O art. 8º do decreto estabelece uma série de cláusulas que devem constar do contrato, para que a Administração contratante possa fiscalizar o pagamento dos encargos trabalhistas e sociais decorrentes do contrato, evitando a configuração de responsabilidade por omissão ou *culpa in vigilando* por parte da Administração Pública, conforme a Súmula nº 331 do Tribunal Superior do Trabalho (TST).

Nos contratos de prestação de serviços continuados que envolvam a disponibilização de pessoal da contratada de forma prolongada ou contínua para a consecução do objeto contratual, são exigidos:

– Apresentação pela contratada do quantitativo de empregados vinculados à execução do objeto do contrato de prestação de serviços;

– Cumprimento das obrigações estabelecidas em acordo, convenção, dissídio coletivo de trabalho ou equivalentes das categorias abrangidas pelo contrato;

– Relação de benefícios a serem concedidos pela contratada a seus empregados, incluindo, no mínimo, auxílio-transporte e auxílio-alimentação, quando esses forem concedidos pela contratante.

- *Contrato de alienação*

O contrato de alienação é precedido por licitação na modalidade de leilão e terá por objeto bens públicos móveis ou imóveis de natureza dominical ou mesmo bens inservíveis ou apreendidos. Pode consistir em compra e venda, doação ou mesmo permuta. É possível realizar por meio de contratação direta, isto é, sem prévia licitação, nos casos previstos nos incisos I e II do art. 76 da Lei nº 14.133/2021, devendo-se atentar para o tipo contratual empregado e o objeto da alienação. O contrato administrativo firmado, antes da entrada em vigor da nova lei (publicação), continua submetido ao previsto na legislação revogada (art. 191, § 1º, da nova lei).

- *Contrato de gestão*

O contrato de gestão é um termo genérico utilizado para designar qualquer acordo operacional firmado entre a Administração Pública e organizações sociais, com o objetivo de fixar metas de desempenho e permitir melhor controle de resultados. Trata-se de um compromisso institucional celebrado entre o Poder Público e uma entidade não estatal (pessoa jurídica de direito privado sem fins lucrativos), qualificada como OS, com vistas à formação de parceria para fomento e execução de atividades de interesse social não exclusivas do Estado, conforme definido na Lei nº 9.637, de 1998.

É um instrumento de implementação, supervisão, acompanhamento e avaliação de políticas públicas, na medida em que vincula recursos ao atingimento de finalidades públicas. Como instrumento de acompanhamento, o *contrato de gestão* deve permitir a definição e a adoção de estratégias de ação que se mostrem necessárias para oferecer à instituição melhores condições para o atingimento dos objetivos e metas acordados. Além disso, o acompanhamento do desempenho institucional pelo contrato de gestão permite a definição dos objetivos e das metas pactuados, caso as circunstâncias em que atua a instituição sofram alterações que justifiquem uma redefinição.

Admite-se eventual *termo aditivo ao contrato de gestão* como instrumento utilizado para alterá-lo, podendo dispor, por exemplo, sobre a inclusão ou exclusão de cláusulas, a revisão de metas, indicadores e prazos, assim como sobre alterações nos valores originalmente pactuados e autorizações do repasse desses recursos.

- *Contrato de eficiência*

O contrato cujo objeto é a prestação de serviços, que pode incluir a realização de obras e o fornecimento de bens, com o objetivo de proporcionar economia ao contratante, na forma de redução de despesas correntes, remunerado o contratado com base em percentual de economia gerada. A licitação para contrato de eficiência se utiliza exclusivamente do julgamento por maior retorno econômico, considerando a maior economia para a Administração, e a remuneração deverá ser fixada em percentual que incidirá de forma proporcional à economia efetivamente obtida na execução do contrato (Nohara, 2024, p. 414).

- *Termo de parceria*

É o instrumento firmado entre o Poder Público e as OSCIPs, caracterizado como um vínculo de cooperação, fomento e execução de atividades de interesse público, conforme o art. 9º da Lei nº 9.790/1999.

> Art. 9º Fica instituído o Termo de Parceria, assim considerado o instrumento passível de ser firmado entre o Poder

Público e as entidades qualificadas como Organizações da Sociedade Civil de Interesse Público destinado à formação de vínculo de cooperação entre as partes, para o fomento e a execução das atividades de interesse público previstas no art. 3º desta Lei.

- *Consórcio público*

Tradicionalmente, a doutrina brasileira define consórcio público como o contrato administrativo firmado entre entidades federativas do mesmo tipo (Municípios com Municípios, Estados com Estados), para a realização de objetivos de interesse comum. Consórcios eram acordos de vontade estabelecidos entre entidades estatais geralmente do mesmo nível de governo (por exemplo, Estado com Estado) ou entre entidades da Administração Indireta da mesma natureza, buscando alcançar objetivos de interesse comum.

Quando se tratava de entidades de diferentes níveis governamentais firmava-se um *acordo* ou um *convênio*, e não um consórcio. Atualmente, é permitido que consórcios incluam entes estatais de diversos níveis, sendo que a União só pode participar de consórcios públicos que incluam todos os Estados onde os Municípios consorciados estão localizados.

Antes do advento da Lei nº 11.107/2005, os consórcios não resultavam na formação de uma entidade, consistindo apenas em ajustes de vontades sem personalidade jurídica. Atualmente, o consórcio público pode ser constituído como uma associação pública, adquirindo personalidade jurídica de direito público, ou como uma pessoa jurídica de direito privado (art. 1º da Lei nº 11.107/2005). Em ambas as hipóteses, é obrigatória a realização de licitações, celebração de contratos, prestação de contas e admissão de pessoal, sendo que, no caso de pessoa jurídica de direito privado, a regulação é feita pela CLT (art. 6º da lei).

Dessa forma, considerando que a lei conferiu personalidade jurídica aos consórcios (seja de direito público ou privado) e deixou de caracterizá-los como simples ajustes de vontade, eles passaram a ser considerados entes da Administração Indireta (Nohara, p. 418).

- *Termo de convênio*

Convênio é o acordo administrativo multilateral firmado entre entidades públicas de qualquer espécie, ou entre estas e organizações particulares, visando à cooperação recíproca para alcançar objetivos de interesse comum a todos os conveniados.

Para Hely Lopes Meirelles, trata-se de "acordo firmado por entidades públicas de qualquer espécie, ou entre estas e organizações particulares, para realização de objetivos comuns dos partícipes" (Meirelles, 2009, p. 411).

O art. 241 da CF, modificado pela EC nº 19/1998, determina que a União, os Estados, o Distrito Federal e os Municípios regulamentem, por meio de lei, os consórcios públicos e os convênios de cooperação entre os entes federados. Isso inclui a autorização para a gestão associada de serviços públicos e a transferência total ou parcial de encargos, serviços, pessoal e bens essenciais à continuidade dos serviços transferidos.

Convênios envolvem interesses recíprocos e colaboração mútua para alcançar metas institucionais comuns. Os recursos financeiros repassados em convênios mantêm sua natureza pública e estão sujeitos ao controle financeiro e orçamentário conforme o art. 70 da CF. A Lei nº 14.133/2021 aplica suas disposições aos convênios na ausência de norma específica.

Convênios são usados para concretizar incentivos como auxílios financeiros e subvenções, regulamentados pelo Decreto nº 6.170/2007 e suas alterações. Este decreto estabelece regras para transferências de recursos da União mediante convênios, contratos de repasse e termos de execução descentralizada. O referido decreto veda convênios e contratos de repasse com certas entidades, como aquelas com dirigentes políticos ou que não comprovem atividades relevantes nos últimos três anos e também proíbe convênios que terminem no último ou primeiro trimestre de mandatos executivos.

Convênios na qualidade de entidades privadas sem fins lucrativos podem incluir despesas administrativas e remuneração de equipe, desde que previstas no programa de trabalho e limitadas a 15% do valor do objeto. A seleção de equipe deve seguir processo seletivo prévio, garantindo publicidade e impessoalidade. A entidade deve dar ampla transparência aos valores pagos à equipe. As regras de transferência de recursos às organizações da sociedade civil estão na Lei de Parcerias (Lei nº 13.019/2014, alterada pela Lei nº 13.204/2015), regulamentada pelo Decreto nº 8.726/2016 e atualizada pelo Decreto nº 11.661/2023.

- *Termo de credenciamento*

Credenciamento é o instrumento administrativo pelo qual o Poder Público habilita qualquer interessado em realizar determinada atividade, sem necessidade de competição. Normalmente utilizado para casos em que todos os interessados podem ser contratados, como o credenciamento de hospitais para o Sistema Único de Saúde (SUS) ou escolas e instrutores no Departamento de Trânsito.

Consubstancia-se em ato unilateral, distanciando-se do conceito de contrato em sentido restrito.

- *Contrato verbal*

Com relação aos contratos verbais, as Leis nºs 8.666/1993 e 14.133/2021 se igualam na previsão de que são nulos, salvo em casos muito específicos. No entanto, a Lei nº 14.133 traz duas novidades que merecem atenção. No seu art. 60, parágrafo único, a Lei nº 8.666/1993 previa a possibilidade de contrato verbal para pequenas compras de pronto pagamento em regime de adiantamento. Por sua vez, no art. 95, § 2º, a Lei nº 14.133 dispõe: "É nulo e de nenhum efeito o contrato verbal com a Administração, salvo o de pequenas compras ou o de prestação de serviços de pronto pagamento, assim entendidos aqueles de valor não superior a dez mil reais".

Comparando as normas, vemos que as inovações residem: I) na possibilidade de o contrato verbal ter como objeto a prestação de serviços; e II) na não exigência de pagamento em regime de adiantamento.

Antes do advento da Lei nº 14.133/2021, a jurisprudência já reconhecia os contratos verbais como válidos, desde que comprovada a prestação de serviços ou a aquisição de bens, além da boa-fé do contratado.

> PROCESSO CIVIL. APELAÇÃO. AÇÃO DE COBRANÇA. CONTRATO VERBAL. VEDAÇÃO AO ENRIQUECIMENTO ILÍCITO DA ADMINISTRAÇÃO PÚBLICA. EFETIVA PRESTAÇÃO DE SERVIÇOS. ÔNUS DA PROVA. DESINCUMBÊNCIA. SENTENÇA REFORMADA. 1) Evidenciando-se que a Administração Pública, mesmo ciente da obrigação de realizar a contratação formalmente, optou pela realização de serviços por meio de acordo verbal, não pode depois pretender se beneficiar da disposição legal relativa à nulidade deste tipo de contrato, sob pena de enriquecimento ilícito, eis que restou comprovada a efetiva prestação de serviços, por meio de imagens fotográficas, de testemunha ligada ao órgão público e de ofícios de cobrança nunca contestados; 2) Recurso parcialmente provido (TJ-AP – APELAÇÃO: APL nº 00566.2017.8.03.0001 – Apelante: Cia. de Trânsito e Transporte de Macapa – CTMAC. Apelado: Equipar Ind. Com. Serv. Ltda. – Data do Julgamento: 26.01.2021).
>
> APELAÇÃO CÍVEL. DIREITO ADMINISTRATIVO. INDENIZAÇÃO. DANO MATERIAL. AUSÊNCIA DE PROVA DA AUTORIA. ART. 373, I, DO CPC.

RECONVENÇÃO. ALEGAÇÃO DE CONTRATO VERBAL. AUSÊNCIA DE COMPROVAÇÃO CABAL. ADMINISTRAÇÃO PÚBLICA NÃO PODE CONTRATAR VERBAL. EXISTÊNCIA DE CONTRATO DE PRESTAÇÃO DE SERVIÇOS. ADITIVO. NÃO REALIZAÇÃO. PEDIDO JULGADO IMPROCEDENTE. Inexistindo prova da autoria dos danos, não há que se imputar ao requerido o ônus do ressarcimento, mormente quando comprovado que diversas empresas realizavam serviço nas proximidades de onde ocorreu o dano prejudicial. A prova da autoria é essencial à responsabilização e compete ao autor nos termos do art. 373, I, do CPC. Tratando-se o pedido reconvencional de dívida decorrente de alegada prestação de serviços por meio de contrato verbal, é de se ressaltar que a Administração Pública em raríssimas exceções, na qual não se encontra a do presente feito, pode realizar contrato verbal para aquisição imediata. No caso de já se existir contrato de prestação de serviços entre as partes não é crível considerar que a existência de outros serviços fosse efetivada sem o respectivo termo Aditivo, sendo ambas as partes conhecedoras da Norma, bem como a Prestadora de Serviços conhecedora das formas de se receber da Administração Pública, o que decerto não se faz baseado em contrato não escrito. Diante da fragilidade de provas não se pode considerar devida a dívida pleiteada em pedido reconvencional (TJ-MG – APELAÇÃO CÍVEL: AC nº 1.0024.13.250469-7/001 – Apelante: Cia. de Saneamento de Minas Gerais. Apelado: EPO – Eng, Planejamento de Obras – 8ª Câmara Cível do TJMG).

- *Contrato de escopo*

A Lei nº 14.133/2021 trouxe inúmeras inovações que impactam a Administração Pública em todas as esferas. O art. 111 estabelece que "na contratação que prever a conclusão de escopo predefinido, o prazo de vigência será automaticamente prorrogado quando seu objeto não for concluído no período firmado no contrato".

Contrato de escopo é aquele que impõem à parte o dever de realizar uma conduta específica e definida, uma vez cumprida a prestação, o contrato se exaure e nada mais pode ser exigido do contratante, com a prorrogação automática, na prática, ainda que o gestor perca o prazo para prorrogação do ajuste, o contrato não perderá sua vigência. Tal disposição não constava da norma anterior (Lei nº 8.666/1993). Na medida em que a prorrogação automática evita, por exemplo, a paralisação de um projeto, a inovação pode ser considerada positiva.

A fim de evitar prorrogações automáticas desnecessárias e prejudiciais ao interesse público, o art. 111, parágrafo único, incisos I e II, fez algumas ressalvas para os casos em que a não conclusão do escopo do contrato decorrer de culpa do contratado:

> I – o contratado será constituído em mora, aplicáveis a ele as respectivas sanções administrativas; e
>
> II – a Administração poderá optar pela extinção do contrato e, nesse caso, adotará as medidas admitidas em lei para a continuidade da execução contratual.

Apesar disso há uma contradição na Lei nº 14.133 em relação aos contratos de escopo. Muito embora o *caput* do art. 111 preveja a prorrogação automática, no art. 6º, XVII – que define serviços não contínuos ou contratados por escopo –, a redação afirma que os contratos podem ser prorrogados, desde que justificadamente, pelo prazo necessário à conclusão do objeto.

Como se vê, no art. 6º, XVII trata da prorrogação como possibilidade (podendo ser prorrogado) que necessita de justificativa (desde que justificadamente), enquanto o art. 111 admite que a prorrogação é automática.

10.3 Cláusulas necessárias

São cláusulas necessárias, conforme dispõe o art. 92 da Lei nº 14.133/2021, as que estabeleçam:

– O objeto e seus elementos característicos;

– A vinculação ao edital de licitação e à proposta do licitante vencedor ou ao ato que tiver autorizado a contratação direta e à respectiva proposta;

– A legislação aplicável à execução do contrato, inclusive quanto aos casos omissos;

– O regime de execução ou a forma de fornecimento;

– O preço e as condições de pagamento, os critérios, a data-base e a periodicidade do reajustamento dos preços e os critérios de atualização monetária entre a data do adimplemento das obrigações e a do efetivo pagamento;

– Os critérios e a periodicidade da medição, quando for o caso, e o prazo para liquidação e para pagamento;

– Os prazos de início das etapas de execução, conclusão, entrega, observação e recebimento definitivo, quando for o caso;

– O crédito pelo qual correrá a despesa, com a indicação de classificação funcional programática e da categoria econômica;

– A matriz de risco, quando for o caso;

– O prazo para resposta ao pedido de repactuação de preços, quando for o caso;

– O prazo para resposta ao pedido de restabelecimento do equilíbrio econômico-financeiro, quando for o caso;

– As garantias oferecidas para assegurar sua plena execução, quando exigidas, inclusive as que forem oferecidas pelo contratado no caso de antecipação dos valores a título de pagamento;

– O prazo de garantia mínima do objeto, observados os prazos mínimos estabelecidos nesta lei e nas normas técnicas aplicáveis, e as condições para manutenção e assistência técnica, quando for o caso;

– Os direitos e as responsabilidades das partes, as penalidades cabíveis e os valores das multas e suas bases de cálculo;

– As condições de importação e a taxa de câmbio para conversão, quando for o caso;

– A obrigação do contratado de manter, durante toda a execução do contrato, em compatibilidade com as obrigações por ele assumidas, todas as condições exigidas para a habilitação da licitação, ou para a qualificação, na contratação direta;

– A obrigação de o contratado cumprir as exigências de reserva de cargos prevista em lei, bem como em outras normas específicas, para pessoa com deficiência, para reabilitado da Previdência Social e para aprendiz;

– O modelo de gestão do contrato, observados os requisitos definidos em regulamento; e

– Os casos de extinção.

Essas cláusulas devem constar do edital e, quando da celebração do contrato, o agente público responsável não pode se afastar do que nele estiver contido no tocante às condições essenciais, o que não impede que o instrumento contratual precise (especifique) tópicos previstos de forma mais genérica no ato convocatório.

10.4 Cláusulas exorbitantes

O art. 89 da Lei nº 14.133/2021 determina que os contratos de que trata a Lei de Licitações e Contratos regular-se-ão pelas suas cláusulas e pelos preceitos de direito público, e a eles serão aplicados, supletivamente, os princípios da teoria geral dos contratos e as disposições de direito privado.

Os contratos de concessão e a permissão de serviços públicos, feitos sempre por meio de licitação, conforme dispõe o art. 175, *caput*, da CF/1988, obedecem a regime jurídico específico, contido na Lei nº 8.987/1995, com alterações subsequentes, que tratam, entre outros assuntos:

– Da outorga e prorrogação;
– Das condições de caducidade;
– Da rescisão contratual;
– Da fiscalização do contrato;
– Dos direitos dos usuários;
– Da política tarifária; e
– Da obrigação de manter serviço adequado.

A licitação e a contratação de PPP obedecem às regras gerais da Lei nº 11.079/2004, no âmbito dos Poderes da União, dos Estados, do Distrito Federal e dos Municípios, aplicando-se-lhes subsidiariamente a Lei nº 8.987/1995, referente ao regime de concessão e permissão da prestação de serviços públicos em geral, e demais leis correlatas.

Também a Lei nº 14.133/2021 aplica-se subsidiariamente às Leis nºs 8.987/1995 (Lei de Concessão) e 11.079/2004 (Lei de PPPs), conforme teor do art. 186 da nova lei.

10.5 Da formalização dos contratos administrativos

Os contratos administrativos são guiados pela persecução do interesse público, e a sua formalização está disciplinada nos arts. 89 a 95 da Lei nº 14.133/2021. Diante do mandamento da supremacia do interesse público sobre o interesse particular, a dinâmica contratual é radicalmente modificada. Em primeiro lugar, a celebração não ocorre por mera oferta e aceite, mas exige um procedimento público e de ampla concorrência, denominado licitação. Em segundo lugar, a Administração Pública conta com direitos que, mesmo não previstos no instrumento contratual, ainda lhe acompanham. São as chamadas cláusulas exorbitantes, com o típico exemplo da impossibilidade de o particular se valer da exceção por contrato não cumprido, no entanto isso não significa que o agente privado esteja desprovido de proteção.

Na verdade, a própria lei lhe confere garantias a fim de manter o equilíbrio econômico-financeiro sempre que os fatos se modifiquem durante a execução do contrato, seja por acontecimentos imprevistos, seja por vontade do Poder Público. É precisamente na proteção do equilíbrio econômico-financeiro do contrato que se encontra a tarefa do advogado de Direito Público. Em muitos casos, a Administração é relutante em reconhecer a modificação fática e tende a permanecer silenciosa. Essa inércia, no entanto, eleva à onerosidade das obrigações do particular e justifica eventual provocação do Poder Judiciário.

A Administração deve verificar a regularidade fiscal da contratada antes de firmar ou prorrogar o contrato e ainda solicitar certidões negativas de inidoneidade, impedimentos e débitos trabalhistas. O contrato deve conter prazo de resposta ao pedido de repactuação e equilíbrio. Previsão expressa de reajustamento em sentido estrito quando não houver regime de dedicação exclusiva, e repactuação, quando houver. Nos contratos contínuos com dedicação exclusiva, o prazo de resposta para o pedido de repactuação será de um mês, contado da solicitação acompanhada de documentos.

A divulgação no Portal Nacional de Contratações Públicas é condição indispensável à eficácia do contrato e de seus aditamentos e deve acontecer no prazo de 20 dias úteis, no caso de licitação, e 10 dias úteis, no caso de contratação direta. Para obras, devem ser divulgados os quantitativos e os preços na internet (art. 94, § 3º).

Para delinear uma dinâmica de prestações que respeite o equilíbrio econômico-financeiro e entregue o justo lucro para o particular, é crucial a presença de algumas disposições específicas. Um contrato administrativo ideal deve conter ao menos as seguintes cláusulas:

- A definição do objeto e seus elementos característicos.
- O regime de execução (empreitada global, preço unitário, tarefa ou empreitado global) ou a forma de fornecimento (integral, parcelada ou contínua).
- O preço e as condições de pagamento, incluindo data-base e periodicidade para ajustes de preço e o índice de atualização monetária.
- Os prazos de início e etapas de execução, conclusão, observação e recebimento definitivo.
- A origem orçamentária para adimplemento das prestações onerosas, com a indicação específica da nota de empenho, classificação funcional e categoria econômica (critérios do orçamento público).
- As garantias oferecidas pelo contratado para assegurar a plena execução. Sobre as garantias do contratado, a Lei nº 14.133/2021 trouxe as modalidades de caução em dinheiro ou em títulos da dívida pública; seguro-garantia ou fiança bancária.
- Os direitos e as responsabilidades das partes, com as penalidades cabíveis e os valores das multas.

- Os casos de rescisão contratual e os direitos mantidos pela Administração nas hipóteses de rescisão.
- As condições de importação, especialmente taxa de câmbio e data para fins de repactuação eventual.
- A vinculação ao edital de licitação ou ao termo de dispensa ou inexigibilidade, de modo que o contrato não fique em descompasso com os atos anteriores.
- A legislação aplicável à execução do contrato e especialmente aos casos omissos.

Com o fechamento do contrato, os trechos dos principais elementos (objeto e preço) deverão ser publicados na Imprensa Oficial vinculada ao ente contratante. Somente então haverá a convocação para a assinatura do contrato no prazo indicado. Caso o contratado não compareça, os licitantes seguintes poderão ser convocados para substituição.

10.6 Da obrigatoriedade de garantia contratual

A critério da autoridade competente, em cada caso, e desde que prevista no edital, pode ser exigida prestação de garantia nas contratações de obras, serviços e fornecimentos, conforme determina o art. 96 da Lei nº 14.133/2021.

As quatro modalidades de garantia previstas na lei são:

- Caução em dinheiro ou títulos da dívida pública;
- Seguro-garantia;
- Fiança bancária;
- Título de capitalização custeado por pagamento único, com resgate pelo valor total.

Cabe ao contratado optar por uma das modalidades de garantia. Isso quer dizer que a exigência de garantia é facultativa à Administração, mas ela deve assegurar ao particular a opção entre as quatro possibilidades previstas na lei. Os títulos da dívida pública oferecidos como garantia devem ser emitidos sob a forma escritural, mediante registro em sistema centralizado de liquidação e de custódia autorizado pelo Banco Central do Brasil, e avaliados pelos seus valores econômicos, conforme definido pelo Ministério da Economia.

A nova lei prevê expressamente que, na hipótese de suspensão do contrato por ordem ou inadimplemento da Administração, o contratado ficará desobrigado de renovar a garantia ou de endossar a apólice de seguro até a ordem de reinício da execução ou o adimplemento pela Administração, para desonerá-lo de custos por situações que não foram por ele provocadas.

O edital fixará prazo mínimo de um mês, contado da data da homologação da licitação e anterior à assinatura do contrato, para a prestação da garantia pelo contratado quando optar pela modalidade seguro-garantia.

O seguro-garantia, conforme determina o art. 97 da Lei nº 14.133/2021, tem por objetivo garantir o fiel cumprimento das obrigações assumidas pelo contratado perante a Administração, inclusive as multas, os prejuízos e as indenizações decorrentes de inadimplemento, observadas as seguintes regras nas contratações regidas pela lei.

O prazo de vigência da apólice será igual ou superior ao prazo estabelecido no contrato principal e deverá acompanhar as modificações referentes à vigência deste, mediante a emissão do respectivo endosso pela seguradora.

O seguro-garantia continuará em vigor mesmo se o contratado não tiver pago o prêmio nas datas convencionadas. Nos contratos de execução continuada ou de fornecimento contínuo de bens e serviços, segundo o parágrafo único do art. 97, será permitida a substituição da apólice de seguro-garantia na data da renovação ou do aniversário, desde que mantidas as mesmas condições e coberturas da apólice vigente e desde que nenhum período fique descoberto, ressalvado se a Administração der causa à suspensão de contrato na situação do § 2º do art. 96. Também nos contratos que envolvam a entrega de bens pela Administração, dos quais o contratado ficará depositário, o valor desses bens deverá ser acrescido ao valor da garantia.

10.7 Da matriz de risco

A primeira manifestação do legislador para incorporar uma forma de distribuir os riscos nos contratos administrativos pode ser constatada na Lei das PPPs. A repartição de riscos foi estabelecida como uma cláusula contratual, conforme o art. 5º, III, da Lei nº 11.079/2004, que determina que os contratos de PPP devem prever "a repartição de riscos entre as partes, inclusive os referentes a caso fortuito, força maior, fato do príncipe e álea econômica extraordinária".

A Lei nº 13.303/2016 (Lei das Estatais), que trata da regulamentação do art. 173, § 1º, da CF/1988, referindo-se ao estatuto das sociedades de economia mista e empresas públicas, também considerou importante impor exigência legal de controle dos riscos contratuais. Esse controle passa pela responsabilidade contratual da Administração Pública, sua eficiência buscando atingir padrões elevados de transparência, exigidos pelas normas nacionais de *compliance*.

Art. 69. São cláusulas necessárias nos contratos disciplinados por esta Lei:
[...]
X – matriz de riscos.

Tem-se assim, a obrigação legal da matriz de riscos na contratação de obras e serviços, cabendo à empresa, pública ou sociedade de economia mista, o dever de elaborar cláusulas contratuais definidoras de riscos e responsabilidades entre as partes, bem como apresentar em seus anexos a matriz de riscos relacionados ao contrato e seus eventos, limitando a invocação de eventos *emergenciais* não dispostos na matriz.

Essa abordagem foi inspirada principalmente no *common law*, onde há maior autonomia na estipulação de cláusulas contratuais. Nos países anglo-americanos, os contratos são minuciosamente negociados, com maior respeito à autonomia das partes na definição das cláusulas, inclusive de repartição de riscos, em comparação com o sistema romano-germânico, onde o juiz frequentemente tem mais poder para reequilibrar o contrato, em um sistema de maior dirigismo contratual e revisão de equidade.

No Brasil, a incorporação gradual da matriz de riscos na legislação é vista como positiva, pois antecipa alguns riscos específicos do mercado do contrato, evitando revisões contratuais constantes e trazendo mais segurança. No entanto, prever detalhadamente *fatos imprevisíveis* é um grande desafio, pois a capacidade de antever e distribuir riscos é limitada. Sempre haverá questões não previstas que precisarão ser resolvidas por um juiz ou árbitro, dada a infinita variabilidade de possíveis ocorrências circunstanciais, tornando impossível uma previsão completa e segura dos riscos que cada parceiro contratual realmente assumirá.[12]

A Lei nº 14.133/2021 seguiu as legislações mais avançadas ao prever a matriz de riscos, definida no inciso XXVII do art. 6º da lei como uma cláusula contratual que define os riscos e as responsabilidades entre as partes, caracterizando o equilíbrio econômico-financeiro inicial do contrato em termos de ônus financeiro decorrente de eventos supervenientes à contratação.

O impacto da matriz de riscos na alegação de áleas é disciplinado no § 5º do art. 103 da Lei nº 14.133/2021. Sempre que atendidas as condições do contrato e da matriz de alocação de riscos, será considerado mantido o equilíbrio

---

12 Nesse sentido, fica evidente que, muito embora o *princípio da precaução e o da prevenção* não se encontrem positivados no Direito Administrativo, conforme se apontou no capítulo 2, sua aplicação pode ser constatada na exigência de matriz de riscos nos contratos administrativos.

econômico-financeiro, e as partes renunciam aos pedidos de restabelecimento do equilíbrio relacionados aos riscos assumidos, exceto nas seguintes situações:

– Alterações unilaterais determinadas pela Administração, conforme o inciso I do *caput* do art. 124 da lei; e
– Aumento ou redução de tributos diretamente pagos pelo contratado devido à legislação superveniente.

Portanto, as partes renunciam ao pedido de reequilíbrio se o risco ocorrido tiver sido previsto e alocado na matriz, exceto em casos de alterações unilaterais da Administração ou mudanças legislativas que afetem os tributos.

A matriz de riscos deve conter, no mínimo, as seguintes informações:

- Listagem dos possíveis eventos supervenientes à assinatura do contrato que possam impactar seu equilíbrio econômico-financeiro e previsão de eventual necessidade de termo aditivo.
- No caso de obrigação de resultado, estabelecimento das frações do objeto com liberdade para inovação pelos contratados.
- No caso de obrigações de meio, estabelecimento preciso das frações do objeto sem liberdade para inovação pelos contratados.

No momento em que a norma jurídica estipula a necessidade de implementação de uma matriz contratual, ela o faz tendo em vista a necessidade de se mapear e mitigar riscos potenciais e aferíveis em uma escala de priorização, portanto, não aceita que sejam lançados mapas de riscos ou tabelas de verificação, sob a máscara de matriz. Mapas de riscos (registros de riscos) e lista de verificação são processos de identificação de riscos e não podem ser confundidos com matriz.

Uma matriz de impacto *vs.* probabilidade, como o próprio nome induz, irá medir e conjugar dois critérios para a obtenção do nível de riscos: um critério de impacto e outro de probabilidade.

A conjugação desses dois critérios em um diagrama de cálculo de riscos permitirá a confirmação do nível de risco da atividade verificada e, a depender do grau de incerteza suportável da entidade, determinará sua correção ou aceitação. A escala de impacto, que determina o nível de afetação do evento de risco no objetivo da entidade, pode ser qualitativa ou quantitativa, conforme o interesse e o nível de maturidade do gerenciamento de risco da entidade.

A matriz de impacto *vs.* probabilidade, não só pelo seu fundamento em apuradas metodologias de gestão de riscos, mas por sua adequação à lógica dos riscos passíveis de enfrentamento em um contrato administrativo, parece ser aquela que melhor se adéqua a esta nova exigência legal, qual seja, da previsão de uma efetiva *matriz de risco* como parte dos contratos celebrados.

Em grande medida, a ideia de implementação de matriz de risco na atividade estatal está intimamente ligada ao princípio da precaução.

> A possibilidade de aplicação do princípio da precaução à atividade estatal é perfeitamente viável, na medida em que o Estado deve utilizar-se de todos os recursos disponíveis como base para justificar a implementação de medidas de salvaguarda frente a uma hipotética ocorrência de dano irreparável (Pedreira, 2016, p. 245).

A observância ao *princípio da precaução* recomenda a adoção de estratégias para lidar com a incerteza oriunda da impossibilidade de se antever consequências de determinada prática ou procedimento.

A matriz de risco nos contratos e o princípio da precaução são ferramentas essenciais na gestão de incertezas e na proteção de interesses públicos, especialmente em projetos de grande escala e impacto, como obras de infraestrutura e contratos ambientais. A matriz de risco é um instrumento utilizado para identificar, avaliar e alocar os riscos entre as partes contratantes, garantindo que cada risco seja gerido pela parte mais capacitada para mitigá-lo. Já o princípio da precaução, amplamente aplicado no Direito Ambiental, estabelece que, na ausência de certeza científica sobre os riscos potenciais de uma atividade, devem ser adotadas medidas preventivas para evitar danos graves ou irreversíveis.

A conexão entre a matriz de risco e o princípio da precaução reside na sua abordagem proativa e preventiva na gestão de riscos. A matriz de risco permite uma análise detalhada dos possíveis eventos adversos que podem impactar a execução de um contrato, alocando responsabilidades de forma clara e objetiva. Essa alocação de riscos é fundamental para garantir que as partes estejam preparadas para lidar com incertezas e possam tomar medidas adequadas para mitigar os impactos negativos. De maneira semelhante, o princípio da precaução enfatiza a necessidade de adotar medidas preventivas diante de incertezas científicas, priorizando a proteção do meio ambiente e da saúde pública.

Um exemplo prático dessa interconexão pode ser observado em contratos de concessão para a construção e operação de uma usina de energia renovável. A matriz de risco identificaria e alocaria riscos como variações climáticas, mudanças regulatórias e impactos ambientais, garantindo que cada parte contratante esteja ciente de suas responsabilidades e preparada para mitigar esses riscos. Simultaneamente, o princípio da precaução justificaria a implementação de medidas adicionais para monitorar e minimizar os impactos ambientais, mesmo que os riscos não sejam totalmente compreendidos. Dessa forma, a matriz de risco e o princípio da precaução trabalham em conjunto para promover uma gestão eficiente e responsável dos riscos, assegurando a sustentabilidade e a proteção dos interesses públicos diante de incertezas e possíveis adversidades.

10.8 Da duração dos contratos administrativos

A temática relativa à duração dos contratos administrativos encontra-se disciplina nos arts. 105 a 114 da Lei nº 14.133/2021. Consta do art. 106, *caput*, que a Administração poderá celebrar contratos com prazo de até cinco anos nas hipóteses de serviços e fornecimentos contínuos. Por sua vez, o art. 107 dispõe que os contratos de serviços continuados, como é o caso dos serviços de publicidade, poderão ser prorrogados sucessivamente, respeitada a vigência máxima de 10 anos, desde que haja previsão no edital e referendada a vantagem à Administração pela autoridade competente.

Trata-se de uma das alterações normativas mais impactantes às contratações públicas de serviços de publicidade, em nível possivelmente superior às alterações restritas ao processo licitatório, considerando-se que, na Lei nº 8.666/1993, os contratos administrativos de prestação de serviços continuados tinham o limite ordinário de apenas 60 meses.

Sobre a duração dos contratos administrativos, é necessário que o Poder Público mantenha seu controle, de forma a realizar mandamento da Lei Complementar nº 101/2001 (Lei de Responsabilidade Fiscal), nos seguintes termos, além da busca de satisfação ao interesse público:

> Art. 1º Esta Lei Complementar estabelece normas de finanças públicas voltadas para a responsabilidade na gestão fiscal, com amparo no Capítulo II do Título VI da Constituição.
> § 1º A responsabilidade na gestão fiscal pressupõe a ação planejada e transparente, em que se previnem riscos e corrigem desvios capazes de afetar o equilíbrio das contas públicas, mediante o cumprimento de metas de resultados entre receitas

e despesas e a obediência a limites e condições no que tange a renúncia de receita, geração de despesas com pessoal, da seguridade social e outras, dívidas consolidada e mobiliária, operações de crédito, inclusive por antecipação de receita, concessão de garantia e inscrição em Restos a Pagar.

A Lei nº 14.133/2021 não prevê contratos anuais. Poder-se-á celebrar contratos de fornecimento contínuo, com prazo de até cinco anos, prorrogáveis. Essa possibilidade até então não era admitida, mas a lei prevê algumas medidas mitigadoras de riscos, como, por exemplo: i) deverá ser atestada a vantagem da contratação plurianual; ii) em cada exercício deve ser atestada a existência de créditos; e iii) há possibilidade de extinção do contrato sem ônus, por questões orçamentárias ou quando o contrato não oferecer vantagem.

Na hipótese de aluguel de equipamentos e utilização de programas de informática segue a regra de contratações de serviços e fornecimento contínuos. Já os serviços e fornecimento contínuos podem ser prorrogados até 10 anos, permitida a negociação ou a extinção sem ônus.

Nos contratos em que a Administração seja usuária de serviço público, podem ser firmados por prazo indeterminado. Nos contratos de eficiência, prazos de até 10 e 35 anos, se houver investimento. Em outro sentido, nos contratos por escopo, a vigência é automaticamente prorrogada. A disposição se alinha a parte da doutrina especializada, resolvendo muitas controvérsias. A lei dá solução clara para os contratos que associam fornecimento e prestação de serviço (art. 113). Contratos de operação continuada de sistemas estruturantes de TI podem ter vigência máxima de 15 anos.

Parte da doutrina considera que, nos casos de contratos por objeto, a extinção se dá pela entrega do mesmo. Nesse sentido, o prazo estipulado no instrumento contratual é somente moratório, não representado o fim do pacto negocial, e sim somente o prazo firmado para a sua execução e entrega do objeto final. Contudo, existe jurisprudência do Tribunal de Contas da União apontando que, nos casos de contrato de escopo ainda não finalizado, seu prazo deve ser prorrogado antes do de seu término, sob pena de impossibilidade de ser prorrogado.

A Lei Federal nº 14.133/2021 veio estabelecer, em seu art. 111, que, na contratação que prever a conclusão de escopo predefinido, o prazo de vigência será automaticamente prorrogado quando seu objeto não for concluído no período firmado no contrato. As hipóteses de prorrogação são tratadas nos arts. 105 a 114 da Lei nº 14.133/2021.

Os arts. 124 a 136 da Lei de Licitações admitem a alteração dos contratos e dos valores nas seguintes hipóteses:

– No reequilíbrio em caso de força maior, caso fortuito ou fato do príncipe, deve-se observar a repartição de riscos estabelecida no contrato.

– A lei estabeleceu regras para fixar o valor dos itens alterados que não têm previsão contratual (art. 127). A sistemática já é recomendada na jurisprudência.

– Termo indenizatório como instrumento para reconhecer desequilíbrio em contrato extinto (art. 131).

– É possível a antecipação dos efeitos do aditivo, nos casos de justificada necessidade, devendo a formalização ocorrer em no máximo um mês. Trata-se de inovação muito relevante, sobretudo para obras e serviços de engenharia.

– Indicação da repactuação para serviços contínuos com dedicação exclusiva (art. 135). Neste ponto a lei incorporou as disposições da IN nº 5/2017.

– Não pode a administração se vincular a disposições das convenções que não tratem de matéria trabalhista, valores ou índices obrigatórios de encargos, preços de insumos e disposições que só se apliquem a contratos com a Administração.

– Previsão de apostila para reajuste e repactuação.

10.9 Fiscalização e gestão dos contratos administrativos

O art. 39 da Lei nº 14.133/2021 encarregou-se de disciplinar as atividades de fiscalização e gestão dos contratos administrativos, ressalte-se que em decorrência do princípio da segregação de função, a gestão e a fiscalização dos contratos serão desempenhadas por dois servidores diferentes.

> Art. 39. As atividades de gestão e fiscalização da execução contratual são o conjunto de ações que tem por objetivo aferir o cumprimento dos resultados previstos pela Administração para os serviços contratados, verificar a regularidade das obrigações previdenciárias, fiscais e trabalhistas, bem como prestar apoio à instrução processual e o encaminhamento da documentação pertinente ao setor de contratos para a formalização dos procedimentos relativos à repactuação, alteração, reequilíbrio, prorrogação, pagamento, eventual aplicação de sanções, extinção dos contratos, dentre outras, com vista a assegurar o cumprimento das cláusulas avençadas e a solução de problemas relativos ao objeto.

A *fiscalização dos contratos administrativos* se configura em prerrogativa do Poder Público, prevista nos arts. 104, III, e 117 da Lei nº 14.133/2021, exigindo que a execução do contrato seja acompanhada e fiscalizada por um representante da Administração, especialmente designado para essa função, permitida a contratação de terceiros para assisti-lo e subsidiá-lo de informações pertinentes a essa atribuição. A este fiscal caberá anotar em registro próprio todas as ocorrências relacionadas com a execução do contrato, determinando o que for necessário à regularização das faltas ou defeitos. O não atendimento das determinações da autoridade fiscalizadora enseja rescisão unilateral do contrato (art. 78, VII), sem prejuízo das sanções cabíveis.

Portanto, deverá ser designado como Fiscal do contrato servidor, preferencialmente com conhecimento técnico acerca do objeto da contratação, para acompanhar e fiscalizar a execução contratual.

O § 4º do art. 117 exige que, na hipótese de contratação de terceiros, deverão ser observadas as seguintes regras:

> I – a empresa ou o profissional contratado assumirá responsabilidade civil objetiva pela veracidade e pela precisão das informações prestadas, firmará termo de compromisso de confidencialidade e não poderá exercer atribuição própria e exclusiva de fiscal de contrato;
>
> II – a contratação de terceiros não eximirá de responsabilidade o fiscal do contrato, nos limites das informações recebidas do terceiro contratado.

Já a *gestão do contrato* é um conjunto de técnicas e boas práticas que visam a administração correta do ciclo de vida do contrato, desde a sua criação, execução, negociação, redação e discussão das cláusulas até o encerramento, a entrega e a assinatura final do documento. O *gestor do contrato* deverá ser o servidor com atribuições gerenciais, designado para gerir e coordenar o processo de fiscalização da execução contratual.

10.10 Extinção dos contratos administrativos

A extinção do contrato administrativo ocorre quando cessa o vínculo obrigacional entre as partes pelo integral cumprimento de suas cláusulas ou pelo rompimento, em virtude da rescisão ou da anulação. São essas as formas normais ou excepcionais de extinção do contrato, que fazem desaparecerem as relações negociais entre os contratantes, deixando apenas as consequências da execução ou da inexecução contratual. Constituem motivos para extinção do contrato as seguintes situações, de acordo com o art. 137 da Lei nº 14.133/2021 e seus incisos:

> I – não cumprimento ou cumprimento irregular de normas editalícias ou de cláusulas contratuais, de especificações, de projetos ou de prazos;
>
> II – desatendimento das determinações regulares emitidas pela autoridade designada para acompanhar e fiscalizar sua execução ou por autoridade superior;
>
> III – alteração social ou modificação da finalidade ou da estrutura da empresa que restrinja sua capacidade de concluir o contrato;
>
> IV – decretação de falência ou de insolvência civil, dissolução da sociedade ou falecimento do contratado;
>
> V – caso fortuito ou força maior, regularmente comprovados, impeditivos da execução do contrato;
>
> VI – atraso na obtenção da licença ambiental, ou impossibilidade de obtê-la, ou alteração substancial do anteprojeto que dela resultar, ainda que obtida no prazo previsto;

VII – atraso na liberação das áreas sujeitas a desapropriação, a desocupação ou a servidão administrativa, ou impossibilidade de liberação dessas áreas;

VIII – razões de interesse público, justificadas pela autoridade máxima do órgão ou da entidade contratante;

IX – não cumprimento das obrigações relativas à reserva de cargos prevista em lei, bem como em outras normas específicas, para pessoa com deficiência, para reabilitado da Previdência Social ou para aprendiz.

§ 1º Regulamento poderá especificar procedimentos e critérios para verificação da ocorrência dos motivos previstos no *caput* deste artigo.

§ 2º O contratado terá direito à extinção do contrato nas seguintes hipóteses:

I – supressão, por parte da Administração, de obras, serviços ou compras que acarrete modificação do valor inicial do contrato além do limite permitido no art. 125 desta Lei;

II – suspensão de execução do contrato, por ordem escrita da Administração, por prazo superior a 3 (três) meses;

III – repetidas suspensões que totalizem 90 (noventa) dias úteis, independentemente do pagamento obrigatório de indenização pelas sucessivas e contratualmente imprevistas desmobilizações e mobilizações e outras previstas;

IV – atraso superior a 2 (dois) meses, contado da emissão da nota fiscal, dos pagamentos ou de parcelas de pagamentos devidos pela Administração por despesas de obras, serviços ou fornecimentos;

V – não liberação pela Administração, nos prazos contratuais, de área, local ou objeto, para execução de obra, serviço ou fornecimento, e de fontes de materiais naturais especificadas no projeto, inclusive devido a atraso ou descumprimento das obrigações atribuídas pelo contrato à Administração relacionadas a desapropriação, a desocupação de áreas públicas ou a licenciamento ambiental.

§ 3º As hipóteses de extinção a que se referem os incisos II, III e IV do § 2º deste artigo observarão as seguintes disposições:

I – não serão admitidas em caso de calamidade pública, de grave perturbação da ordem interna ou de guerra, bem como quando decorrerem de ato ou fato que o contratado tenha praticado, do qual tenha participado ou para o qual tenha contribuído;

II – assegurarão ao contratado o direito de optar pela suspensão do cumprimento das obrigações assumidas até a normalização da situação, admitido o restabelecimento do equilíbrio econômico-financeiro do contrato, na forma da alínea "d" do inciso II do *caput* do art. 124 desta Lei.

§ 4º Os emitentes das garantias previstas no art. 96 desta Lei deverão ser notificados pelo contratante quanto ao início de processo administrativo para apuração de descumprimento de cláusulas contratuais.

A Lei nº 14.133/2021 revela grande preocupação e interesse na preservação dos contratos nas hipóteses em que pode ser evitada sua extinção, tendo em vista as consequências advindas do rompimento contratual. O art. 147 determina que, em primeiro lugar, diante de irregularidades, seja ponderada a possibilidade do seu saneamento, em vez da suspensão ou da declaração de nulidade, sendo ainda condição para a medida que não haja impactos de interesse público.

Nesse sentido deverão ser analisados os seguintes aspectos:

i) Impactos econômicos e financeiros decorrentes do atraso na fruição dos benefícios do objeto do contrato;

ii) Riscos sociais, ambientais e à segurança da população local decorrentes do atraso na fruição dos benefícios do objeto do contrato;

iii) Motivação social e ambiental do contrato;

iv) Custo da deterioração ou perda das parcelas executadas;

v) Despesa necessária à preservação das instalações e dos serviços já executados;

vi) Despesa inerente à desmobilização e ao posterior retorno às atividades;

vii) Medidas efetivamente adotadas pelo titular do órgão ou entidade para o saneamento dos indícios de irregularidades apontados;

viii) Custo total e estágio de execução física e financeira dos contratos, dos convênios, das obras ou das parcelas envolvidas;

ix) Fechamento dos postos de trabalho diretos ou indiretos em razão da paralisação;

x) Custo para realização de nova licitação ou celebração de novo contrato; e

xi) Custo de oportunidade do capital durante o período da paralisação.

O art. 151 da Lei nº 14.133/2021 considera meios alternativos de prevenção e resolução de controvérsias, notadamente: a conciliação, a mediação, o comitê de resolução de disputas e a arbitragem (esta última é uma possibilidade interessante para a continuidade dos contratos).

A declaração de nulidade do contrato administrativo requererá análise prévia do interesse público envolvido e operará retroativamente, impedindo os efeitos jurídicos que o contrato deveria produzir ordinariamente e desconstituindo os já produzidos. Contudo, se não for possível o retorno à situação fática anterior, a nulidade será resolvida por perdas e danos, sem prejuízo das responsabilizações (art. 148). A nulidade, de acordo com o art. 149 não exonerará a Administração do dever de indenizar o contratado pelo que houver executado até a data em que for declarada ou tornada eficaz, bem como por outros prejuízos regularmente comprovados, desde que não lhe sejam imputáveis, e será promovida a responsabilização de quem lhe tenha dado causa.

10.11 Inexecução do contrato administrativo

A inexecução ou inadimplência de um contrato administrativo ocorre quando uma das partes não cumpre as cláusulas estabelecidas no contrato. Esse descumprimento pode ser por ação ou omissão, culposa ou sem culpa, ou ainda de forma dolosa, resultando no atraso ou no não cumprimento integral do acordado.

A *inexecução culposa* resulta de ação ou omissão da parte, decorrente de negligência, imprudência ou imperícia no cumprimento das cláusulas contratuais. Nesse caso, o inadimplente está sujeito a sanções legais ou contratuais, como multas, rescisão do contrato, indenizações por perdas e danos, suspensão provisória ou declaração de inidoneidade para contratar com a Administração, proporcionalmente à gravidade da falta cometida.

A *inexecução sem culpa* ocorre sem qualquer interferência da parte inadimplente. São atos extraordinários, imprevistos e imprevisíveis, alheios à conduta da parte, que retardam ou impedem parcial ou totalmente a execução do contrato administrativo. De acordo com a *Teoria da Imprevisão*, a parte descumpridora não será responsabilizada, pois tais situações justificam a inexecução do contrato.

Hely Lopes Meirelles (2009, p. 611) explica que a *Teoria da Imprevisão* reconhece que eventos novos, imprevistos e imprevisíveis, não imputáveis às partes, que afetam a economia ou a execução do contrato, autorizam sua revisão para ajustá-lo às circunstâncias supervenientes. Isso visa evitar a ruína do contratado diante de fatos não previstos, que criam um ônus excessivo para uma parte e uma vantagem desmedida para a outra, pois trata da possibilidade de revisão dos contratos administrativos em razão de eventos imprevisíveis e extraordinários que alterem substancialmente as condições de execução do contrato.

São causas justificadoras da inexecução contratual a *força maior*, o *caso fortuito*, o *fato do príncipe*, o *fato da administração*:

1. *Força maior* é um evento humano imprevisível e inevitável que cria uma impossibilidade intransponível para a execução regular do contrato. Ex.: greves nos setores envolvidos no contrato.
2. *Caso fortuito* é um evento natural imprevisível e inevitável que impede a execução regular do contrato. Ex.: enchentes, tufões, raios que danificam o objeto do contrato.
3. *Fato do príncipo* é uma determinação estatal positiva ou negativa, geral, imprevista e imprevisível, que onera substancialmente a execução do contrato administrativo. Se essa determinação impedir a execução do contrato, a Administração contratante deve compensar integralmente os prejuízos da outra parte. Exemplo: proibição pelo Poder Público de importação de um produto essencial para o contrato.
4. *Fato da administração* é uma ação ou omissão do Poder Público que incide diretamente sobre um contrato específico, retardando ou impedindo sua execução. Ex.: a Administração não providencia as desapropriações necessárias ou atrasa os pagamentos por longo tempo.

Além disso, pode haver ainda *interferências imprevistas* que são ocorrências materiais imprevistas e imprevisíveis pelas partes no momento da celebração do contrato, que surgem durante sua execução de forma surpreendente e excepcional, criando maior dificuldade e onerosidade para a execução. Isso provoca uma nova adequação dos preços e prazos acordados. Ex.: na construção de um viaduto, os operários encontram um terreno argiloso, diferente do previsto pela Administração Pública.

10.12 Conexão entre a teoria da imprevisão e o princípio da precaução

Embora a *Teoria da Imprevisão* e o *Princípio da Precaução* sejam aplicados em contextos diferentes, ambos compartilham a preocupação com a gestão de riscos e a proteção de interesses públicos. A conexão entre eles pode ser vista em vários aspectos.

Enquanto a *teoria da imprevisão* foca na adaptação de contratos diante de eventos imprevisíveis que alteram substancialmente as condições de execução, o *princípio da precaução* se concentra na prevenção de riscos potenciais antes que eles causem danos significativos.

No que diz respeito à proteção de interesses públicos, a teoria da imprevisão busca proteger as partes contratantes e o interesse público, garantindo que os contratos administrativos permaneçam justos e exequíveis. O princípio da precaução visa proteger a saúde pública e o meio ambiente, evitando danos graves ou irreversíveis.

Quanto à flexibilidade e à adaptação, a teoria da imprevisão permite a revisão de contratos para adaptar-se a novas circunstâncias. Em contrapartida, o princípio da precaução encoraja a adoção de medidas preventivas flexíveis para lidar com incertezas.

Um exemplo prático que ilustra a conexão entre esses dois princípios pode ser encontrado em contratos administrativos relacionados a projetos ambientais. Suponha que um contrato para a construção de uma usina hidrelétrica seja afetado por mudanças climáticas imprevisíveis que alterem drasticamente o regime de chuvas, comprometendo a viabilidade do projeto. Nesse caso, a teoria da imprevisão poderia ser invocada para revisar os termos do contrato, ajustando prazos e custos para refletir as novas condições. E o princípio da precaução poderia justificar a implementação de medidas adicionais para mitigar os impactos ambientais e garantir a sustentabilidade do projeto, mesmo que os riscos não sejam totalmente compreendidos.

A teoria da imprevisão e o princípio da precaução, embora distintos, podem ser vistos como complementares na gestão de contratos administrativos e na proteção de interesses públicos. Ambos enfatizam a necessidade de flexibilidade e adaptação diante de incertezas e riscos, promovendo a justiça e a sustentabilidade nas decisões administrativas.

Capítulo 11

DA INTERVENÇÃO DO ESTADO NA PROPRIEDADE PRIVADA

O Estado surgiu da restrição à liberdade natural e integral que o homem possuía na sua origem, em favor de um comando coordenador para a coletividade, como forma de obter melhores condições de vida. A formação do Estado sofreu diversas transformações, evoluiu ao longo dos tempos até atingir o estágio atual, conhecido como *Estado Moderno*. Ou seja, uma sociedade política e juridicamente organizada com unidade territorial, dotada de soberania e composta de pessoas que se agrupam com um objetivo comum a ser atingido: o bem-estar geral.

Com a descoberta da escrita e o aperfeiçoamento cultural, o homem começou a escrever leis, normas e regras, ou seja, formulou-se um conjunto de preceitos que deveriam ser seguidos e acatados pela comunidade, pois consideravam que a união dos indivíduos em sociedade era a vontade geral e, por isso, suas leis também provinham da vontade comum.

Evidentemente, o principal motivo que levou os homens a se aglutinarem formando as primeiras células sociais foi o medo e a violência. Havia necessidade de proteger a família, a propriedade privada, os bens amealhados ao longo da vida, que eram saqueados sistematicamente, e havia, ainda, a necessidade de proteger a própria vida, pois, na fase primitiva, as questões eram resolvidas pela força e a selvageria, sendo o mais fraco subjugado sempre pelo mais forte. Diante da necessidade de nivelar os homens, na força, na astúcia e na inteligência, surgiram o *contrato social* e *as leis*.

Segundo os filósofos clássicos, o motivo pelo qual a *polis* era tida como necessária se devia ao fato de que somente dessa forma o homem poderia buscar a perfeição. Como consequência, ela (a *polis*) era posta como primeira em relação ao indivíduo. Daí advinha também outra importante consequência, relativa à moralidade, segundo a qual o *dever* colocava-se em primeiro plano em relação ao *direito*. Concebia-se, assim, o indivíduo, independentemente de suas qualidades – e não como queria Aristóteles, que procurava a virtude – entendendo-se o homem como essencialmente completo, independente da sociedade civil, pois o estado natural em que se vivia antecedia o estado civil.

Platão e Aristóteles desenvolveram uma teoria sobre a origem do homem, descrevendo-o como um ser dotado por natureza das condições para sobreviver em sociedade. Ao criar o homem incapaz de sobreviver sozinho e dotado de habilidades técnicas de sobrevivência, a natureza obrigou-o a reunir-se aos seus semelhantes, de modo a constituir, por auxílio mútuo, relações de colaboração e de parentesco. Daí resultaram as primeiras associações ou comunidades, desde a família ou clãs até a aldeia e, finalmente, a *polis* ou o *Estado*, onde, enfim, o homem pôde realizar-se, desenvolvendo seu potencial, justamente o objetivo maior da natureza que o fez como um animal político racional (*zoon politikon*).

Para Aristóteles (2009, p. 58, livro I),

> é evidente a razão pela qual o homem é um animal político, mais do que todos os demais, abelhas ou animais gregários. Como dissemos a natureza nada faz em vão; ora, o homem é o único entre todos os animais que é dotado de

> *Logos* [...] a palavra é feita para exprimir o útil e o prejudicial e, consequentemente, também, o justo e o injusto [...] e os outros valores; e é a posse comum desses valores que constitui a família e a *polis*.

Jean-Jacques Rousseau (2004, p. 24) parte do pressuposto de que o homem, em estado natural, participa de uma condição sem lei nem moralidade – "O homem nasce livre, e por toda parte é acorrentado" – e somente poderia viver em sociedade se firmasse um pacto de associação entre seus semelhantes. Tal pacto, longe de ser um ajuste de submissão, deveria ser uma forma de associação que afastasse o uso da força e que o protegesse e defendesse, pois, para o filósofo, seria impossível o homem retornar ao estado natural, convertido em estado civil a partir do advento do referido pacto. Nesse contexto, a vontade geral se sobrepunha à vontade do soberano. Nessa atmosfera nasceu **O Contrato Social**, ideário para a Revolução Francesa e considerada uma das obras fundamentais da filosofia política, e também o marco para a criação do Estado moderno.

Segundo Rousseau (2004, p. 24), a família é a mais antiga das sociedades, e também a única natural; os mesmos filhos só ao pai se sujeitam enquanto necessitam dele para se conservar, e, finda a precisão, desprendem-se o laço natural; isentos os filhos da obediência devida ao pai, apartados dos cuidados que requer a infância, todos ficam independentes. Se continuam a viver unidos, não é natural, mas voluntariamente, e só por convenção a própria família se mantém.

Os homens não têm capacidade de sobreviver individualmente, e aglutinar-se em grupos tornou-se mais do que necessário, passando a ser vital para a sobrevivência do ser humano. A partir do instante em que o indivíduo aceita viver em comunidade, abrindo mão de uma parcela de sua liberdade em favor do grupo, a moral é adicionada à conduta humana, e assim o instinto natural é suplantado pela noção de justiça e paz. A liberdade civil é limitada pela vontade geral, impossibilitando o desprezo ao direito alheio.

Assim, a figura do soberano se faz necessária, podendo ele ser representado por um indivíduo ou por um corpo político. Por analogia, o soberano equivale ao pai, presente na célula familiar. A figura do soberano se mostra, assim, necessária, na medida em que, eleito pela maioria, representa a vontade de todos.

Os homens, no princípio, não tinham outros soberanos senão os deuses, nem outra regra senão aquelas baseadas nas normas teocráticas. O imperador romano Calígula costumava afirmar que seria necessária uma grande mudança comportamental para que o homem se submetesse a outro semelhante, e, ainda, dele esperar o seu bem-estar. Desse modo, a noção de pacto social anunciada por Rousseau era diametralmente distinta daquela apontada por Thomas Hobbes (Malmesbury, 1588) e John Locke (Wringtown, 1632).

O axioma fundamental no qual se assentava o pensamento de Thomas Hobbes era de que o maior mal que poderia afetar a vida humana é a morte violenta. E foi para evitá-la que os homens, vivendo *lupinamente* no estado natural, ou seja, em um estado geral de beligerância, celebraram o *Contrato Civil* de não agressão, graças ao qual fundaram o Estado e a sociedade civil moderna.

Hobbes foi um estudioso atento e dedicado, teve a oportunidade de conhecer o melhor que havia em seu tempo, em termos de literatura e filosofia, e tudo isso fez com que ele fosse considerado o sucessor de Maquiavel (Florença, 1469). Herdando do filósofo italiano a paixão pelo Epicurismo,[13] Hobbes foi considerado um epicurista moderno e fundador da política

---

13 Escola filosófica fundada por Epicuro de Samos no ano de 306 a.C., em Atenas. Suas características, que têm em comum com as demais correntes filosóficas de período Alexandrino a preocupação de subordinar a investigação filosófica à exigência de garantir a tranquilidade do espírito ao homem, são as seguintes: 1°) sensacionismo, princípio segundo o qual a sensação é o critério da verdade e do bem (este último identificado, portanto, com o prazer); 2°) atomismo, com o que Epicuro explicava a formação e a transformação das coisas por meio da união e da separação dos átomos, e o nascimento das sensações como ação dos estratos de átomos provenientes das coisas sobre os átomos da alma; 3°) semiateísmo, pelo qual Epicuro acreditava na existência dos deuses, que, no entanto, não desempenham papel nenhum na formação e no governo do mundo.

contemporânea; declarando-se inimigo da religião, foi banido da Corte de Londres, por causa da publicação de sua obra mais famosa, **O Leviatã**, encontrando asilo em Paris.

Leviatã ou Matéria, Forma e Poder de um Estado Eclesiástico e Civil, vulgarmente denominado apenas *Leviatã*, é a obra escrita por Hobbes e publicada em 1651. Esse título foi-lhe atribuído em referência ao monstro que aparece na bíblia cristã, no Livro de Jó, capítulo 41. Hobbes o toma como um deus mortal que pune o orgulho. O livro faz referência à estrutura da sociedade e do governo legítimo, e é referenciado como um dos exemplos mais antigos e mais influentes da teoria do contrato social. Por vezes, é considerada uma das obras mais importantes já escritas acerca do pensamento político e, durante a Guerra Civil Inglesa, o autor defendeu um contrato social e o governo de um soberano absoluto (absolutismo).

Hobbes afirmava que o caos ou a guerra civil – situações identificadas como um estado de natureza, e pelo famoso lema *Bellum omnium contra omnes* (guerra de todos contra todos) – só poderia ser evitado por um governo central forte. Esse filósofo era obstinadamente contra a teoria teológica, que para ele dominava o homem pela implementação do terror e do medo. A quarta parte do Leviatã, capítulo XLIV, tem como título *Do Reino das Trevas* e trata exatamente da teologia cristã que Hobbes buscava destruir. De sua obra também se deduz que a função do Estado não era, como queriam os gregos, promover a virtude ou a excelência do cidadão, mas simplesmente a garantia da segurança e do direito natural de todos os indivíduos.

Outro filósofo defensor do *contrato social* era John Locke, que via no homem seu estado natural, forjado pela natureza, e acreditava que, nesse estado, o indivíduo tende a entrar em conflito com facilidade. Para Locke, o ser humano possui a capacidade de se organizar socialmente mediante um *pacto*; opondo-se a Hobbes, defendia um regime de governo democrático, criado para garantir os direitos naturais. Se esses governos, contudo, não respeitassem a vida, a liberdade e a propriedade, o povo tinha o direito de se revoltar contra eles. As pessoas podiam contestar um governo injusto e não eram obrigadas a aceitar suas decisões. Locke era um ferrenho crítico da tradição que afirmava o direito divino dos reis, declarando que a vida política é uma invenção humana, completamente independente das questões divinas.

Acompanhando a marcha da história, em 1748, Montesquieu (Bourdeux, 1689), fascinado pelo progresso das Ciências e de suas descobertas a respeito das leis que regiam o mundo físico, tratadas diversas vezes em seus ensaios, propõe que a realidade social, assim como a natureza, também deveria ser regida por leis. Empolgado, passou a estudar detidamente as relações humanas para desvendar as leis sociais. Por ser um homem rico, Montesquieu viajou muito, e isso lhe assegurou que tomasse conhecimento dos vários problemas sociais da Europa, além de ter sido um grande leitor e conhecedor dos impérios antigos, tais como: Roma, Grécia, Cartago, Egito, Pérsia, China, Macedônia, Japão, e os povos hebreu, árabe, turco, dentre outras etnias e países.

Nesse contexto, Montesquieu elaborou uma teoria política, inspirada em John Locke e em seus estudos sobre as instituições políticas inglesas. Seguindo seus passos na teorização da separação dos poderes, ele retomou Aristóteles, acrescentando à teoria da separação dos poderes a função judiciária. Para Montesquieu, o Estado deveria ser dividido em três poderes, cada um com funções específicas. Tal teoria se concretizou na obra mais famosa do filósofo francês, intitulada **O Espírito das Leis** (título original – **L'Esprit des Lois**), trabalho que se tornou referência universal para advogados, legisladores e outros cientistas sociais.

A obra faz um vasto estudo nas áreas de Direito, História, Economia, Geografia e Teoria Política; nela se discute a respeito das instituições e das leis, e busca-se compreender as diversas legislações existentes em diferentes lugares e épocas. Essa obra inspirou os redatores da Constituição de 1791 e tornou-se fonte das doutrinas constitucionais liberais, que têm na separação dos Poderes Legislativo, Executivo e Judiciário, a base do Estado de Direito.

As leis foram criadas para proteger o homem, sua família e seus bens, harmonizando as relações. Nas considerações de Cesare Beccaria (2006, p. 21),

> [...] leis são condições sob as quais homens independentes e isolados se uniram em sociedade, cansados de viver em contínuo estado de guerra e de gozar de uma liberdade inútil pela incerteza de conservá-la. Parte dessa liberdade foi por eles sacrificada para poderem gozar o restante com segurança e tranquilidade. A soma de todas essas porções de liberdades, sacrificadas ao bem de cada um, forma a soberania de uma nação, e o Soberano é seu legítimo depositário e administrador.

Ihering (2008, p. 51), por sua vez, considerava que

> [...] a conservação da própria existência é a lei suprema de todo o Universo; na busca da autopreservação, ela está em todas as criaturas. Mas para o homem não se trata apenas da vida física, mas também de sua existência moral, cuja necessidade é a conservação do direito. O ser humano, através do direito, possui e defende sua existência moral – sem direito, ele se rebaixaria até os animais, como já faziam os romanos, que, do ponto de vista do direito abstrato, nivelavam os escravos aos irracionais.

Roberto Dromi (1995, p. 45-49), tratando da *"relocalización del Estado"*, aponta que o Estado *relocalizado* deve ser orientador, organizador, administrador, planificador, servidor, fiscalizador, protetor, garantidor, regulador e distribuidor. Isso significa que o Estado Moderno assumiu um novo papel no contexto atual, bem como novas missões.

O *Estado orientador* é aquele que tem a titularidade, o exercício e a tutela da condução política da sociedade com a finalidade de atingir o bem comum.

O *Estado organizador* deve estabelecer as regras que definem a ordem, a harmonia e a independência do todo que compõe o *todo social*, não apenas a organização estrutural e funcional de seus órgãos, mas de toda a sociedade.

O *Estado administrador* é aquele que executa direta e indiretamente ou deixa executar prestações e serviços públicos, exercendo por meio da administração indireta ou de sujeitos privados, a função administrativa (atividade de gestão e serviços) visando o bem-estar geral.

O *Estado planificador* está alicerçado sobre o princípio da planificação, que nasceu no bojo da reforma do Estado e está contemplado no texto constitucional argentino, configurando-se naquele que tem o dever de elaborar os planos e projetos de ação governamental e executá-los. A planificação não é apenas uma operação técnica: é, essencialmente, segundo critério apontado por Dromi, um processo político, por meio do qual se define o que a sociedade deseja em longo prazo, para projetar em curto e médio prazos.

O *Estado servidor* é assim definido porque está a serviço de seu mandante – o povo –, devendo cuidar dos interesses da sociedade, satisfazendo, assim, suas necessidades.

O *Estado fiscalizador* se mostra por meio de suas funções essenciais: governo e controle. O controle é coexistencial ao Estado, e controlar não é reduzir direitos, mas compatibilizá-los e harmonizá-los para possibilitar a convivência social.

O *Estado protetor* é aquele que cuida dos interesses da comunidade, amparando e defendendo os administrados, nos termos de sua Constituição.

O *Estado garantidor* é aquele que responde subsidiária, excepcional e solidariamente, sendo a *reserva* e a *garantia de relevo* da comunidade e ainda seu fiador, podendo intervir de forma substitutiva e conjuntural.

O *Estado regulador* ajusta a convivência social aos princípios e regras de convivência social e desenvolvimento individual.

E, finalmente, há que se fazer referência ao *Estado distribuidor*, que é o papel pelo qual o Estado deve fazer acontecer a justiça social, dando a cada um aquilo que lhe pertence, segundo a medida de seu direito, sendo árbitro e juiz da justiça social, pois tem poder e dever de repartir os benefícios comuns.

Tais considerações se prestam para elucidar o objetivo para o qual o Estado foi concebido, e qual é, verdadeiramente, seu papel dentro do contexto social. Como ente depositário daquela parcela de liberdade outorgada pelos cidadãos mediante a celebração do *Contrato Social*, a existência do ente estatal se faz imprescindível para que haja convívio comunitário harmônico e equilibrado, não podendo furtar-se de seu dever de agir, hipótese que se concretiza quando o Estado se ausenta ou se furta do dever de cumprir seu papel.

11.1 Modalidades de intervenção do Estado na propriedade privada

A intervenção estatal refere-se a ato de poder do Estado de intervir junto à propriedade privada, podendo retirar ou restringir os direitos dominiais privados ou, até mesmo, requerer destinação de interesse público. Esse ato deve ser amparado em lei e apresentar objetividade de função social.

Atualmente, a realidade brasileira apresenta diversas modalidades de restrição do Estado sobre a propriedade privada, cada uma delas afetando de maneira distinta o direito de propriedade. Essas modalidades incluem: *limitações administrativas, ocupação temporária, tombamento, requisição, servidão administrativa, desapropriação, e parcelamento e edificação compulsórios.*

O Estado possui a prerrogativa de impor restrições e condicionamentos razoáveis à propriedade alheia para atender o interesse público. O direito de propriedade, assim como os demais direitos fundamentais, não possui caráter absoluto. Ainda que a propriedade atenda a função social, é possível a intervenção estatal para restringi-la ou condicioná-la de modo a satisfazer o interesse público (Oliveira, 2021, p. 1104).

Apenas a propriedade que atende a função social delineada pelo ordenamento jurídico tem *status* de direito fundamental (art. 5º, XXII e XXIII, da CF). Dessa forma, o descumprimento da função social acarreta a aplicação de sanções ao particular, admitindo-se, inclusive, a retirada forçada da propriedade por meio da desapropriação. Ex.: desapropriação de imóvel urbano não edificado (art. 182, § 4º, III, da CF/1988); desapropriação do imóvel rural improdutivo (art. 184 da CF/1988); expropriação de propriedades rurais e urbanas com cultivo de plantas psicotrópicas ilegais ou a exploração de trabalho escravo (art. 243 da CF/1988, com redação dada pela EC nº 81/2014).

Portanto, é perfeitamente correto afirmar que a intervenção estatal na propriedade é resultado do exercício do poder de polícia do Estado e é justificada por dois fatores: a) observância à função social da propriedade (arts. 5º, XXIII, e 170, III, da CF/1988); e b) atendimento do interesse público.

Rafael Carvalho Rezende Oliveira (2021, p. 1104) divide as intervenções do Estado na propriedade privada em dois grupos:

a) *Intervenções restritivas ou brandas*: o Estado impõe restrições e condições à propriedade, sem retirá-la do seu titular. Não há consenso doutrinário em relação às modalidades de intervenções restritivas, especialmente em razão da ausência de diploma legal uniformizando as espécies e os respectivos regimes jurídicos. Todavia, é possível elencar as seguintes espécies de intervenção restritiva: servidão, requisição, ocupação temporária, limitações e tombamento.

b) *Intervenções supressivas ou drásticas*: o Estado retira a propriedade do seu titular originário, transferindo-a para o seu patrimônio, com o objetivo de atender o interesse público. As intervenções supressivas são efetivadas por meio das diferentes espécies de desapropriações.

11.2 Limitações administrativas

As *limitações administrativas* são restrições impostas pelo Estado, por meio de atos normativos, à propriedade, que geram obrigações tanto negativas quanto positivas aos proprietários, com o intuito de atender à função social da propriedade. Ex.: limites de altura para edificações (gabarito de prédios); obrigação de permitir a entrada de agentes de fiscalização tributária e vigilância sanitária; obrigação de instalar extintores de incêndio em edifícios; parcelamento e edificação compulsórios de terrenos para atender à função social definida no Plano Diretor.

Dito de outra forma, tais *limitações administrativas* impõem obrigações de caráter geral a proprietários indeterminados, objetivando o interesse geral. Elas afetam o caráter absoluto do direito de propriedade, que é o atributo que permite ao titular usar, gozar e dispor da propriedade da maneira que melhor lhe convier. Também definem o perfil do direito de propriedade, pois a esta só será considerada um direito fundamental se cumprir sua função social (art. 5º, XXII e XXIII, da CF/1988), estabelecida por meio de atos normativos. Quando a limitação é imposta após a aquisição da propriedade, é considerada uma modalidade de intervenção branda (Oliveira, 2021, p. 1113).

11.3 Ocupação temporária

A *ocupação temporária e a requisição de imóveis* obrigam o proprietário a permitir a utilização temporária do imóvel pelo Poder Público para a realização de obras ou serviços de interesse coletivo. Elas afetam a exclusividade do direito de propriedade, que é o atributo segundo o qual a mesma coisa não pode pertencer simultaneamente a duas ou mais pessoas, e o proprietário pode se opor à ação de terceiros sobre o que lhe pertence. Conforme o art. 1.231 do CC, "a propriedade presume-se plena e exclusiva, até prova em contrário".

Maria Sylvia Zanella Di Pietro (2023, p. 177) define a ocupação temporária como "forma de limitação do Estado à propriedade privada que se caracteriza pela utilização transitória, gratuita ou remunerada, de imóvel de propriedade particular, para fins de interesse público". Ex.: a Lei nº 3.924, de 26.07.1961, que dispõe sobre monumentos arqueológicos e pré-históricos. O art. 13 permite escavações e pesquisas, no interesse da arqueologia e da pré-história, em terrenos de propriedade particular, com exceção de áreas muradas que envolvem construções domiciliares; no parágrafo único estabelece que

> à falta de acordo amigável com o proprietário da área onde (sic) situa-se a jazida, será esta declarada de utilidade pública e autorizada pelo período necessário à execução dos estudos, nos termos do artigo 36 do Decreto-lei nº 3.365, de 21-6-1941.

O art. 36 do Decreto-Lei nº 3.365/1941 estabelece que a ocupação temporária será indenizada por meio de ação própria. Parte da doutrina defende que a indenização é sempre devida quando a ocupação temporária está vinculada ao processo de desapropriação, conforme a norma mencionada. No entanto, para ocupações temporárias desvinculadas da desapropriação, a indenização só será devida se houver comprovação efetiva do prejuízo pelo particular.

Contudo, em qualquer situação, a indenização depende necessariamente da comprovação do dano pelo proprietário do bem ocupado, sob pena de se admitir o pagamento de indenização sem a ocorrência de prejuízo efetivo, o que resultaria em enriquecimento sem causa do proprietário do bem ocupado. O prazo prescricional para a propositura da ação indenizatória é de cinco anos, conforme o art. 10, parágrafo único, do Decreto-Lei nº 3.365/1941.

11.4 Tombamento

O *tombamento* implica uma limitação perpétua ao direito de propriedade em benefício do interesse coletivo, afetando o caráter absoluto do direito de propriedade. O tombamento impõe um ônus maior do que as limitações administrativas, pois incide sobre um imóvel determinado. Trata-se de uma intervenção estatal restritiva que visa proteger o patrimônio cultural brasileiro. Ex.: o Centro Histórico da cidade de Salvador-BA; o conjunto arquitetônico e paisagístico da Pampulha e de Ouro Preto (Minas Gerais); a Casa de Gilberto Freyre (Recife-PE); a Estação da Luz (São Paulo-SP); o Corcovado, o Estádio do Maracanã, o Morro do Pão de Açúcar (Rio de Janeiro-RJ), o conjunto arquitetônico e paisagístico de Parati (RJ), entre outros.

De acordo com o art. 216 da CF, o patrimônio cultural brasileiro é composto por "bens de natureza material e imaterial, tomados individualmente ou em conjunto, portadores de referência à identidade, à ação, à memória dos diferentes grupos formadores da socicdade brasileira". Incluem-se nessa categoria as criações científicas, artísticas e tecnológicas; as obras, os objetos, os documentos, as edificações e demais espaços destinados às manifestações artístico-culturais; os conjuntos urbanos e sítios de valor histórico, paisagístico, artístico, arqueológico, paleontológico, ecológico e científico, entre outros (Oliveira, 2021, p. 1125).

O art. 1º do Decreto-Lei nº 25/1937, que regulamenta o *tombamento*, dispõe que o patrimônio histórico e artístico nacional é constituído pelo conjunto dos bens móveis e imóveis considerados relevantes para o interesse público, seja por sua vinculação a fatos memoráveis da história do Brasil, seja por seu excepcional valor arqueológico, etnográfico, bibliográfico ou artístico. Inspirado na tradição portuguesa, o ordenamento jurídico brasileiro adotou a expressão *tombar*, que significa registrar, inventariar ou inscrever bens nos arquivos do Reino (*Livro do Tombo*), guardados na Torre do Tombo, em Portugal.

O tombamento é instituído por meio de processo administrativo, com a oitiva do proprietário, e se consuma com a inscrição do bem no Livro do Tombo. O art. 4º do Decreto-Lei nº 25/1937 prevê quatro Livros do Tombo:

i) Livro do Tombo Arqueológico, Etnográfico e Paisagístico.
ii) Livro do Tombo Histórico.
iii) Livro do Tombo das Belas Artes.
iv) Livro do Tombo das Artes Aplicadas.

Não há consenso sobre a natureza jurídica do tombamento. Alguns autores defendem que o tombamento é uma espécie de servidão administrativa. No entanto, a melhor definição é aquela em que categoriza o tombamento como modalidade autônoma de intervenção estatal restritiva na propriedade. Trata-se de instituto que não possui natureza real e incide sobre qualquer bem que tenha valor cultural, artístico, histórico, arqueológico ou paisagístico.

Além do tombamento, existem outras formas de proteção do patrimônio cultural, como a desapropriação, o exercício regular do poder de polícia, a propositura de ações judiciais coletivas (ação popular, ação civil pública), entre outras. De acordo com o art. 216, § 1º, da CF, o Poder Público, com o auxílio da comunidade, "promoverá e protegerá o patrimônio cultural brasileiro, por meio de inventários, registros, vigilância, tombamento e desapropriação, e de outras formas de acautelamento e preservação".

Essa modalidade de intervenção estatal visa proteger bens de valor cultural, artístico, histórico, arqueológico ou paisagístico, formalizada após um processo administrativo que respeita os princípios da ampla defesa e do contraditório. Esse processo varia conforme o tipo de tombamento (de ofício, voluntário ou compulsório) e permite ao proprietário expressar sua concordância ou discordância, que deve ser fundamentada em razões técnicas ou irregularidades processuais.

Embora discuta-se a possibilidade de tombamento por meio de lei, o mais coerente é que este deva ser instituído por ato do Poder Executivo, devido à necessidade de análise técnica especializada. O procedimento é consumado com a inscrição do bem no Livro do Tombo, que possui quatro categorias (acima citadas).

O procedimento pode ser cancelado (*destombamento*) pelo Presidente da República, por razões de interesse público, sem interferir na discricionariedade técnica do órgão responsável, no caso o IPHAN. Os efeitos incluem obrigações para o proprietário, como proteger e conservar o bem, e restrições para terceiros, como a proibição de construções que afetem a visibilidade do bem tombado.

A indenização ao proprietário do bem depende da comprovação de prejuízo, com um prazo prescricional de cinco anos para a propositura da ação indenizatória, conforme o art. 10, parágrafo único, do Decreto-Lei nº 3.365/1941.

11.5 Servidão administrativa

A *servidão administrativa* institui um direito real de natureza pública, impondo ao proprietário a obrigação de suportar um ônus parcial sobre o imóvel em benefício de um serviço público ou de um bem afetado a um serviço público. Ela afeta a exclusividade do direito de propriedade, pois transfere a outrem faculdades de uso e gozo. Em casos excepcionais, afeta apenas o caráter absoluto quando implica uma obrigação de não fazer. A servidão administrativa acarreta um gravame maior do que a ocupação temporária, pois tem caráter perpétuo.

A servidão administrativa e a servidão de direito privado possuem regimes jurídicos distintos, embora compartilhem alguns princípios básicos. No direito privado, a servidão é um direito real instituído sobre um imóvel em benefício de outro imóvel, pertencente a um proprietário diferente, conforme definido no art. 1.378 do CC/2002. Princípios como a perpetuidade, a indivisibilidade e o uso moderado regem tanto as servidões privadas quanto as administrativas. No entanto, as servidões administrativas, que servem a um interesse público ou a um serviço público, apresentam características específicas, como a possibilidade de impor obrigações positivas ao proprietário e a não extinção pela prescrição. Além disso, as servidões administrativas podem incidir sobre bens do domínio público e, em regra, não obrigam à indenização, salvo disposição legal em contrário.

A servidão administrativa é um direito real de natureza pública, instituído sobre imóvel de propriedade alheia, em favor de um serviço público ou de um bem afetado para fins de utilidade pública. Ela pode ser constituída diretamente pela lei, por acordo ou por sentença judicial, e é caracterizada pela sua perpetuidade, perdurando enquanto subsistir a necessidade do Poder Público. A extinção da servidão administrativa ocorre quando a coisa dominante perde sua função pública ou quando o imóvel serviente é incorporado ao patrimônio público.

A indenização é devida apenas quando a servidão resulta em prejuízo efetivo ao proprietário. Exemplos de servidões administrativas incluem servidões de energia elétrica, servidões em torno de aeródromos e heliportos, e servidões militares. A necessidade de registro da servidão administrativa depende de sua forma de constituição, sendo dispensável quando decorre diretamente da lei.

11.6 Desapropriação

A *desapropriação* é uma modalidade de interferência estatal na propriedade privada (e, em alguns casos, pública), que captura compulsoriamente o bem para o patrimônio do Estado, fundamentada no interesse público e realizada após o devido processo legal, geralmente com indenização. Essa ingerência é considerada drástica, pois retira o bem do proprietário original, sendo uma prerrogativa do Estado à qual o particular deve se submeter, respeitados os limites normativos. A desapropriação resulta na aquisição originária da propriedade pelo Poder Público, liberando o bem de eventuais ônus reais e sub-rogando os credores no preço pago pelo Estado.

A remoção da propriedade deve ser justificada pelo atendimento do interesse público, como utilidade pública, necessidade pública ou interesse social, para evitar desvio de finalidade e antijuridicidade. A desapropriação deve seguir o devido processo legal; caso contrário, configura-se como *desapropriação indireta* (aquela que não observa o devido processo legal), ou seja, é o apossamento ilícito do bem ou práticas de atos lícitos que retiram as prerrogativas inerentes à propriedade particular.

Normalmente, exige-se uma indenização prévia, justa e em dinheiro, embora a Constituição Federal de 1988 admita exceções para desapropriações sancionatórias. O CC também prevê a expropriação social privada, que permite a privação da propriedade em favor de possuidores de boa-fé que tenham realizado obras de interesse social e econômico relevante, diferenciando-se da desapropriação e do usucapião.

Há debates sobre a responsabilidade pela indenização em casos de expropriação social privada. O Enunciado nº 308 da IV Jornada de Direito Civil sugere que a indenização devida ao proprietário, em casos de desapropriação judicial, deve ser suportada pela Administração Pública no contexto de políticas públicas de reforma urbana ou agrária, especialmente para possuidores de baixa renda. Caso contrário, aplica-se o Enunciado nº 84 da I Jornada de Direito Civil, que estabelece que os réus da ação reivindicatória são responsáveis pelo pagamento da indenização (Oliveira, 2021, p. 1140).

O próprio texto constitucional que consagra o direito fundamental à propriedade também estabelece seus limites e exceções. A propriedade pode ser desapropriada pelo Poder Público, desde que a intervenção estatal seja fundamentada no interesse público (art. 5º, XXIV, da CF/1988). Essa é a desapropriação ordinária, de competência comum a todos os entes federados.

É importante não confundir a competência administrativa para desapropriar com a competência para legislar sobre o assunto. Todos os entes federados têm a capacidade de desapropriar bens, mas apenas a União pode legislar sobre desapropriação, conforme o art. 22, II, da CF/1988.

Em alguns casos, a desapropriação é fundamentada no desatendimento da função social da propriedade (arts. 182, § 4º, III, 184 e 243 da CF/1988). Nessas situações, as desapropriações possuem caráter sancionatório (desapropriações sancionatórias) e só podem ser processadas pelo ente federado indicado no texto constitucional.

Quanto ao procedimento, divide-se em fase:

i) *Fase declaratória* (competência para desapropriar): o Poder Público declara a necessidade de desapropriação de determinado

bem para o atendimento do interesse público, iniciando o procedimento de desapropriação.
ii) *Fase executória* (competência para promover a desapropriação) trata-se da adoção dos atos materiais (concretos) pelo Poder Público ou seus delegatários, devidamente autorizados por lei ou contrato, com o intuito de consumar a retirada da propriedade do proprietário originário. O art. 5º, XXIV estabelece a desapropriação por utilidade pública, necessidade pública ou interesse social.

As *desapropriações por utilidade e necessidade pública* são regulamentadas pelo Decreto-Lei nº 3.365/1941, enquanto a *desapropriação por interesse social* é disciplinada pela Lei nº 4.132/1962. Essa espécie de desapropriação, conhecida como ordinária, pode ser utilizada por todos os entes federados, independentemente de a propriedade cumprir sua função social, pois não se trata de uma sanção ao particular, mas de uma necessidade de atender ao interesse público. Por essa razão, é imprescindível a indenização prévia, justa e em dinheiro.

A *desapropriação urbanística*, prevista no art. 182, § 4º, III, da CF/1988 e regulamentada pela Lei nº 10.257/2001 (Estatuto da Cidade), aplica-se aos imóveis urbanos que não atendem à função social, como imóveis não edificados, subutilizados ou não utilizados. Apenas Municípios com plano diretor podem utilizar essa modalidade, que possui caráter sancionatório e subsidiário. A indenização é feita em títulos da dívida pública, resgatáveis em até 10 anos. O procedimento deve seguir uma ordem de medidas: notificação para parcelamento, edificação ou utilização compulsórios, aplicação do IPTU progressivo no tempo e, finalmente, desapropriação com pagamento em títulos da dívida pública.

A *desapropriação rural* refere-se a imóveis rurais que não cumprem sua função social, conforme o art. 184 da CF/1988 e a Lei nº 8.629/1993. Essa espécie de desapropriação é sancionatória e de competência exclusiva da União, com o objetivo de implementar a reforma agrária. A indenização é feita por meio de títulos da dívida agrária, resgatáveis em até 20 anos, e benfeitorias úteis e necessárias são indenizadas em dinheiro. Existem vedações constitucionais para a desapropriação rural, como a impossibilidade de desapropriação de pequenas e médias propriedades rurais, desde que o proprietário não possua outro imóvel rural, e propriedades produtivas.

Aspecto importante que merece destaque diz respeito ao *direito de extensão*, que se traduz pela possibilidade de o proprietário exigir que a desapropriação parcial seja convertida em desapropriação total quando a parte remanescente, isoladamente, não tiver valor ou utilidade econômica razoável. Nesse sentido, do ponto de vista prático, evitaria que o proprietário perdesse a integralidade da propriedade com o ressarcimento parcial. "O direito de extensão pode ser invocado pelo réu em sua contestação, pois envolve, em última análise, discussão de preço (justa indenização), na forma autorizada pelo art. 20 do Decreto-lei n° 3.365/1941" (Oliveira, 2021, p. 1161).

Já a *retrocessão* é o direito de o expropriado exigir a devolução do bem desapropriado que não foi utilizado pelo Poder Público para atender o interesse público. Nesse caso, o Poder Público retirou o bem do seu titular originário sem observar os objetivos constitucionais que legitimam a desapropriação: *atendimento da utilidade pública, necessidade pública* e *interesse social*. O instituto da retrocessão sugere a tredestinação, que é o desvio de finalidade praticada pelo Poder Público que não atende ao interesse público com o bem desapropriado. Em certos casos, o Estado desapropria o bem, contudo, não atende ao interesse público e nem favorece indevidamente interesses privados, permanecendo inerte.

11.7 Edificação e parcelamento compulsórios

A *edificação e o parcelamento compulsórios* são instrumentos urbanísticos previstos na legislação brasileira, especificamente no Estatuto da Cidade (Lei nº 10.257/2001), que visam garantir a função social da propriedade urbana. Esses mecanismos são aplicados quando imóveis urbanos não são utilizados, subutilizados ou não edificados, de modo a promover o desenvolvimento ordenado das cidades e evitar a especulação imobiliária. A implementação desses instrumentos é fundamental para assegurar que as áreas urbanas sejam aproveitadas de maneira eficiente, contribuindo para a melhoria da qualidade de vida dos cidadãos e para a sustentabilidade urbana. Trata-se de medidas impostas ao proprietário que não utiliza adequadamente sua propriedade, ferindo o caráter absoluto e perpétuo do direito de propriedade.

O processo de edificação e parcelamento compulsórios inicia-se com a inclusão da área no plano diretor do município, que é o principal instrumento de planejamento urbano. O plano diretor estabelece as diretrizes para o desenvolvimento e o ordenamento da cidade, definindo as áreas que necessitam de intervenção para cumprir sua função social. Uma vez identificadas essas áreas, o município deve notificar os proprietários dos imóveis para que realizem a edificação, o parcelamento ou a utilização dos terrenos dentro de um prazo determinado. Caso os proprietários não cumpram essas exigências, o município pode aplicar sanções, como o IPTU progressivo no tempo.

O IPTU progressivo no tempo é uma medida que aumenta gradualmente a alíquota do imposto sobre a propriedade predial e territorial urbana para os imóveis que não atendem às exigências de edificação, parcelamento ou utilização. Essa medida visa desestimular a manutenção de terrenos ociosos e incentivar os proprietários a darem uma destinação adequada aos seus imóveis. A alíquota do IPTU pode ser majorada anualmente, até atingir o limite máximo de 15%, conforme previsto no Estatuto da Cidade. Se, mesmo com a aplicação do IPTU progressivo, o proprietário não tomar as medidas necessárias, o Município pode proceder à desapropriação do imóvel.

A desapropriação, nesse contexto, é uma medida extrema que visa garantir o cumprimento da função social da propriedade. O imóvel desapropriado pode ser destinado a projetos de interesse público, como habitação popular, equipamentos urbanos e comunitários, ou áreas verdes. A indenização ao proprietário é feita por meio de títulos da dívida pública, resgatáveis em até 10 anos, assegurando o valor real da indenização e os juros legais. Essa medida garante que os imóveis urbanos sejam utilizados de maneira eficiente e em benefício da coletividade, evitando a especulação imobiliária e promovendo o desenvolvimento sustentável das cidades.

Resumidamente, a edificação e o parcelamento compulsórios são instrumentos essenciais para a gestão urbana, permitindo que os municípios intervenham em áreas subutilizadas ou ociosas para garantir o cumprimento da função social da propriedade. Esses mecanismos contribuem para a ordenação do espaço urbano, promovendo a utilização racional dos recursos e a melhoria da qualidade de vida dos cidadãos. A aplicação dessas medidas, aliada a um planejamento urbano eficaz, é fundamental para o desenvolvimento sustentável das cidades brasileiras, assegurando que o crescimento urbano ocorra de maneira equilibrada e em benefício de toda a sociedade.

11.8 Requisição administrativa

A requisição administrativa no direito brasileiro pode incidir sobre bens móveis, imóveis ou serviços, e se justifica tanto em tempos de paz quanto de guerra. Originalmente, as requisições eram permitidas apenas em tempos de guerra ou comoção interna grave, conforme a Constituição Federal de 1891 e o CC/1916. As Constituições subsequentes e a atual Constituição (art. 22, III) outorgam à União a competência privativa para legislar sobre requisições civis e militares em casos de iminente perigo e em tempos de guerra. A legislação ordinária, como o Decreto-Lei nº 4.812/1942 e suas alterações, regulamenta essas requisições. Em tempos de paz, a intervenção no domínio econômico foi autorizada pela Lei Delegada nº 4/1962, embora ela tenha sido revogada pela Lei nº 13.874/2019, que não abordou o tema.

A Lei nº 8.080/1990, que regula o SUS, e a Lei nº 13.979/2020, que trata das medidas para enfrentar a emergência de saúde pública decorrente do coronavírus, também preveem a requisição de bens e serviços, assegurando justa indenização. A requisição é caracterizada como um procedimento unilateral e autoexecutório, não dependendo da concordância do particular ou de intervenção judicial prévia, sendo geralmente onerosa com indenização posterior.

Quando recai sobre imóveis, a requisição se confunde com a ocupação temporária, e quando sobre bens móveis fungíveis, assemelha-se à desapropriação, mas com diferenças significativas, como a indenização posterior e a necessidade pública inadiável e urgente. A requisição é um ato administrativo unilateral, autoexecutório e oneroso, utilizado pela Administração para atender necessidades coletivas em tempos de guerra ou em casos de perigo público iminente.

Capítulo 12

PROCESSO ADMINISTRATIVO

12.1 Unicidade e duplicidade de jurisdição

A unicidade de jurisdição – ou o exercício da jurisdição administrativa pelo Poder Judiciário – é também conhecida como modelo anglo-saxão, no qual o Judiciário tem conhecimento exclusivo do contencioso da Administração, o que possibilita o nivelamento entre a Administração e o administrado, para solução judicial de suas demandas. O desenvolvimento desse modelo acompanha a evolução do Estado e do Direito Público inglês, e a separação gradativa dos poderes.

Em 1701, com o *Act of settlement*, é vedada a demissão livre dos funcionários da Justiça, é aí que começa a existir, praticamente, o controle do Poder Administrativo por um órgão autônomo, mais tarde individualizado na estrutura política de todos os Estados com o nome de Poder Judiciário. Por isso, pode-se dizer que, esboçar a história do controle jurisdicional da Administração

Pública, por intermédio da jurisdição ordinária, é acompanhar a gradativa formação do Poder Judiciário como órgão autônomo na estrutura política do Estado, porque é exatamente por meio desse fenômeno que se efetiva, com nitidez, a sua aparição no mecanismo estatal (Fagundes, 2005, p. 143-144).

A função jurisdicional, que estava em estado latente, só aparece com nitidez quando surge, dentro da Administração, uma separação de órgãos. Esse foi um processo gradativo de separação de funções que, de início, não eram claras nem definidas, de forma que havia os funcionários que administravam propriamente e outros funcionários que resolviam as contendas.

Os atos da Administração passaram a ser controlados pelo Poder Judiciário, que tem competência para julgar os conflitos envolvendo a Administração Pública. Esse sistema de exame contencioso dos atos da Administração pelos órgãos do Poder Judiciário é ainda hoje adotado na Grã-Bretanha, onde teve as suas raízes históricas.

De acordo com os ensinamentos de Edmir Netto de Araújo (2010, p. 1280), o controle, porém, não é exclusividade do Poder Judiciário. Existem, na Inglaterra, os Tribunais especiais administrativos (*statutory tribuna*) que designam genericamente jurisdições administrativas especializadas. Porém, nem todos esses tribunais especializados são administrativos (cuidam também de outras matérias). Alguns não são criados por lei, e outros tratam apenas de litígios entre proprietários e arrendatários de imóveis, pode-se defini-los como procedimentos quase judiciais, já que normalmente existe direito a recurso ao Judiciário. Muitas vezes esses tribunais especiais servem apenas de filtro para descongestionar o Judiciário.

Sob a influência do Direito inglês, cujo sistema de exame contencioso dos atos da Administração Pública pelos órgãos do Poder Judiciário é ainda hoje adotado na Grã-Bretanha, este foi seguido por outros países que adotaram esse modelo. É o caso dos Estados Unidos da América do Norte, conforme estabelecido no art. 2°, inciso III, da CF/1988 (Fagundes, 2005, p. 146).

Em 1931, a Constituição belga o acolheu. Esse foi um acontecimento relevante para a sua difusão, pois veio a ser posteriormente adotado, por inspiração do direito belga, na Itália com a Lei nº 2.248, de 20 de março de 1865, e na Romênia, em 1866. A Irlanda, na Constituição de 1922, também deu ao Judiciário o controle exclusivo dos atos da Administração Pública. Igualmente, no México, este é o sistema acolhido (2005, p. 148-149). Além de vários países da *Commonwealth*, também alguns de origem romanística sofrem a influência do modelo inglês.

Nos Estados Unidos da América, também existem muitos *tribunais administrativos* que concretizam a chamada *justiça administrativa*, por meio de procedimentos quase judiciais. Porém, não podem ser confundidos com o contencioso administrativo, que atua na França.

Na opinião de Edmir Netto de Araújo (2010, p. 1280),

> não se deve confundir os tribunais administrativos ingleses e norte-americanos com o contencioso administrativo francês, porque decisões daqueles podem, em princípio, ser revistas pelos tribunais judiciários. Na justiça administrativa americana, assim como na inglesa, não há ordem judicial administrativa, autônoma e independente do Poder Judiciário comum: há somente órgãos administrativos quase-judiciais, relativamente autônomos em relação ao Poder Executivo (Administração) e adstritos ao Poder Judiciário comum pela via recursal.

O sistema de jurisdição dúplice, no qual há jurisdição específica para julgar os litígios decorrentes das atividades da Administração Pública, está pautado no exemplo clássico que é representado pelo sistema francês.

A origem da duplicidade de jurisdição deita raízes na época que sucedeu a Revolução Francesa, no século XVIII, ocasião em que sucederam grandes convulsões sociais, e nos movimentos multitudinários, característicos do estado de exceção, em que ocorreram numerosas lesões ao patrimônio público (Araújo, 2010, p. 1278).

A dualidade de jurisdições no sistema francês implica a existência de duas ordens jurisdicionais com competências distintas. Não há, em regra, um critério único para definir a competência do juiz administrativo em detrimento do juiz judiciário. Para eventuais conflitos positivos ou negativos entre essas duas ordens jurisdicionais, criou-se o Tribunal de Conflitos. Existem três níveis hierárquicos: o Conselho de Estado, as Cortes Administrativas de Apelação e os Tribunais Administrativos.

Na França, por muito tempo, os parlamentos, corpos judiciários, se puseram em luta com o poder real e os intendentes (órgãos locais da Administração), embaraçando certas reformas administrativas que foram ensaiadas. A Revolução de 1789 veio encontrar a opinião pública prevenida, em consequência desses fatos, contra a ingerência dos corpos judiciários nos negócios administrativos. Sob essas influências, a legislação revolucionária exclui qualquer possibilidade de contato entre os Poderes Executivo e Judiciário, com a Lei nº 16, de 24 de agosto de 1790, que estatuiu: "As funções judiciárias são distintas e ficarão sempre separadas das funções administrativas. Os juízes não poderão, sob pena de prevaricação, perturbar, por qualquer forma, as operações dos corpos administrativos" (Fagundes, 2005, p. 150).

Em decorrência, a Administração é juiz de seus atos, e cabe a ela corrigir equívocos, conhecendo as reclamações suscitadas pelos administrados. As Leis nºs 6, de 11 de setembro, e 7, de 14 de outubro, ambas de 1790, investem o Chefe do Estado, os Ministros e Corpos Departamentais nessa atribuição.

Esse modelo está de acordo com a noção francesa de separação de poderes. Para essa concepção, deve-se vedar a penetração de um no âmbito peculiar de outro, implicando violação a esse princípio, o julgamento pelo Judiciário de controvérsias nascidas da atividade administrativa. A jurisdição dúplice se estendeu para a Finlândia, a Grécia, a Turquia, a Iugoslávia, a Polônia, a Suíça e a Hungria (Fagundes, 2005, p. 151), e hoje é adotado por vários países.

Maurice Hauriou (1921, p. 869 *apud* Fagundes, 2005, p. 141, nota de rodapé) chama atenção para a conveniência de não confundir contencioso administrativo e jurisdição administrativa. O contencioso administrativo, segundo a sua percepção, compreende o conjunto de processos suscitados pela atividade da Administração Pública. Jurisdição administrativa é expressão que designa o conjunto de poderes de certos tribunais para o conhecimento das causas do contencioso administrativo. Tem um sentido semelhante ao das expressões jurisdição civil e jurisdição penal.

Nos países que adotam o chamado sistema de jurisdição única, quando se fala de jurisdição ordinária, compreende-se o conhecimento pelas autoridades judiciárias de quaisquer ações. Onde se adota o sistema oposto (duplicidade jurisdicional), aparece completamente organizada, ao lado da jurisdição comum ou ordinária, a administrativa, compreendendo o conhecimento das ações originárias de atos da Administração Pública.

Vale salientar que a jurisdição administrativa só está autorizada a apreciar o contencioso após a exaustão da via administrativa. O procedimento administrativo francês é formal e inquisitório. Outra particularidade é que a anulação de atos unilaterais administrativos poderá se dar em razão de forma, isto é, legalidade externa, ou de mérito, ou de legalidade interna.

12.2 O sistema adotado no Brasil e suas controvérsias

A Justiça brasileira adota o sistema de jurisdição una. Isso significa que somente o Poder Judiciário pode exercer a função jurisdicional. Nenhum contencioso administrativo que venha a ser instalado, nem os Tribunais de Contas, Marítimo ou qualquer outro órgão não integrado na estrutura do Poder Judiciário pode substituí-lo ou exercer suas atribuições.

Ainda sobre o sistema jurídico brasileiro, conforme destacado em capítulo anterior, já se encontra pacificado o entendimento de que é possível que os atos administrativos discricionários possam ser controlados pelo Judiciário no que tange à sua legalidade e à sua legitimidade. Entretanto, a divergência se instaura, quando se suscita a extensão desse controle, sobretudo a partir da introdução de uma nova concepção do princípio da legalidade, que passa a abranger não só a conformidade com a lei, mas também com os princípios norteadores do ordenamento jurídico, caracterizando o que muitos doutrinadores vêm chamando de *princípio da juridicidade*, que restringe o campo do chamado mérito administrativo.

Aspecto importante a ser destacado e que se configura atualmente em tema amplamente debatido é aquele que trata do *Controle Judicial das Políticas Públicas*. Até que ponto o Poder Judiciário pode interferir nas Políticas Públicas?

Maria Paula Dallari Bucci (2006, p. 241), em obra de sua lavra, esclarece que *Políticas Públicas* são programas de ação governamental visando a coordenar os meios à disposição do Estado e as atividades privadas, para a realização de objetivos socialmente relevantes e politicamente determinados. O Poder Público estabelece quais interesses vai atender prioritariamente, já que ele não pode atender todos de uma só vez.

A realidade demonstra que não há recursos traduzidos em dotação orçamentária para atender a todos os interesses sociais. O Estado Social que brota da Constituição Federal de 1988 é muito pródigo em criar direitos do cidadão e deveres do Estado, porém, como foi dito, não existem recursos suficientes para atender a todos os interesses sociais.

Conforme já expusemos em linhas anteriores, a teoria da tripartição dos Poderes difundida por Montesquieu mostra-se necessária para conservar a autonomia e a independência de cada um dos Poderes, afastando a concentração de todas as atividades em um único ente e prevenindo abusos. Entretanto, esse critério tem sido posto em xeque, tendo em vista a atuação do Poder Judiciário nos dias atuais, que vem sistematicamente interferindo nas Políticas Públicas, na medida em que condena a Administração Pública, mediante ações individuais ou coletivas, ao fornecimento de remédios, tratamentos médicos, cirurgias etc.

A Administração Pública é ostensivamente compelida pelo Judiciário a arcar com despesas médicas e tratamentos de saúde mais complexos, nos casos em que o administrado, em ações individuais (propostas isoladamente), sem condições de arcar com os custos, busca a tutela jurisdicional, que, via de regra, prolata uma sentença favorável.

Nos casos de ações coletivas, a defesa da Administração tem sido invocar o *Princípio da Reserva do Possível*. Nessas situações, diferentemente do que ocorre nas ações individuais, o Judiciário, à luz de tal princípio, reconhece a dificuldade e acaba por indeferir o pleito. A rigor, em homenagem ao critério da tripartição dos poderes, o Judiciário não poderia interferir e determinar o que é prioridade em termos de Políticas Públicas, pois essa matéria é de competência do Poder Legislativo. Porém, na prática, o Judiciário vem adentrando cada vez mais nessa seara, de forma sistemática, por duas razões:

I – Inércia ou omissão da Administração Pública, configurada pelo mau gasto do dinheiro público, a corrupção e o desvio de poder.

II – A forte atuação do Ministério Público na defesa dos direitos coletivos e difusos, sob o fundamento da garantia do mínimo existencial dos direitos fundamentais.

A partir dessas ideias, nasceu um movimento denominado Judicialização das Políticas Públicas ou Politização do Judiciário, Ativismo Judicial, segundo o qual o Judiciário não se limita a dizer se a Administração Pública está agindo certo ou errado, mas cria regras a partir das suas decisões judiciais.

Nos casos das ações individuais, quando o Judiciário opta por prolatar uma sentença favorável, não se pode dizer que está interferindo em uma política pública diretamente, porque se trata de direito individual, e as políticas públicas têm um conceito mais genérico (são metas ou diretrizes). No entanto, a quantidade de processos dessa natureza é gigantesca, a ponto de afetar o equilíbrio financeiro e orçamentário da Adminsitração.

Esse fato tem provocado grande debate entre os juristas. Maria Sylvia Zanella Di Pietro (2010) utiliza o exemplo em que o Ministério Público intentou ação para que o Município providenciasse saneamento básico para a população; outro exemplo dado por ela foi o caso em que o Ministério Público ajuizou ação em que pleiteava que um determinado Município fosse obrigado a providenciar a construção de um cemitério. A autora entende que a interferência do Judiciário só se justifica quando a opção da Administração Pública for antijurídica, ela também considera inconcebível a ideia de que o Judiciário interfira na execução de políticas públicas, sendo descabida quando a opção da Administração Pública for razoável, aceitável e atender as metas constitucionais, afirmando que isso se configura na interferência na discricionariedade do ente administrativo.

Elival da Silva Ramos (2017, p. 24-29), tratando dos parâmetros dogmáticos do ativismo judicial em matéria constitucional, define que: "O Debate está distante de ser pacificado, pois os juristas têm se debruçado sobre o tema, erguendo vários argumentos, de diferentes prismas, todos muito legítimos". Diante do atual contexto, perfilhamos o entendimento de Maria Sylvia Zanella Di Pietro (2011), para quem há que haver limites de atuação do Judiciário sobre as políticas públicas, pois a Administração Pública tem o dever constitucional de promover tais políticas, entretanto, a efetivação desse dever pode ser inviabilizada pela dificuldade criada pelo Judiciário, conforme destacamos em linhas anteriores.

12.3 Processo e procedimento administrativo

A tarefa de conceituar o *processo administrativo* não é das mais serenas, uma vez que se trata de tema provocativo e causador de grande polêmica entre os administrativistas. No entanto, é dos mais importantes como instrumento de garantia dos administrados em face das prerrogativas públicas.

Antes de qualquer consideração, importante assinalar que o Estado, além do *processo administrativo* que tem a tarefa de produzir decisões administrativas, também se utiliza, genericamente, de outras formas processuais como meios para produção de normas jurídicas. É o caso do *processo judicial*, que serve para impor uma decisão judicial (sentenças, acórdãos, decisões interlocutórias, para solucionar conflitos da coletividade), e do *processo legislativo*, que tem como objetivo criar normas gerais e abstratas (leis e outros atos normativos).

Para Adilson Abreu Dallari e Sérgio Ferraz (Dallari; Ferraz, 2007, p. 24-25), a ideia de processo administrativo é consideravelmente ampla, pois

> traduz uma série de atos lógica e juridicamente concatenados, dispostos com o propósito de ensejar a manifestação de vontade da Administração. Múltiplas serão as faces de tal manifestação. Assim, tanto poderá ser ela a formulação de uma política administrativa, quanto a dirimência de um litígio. Pouco importa: no campo da licitude, apenas os atos instantâneos ou urgentíssimos (v.g., extinção de um incêndio, prevenção e um desabamento iminente) ou os não imediatamente conectados a uma volição (v.g., a passagem de um sinal luminoso do amarelo para o vermelho) independem de prévia processualização. Fora daí, "administração" e "processo administrativo" serão conceitos sinônimos.

Celso Antônio Bandeira de Mello (2011, p. 492-493) também é adepto da amplitude do conceito de processo administrativo. O seu entendimento é no sentido de que o processo abarca o *modus operandi* pelo qual as funções do Estado são desempenhadas dentro de uma cadeia sequencial que assegure a presença do administrado no circuito ou *inter* formativo das decisões que irão atingi-los. Sob essa ótica, o processo administrativo não aparece somente em circunstâncias contenciosas, ocorrendo na produção de qualquer espécie de ato, desdobrando-se, então, ao menos na esfera interna da Administração.

O processo administrativo, em sentido *lato sensu*, pode se apresentar como o meio pelo qual os entes públicos se utilizam para desempenhar atividades nos limites de sua administração, conforme nos ensina Diógenes Gasparini (2012, p. 1082), ao destacar que:

> [...] Processo administrativo, em sentido prático, amplo, é o conjunto de medidas jurídicas e materiais praticadas com certa ordem e cronologia, necessárias ao registro dos atos da Administração Pública, ao controle do comportamento dos administrados e de seus servidores, a compatibilizar, no exercício do poder de polícia, os interesses público e privado, a punir seus servidores e terceiros, a resolver controvérsias administrativas e a outorgar direitos a terceiros.

Desse conceito extrai-se que o referido instituto tem sua importância tanto do ponto de vista da Administração Pública, que registra seus atos e a eles dá publicidade, quanto para os destinatários das funções públicas, que tem assegurado um mecanismo ora de peticionar àquela entidade, ora de responder por um fato ou ato jurídico que contra si foi acometido.

A Constituição Federal de 1988 respaldou expressamente o processo administrativo ao constitucionalizar o *devido processo legal* na categoria de *princípio*, e determinou textualmente sua aplicação na esfera administrativa (art. 5º, LV), em seguida, a jurisprudência constitucional do STF assimilou uma série de soluções concretas atinentes à incidência do princípio no âmbito administrativo.

A Carta Magna estendeu as garantias destinadas aos processo judiciais, aos processos administrativos em que haja litigantes, o que foi uma grande inovação da Constituição de 1988, esta é a única interpretação da norma constitucional que, em obediência ao princípio de que a lei não pode conter disposições inúteis, faz com que não se considere superposta a tutela constitucional para *os acusados em geral* e para os *litigantes em processo administrativo*. Esta sem dúvida é a vontade da Constituição de 1988, coerente com as linhas evolutivas do fenômeno da processualidade administrativa.

Dessa forma, a Constituição vigente não mais limita o contraditório e a ampla defesa aos procedimentos administrativos (punitivos) em que haja acusados, mas estende as garantias a todos os processos administrativos, não punitivos e punitivos, ainda que neles não haja acusados, mas simplesmente litigantes, ou seja, sempre que houver controvérsia, conflito de interesses ou contenda.

Não é necessário que o conflito seja qualificado pela pretensão resistida, pois neste caso surgirão a lide e o processo jurisdicional. É suficiente que os partícipes do processo administrativo se anteponham face a face, em uma posição contraposta.

As leis buscam uniformidade de comportamento e eliminam disparidades no interior da máquina estatal quanto a certos problemas ou questões jurídico-administrativas, que se repetem em diversos órgãos e entidades, em nome da necessidade de sujeição do Estado a preceitos fundamentais da ordem jurídico-administrativa, sobretudo aos princípios e regras constitucionais.

A definição de *processo* e *procedimento administrativo* não se mistura. *Procedimento* é o elenco de formalidades que devem ser observadas para a prática de certos atos administrativos; corresponde a rito, a forma de proceder – o procedimento se desenrola no seio do processo administrativo. Trata-se de uma sequência predefinida de atos, funcionando como um roteiro a ser seguido. Dito de outra forma, é um encadeamento de atos sequenciados rumo a um objetivo específico, via de regra, previsto em lei.

No entanto, o processo é uma relação jurídica destinada a resolver um litígio, observando necessariamente um procedimento que respeite o *princípio do contraditório e a ampla defesa*, além de outras garantias decorrentes. Assim, o processo é uma solução jurídica para a resolução de conflitos de interesses. Em outras palavras, o processo administrativo é a ferramenta fundamental para o exercício da função administrativa. Todos os atos jurídicos e operações materiais ficam registrados em um processo. Todos os processos que envolvem solução de controvérsias ou que resultem em alguma decisão por parte da Administração envolvem, ao menos, quatro fases: *instauração, instrução, defesa e decisão.*

Nos dizeres de Celso Antônio Bandeira de Mello (2011, p. 491):

> [...] Procedimento administrativo ou processo administrativo é uma sucessão itinerária e encadeada de atos administrativos que tendem, todos, a um resultado final e conclusivo. Isto significa que para existir o procedimento ou processo cumpre que haja uma sequência de atos conectados entre si, isto é, aramados em uma ordenada sucessão visando a um ato derradeiro, em vista do qual se compôs esta cadeia, sem prejuízo, entretanto, de que cada um dos atos integrados neste todo conserve sua identidade funcional própria, que autoriza a neles reconhecer o que os autores qualificam como "autonomia relativa" [...]

O autor chama atenção para o fato de não se poder confundir os atos administrativos complexos com processo e procedimento administrativo. Naqueles, vontades provenientes de órgãos diferentes se aglutinam em um único ato. Ou seja, há manifestações oriundas de órgãos distintos que se fundem em uma só expressão, um só ato. Enquanto no procedimento ou processo administrativo há vários atos, todos com finalidades específicas, distintas, sem prejuízo de possuírem também uma finalidade comum às generalidades deles (Bandeira de Mello, 2011, p. 496).

Para Irene Patrícia Nohara e Thiago Marrara (2009, p. 20-21):

> [...] Existe acentuada polêmica na doutrina sobre se a lei deveria se chamar lei de processo administrativo ou lei de procedimento administrativo. Tal polêmica origina-se na controvérsia encontrada entre as noções de procedimento e processo, bem como na discussão acerca da adequação desta última noção com o desempenho da função administrativa.

Os mesmos autores não vislumbram quaisquer problemas na adoção da expressão processo administrativo, utilizada oficialmente na Lei nº 9.784/1999, que regula o processo administrativo na esfera da Administração Pública Federal e na Constituição de 1988, nos termos dos arts. 5º, LV; 41, § 1º, II, e 247, parágrafo único.

Aos olhos de Egon Bockmann Moreira (2017, p. 51):

> [...] É inequívoco que o termo "procedimento" não se presta a designar uma "relação jurídica". Não há no mundo do Direito vínculo intersubjetivo cuja natureza jurídica seja denominada "procedimento". A palavra significa, só e tão somente, o ritualismo processual: conjunto de praxes, sequência ou marcha dos atos praticados no curso do processo.

Carlos Ari Sundfeld (1987, p. 64-80) não simpatiza com o uso generalizado da expressão *processo administrativo*, pois, na sua concepção, isto poderia induzir à ideia de que as decisões administrativas sejam consideradas como definitivas, provocando confusão. Daí a conveniência de se usar uniformemente a expressão *procedimento administrativo*.

Lúcia Valle Figueiredo (2004, p. 423), citando Agustín Gordillo, Egon Bockmann Moreira, García de Enterría, Maria Sylvia Zanella Di Pietro, Odete Medauar, Paulo de Barros Carvalho, Sérgio Ferraz e Adilson Abreu Dallari, destaca que a maioria dos administrativistas optam pela expressão *procedimento administrativo*, uma vez que consideram que o emprego do termo processo, indutor a noção de processo judicial, "[...] cuja nota tipificadora é a coisa julgada; assim, acreditam ser própria a expressão procedimento, pois nela encontrar-se-ia tipificada a função administrativa".

Comungamos da opinião de Irene Patrícia Nohara e Thiago Marrara (2009) que entendem ser possível utilizar o termo *processo* em sentido desvinculado com o restrito exercício das funções típicas do Poder Judiciário, mesmo porque a Constituição Federal menciona o processo legislativo e o processo administrativo, sendo que nesta última hipótese há grande proximidade com o exercício da jurisdição.

12.4 A legislação brasileira acerca do processo administrativo

A União detém competência privativa para legislar sobre direito processual, conforme expresso no art. 22, I, da CF/1988. A competência para legislar sobre procedimentos é concorrente entre os diversos entes federativos. Assim, cabe à União a edição de normas gerais, e aos Estados e ao Distrito

Federal, a suplementação ou complementação delas, conforme o art. 24, XI e § 2º, da CF/1988.

O art. 15 do CPC estabelece que, "Na ausência de normas que regulem processos eleitorais, trabalhistas ou administrativos, as disposições deste Código lhes serão aplicadas supletiva e subsidiariamente". O referido artigo é crucial para assegurar que os princípios e normas processuais sejam aplicados de maneira uniforme e coerente em diferentes tipos de processos, evitando inconsistências e garantindo a segurança jurídica. Ele também reforça a ideia de que o CPC serve como um conjunto de normas gerais que podem ser adaptadas e aplicadas a outras áreas do direito processual quando necessário.

Em 29 de janeiro de 1999, foi editada, para aplicação na órbita federal, a Lei nº 9.784, para regular o processo administrativo no âmbito da Administração Pública Federal. Já não era sem tempo, pois não havia lei específica disciplinando o processo ou o procedimento administrativo, nem na esfera da União e tampouco nos Estados e Municípios. Havia somente normas isoladas relacionadas um ou outro procedimento, o que explica a pouca atenção dedicada ao tema.

Alberto Bittencourt Cotrin Neto (1994, p. 42) assinala que, desde a década de 1930, houve várias manifestações por parte dos doutrinadores pela criação de um código de processo administrativo, especialmente quando Themístocles Cavalcanti foi incumbido de elaborar um anteprojeto, que infelizmente não foi recepcionado.

Em face da necessidade premente de sistematização do tema, para que fossem possíveis a simplificação e a uniformidade diante do fenômeno cada vez mais intenso de agigantamento da burocracia administrativa, Themístocles Cavalcanti chegou a afirmar, em trabalho publicado em meados de 1970, que:

> [...] O exame de um processo administrativo é, entre nós, uma tortura. Pareceres desnecessários e muitas vezes

ilegíveis, colocação desordenada de papéis e documentos, falta, muitas vezes, de provas e elementos essenciais e dos termos indispensáveis à boa ordem e andamento (Cotrin Neto, 1994, p. 41).

Muito embora no Estado de São Paulo tenha sido editada a Lei estadual nº 10.177, de 30 de dezembro de 1998, cuja ementa aponta para a regulação do processo administrativo no âmbito da Administração Pública estadual, o pioneirismo nessa matéria está creditado para o Estado de Sergipe, ao criar a Lei complementar do estado nº 33, de 26 de dezembro de 1996, que instituiu o Código de Organização e de Procedimentos da Administração Pública do Estado do Sergipe.

No alvorecer do século XXI, surgiram, em alguns estados brasileiros, legislações regulamentando o assunto em âmbito estadual, conforme sublinham Irene Patrícia Nohara e Thiago Marrara (2009, p. 473). No Amazonas, a Lei estadual relacionada ao tema é a nº 2.794, de 6 de maio de 2003; em Roraima, veio a Lei nº 418, de 15 de janeiro de 2004; em Alagoas foi inaugurada a Lei nº 6.161, de 26 de junho de 2000; enquanto em Pernambuco surgiu a Lei nº 11.781, de 6 de junho de 2000. No Estado de Goiás, a Lei nº 13.800, de 18 de janeiro de 2001, trata da matéria; em Minas Gerais foi a vez da Lei nº 14.184, de 31 de janeiro de 2002; Mato Grosso fez surgir a Lei nº 7.692, de 1º julho de 2002. O município de São Paulo instituiu a Lei nº 14.141, de 27 de março de 2006.

Cada ente da Federação tem autonomia para editar suas regras relativas aos processos administrativos, utilizando a Lei nº 9.784/1999 de forma subsidiária, pois sua aplicabilidade não tem alcance nacional, ou seja, só poderá ser aplicada, obrigatoriamente, na consecução de função típica da Administração Pública federal (direta ou indireta) ou em função (administrativa) atípica dos demais Poderes federais (Legislativo e Judiciário), incluindo-se também o Ministério Público e o Tribunal de Contas da União.

Nohara e Marrara (2009, p. 27) entendem que, no caso da LPA federal, ela contempla o necessário ou essencial para os processos administrativos no geral, que, diante da ausência de lei específica, se subordinam integralmente ao conteúdo da lei. A noção de normas básicas não se confunde com o sentido de normas gerais que é empregado pela Constituição de 1988, por exemplo, no art. 22, XXVII, determina ser de competência privativa da União legislar sobre normas gerais acerca de licitação e contratação com o Poder Público.

O art. 69 da LPA admite que os processos específicos continuarão a reger-se por lei própria, aplicando-se-lhes apenas subsidiariamente os preceitos da lei. Celso Antônio Bandeira de Mello (2010, p. 516) coloca que

> [...] É importante anotar que a lei em causa aplica-se apenas subsidiariamente aos processos administrativos específicos, regidos por leis próprias, que a elas continuarão sujeitos. Como é lógico, aplica-se integralmente a quaisquer outros processos administrativos.

Assim, caso não haja lei específica regulamentando processo administrativo na esfera federal, ser-lhe-ão aplicadas, na integralidade, as determinações contidas na Lei de Processo Administrativo. Como exemplos de leis específicas para essas hipóteses, podemos apontar:

i) Lei nº 14.133, de 1º abril de 2021 – Lei de Licitações e Contratos.
ii) Lei nº 8.112, de 11 de dezembro de 1990 – trata do Regime Jurídico dos Servidores Federais.
iii) Lei nº 9.279, de 14 de maio de 1996 – Código de Propriedade Industrial.
iv) Lei nº 8.884, de 11 de junho de 1994 – Lei de Defesa da Concorrência/Antitruste.

v) Decreto nº 70.235, de 6 de março de 1972 – decreto relativo ao Processo Administrativo Fiscal.

vi) Decreto-Lei nº 25, de 30 de novembro de 1937 – Lei do Patrimônio Cultural.

vii) Decreto-Lei nº 3.365, de 21 de junho de 1941 – Lei de Desapropriação por utilidade pública.

12.5 Princípios norteadores do processo administrativo

A Teoria Geral do Processo impõe princípios comuns aos processos administrativos e judiciais, tais como: o princípio da publicidade, da ampla defesa, do contraditório, do impulso oficial, da obediência à forma e aos procedimentos estabelecidos na lei. E outros princípios que são inerentes do Direito Administrativo, como o da oficialidade, o da gratuidade e o da atipicidade.

O processo administrativo é norteado por princípios informadores do Direito Administrativo, e não poderia ser diferente, já que se trata de disciplina cujo estudo persegue a compreensão e a exata noção do Direito inserido no campo de interesse da Administração Pública, em todas as suas manifestações.

O art. 2º da Lei nº 9.784/1999 fez constar um rol extenso de princípios que devem incidir sobre o processo administrativo e também nos procedimentos anteriores à edição dos atos administrativos, nos seguintes termos:

> Art. 2º A Administração Pública obedecerá, dentre outros, aos princípios da legalidade, finalidade, motivação, razoabilidade, proporcionalidade, moralidade, ampla

defesa, contraditório, segurança jurídica, interesse público e eficiência.

Parágrafo único. Nos processos administrativos serão observados, entre outros, os critérios de:

I – atuação conforme a lei e o Direito;

II – atendimento a fins de interesse geral, vedada a renúncia total ou parcial de poderes ou competências, salvo autorização em lei;

III – objetividade no atendimento do interesse público, vedada a promoção pessoal de agentes ou autoridades;

IV – atuação segundo padrões éticos de probidade, decoro e boa-fé;

V – divulgação oficial dos atos administrativos, ressalvadas as hipóteses de sigilo previstas na Constituição;

VI – adequação entre meios e fins, vedada a imposição de obrigações, restrições e sanções em medida superior àquelas estritamente necessárias ao atendimento do interesse público;

VII – indicação dos pressupostos de fato e de direito que determinarem a decisão;

VIII – observância das formalidades essenciais à garantia dos direitos dos administrados;

IX – adoção de formas simples, suficientes para propiciar adequado grau de certeza, segurança e respeito aos direitos dos administrados;

X – garantia dos direitos à comunicação, à apresentação de alegações finais, à produção de provas e à interposição de recursos, nos processos de que possam resultar sanções e nas situações de litígio;

XI – proibição de cobrança de despesas processuais, ressalvadas as previstas em lei;

XII – impulsão, de ofício, do processo administrativo, sem prejuízo da atuação dos interessados;

XIII – interpretação da norma administrativa da forma que melhor garanta o atendimento do fim público a que se dirige, vedada aplicação retroativa de nova interpretação.

Os *princípios da impessoalidade, da publicidade, do informalismo* e *do oficialismo,* muito embora não estejam previstos no *caput* do artigo, encontram-se subentendidos nos incisos do parágrafo único. Exemplo claro está no inciso III, onde o princípio da impessoalidade não aparece nitidamente, mas o enuncia indiretamente na medida em que determina a observância do critério de objetividade no atendimento do interesse público, vedada a promoção pessoal de agentes e autoridades. Não se pode olvidar que os princípios consignados na Constituição Federal são de observância obrigatória na esfera infraconstitucional.

O inciso IX, ao determinar a adoção de formas simples, suficientes para propiciar adequado grau de certeza, segurança e respeito aos direitos dos administrados, contempla o *princípio do informalismo* ou *formalismo moderado,* impedindo que a Administração Pública dificulte a manifestação dos administrados eventualmente provocada pelo excesso de rigor técnico, impedindo que a população mais singela faça valerem seus interesses em face das infindáveis unidades funcionais da Administração Pública.

Também o art. 22 da lei aponta para a mesma direção ao registrar que os atos do processo administrativo não dependem de forma determinada senão quando a lei expressamente a exigir. A forma não é o mais importante que os objetivos almejados.

Maria Sylvia Zanella Di Pietro (2023, p. 829) atribui outra denominação ao mesmo instituto, preferindo a locução *princípio da obediência à forma e aos procedimentos*; para ela a utilização do termo informalismo não implica total ausência de formas, pois o processo administrativo é formal no sentido de que deve ser reduzido a escrito e conter documentado tudo o que ocorre no seu desenvolvimento; é informal apenas no sentido de que não está sujeito a normas rígidas em comparação ao processo judicial.

O *princípio da oficialidade* concede de forma exclusiva à Administração a atribuição de conduzir o andamento do processo administrativo, como bem assegura o entendimento doutrinário, cabe à Administração, e somente a ela, a movimentação do processo administrativo, ainda que instaurado por provocação particular, e adotar tudo o que for necessário e adequado à sua instrução.

O *princípio da legalidade objetiva* é o que assegura que somente os atos que estão postos em lei serão formalmente executados pela Administração, por isso é tão importante, é o que só permite a instauração do processo administrativo com base na lei e para preservá-la. Ao revés, poderá ocorrer a invalidação do processo administrativo, caso haja o desrespeito a esse princípio constitucional.

O princípio da publicidade é aquele que ora exige, ora permite a publicação de todos os atos do processo administrativo. A exigência de tal publicação está concernente com outro princípio: o da transparência na execução de atos editados pelo Poder Público. A permissão, todavia, deve ser observada ante a falta de impedimento na publicação desses atos, haja vista que poderá haver processo administrativo que, em face do seu conteúdo, recebem o crivo do segredo de justiça, de forma que talvez não todos, mas alguns atos praticados não poderão ser publicados, consoante se depreende da leitura do art. 5º, XXXIII, LX, *in verbis*:

> Art. 5º [...]
>
> XXXIII – todos têm o direito a receber dos órgãos públicos informações de interesse particular, ou de interesse coletivo

> ou geral, que serão prestadas no prazo da lei, sob pena de responsabilidade, ressalvadas aquelas cujo sigilo seja imprescindível à segurança da sociedade e do Estado;
> [...]
> LX – a lei só poderá restringir a publicidade dos atos processuais quando a defesa da intimidade ou o interesse social o exigirem; [...]

Corroborando com o disposto no texto constitucional está entendimento de Diógenes Gasparini ao afimar que: "[...] salvo se o interesse público exigir o sigilo, o processo administrativo deve ser instaurado e se desenrolar com o estrito atendimento do princípio da publicidade" (Gasparini, 2012, p. 1085).

Pelo *princípio da segurança jurídica* persegue-se a estabilidade das relações jurídicas, de saber que algo que foi decidido no momento continuará a valer no futuro. O processo administrativo deve respeitar o direito adquirido, o ato jurídico perfeito e a coisa julgada, nos termos do art. 5º, XXXVI, da CF/1988, pois um dos fins do processo é justamente resguardar a estabilidade das relações jurídicas, impedindo que haja mudanças desnecessárias. Exemplo dessa situação é a proibição de que seja aplicada a eventos pretéritos uma nova interpretação.

Com relação aos *princípios do contraditório e da ampla defesa*, note-se que ambos encontram previsão no art. 5º, LV, da CF/1988. O contraditório estabelece que o indivíduo possui a faculdade de se manifestar no processo, contestando as argumentações que lhe sejam imputadas. Dessa maneira, sempre que a Administração produzir uma prova deve ser oferecida a oportunidade ao interessado de produzir a contraprova ou sobre esta se manifestar.

A ampla defesa refere-se ao direito que tem o indivíduo de se defender das acusações que lhe são imputadas da forma mais livre e ampla possível. É o direito de estar presente em audiências e petição (Cavalcanti Filho, 2009,

p. 21). O STJ baseou-se neste princípio para editar a Súmula nº 343, que determina a obrigatoriedade da presença do advogado em todas as fases do processo disciplinar. No entanto, a referida súmula do STJ tornou-se sem efeito por força da edição da Súmula vinculante nº 5, editada pelo STF segundo a qual a falta de defesa técnica por advogado no processo administrativo disciplinar não ofende a Constituição.

Nesse sentido, vale destacar também a Súmula nº 3 do STF, que determina:

> Nos processos perante o Tribunal de Contas da União asseguram-se o contraditório e a ampla defesa quando da decisão puder resultar anulação ou revogação de ato administrativo que beneficie o interessado, excetuada a apreciação da legalidade do ato de concessão inicial de aposentadoria, reforma e pensão.

- *Processo administrativo e devido processo legal (due process of law)*

O devido processo legal ou *due process of law* nos remete à Magna Carta de João Sem-Terra, na qual a cláusula *law of land* impedia que alguém fosse julgado em conformidade com a lei de sua terra. Traduz-se: ninguém será privado de sua liberdade ou de seus bens sem o devido processo legal (art. 5º, LIV, CF/1988).

O processo administrativo, em consonância com a Constituição Federal de 1988, norteia-se de acordo com o *princípio do devido processo legal*. Está assegurado ao administrado o direito de peticionar ou de responder perante os órgãos da Administração Pública, observando e ressalvando-lhe a devida vênia quanto à instauração, instrução e conclusão do processo.

Dessa forma, destaque-se que o devido processo legal tem por objetivo assegurar ao indivíduo o cumprimento de preceitos legais em face da sua necessidade de peticionar ou mesmo de responder a processo administrativo no âmbito da Administração Pública, o que, por outro ângulo, é um freio e contrapeso à força inerente ao Estado.

12.6 Espécies de processos administrativos

Diógenes Gasparini, seguindo os passos de Hely Lopes Meirelles (2011, p. 737),[14] levando em conta o objeto a que cada processo se destina, distribui as espécies de processos administrativos em processos de outorga, polícia, controle, punição e expediente. O processo de outorga é aquele que permite à Administração Pública atribuir, a quem o requer, um direito. Ex.: concessão de serviço público e permissão de uso de um bem público (Gasparini, 2012, p. 1096).

O processo de polícia é aquele em que o interessado tem a concordância da Administração Pública no pleito de uma determinada solicitação, ou seja, o direito já é do interessado, cabendo à Administração Pública apenas concordar. Ex.: alvará de construção, de funcionamento, de pesquisa e lavra de jazidas e outros em que o exercício do direito está sujeito à fiscalização do Poder Público (Gasparini, 2012, p. 1097).

Já o processo de controle é aquele que possibilita à Administração Pública verificar o comportamento ou a situação de administrados ou servidores e declarar a sua regularidade ou irregularidade ante os termos e as condições da legislação pertinente. Ex.: prestação de contas.

---

14 Para Hely Lopes Meirelles processo administrativo é gênero do qual são espécies os processos disciplinar, tributário, ou fiscal e ambiental. O que Diógenes Gasparini classifica como espécies, para Hely Lopes seriam modalidades de processo administrativo (outorga, polícia, controle, punição e expediente).

Por outro espectro, o processo de punição é promovido pelo Poder Público para que se possa apurar infração à lei ou contrato, cometida por servidor, administrado, contratado ou por quem estiver submetido a um vínculo especial de sujeição, e aplicar a correspondente penalidade. Os processos de punição são obrigatoriamente contraditórios, integrando sua índole a observância do devido processo legal e ao princípio da ampla defesa e do contraditório. Ex.: estudante de escola pública, por ter infringido regulamento escolar (Gasparini, 2012, p. 1099).

- *O processo administrativo eletrônico*

O Decreto nº 8.539, de 8 de outubro de 2015, foi introduzido no ordenamento jurídico a fim de estabelecer normas acerca do uso do meio eletrônico para a realização do processo administrativo no âmbito dos órgãos e das entidades da administração pública federal direta, autárquica e fundacional.

A definição de processo administrativo eletrônico encontra-se descrita no art. 2º, inciso III, assinalando que se trata daquele em que os atos processuais são registrados e disponibilizados em meio eletrônico.

A implantação do processo administrativo eletrônico tem como objetivos:

i) Assegurar a eficiência, a eficácia e a efetividade da ação governamental e promover a adequação entre meios, ações, impactos e resultados;
ii) Promover a utilização de meios eletrônicos para a realização dos processos administrativos com segurança, transparência e economicidade;
iii) Ampliar a sustentabilidade ambiental com o uso da tecnologia da informação e da comunicação; e
iv) Facilitar o acesso do cidadão às instâncias administrativas.

A obrigatoriedade de implantação dos processos administrativos eletrônicos está prevista no art. 5º, parágrafo único, segundo o qual os atos processuais deverão ser realizados em meio eletrônico, exceto nas situações em que este procedimento for inviável ou em caso de indisponibilidade do meio eletrônico cujo prolongamento cause dano relevante à celeridade do processo.

No âmbito educacional, o Ministério da Educação implantou o e-MEC, um sistema eletrônico de acompanhamento dos processos que regulam a educação superior no Brasil. Todos os pedidos de credenciamento e recredenciamento de instituições de educação superior e de autorização, renovação e reconhecimento de cursos de graduação, além dos processos de aditamento, que são modificações de processos, serão feitos por esse sistema.

A Portaria Normativa nº 40, de 29 de dezembro de 2010, instituiu o e-MEC, sistema eletrônico de fluxo de trabalho e gerenciamento de informações relativas aos processos de regulação, avaliação e supervisão da educação superior no sistema federal de educação, e o Cadastro e-MEC de Instituições e Cursos Superiores, e consolida disposições sobre indicadores de qualidade, banco de avaliadores (Basis), o Exame Nacional de Desempenho de Estudantes (ENADE) e outras disposições.

O sistema torna os processos mais rápidos e eficientes, uma vez que eles são feitos eletronicamente. As instituições podem acompanhar o trâmite do processo no Ministério que, por sua vez, pode gerar relatórios para subsidiar as decisões.

12.7 Recorribilidade das decisões na esfera administrativa

Em regra, todas as decisões administrativas são recorríveis, ou seja, sempre caberá recurso administrativo, independente de apreciação judicial. Nesse sentido, o art. 56 da Lei nº 9.784/1999, reza que: "Das decisões administrativas cabe recurso, em face de razões de legalidade e de mérito".

Os motivos que justificam a interposição de recurso administrativo são implicações relacionadas à legalidade, acarretando a nulidade da decisão ou do processo; ou de mérito, nesse caso, diz respeito ao conteúdo da decisão, ou seja, o processo foi legal, mas resultou em uma decisão injusta ou inadequada. Via de regra, todas as decisões administrativas são passíveis de recurso, uma das raríssimas exceções é o art. 57 da LPA, que determina a limitação de instâncias.

12.8 A regulamentação do processo administrativo no direito estrangeiro

Em breves referências e de forma bastante sucinta, apontar-se-á as principais legislações estrangeiras que influenciaram ou que podem vir a influenciar a interpretação da LPA brasileira. Para tanto, valer-se-á dos estudos produzidos por Irene Nohara e Thiago Marrara (2009), como parâmetros.

Apesar de a França ser considerada o berço do Direito Administrativo, uma vez que adquiriu contornos e estrutura de ramo autônomo da ciência do Direito, graças à construção jurisprudencial do contencioso administrativo, paradoxalmente, não possui arcabouço legal que possa compendiar os procedimentos gerais utilizados na órbita administrativa, não possui, entretanto, legislação que consolide normas sobre procedimentos gerais adotados e aplicáveis no contexto administrativo.

Já nos Estados Unidos a norma jurídica vocacionada para disciplinar o processo administrativo é o Título 5 do USCA (*United States Code of Administration*), de 1946, também denominado *Administrative Procedure Act* – APA. É uma das normas mais importantes do Direito Administrativo estadunidense e que aborda, entre vários assuntos, o exercício do poder decisório e da atividade regulatória das agências e do governo federal.

Na Argentina o dispositivo legal que trata do tema é o Decreto-Lei n° 19.549, de 1972, ou *Ley de Procedimiento Administrativo*. A Argentina, assim como o Brasil é um Estado federal, por isso a aplicação da lei geral está adstrita ao âmbito federal, e a edição de lei sobre a atuação e o desempenho das funções administrativas está revestida da autonomia das Províncias.

Na Alemanha, uma Lei de 25 de maio de 1976, chamada *Verwaltungsverfahrensgesetz* – VwVfG, as regras de processo administrativo alemão têm sido influenciadas de maneira crescente pelo direito europeu. Uma particularidade que distingue a lei alemã da lei brasileira é o tratamento dado ao planejamento. Enquanto no Brasil, o tema planejamento é considerado como subitem ligado ao direito econômico, na Alemanha, planejamento é assunto de grande importância para a análise do Direito Administrativo.

A Itália disciplinou o procedimento e o processo administrativo por meio da *Legge sul procedimento ammnistrativo*, com a Lei n° 241, de 7 de agosto de 1990. Entretanto, assegurou às regiões e aos entes locais a edição de regulamentação própria, desde que respeitados os princípios constitucionais.

Já Portugal tratou do assunto no Código de Procedimento Administrativo, inserido no ordenamento jurídico pelo Decreto-Lei n° 442, de 15 de novembro de 1991. A Constituição portuguesa de 1976 estabelece que o processamento da atividade administrativa será objeto de lei especial, que assegurará a racionalização dos meios a utilizar pelos serviços e a participação dos cidadãos na formação das decisões ou deliberações que lhes disserem respeito (art. 268, nº 3).

A Espanha regulou a matéria por meio da Lei nº 30, de 26 de novembro de 1992, a denominada *Ley de Régimen Jurídico de las Administraciones Públicas y del Procedimiento Administrativo Común*. A referida lei modernizou a Administração Pública, por meio de regras que privilegiam a simplificação, a transparência e a qualidade. Também adotou as técnicas de transmissão telemáticas, bem como técnicas de informática.

A lei de procedimento espanhola traz como característica marcante a preocupação recorrente em reforçar garantias dos indivíduos dentro dos ideais democráticos estabelecidos na Constituição. Esse cuidado é resultado da arrojada doutrina de Direito Administrativo do país, que influenciou a elaboração da norma. A Constituição de 1978 demonstra uma forte reação contra os 36 anos de ditadura franquista (1939-1975). Ressalte-se ainda que a competência para tratar do procedimento administrativo é exclusiva do Estado, nos termos da Constituição espanhola de 1978 (art. 149.1.1118), sem prejuízo das especialidades derivadas da organização própria das comunidades autônomas.

Em território gaulês, exige-se a exaustão prévia das instâncias administrativas como condição para a apreciação da jurisdição administrativa, é preciso que seja feita a interposição de recursos em âmbito administrativo.

É sabido que a ineficiência e a ausência de respeito às garantias constitucionais do processo administrativo são em boa medida os causadores do caos enfrentado pelo Poder Judiciário. Além do mais, a Fazenda Pública possui prerrogativas processuais criadas para proteger o interesse público que dão origem à morosidade na solução dos litígios envolvendo o Estado na órbita judicial.

12.9 Distinção entre o Processo Administrativo e o Processo Judicial

No *processo judicial* a competência para exercitar o poder decisório é atribuída a um sujeito que não é titular dos interesses em conflito, o *juiz*. É nesse sentido que o juiz é imparcial. O processo jurisdicional é uma relação multilateral, que reúne as partes e o Estado-jurisdição.

O *processo administrativo* é configurado como um procedimento de observância obrigatória, contemplando a ampla defesa, o contraditório e a imparcialidade na condução e no julgamento. Seu propósito é esclarecer fatos, além de produzir uma decisão fundamentada sobre controvérsias que afetam os interesses de diferentes sujeitos.

Justamente por essa razão, a violação das garantias inerentes ao devido processo legal resulta na invalidade da decisão administrativa. Uma decisão produzida sem respeito às garantias constitucionais não é protegida pela tutela reconhecida à atividade administrativa.

A *preclusão* remete à ideia de que o processo deve evoluir em direção a uma decisão, de forma que o exercício efetivo ou possível de poderes no âmbito do processo resulta em seu potencial esgotamento. Nesse sentido, não é viável que o processo seja paralisado em determinado estágio. A vontade da parte não pode impedir seu avanço. Além disso, a omissão ou o silêncio do interessado podem acarretar-lhe consequências negativas ao longo do processo. A preclusão representa a proibição de reiniciar a fase do procedimento já concluída. Cada fase procedimental tem um propósito, e a preclusão é o instituto jurídico que garante que a fase já encerrada não seja retomada (Justen Filho, 2024, p. 238).

A *preclusão administrativa* consiste na limitação de uma faculdade processual inicialmente garantida ao sujeito, em decorrência dos eventos ocorridos ao longo do processo administrativo. O instituto da preclusão é aplicável ao processo administrativo por ser inerente ao conceito de procedimento. Sem a preclusão, o procedimento se transformaria em uma sequência desordenada de atos.

No âmbito do direito processual, diferencia-se a *coisa julgada formal* da *coisa julgada material*. A coisa julgada formal consiste na vedação à reapreciação, no mesmo processo, da decisão final. Já a coisa julgada material indica a vedação a que a decisão de mérito seja objeto de nova avaliação fora do processo em que produzida.

A coisa julgada corresponde a uma qualidade potencialmente agregável à decisão final adotada em um processo. Ela significa a irretratabilidade total ou parcial, absoluta ou relativa, quanto ao julgamento final (Justen Filho, 2024, p. 240).

A *coisa julgada formal administrativa* é o efeito jurídico resultante do encerramento de um procedimento administrativo, pelo qual se torna proibido revisar a decisão nele adotada sem a instauração de um procedimento específico e distinto. Não é possível reconhecer a existência de coisa julgada material no âmbito administrativo.

Não cabe aludir à coisa julgada material relativamente à competência normativa abstrata da Administração Pública. A coisa julgada material, no direito processual, é um efeito que se pode produzir no tocante à composição da lide e que gera imutabilidade dos efeitos da sentença.

Sempre será possível que a Administração Pública promova a revisão de seus próprios atos, enquanto não tiver ocorrido a decadência. O respeito ao devido processo legal abrange não apenas a produção de atos administrativos, mas também o seu desfazimento.

Administração Pública tem o dever-poder de revisar os próprios atos. O ato administrativo eivado de nulidade deve ser anulado, mas também se admite a revogação dos atos administrativos que, embora válidos, sejam inconvenientes ou inoportunos.

A Constituição Federal de 1988 determina a observância de um devido processo legal para a emissão pela Administração Pública de atos jurídicos aptos a afetar o interesse de terceiros. A observância de um procedimento adequado é uma garantia de limitação de poder e de controle quanto à regularidade do exercício das competências administrativas.

Há garantia do devido processo legal com amplitude e profundidade idênticas, independentemente de se tratar de um ato administrativo constitutivo de efeitos jurídicos ou de um ato administrativo desconstitutivo de outro.

Nesse sentido, a procedimentalização é obrigatória não apenas na produção de um ato administrativo, mas também para o seu desfazimento. Esse desfazimento ou a restrição aos efeitos do ato produzem-se por meio de um novo ato administrativo. Dito de outra forma, quando se verificar a existência de um defeito apto a invalidar um ato administrativo, a Administração deverá desfazê-lo por meio de um novo ato. Existirão, então, dois atos administrativos, com a única característica de que o segundo deles terá por objeto o desfazimento do anterior.

Na hipótese de haver imputação de nulidade a um ato administrativo anterior, a pronúncia do vício dependerá de um processo no qual seja verificada a efetiva existência do defeito.

12.10 Processo Administrativo Disciplinar (PAD)

O processo disciplinar, conforme definido no art. 148 da Lei nº 8.112/1990, é "o instrumento destinado a apurar a responsabilidade do servidor por infração praticada no exercício de suas atribuições, ou que tenha relação com as atribuições do cargo em que se encontre investido".

A atividade disciplinar da Administração Pública está intrinsecamente ligada ao correto cumprimento dos deveres funcionais. Dessa forma, se um servidor cometer uma infração tipificada no Estatuto, que esteja relacionada às suas atribuições ou ao cargo que ocupa, ele será responsabilizado administrativamente, após a condução de um processo administrativo regular.

- *Fases do processo administrativo disciplinar*

O *processo disciplinar* caminha, de acordo com o disposto no art. 151 da Lei nº 8.112/1990, em três fases (que se desenvolvem em cinco etapas, pois o inquérito tem três fases): *i) instauração (com a publicação do ato que constituir a comissão); ii) inquérito administrativo (instrução, defesa e relatório); iii) julgamento (decisão).*

Antes de instaurar uma sindicância ou um processo administrativo disciplinar, é recomendável realizar uma investigação preliminar para verificar indícios mínimos de autoria e materialidade do suposto ilícito administrativo. Essa investigação pode ser baseada em denúncias anônimas, boatos, relatórios de auditorias do Tribunal de Contas, informações de usuários de serviços públicos ou notícias da imprensa. A ideia é conduzir uma averiguação discreta e informal para decidir se é necessário instaurar um processo administrativo disciplinar completo.

Um meio eficaz para resolver questões e evitar gastos desnecessários é o ajustamento de conduta. A instauração de processos punitivos pode gerar custos materiais e imateriais, como o desconforto e a desmotivação do servidor, além de possíveis repercussões negativas em sua imagem funcional. O ajustamento de conduta é utilizado em casos de irregularidades leves, orientando o servidor e promovendo seu aperfeiçoamento dentro do princípio da eficiência e da cultura da regularidade na Administração Pública. Exemplos de legislação que preveem esse mecanismo incluem a Lei Estadual de

Tocantins nº 1.808/2007 e a Lei Complementar Estadual de Santa Catarina nº 49/2010.

A Controladoria-Geral da União adota o Termo Circunstanciado Administrativo (TCA) para resolver de forma conciliatória danos de pequeno valor causados culposamente por servidores, conforme a Instrução Normativa CGU nº 4/2009. O TCA é uma apuração simplificada realizada pela unidade onde ocorreu o fato, destinada a corrigir danos ou desaparecimentos de bens públicos de pequeno valor.

O gestor patrimonial lavra o TCA, descrevendo o fato e identificando o servidor envolvido, que tem cinco dias para se manifestar. Se o prejuízo for considerado culposo e o servidor concordar em ressarcir o Erário, o TCA é encerrado. O ressarcimento pode ser feito por pagamento, entrega de bem de valor igual ou superior ao danificado ou prestação de serviço apto a consertar o bem danificado.

O direito brasileiro determina que os participantes de processos sejam assistidos por advogado. Essa previsão decorre da regra do art. 133 da Constituição ("O advogado é indispensável à administração da justiça, sendo inviolável por seus atos e manifestações no exercício da profissão, nos limites da lei") e se encontra consagrada em dispositivos legais.

O STF reputou que a garantia da defesa mediante advogado não se aplica no âmbito dos processos administrativos. Essa orientação merece revisão, especialmente depois da edição da Lei nº 14.365/2022. O STF editou a Súmula Vinculante nº 5, com o seguinte teor: "A falta de defesa técnica por advogado no processo administrativo disciplinar não ofende a Constituição".

O entendimento se fundou no argumento da previsão legislativa de hipóteses em que é dispensável a participação de advogado, inclusive em processo judicial. O exemplo é o *habeas corpus*. Não houve consideração, no entanto, à circunstância de que é obrigatória a participação de advogado sempre que a decisão for dotada de eficácia restritiva de direitos e interesses de um sujeito.

A posição do STF refletiu a antiga concepção de que o devido processo legal é satisfatoriamente assegurado mediante o acesso ao Poder Judiciário, tese incompatível com a CF/1988.

A Lei nº 14.365/2022 acrescentou o § 2º-A ao art. 2º da Lei nº 8.906/1994 (Estatuto da Advocacia), cuja redação passou a ser a seguinte:

> Art. 2º O advogado é indispensável à administração da justiça.
> [...]
> § 2º No processo judicial, o advogado contribui, na postulação de decisão favorável ao seu constituinte, ao convencimento do julgador, e seus atos constituem múnus público.
> § 2º-A No processo administrativo, o advogado contribui com a postulação de decisão favorável ao seu constituinte, e os seus atos constituem múnus público.

Por decorrência, a administração da justiça, quanto a qual é indispensável a participação do advogado, compreende não apenas o processo judicial, mas também o processo administrativo.

Ainda que se admitisse a posição do STF no que diz respeito à dimensão constitucional da questão, tornou-se ela superada em face da alteração da legislação infraconstitucional.

No que se refere à produção de provas em processos administrativos, saliente-se que, quando houver fatos controversos, será necessário produzir provas. A Administração pode determinar, de ofício, quais provas serão produzidas, devendo acatar as provas especificadas pelos interessados, rejeitando aquelas que tratem de fatos impertinentes ou irrelevantes, ou que se configurem como procrastinatórias. Assim, são admitidos todos os meios de prova permitidos em direito, incluindo depoimentos das partes, oitiva de testemunhas, perícias de qualquer natureza e inspeção de pessoas, locais ou objetos pela própria autoridade julgadora e também se admite a prova emprestada, ou seja, aquela produzida em outro processo (administrativo ou judicial), envolvendo a mesma parte, podendo ser considerada para a decisão.

O julgamento deve resultar em uma decisão motivada, aplicando o critério do processo judicial, que determina a divisão da peça decisória em três tópicos: relatório, fundamentação e decisão propriamente dita. Essa estruturação se aplica tanto ao processo judicial quanto ao processo administrativo. A Constituição determina que a atividade administrativa deve sujeitar-se não apenas ao princípio da legalidade, mas também à impessoalidade e à moralidade (art. 37, *caput*). Portanto, a decisão administrativa deve considerar seguir o rumo da ética.

As decisões favoráveis ao Poder Público, fundadas exclusivamente na titularidade do poder de decidir, não são válidas. Se o Estado impuser seus interesses, ignorando a incidência dos princípios jurídicos, estará atuando arbitrariamente, mesmo quando esteja em jogo um bem que interesse ao próprio Estado, este deve decidir de modo impessoal. A disciplina do procedimento deve assegurar a imparcialidade do julgador e consagrar o dever de aplicar o direito objetivamente ao caso concreto.

A decisão deve ser motivada, uma vez que o Estado tem o dever de examinar integralmente todos os argumentos do particular e decidir motivadamente. A obrigatoriedade do procedimento e a garantia da ampla defesa seriam inúteis se o agente público pudesse ignorar os argumentos do interessado. Em tal hipótese, haveria o risco de exame apenas dos argumentos declarados improcedentes, comprometendo a garantia da ampla defesa. É inválida a decisão cujo único alicerce seja a vontade do agente administrativo e que busque validade no exercício do Poder Público. Não se concebe decisão baseada somente no poder de império estatal.

Há dever de decidir acerca de todos os pleitos do particular, não se admitindo rejeição implícita, e ainda impossibilitando, conforme a ordem jurídica pátria, utilizar-se do expediente de não proferir decisão quando a única alternativa cabível é proferir decisão favorável ao particular e inconveniente ao interesse da Administração. Aplicam-se as considerações realizadas relativamente às determinações contidas no art. 20, *caput* e parágrafo único, do Decreto-Lei nº 4.657, de 4 de setembro de 1942 (LINDB), e no art. 489, § 1º, do CPC.

A motivação não significa mera invocação da norma constitucional ou legal que atribua a competência para decidir, consiste na indicação dos fundamentos de direito e de fato que dão suporte às conclusões do agente administrativo. A motivação é a exteriorização do processo de concretização do direito para o caso analisado e deve indicar as normas e os princípios jurídicos escolhidos pelo agente para nortear sua decisão, o que pressupõe a indicação da avaliação dos fatos por ele promovida. Não é possível omitir, inclusive, os processos de valoração que entranharam a atividade decisória.

Se a omissão de decidir fosse juridicamente admissível, a Administração poderia escolher entre os pleitos que examinaria e os que não mereceriam sua consideração, produzindo decisão apenas para os pleitos improcedentes, isso seria, em um Estado Democrático de Direito, totalmente incompatível.

12.11 Sindicância

A *sindicância* se caracteriza por um procedimento investigatório para apuração de situações irregulares no serviço público e averiguar se houve infração cometida por servidor público. Antes do advento da Lei nº 8.112/1990, a sindicância era considerada apenas um procedimento de investigação ou apuração de fatos irregulares, preliminar à instauração de um processo administrativo disciplinar. Posteriormente, passou a ser utilizada também para punir infrações funcionais com penas menores, ultrapassando seu objetivo inicial de instrumento preparatório e adaptando-se à aplicação de sanções.

Conforme o art. 154 da referida lei, os autos da sindicância devem integrar o processo disciplinar como peça informativa da instrução.

Segundo José Cretella Júnior (1999, p. 21-22), sindicância é

> meio sumário de que se utiliza a Administração para, sigilosa ou publicamente, com indiciados ou não, proceder à apuração de ocorrências anômalas ao serviço público, as quais, confirmadas, fornecerão elementos concretos para a imediata abertura de processo administrativo contra o funcionário público responsável.

Embora essa definição continue válida, ela é incompleta, pois o Estatuto Federal (Lei nº 8.112/1990) prevê como resultado possível de uma sindicância a aplicação de penalidade de advertência ou de suspensão de até 30 dias, conforme o art. 145 e seu parágrafo único, determinando que da sindicância poderá resultar o arquivamento do processo; a aplicação de penalidade de advertência ou suspensão de até 30 dias; e instauração de processo disciplinar.

A possibilidade de punição proveniente da realização de uma sindicância, prevista na lei, alterou sua característica de procedimento inquisitivo, de mera apuração, que não exigiria a presença de ampla defesa e contraditório. A partir do momento em que se admite a punição decorrente de sindicância, esta passa também a ser uma espécie de processo administrativo que deve obedecer às garantias constitucionais correspondentes, haja vista que não pode haver pena sem processo.

Por isso, em material da Controladoria-Geral da União (CGU), distingue-se sindicância inquisitorial de sindicância contraditória. Enquanto na sindicância inquisitorial, também denominada investigativa ou preparatória, não pode haver acusação, muito menos a aplicação de penalidades; na sindicância contraditória, que é disciplinada no art. 145 da Lei nº 8.112/1990, pode haver a aplicação de penalidade de advertência ou suspensão de até 30 dias, desde que seja assegurada ao acusado a ampla defesa (Nohara, 2024, p. 241).

O prazo para conclusão da sindicância no âmbito federal não excederá 30 dias, podendo ser prorrogado por igual período, a critério da autoridade superior, conforme disposto no parágrafo único do art. 145 da Lei nº 8.112/1990. Será obrigatória a instauração de processo disciplinar sempre que o ilícito praticado pelo servidor ensejar a imposição de: a) penalidade de suspensão por mais de 30 dias; b) demissão; c) cassação de aposentadoria ou disponibilidade; d) destituição de cargo em comissão.

Observe-se que, enquanto o prazo da sindicância realizada com base na Lei nº 8.112/1990 é de 30 dias, prorrogáveis por igual período, o processo administrativo disciplinar deve ser concluído em 60 dias, contados da data de publicação do ato que constituir a comissão, admitida sua prorrogação por igual prazo, quando as circunstâncias o exigirem, conforme o art. 152 da lei.

12.12 Improbidade Administrativa

A distinção entre *moralidade administrativa* e *probidade administrativa* é sutil, pois ambas se relacionam com a ética e a honestidade na Administração Pública. Ambas exigem mais do que a mera legalidade formal, incluindo a observância de princípios de lealdade e boa-fé.

A improbidade administrativa, historicamente, é prevista no direito brasileiro como crime de responsabilidade para agentes políticos. Para servidores públicos, a legislação mirava no combate à corrupção, especialmente no enriquecimento ilícito. A moralidade administrativa é incluída como princípio constitucional apenas com o advento constitucional de 1988, refletindo uma preocupação com o combate à má utilização de recursos públicos.

A *probidade administrativa* pode ser definida no direito positivo com características de tipicidade, implicando uma definição precisa dos elementos constitutivos da infração. Já a *moralidade administrativa* aparece como um princípio de conteúdo indefinido, um conceito jurídico indeterminado, o que gera resistência do Poder Judiciário em invalidar atos administrativos apenas sob alegação de lesão à moralidade.

Para considerar a prática de ato de improbidade nos termos da Lei nº 8.429/1992, é indispensável a presença de três elementos: o sujeito ativo, o sujeito passivo e a ocorrência de um dos atos danosos previstos na lei como ato de improbidade.

Os atos de improbidade abrangem três categorias:

i) Os que importam enriquecimento ilícito (art. 9º);
ii) Os que causam lesão ao erário (art. 10);
iii) Os que atentam contra os princípios da Administração Pública (art. 11).

Por outro lado, o princípio da legalidade pode ser analisado sob dois aspectos: a legalidade estrita e a legalidade em sentido amplo. A legalidade estrita exige conformidade com a lei formal, especialmente para atos que restringem direitos do cidadão, já a legalidade em sentido amplo inclui a obediência à lei, aos princípios e valores do ordenamento jurídico, como razoabilidade, boa-fé, moralidade e economicidade.

A improbidade como ato ilícito abrange atos desonestos, imorais e ilegais, com definições específicas na Lei nº 8.429/1992, que trata de enriquecimento ilícito, prejuízo ao erário e atos que atentam contra os princípios da Administração Pública.

A legalidade estrita não se confunde com moralidade e honestidade, pois diz respeito ao cumprimento da lei. A legalidade em sentido amplo abrange moralidade, probidade e outros valores perenes consagrados pelo ordenamento jurídico. Como princípios, moralidade e probidade se confundem; como infração, a improbidade é mais ampla que a imoralidade, pois inclui a lesão ao princípio da moralidade como uma das hipóteses de atos de improbidade.

O art. 37, § 4º, da CF/1988 prevê a necessidade de uma lei que estabeleça a forma e a gradação das medidas sancionatórias, sem especificar que deve ser uma lei federal. Isso obriga o intérprete a analisar as normas constitucionais de distribuição de competências entre as esferas de governo para determinar se a competência é privativa da União ou concorrente. Um ato de improbidade administrativa pode corresponder a um ilícito penal se enquadrado em crimes definidos no Código Penal ou em legislação complementar, conforme a redação do dispositivo constitucional que menciona a aplicação de sanções sem prejuízo da ação penal cabível (Di Pietro, 2023, p. 1026).

A improbidade administrativa, quando praticada por servidor público, também corresponde a um ilícito administrativo previsto na legislação estatutária de cada ente da Federação, exigindo a instauração de procedimento adequado para apuração de responsabilidade. No entanto, as penalidades administrativas são limitadas aos Estatutos dos Servidores e não podem incluir a suspensão dos direitos políticos, que é um direito fundamental de natureza política. A improbidade administrativa não pode ser enquadrada como um ilícito puramente administrativo, mesmo que tenha essa natureza quando praticada por servidores públicos.

As medidas previstas no dispositivo constitucional indicam que a improbidade administrativa tem consequências civis e políticas, podendo resultar na suspensão dos direitos políticos, indisponibilidade dos bens e ressarcimento ao erário. A suspensão dos direitos políticos, que afeta os direitos de votar e ser votado, é de competência privativa da União, conforme o art. 22, inciso I, da CF/1988. A indisponibilidade dos bens e o ressarcimento ao erário também são de competência privativa da União, afetando o direito de propriedade e constituindo sanções de natureza civil.

A perda da função pública, prevista como sanção em casos de improbidade administrativa, não é uma sanção administrativa para punir um ilícito puramente administrativo, mas está relacionada à suspensão dos direitos políticos. A aplicação dessas sanções a particulares, que não são servidores ou agentes públicos, reforça a natureza civil e política das medidas. Portanto, a aplicação dessas sanções escape à alçada da Administração Pública, embora possa haver um processo administrativo concomitante para apurar a responsabilidade de servidores. A Lei n° 8.429/1992, de âmbito nacional, é obrigatória para todas as esferas de governo, definindo sujeitos ativos, atos de improbidade, penas cabíveis e normas sobre prescrição para ação judicial, enquanto alguns dispositivos tratam de matéria administrativa de competência privativa de cada ente da Federação (Di Pietro, 2023, p. 1028).

A Lei n° 8.429/1992 foi alterada pela Lei n° 14.230, de 25.10.2021, de maneira extremamente intensa, de acordo com Maria Sylvia Di Pietro, "a tal ponto que talvez tivesse sido mais adequada a elaboração de outra lei". Entre as principais mudanças estão: a exclusão de responsabilidade por divergência interpretativa, baseada em jurisprudência, ainda que não pacificada (§ 8° do art. 1°); exigência de dolo para configuração do ato de improbidade administrativa, com exclusão da conduta ou omissão culposa, antes prevista nos arts. 5° e 10; preocupação com a preservação da vida da empresa, evitando que a punição impeça a continuação das atividades (art. 12, §§ 3° e 4°); submissão da ação judicial de improbidade administrativa às normas do CPC (art. 17), entre outras (Di Pietro, 2023, p. 1027).

Capítulo 13

RESPONSABILIDADE CIVIL DO ESTADO

A responsabilidade civil do Estado é amplamente aceita nos Estados modernos, conforme evidenciado pela doutrina, pela jurisprudência e pelas legislações de nações civilizadas. O Estado é obrigado a reparar danos causados por suas atividades, seja por ação de seus agentes ou por omissão. A vida em sociedade é regulada por normas que visam o equilíbrio e a harmonia social, limitando ações arbitrárias que possam prejudicar os indivíduos.

Historicamente, a responsabilidade do Estado evoluiu de uma fase de total irresponsabilidade para uma responsabilidade baseada na culpa, seja civil ou administrativa, e, posteriormente, para a responsabilidade objetiva, que não exige prova de culpa, apenas a existência de dano, conduta e nexo causal. Atualmente, discute-se a responsabilidade pelo risco social, que inclui danos não diretamente imputáveis à ação do Poder Público.

A responsabilidade civil visa restabelecer o equilíbrio violado pelo dano. Pode ser subjetiva, quando há necessidade de provar culpa ou dolo, ou objetiva, quando basta a existência de dano, conduta e nexo causal.

A responsabilidade do Estado abrange a Administração Pública, o Estado Legislador e o Estado-Juiz. A palavra *responsabilidade* deriva do latim *respondere*, significando a obrigação de responder por um estímulo anterior, ou seja, um dano causado, criando um vínculo entre as pessoas e um mundo moral, social e juridicamente organizado.

A *responsabilização* transcende vários ramos do Direito, adquirindo diferentes pressupostos e sentidos. A responsabilidade penal, por exemplo, difere da patrimonial pela natureza do bem lesionado. A responsabilidade pública é uma construção do direito moderno, enquanto a privada foi elaborada pelos romanos. No Brasil, a responsabilidade penal do Estado pode ser aplicada em casos de delitos contra a ordem econômica e crimes ambientais, conforme a Constituição Federal. A Lei nº 9.605/1988 estabelece penas para pessoas jurídicas em crimes ambientais. A doutrina discute a teoria da responsabilidade penal por ricochete, onde a pessoa jurídica é responsabilizada após a incriminação de uma pessoa física.

A responsabilidade civil do Estado é um tema complexo e multifacetado, abrangendo diversas áreas do Direito. A expressão *Responsabilidade Extracontratual do Estado* parece a mais adequada para abordar o instituto, embora a expressão *Responsabilidade Civil* também seja utilizada para evitar confusões. A responsabilidade do Estado é essencial para garantir o equilíbrio e a justiça na sociedade, impondo limites às ações do Poder Público e assegurando a reparação de danos causados aos indivíduos.

13.1 Teorias sobre a responsabilidade do Estado

A dinâmica social é um fenômeno que, ao longo do tempo, impõe inúmeras transformações aos diversos institutos jurídicos a fim de acomodá-los às necessidades da comunidade, e com relação à responsabilidade estatal não foi diferente.

A irreversível marcha do tempo fez com que o Estado mudasse suas feições de acordo com as ideologias predominantes; como reação a essas mudanças, ele (Estado) foi se remodelando. Diante de tal realidade, tornou-se imprescindível a elaboração de teorias que melhor se adaptassem àquela realidade correspondente. A análise da evolução das teorias é importante para que se possa compreender como esse processo se desenrolou. O desenvolvimento das teorias acerca da responsabilização do Estado pode ser posicionado em três sistemas principais: (a) Teoria da Irresponsabilidade ou regaliana; (b) Teoria Civilista ou mista; e (c) Teorias publicísticas (Araújo, 2010, p. 71).

Maria Sylvia Zanella Di Pietro (2011, p.643) adverte que

> [...] antes de analisar cada uma das teorias, cabe assinalar que existe muita divergência de terminologia entre os autores, o que torna difícil a colocação da matéria; o que alguns chamam de culpa civil outros chamam de culpa administrativa; alguns consideram como hipóteses diversas a culpa administrativa e o acidente administrativo; alguns subdividem a teoria do risco em duas modalidades, risco integral e risco administrativo.

A tese do *Estado Irresponsável (teoria regalista)* repousa na concepção dos governos absolutistas ou despóticos; naquele tempo acreditava-se que o rei era um representante de Deus na Terra, e por isso era considerado como a encarnação ou personificação do Estado, e seu poder encarado como irrestrito.

Essa teoria estava respaldada na crença de que o Rei não se sujeitava à lei, e seus atos não eram submetidos aos Tribunais. Tal concepção se traduzia nos brocardos: *The king can do no wrong* (o Rei não erra), *Le roi ne peut mal faire* (o Rei não pode fazer mal), ou ainda, *quod princip placuit Haber legis vigorem* (aquilo que agrada ao príncipe tem força de lei). O Estado não podia, portanto, ser responsabilizado, já que o Rei jamais causava danos, pois ele era tão superior que não cometia erros, dessa forma estava desvinculado do ato danoso causado pelo agente.

Irene Patrícia Nohara (2011, p. 745) aponta que: "trata-se de período denominado de Estado de Polícia (do alemão, *Polizeistaat*), que se desenvolveu tipicamente na Prússia, no momento em que Frederico II – o Grande adotou o chamado despotismo esclarecido".

Um dos mais importantes defensores do absolutismo, o teólogo francês Jacques Benigne Bossuet, em 1708, em sua obra denominada **Politique tirée des propres paroles de l'Ecriture sainte**, elaborou a doutrina do direito divino, segundo a qual qualquer governo formado legalmente é a mais pura expressão da vontade de Deus, sendo assim tido como sagrado. Qualquer oposição a esse governo seria, desse modo, considerada como criminosa. Bossuet era tão apaixonado pela doutrina absolutista que chegou a questionar a autoridade do próprio Papa em oposição aos poderes dos Reis.

A Teoria da Irresponsabilidade estatal há tempos foi abandonada pelos Estados modernos, as únicas civilizações que resistiam eram a Inglaterra e os Estados Unidos, todavia abandonaram-na, respectivamente, por força do *Crown Proceeding Act* (1947), e do *Federal Tort Claims Act* (1946).

As *teorias civilistas* (mistas ou intermediárias) buscavam vincular a responsabilidade do Estado por atos de seus representantes com a natureza desses atos, e tinham como fundamento os princípios civilistas aplicados aos particulares, que se escoravam na ideia de culpa.

A implementação da teoria civilista ocorreu primeiramente com a divisão das atividades estatais em atos de império e atos de gestão. Atos de império (*jus imperii*) eram aqueles praticados sob a égide das prerrogativas inerentes ao Estado em relação aos particulares, e a prática de tais atos não implicaria responsabilização. Por outro giro, os atos de gestão (*jus gestionis*) eram aqueles desempenhados pelos representantes do Estado na administração de seus bens e serviços em pé de igualdade com os particulares; nesse caso, vislumbrava-se a responsabilização.

No decorrer do século XIX, essa concepção foi sendo lentamente ultrapassada, devido à dificuldade de se distinguir a natureza dos atos, e também pela injustiça que se consumava por não haver a reparação de danos provocados pelo Estado no manejo abusivo de suas prerrogativas de Poder Público (Nohara, 2011, p. 744). Com a teoria civilista da culpa continuando a ser utilizada, o Estado passou a igualar-se ao empregador ou patrão que detinha a responsabilidade objetiva pelos atos de seus empregados e prepostos.

Quanto à *teoria da culpa civil ou da responsabilidade subjetiva*, importante destacar que esta serviu como base inspiradora do art. 15 do CC brasileiro de 1916, consagrando no ordenamento jurídico pátrio a responsabilidade subjetiva. Tal modalidade se consubstancia na obrigação de indenizar alguém com base na comprovação de culpa, baseada na concepção privada (civil).

Note-se que o sistema de responsabilização subjetiva do CC/1916, conservado pelo Código de 2002, exigia a comprovação de culpa para viabilizar a pretensão de ressarcimento de danos, mostrando-se absolutamente injusto e inadequado, especialmente para os menos favorecidos. Pela aplicação da responsabilidade subjetiva, as pessoas com capacidade econômica reduzida se viam diante da dificuldade probatória, elemento fundamental para alcançar a indenização.

Outro marco evolutivo importante da responsabilidade estatal foi fixado com o advento das *teorias* publicísticas que trouxeram, nas palavras de José Maria Pinheiro Madeira (2010, p. 256), a *despersonalização da culpa*, transformada pelo anonimato do agente.

A primeira delas, a *teoria da culpa administrativa, culpa anônima ou culpa do serviço*, remete à ideia de que a culpa foi transferida do agente para a atuação administrativa, ou seja, a vítima estava desobrigada de provar a culpa do agente, bastando apenas comprovar o mau funcionamento do serviço público, daí a designação de culpa publicística, ou ainda culpa do serviço, que mais tarde se desmembrou em três versões: o mau funcionamento, o não funcionamento ou a demora do serviço (Madeira, 2010, p. 257).

Com relação à *teoria da responsabilidade objetiva ou teoria do risco*, interessante notar que a maior divergência entre a doutrina não é recepcionar a teoria objetiva como fundamento da responsabilização do Estado e baseada no *risco*, nesse aspecto já houve pacificação. O ponto nevrálgico da questão é determinar qual modalidade de *risco* deve ser acatada: a do *risco integral* ou a do *risco administrativo*. Para alguns, a teoria adotada é a do risco administrativo; para outros, é a teoria do risco integral. Há, ainda, aqueles que sustentam que, na verdade, não existe diferença entre as teorias, tratando-se, apenas, de uma questão semântica.

Maria Sylvia Zanella Di Pietro (2011, p. 647) encontra-se entre aqueles que consideram a distinção entre risco administrativo e risco integral como meramente terminológica, para quem "todos parecem concordar em que se trata de responsabilidade objetiva, que implica averiguar se o dano teve como causa o funcionamento de um serviço público, sem interessar se foi regular ou não", cabendo a alegação de circunstâncias que excluem ou atenuam a responsabilidade do Estado.

A fase atual de evolução da Responsabilidade do Estado encontra-se calcada na teoria objetiva fundamentada no *risco*, ou seja, independentemente de qualquer falha ou falta, culpa do serviço público ou ainda, culpa anônima. A atividade administrativa é baseada nos princípios de equidade e igualdade de ônus e encargos sociais, sendo exercida em prol da coletividade, uma vez que traz benefícios para todos; é, pois, justo que todos suportem o ônus. Nessa hipótese, responde o Estado porque causou dano ao seu administrado, apenas e tão somente porque há nexo de causalidade entre a atividade administrativa e o dano suportado pelo particular.

Hely Lopes Meirelles (2011, p. 700) admite a divisão da teoria do risco em duas modalidades: a do risco administrativo, que admite as causas excludentes (culpa da vítima, culpa de terceiros e força maior) e a do risco integral (não admite as excludentes). Entretanto, assevera que a teoria do risco integral é modalidade extremada da doutrina do risco administrativo, abandonada, na prática, por conduzir ao abuso e à iniquidade social. Para ele, o risco integral jamais foi acolhido entre nós.

Yussef Said Cahali (2007, p. 40), criticando a distinção feita por Hely Lopes Meirelles, afirma que esta se revela *artificiosa e carente de fundamentação científica*, já que, essencialmente, Meirelles identifica na regra constitucional uma simples presunção de culpa, passível de ser elidida por contraprova apresentada pela Administração Pública.

Acrescenta Cahali que a distinção entre risco administrativo e risco integral feita por Hely Lopes leva em consideração apenas as consequências de cada modalidade: o risco administrativo admite a contraprova de excludente de responsabilidade: "[...] efeito que se pretende seria inadmissível se qualificado como risco integral, sem que nada seja enunciado quanto à base ou natureza da distinção".

Concluindo que a responsabilidade objetiva prevista na regra constitucional – unanimemente reconhecida pela doutrina e jurisprudência – se satisfaz com a simples verificação do nexo de causalidade entre a ação ou omissão da Administração Pública e o evento danoso resultante. No entanto, se o dano for causado pelo próprio ofendido, por um terceiro, ou por um caso fortuito ou de força maior, esses fatores interromperiam o nexo de causalidade, eliminando, assim, qualquer pretensão indenizatória.

Nos dizeres de Sérgio Cavalieri Filho (2010, p. 242-243) a teoria do risco, adaptada para a atividade pública, serviu como fundamento para a responsabilidade objetiva do Estado, resultando, daí, a teoria do risco administrativo. Para esta, a Administração Pública, em decorrência de suas atividades normais ou anormais, acaba por gerar risco de dano à comunidade. Já que as atividades são exercidas em favor de todos, não parece razoável que apenas alguns arcassem com os ônus por elas gerados, motivo pelo qual deve o Estado, como representante do todo, suportar os ônus, independentemente de culpa de seus agentes. Trata-se de "[...] forma democrática de repartir os ônus e encargos sociais por todos aqueles que são beneficiados pela atividade da Administração Pública".

Nessa esteira de raciocínio, Cavalieri Filho (2010, p. 244) segue argumentando que essa teoria não se confunde com a teoria do risco integral, a qual se mostra como "modalidade extremada da doutrina do risco para justificar o dever de indenizar mesmo nos casos de culpa exclusiva da vítima, fato de terceiro, caso fortuito ou de força maior". Ao contrário dessa teoria, a teoria do risco administrativo, embora dispense a vítima da prova da culpa, permite ao Estado afastar a sua responsabilidade nos casos de exclusão do nexo causal.

Apesar das divergências, a teoria do risco administrativo vem sendo largamente adotada pela doutrina, tendo em vista que se mostra a mais adequada para a compreensão da responsabilidade do Estado. Entretanto, no ordenamento jurídico brasileiro, a Administração Pública pode ser excepcionalmente responsabilizada na forma de risco integral apenas quando praticar dano ambiental, consoante dispõem os arts. 14 da Lei nº 6.938/1981, e o 225, § 3º, da CF/1988, ou dano nuclear, nos termos do art. 21, XXIII, alínea *d*, da Carta Política.

A Constituição Federal vigente determinou, no art. 37, § 6º, a responsabilização das pessoas jurídicas de direito público e das de direito privado prestadoras de serviço público pelos danos causados a terceiros causados por seus prepostos, adotando a denominada teoria objetiva, na modalidade de *risco administrativo*.

O art. 43 do CC brasileiro, contido na Lei nº 10.406, de 10 de janeiro de 2002, replicando o art. 15 do CC/1916, omitiu a expressão *pessoas jurídicas de direito privado prestadoras de serviço público*.

Alexandre de Moraes (2011, p. 389), abraçando a teoria objetiva, assinala que a Constituição Federal determina que as pessoas jurídicas de direito público e as de direito privado prestadoras de serviços públicos responderão pelos danos que seus agentes, nessa qualidade, causarem a terceiros, assegurado o direito de regresso contra o responsável nos casos de dolo ou culpa. Contudo, considera que o princípio da responsabilidade objetiva não se reveste de caráter absoluto, eis que admite o abrandamento e, até mesmo, a exclusão da própria responsabilidade civil do Estado, nas hipóteses excepcionais configuradoras de situações liberatórias – como no caso fortuito e força maior – ou evidenciadoras de ocorrência de culpa atribuível à própria vítima.

É o entendimento esposado por Edmir Netto de Araújo (2010, p. 769), nos seguintes termos:

> [...] o **Estado** responde pelos danos causados ao particular por seu agente, por ação ou omissão, ou mesmo que não se identifique o causador, mas seja o dano referível ao Estado pelo serviço público ou por coisa à sua guarda, porque a situação jurídica daí decorrente é, repetimos, **imputada** ao Estado.

Em conformidade com o art. 175 da Constituição vigente, as concessionárias e permissionárias de serviços públicos, assim como os tabelionatos e cartórios de notas e registros, desempenhando funções públicas delegadas pelo Estado, também estão sujeitas ao regime imposto pelo artigo em comento, já que agem em nome do Estado, na satisfação do interesse público, interesse este que se concretiza pela prestação de serviços à coletividade.

Quanto à responsabilização dos tabeliães e notários, existe divergência na doutrina quanto ao regime de responsabilização aplicável, apesar de a corrente majoritária voltar-se para a responsabilidade objetiva, uma vez que não se deve esquecer que eles são considerados agentes públicos, nos exatos termos do art. 37, § 6°, CF/1988, além do mais, consideremos, ainda, o disposto na Lei n° 8.935/1994, art. 22: "Os notários e oficiais de registro responderão pelos danos que eles e seus prepostos causem a terceiros, na prática de atos próprios da serventia, assegurado, aos primeiros, direito de regresso no caso de dolo ou culpa dos prepostos".

Há outra corrente, menos expressiva, que, escorada no art. 38 da Lei n° 9.492/1997, considera a responsabilidade dos tabeliães e notários subjetiva. O STF, em mais de uma oportunidade, decidiu que a responsabilidade por atos de tabeliães e notários deve ser suportada pelo Estado, portanto, de natureza objetiva, pois os cargos são criados por lei, providos mediante concurso, e os atos de seus agentes, sujeitos à fiscalização estatal, são dotados de fé pública, prerrogativa inerente à ideia de poder delegado pelo Estado (Nohara, 2011, p. 756).

No que diz respeito às atividades ligadas ao terceiro setor, acompanhamos os passos de Maria Sylvia Zanella Di Pietro (2011, p. 650) e Irene Patrícia Nohara (2011, p. 757), e entendemos que a regra da responsabilidade objetiva, esculpida no art. 37, § 6°, deve ser aplicada também para a referida categoria, pois não houve restrição por parte do legislador, e, uma vez que desempenham atividades consubstanciadas em serviços públicos, não havendo na lei distinção com relação à natureza jurídica da pessoa jurídica privada prestadora de serviços públicos, no tocante à percepção ou à isenção de lucros, impõe-se a responsabilidade objetiva.

José dos Santos Carvalho Filho (2012, p. 551), por sua vez, adota posição diversa, pois, para ele, enquanto os serviços autônomos SESI, SENAC, SENAI, SESC estão sujeitos à responsabilidade objetiva atribuída ao Estado, as organizações sociais e as organizações da sociedade civil de interesse público que se vinculam ao Estado, respectivamente, por contrato de gestão ou termo de parceria, estariam sujeitas ao regime do CC, qual seja, da responsabilidade subjetiva, pois ele considera excessivo o ônus de prestarem atividades de caráter eminentemente social, desinteressadamente, sem fins lucrativos e, por conta da parceria com o Poder Público, ainda arcarem com o encargo da responsabilização objetiva imposta ao Estado.

A Responsabilidade do Estado ou Responsabilidade Pública, conforme menciona Álvaro Lazzarini (1999, p. 418), nasceu praticamente ombreada ao Direito Administrativo, a partir da famosa decisão no caso Blanco, proferida em 1º de fevereiro de 1873, relatado pelo Conselheiro David. A menina Agnés Blanco perdeu as pernas depois de ter sido atropelada por vagonete da Companhia Nacional de Manufatura de Fumo que trafegava pelos trilhos que cortavam a cidade francesa de Bordeaux, transportando matéria-prima de um edifício para outro.

O pai da menina ajuizou ação indenizatória, fundamentando sua pretensão na responsabilidade civil do Estado por prejuízos causados a terceiros perante o Tribunal Judiciário Comum. No referido caso, o Tribunal de Conflitos entendeu que era de competência do Tribunal Administrativo, por tratar-se de hipótese de responsabilidade resultante do funcionamento de um serviço público. A partir daí, consagrou-se, definitivamente, a teoria publicística. Apesar de o *Caso Blanco* ser considerado um divisor de águas entre a concepção privatística e o entendimento publicístico, outra decisão que apontava para o mesmo sentido foi aquela conhecida como o Caso Rotschild, datada de 6 de dezembro de 1855, muito embora não tenha tido a mesma repercussão.

As conclusões de José Cretella Júnior (2002, p. 94-95) dão conta de que

> [...] as decisões do Conselho de Estado e do Tribunal de Conflitos demonstram, como na sequência de um filme, toda a evolução da responsabilidade administrativa, a partir

do caso inicial – Rotschild, 1855, que consagra a tese do Estado devedor –, passando pelo célebre Caso Blanco, 1873, que consagra a tese da responsabilidade do Estado, em virtude do mau funcionamento de um serviço público.

Cretella Júnior (2002, p. 87-94) faz referência, ainda, a outros casos igualmente submetidos ao Conselho de Estado ou ao Tribunal de Conflitos, e que também foram considerados como marcantes de teorias específicas. No Caso Cames (1895), adotou-se a teoria do risco profissional na hipótese de acidente no serviço público; no caso Pelletier (1873) discutiu-se a *falta pessoal* e a *falta do serviço* que, a partir desse processo, se tornou bem clara; no caso Verbanck (1933), o Estado foi responsabilizado pelo mau funcionamento do serviço público, que resultou na morte de um cidadão, consagrando a *teoria do serviço público*; no caso Terrier (1903), restou imposta à Administração a responsabilização por promessa pública de recompensa descumprida, na hipótese de serviço público, de fato.

No evento que se denominou caso Barco de Eloka (1921), responsabilizou-se o Estado por danos causados por empresa prestadora de serviços industriais. E, ainda, o caso Feutry (1908), no qual o Estado foi responsabilizado pelos danos causados por demente que se evadiu de hospital público e ateou fogo em pilhas de feno colocadas em frente a uma casa, provocando danos materiais suportados pelo proprietário; a *culpa in vigilando* foi o fundamento para a imposição de responsabilização. A contribuição da doutrina francesa foi inestimável para a evolução da responsabilização do Estado; sua aplicação ao caso concreto, bem como a repercussão de seus efeitos no mundo dos fatos e no universo jurídico foram determinantes para alcançar o estágio atual.

No Brasil, inicialmente, durante o período colonial e na fase seguinte em que a família real mudou-se para o país, e o Rei Dom João VI elevou-o de colônia para reino, prevalecia a irresponsabilidade do Estado pelos danos causados pelos agentes da Coroa Portuguesa.

Durante o período denominado *Brasil império*, a Constituição de 1824, nos termos do art. 99, eximia o Imperador de responsabilidade, entretanto, o art. 179, inciso XXIX, previa a responsabilização dos agentes públicos, conforme descrito:

> Art. 99. A pessoa do Imperador é inviolável, e Sagrada: Ele não está sujeito a responsabilidade alguma. [...]
> Art. 179. [...]
> XXIX – os empregados públicos são estritamente responsáveis pelos abusos, e omissões praticadas no exercício das suas funções, e por não fazerem efetivamente responsáveis os seus subalternos.

A Constituição Imperial faz referência direta apenas à responsabilização do agente público, contudo havia legislação específica que previa a responsabilização estatal, firmada em várias leis e decretos, como, por exemplo, os Decretos nºs 1.930, de 26 de abril de 1857, sobre estradas de ferro, e 3.453, de 20 de abril de 1865, que dispõe sobre oficiais de registro, entre outros.

Com a Proclamação da República, a mudança na forma de governo exigiu a promulgação de uma nova Carta Constitucional, contudo a Carta Magna de 1891 não fez avançar a matéria, conforme se percebe no seu art. 82:

> Art. 82. Os funcionários públicos são estritamente responsáveis pelos abusos e omissões em que incorrerem no exercício de seus cargos, assim como pela indulgência ou negligência em não responsabilizarem efetivamente os seus subalternos.

> Parágrafo único. O funcionário público obrigar-se-á, por compromisso formal, no ato da posse, ao desempenho dos seus deveres.

O declínio das oligarquias agrárias, que durante a República Velha se alternavam no poder, foi determinante para a reestruturação do Estado Brasileiro, e foi nesse contexto que o CC/1916 (Lei nº 3.071) entrou em vigor. O art. 15 tornou, então, expressa a responsabilidade extracontratual do Estado, entretanto, exigia-se a demonstração de culpa, nos seguintes termos:

> Art. 15. As pessoas jurídicas de direito público são civilmente responsáveis por atos de seus representantes que, nessa qualidade, causem danos a terceiros, procedendo de modo contrário ao Direito ou faltando a dever prescrito em lei, salvo o direito regressivo contra os causadores do dano.

A marcha constante do tempo fez com que o instituto da responsabilização estatal evoluísse à categoria de norma constitucional no bojo da Carta Magna de 1934, inaugurando o sistema de responsabilidade solidária, conforme segue:

> Art. 171. Os funcionários públicos são responsáveis solidariamente com a Fazenda Nacional, Estadual, Municipal, por quaisquer prejuízos decorrentes de negligência, omissão ou abuso no exercício de seus cargos.
> § 1º Na ação proposta contra a Fazenda Pública, e fundada em lesão praticada por funcionário, este será sempre citado como litisconsorte.
> § 2º Executada a sentença contra a Fazenda, esta promoverá a execução contra o funcionário culpado.

A Constituição Federal de 1937 manteve a noção de responsabilidade solidária, excluindo apenas os dois parágrafos da Constituição anterior.

> Art. 158. Os funcionários públicos são responsáveis solidariamente com a Fazenda Nacional, estadual ou municipal, por quaisquer prejuízos decorrentes de negligência, omissão ou abuso no exercício dos seus cargos.

No Brasil, o ordenamento jurídico inicialmente inclinou-se para a doutrina subjetiva da responsabilidade do Estado, entretanto, o advento da Constituição de 1946 convergiu para a responsabilidade objetiva.

> Desde o império, nossos juristas mais avançados propugnavam pela adoção da responsabilidade sem culpa, fundada na teoria do risco que se iniciava na França, entretanto confrontavam os civilistas apegados à teoria da culpa, reinante no Direito Privado, contudo inadequado para o Direito Público (Meirelles, 2011, p. 700).

Na realidade, mesmo antes da Constituição Federal de 1946 – marco regulatório da teoria objetiva, juristas de alta envergadura como Rui Barbosa (Wald, 1993, p. 5) defendiam a responsabilidade objetiva do Estado, conforme se observa na manifestação feita por ocorrência do empastelamento do jornal **O Comércio de São Paulo**, então dirigido por Afonso Arinos e pertencente a Eduardo Paulo da Silva Prado. Afirmou, naquela ocasião, Rui Barbosa que o princípio corrente foi sempre o de que o poder em cujas mãos se ache a autoridade policial responde pelo dano cometido no seu território pelos ajuntamentos armados ou desarmados. Por isso, já a legislação do período revolucionário, na França, nos fins do século passado, estatuía para as comunas essa obrigação, em vigor até hoje, além daquele país, em todos os outros onde a Polícia é municipal, inclusive Inglaterra e Estados Unidos. Em São Paulo, é o Estado que exerce a polícia. A esta, logo, incumbe a responsabilidade pela culpa ativa ou passiva dos seus agentes.

Em 1943, o Ministro Philadelpho Azevedo afirmou, no STF, em voto que se tornaria histórico, proferido nos autos da Ação Cível n° 7.264, de 12 de abril de 1943, que "o problema da responsabilidade civil do Estado ainda não encontrou, entre nós, o terreno sedimentado, em que pudesse descansar, após tormentoso embate na doutrina e na jurisprudência". O referido voto, no qual Philadelpho Azevedo sustentava a necessidade de indenizar os prejuízos decorrentes de movimentos populares, ensejou a reversão da nossa jurisprudência na matéria, manifestando-se, naquela oportunidade, pela última vez, a mais alta Corte pela aplicação da teoria da culpa como fundamento exclusivo da responsabilidade do Estado (Wald, 1993, p. 7).

Nesse sentido, Hely Lopes Meirelles (2011, p. 701-702) assegura que:

> [...] Embora insatisfatória a orientação adotada pelo nosso legislador civil para a composição dos danos causados à Administração Pública, permaneceu entre nós a doutrina subjetiva até o advento da Constituição de 1946, que com o disposto no art. 194, acolheu a teoria objetiva do risco administrativo, revogando em parte o art. 15 do CC [...].

Foi a Carta Magna de 1946 a responsável pela inauguração da responsabilidade objetiva do Estado no ordenamento jurídico brasileiro, nos termos do art. 194, conforme transcrito:

> Art. 194. As pessoas jurídicas de direito público interno são civilmente responsáveis pelos danos que os seus funcionários, nessa qualidade, causarem a terceiros.

> Parágrafo único. Caber-lhes-á ação regressiva contra os funcionários causadores do dano, quando tiver havido culpa destes.

A Carta Constitucional promulgada em 1967, e mantida em 1969, suprimiu o termo *civilmente* e *interno*, promovendo o alargamento no conceito de responsabilização.

> Art. 105. As pessoas jurídicas de direito público respondem pelos danos que os seus funcionários, nessa qualidade, causem a terceiros.
>
> Parágrafo único. Caberá ação regressiva contra o funcionário responsável, nos casos de culpa ou dolo.

Na Parte Geral do CC brasileiro vigente, nos arts. 186 a 188, encontram-se esculpidas a regra geral de responsabilidade aquiliana e algumas excludentes. Na Parte Especial, mais especificamente no art. 389, está sedimentada a regra básica de responsabilidade contratual, e ainda no bojo do título *Da Responsabilidade Civil*, observa-se a presença de capítulo específico sobre a obrigação de reparar, e outro acerca da indenização (arts. 927 e seguintes).

O alargamento da responsabilização das pessoas jurídicas de direito público acentuou-se com a extensão da responsabilização por danos causados a terceiros às pessoas jurídicas de direito privado, prestadoras de serviços públicos; trata-se de inovação extremamente importante trazida pela CF/1988, art. 37, § 6°, que adotou a chamada *teoria do risco administrativo*.

Note-se que temos incluídas as pessoas jurídicas de direito privado prestadoras de serviços públicos, não abrangidas pelo art. 43 do CC/2002.

Reportando-nos a Hely Lopes Meirelle, o § 6° do art. 37 da CF seguiu a linha traçada nas Constituições anteriores e, abandonando a privatística *teoria subjetiva da culpa*, orientou-se pela doutrina do Direito Público e manteve a *responsabilidade civil objetiva da Administração*, sob a modalidade do risco administrativo. Não chegou, porém, aos extremos do *risco integral*. É o que se infere do texto constitucional e tem sido admitido reiteradamente pela jurisprudência, com apoio na melhor doutrina (Meirelles, 2011, p. 702).

13.2 Responsabilidade *vs.* sacrifício de direito

No estudo da responsabilidade estatal, é crucial distinguir entre responsabilidade e sacrifício de direito. A responsabilidade do Estado envolve a reparação de danos causados por suas atividades, enquanto o sacrifício de direito ocorre quando o Estado, em benefício do interesse coletivo, investe contra direitos de particulares. Exemplos incluem desapropriação, servidão, tombamento, requisição e ocupação temporária.

A doutrina italiana diferencia a indenização (sacrifício de direito) de ressarcimento (responsabilidade). A responsabilidade extracontratual pressupõe a violação de um direito, enquanto o sacrifício de direito é autorizado pelo ordenamento jurídico e não configura responsabilidade estatal. Quando o interesse público exige o sacrifício de um interesse privado, o dever de indenizar surge, mas não se trata de responsabilidade estatal propriamente dita. O sacrifício de direito é um poder conferido ao Estado para aniquilar um direito alheio, convertendo-o em expressão patrimonial.

A distinção entre responsabilidade e sacrifício de direito é fundamental no direito público. O sacrifício de direito envolve a aniquilação de um direito alheio em prol do interesse público, com a devida indenização, enquanto a responsabilidade do Estado por atos lícitos ocorre quando o exercício legítimo do poder estatal causa, indiretamente, lesão a um direito alheio.

- *Conduta lesiva que enseja reparação*

A conduta se traduz pela atitude do agente, ou seja, o comportamento humano, comissivo ou omissivo, voluntário e imputável. A Carta Constitucional de 1988, pelo menos em cinco momentos diferentes, faz referência a hipóteses de ocorrência de danos e suas consequências, ou seja, à conduta lesiva que impõe a reparação, nos arts. 21, XXIII, *d* (a responsabilidade civil por danos nucleares); 37, § 6º; 136, § 1º, II (ocupação e uso temporário de bens e serviços públicos, na hipótese de calamidade pública); 225, § 3º (condutas e atividades consideradas lesivas ao meio ambiente). Independente dos dispositivos constitucionais supracitados, é no art. 5º que a Constituição garante o *neminem laedere*, protegendo os direitos da personalidade, na medida em que impõe a inviolabilidade do direito à vida, à liberdade, à igualdade, à segurança e à propriedade.

13.3 A responsabilidade do Estado por atos lícitos

Frequentemente entende-se por responsabilidade extracontratual do Estado o dever que lhe incumbe de indenizar os danos lesivos à esfera jurídica garantida de outrem e que lhe sejam imputáveis em virtude de conduta unilateral comissiva ou omissiva. Entretanto, essa interpretação não afasta a hipótese de o Estado ser responsabilizado quando houver praticado ato lícito. A denominada responsabilidade por atos lícitos constitui a obrigação de reparar o dano causado por uma conduta legalmente autorizada.

Todas as vezes que a prática de um ato lícito pelo ente estatal resultar lesão a um direito alheio, sendo os danos anormais, o Estado deverá responder, motivando a recomposição do equilíbrio rompido diante da atuação estatal.

O Estado, em sentido amplo, na qualidade de pessoa jurídica de direito público, está obrigado a praticar diversos atos objetivando o pleno e regular funcionamento da máquina administrativa, além de proporcionar à coletividade os serviços públicos necessários ao seu bem-estar. Nesse contexto, sendo o Estado sujeito de direitos e obrigações, em decorrência do desempenho de suas funções, ocasionalmente, poderá provocar prejuízos a terceiros, hipótese em que, em face da lei, resulta na obrigação de reconstituir os agravos patrimoniais oriundos de sua ação ou omissão motivadora da lesão (Trujillo, 1996, p. 17).

Para Jean Rivero (2004, p. 165), "O Estado, mesmo o democrático, pode lesar e prejudicar. Administrar é descontentar". Nas hipóteses de danos advindos de práticas lícitas, é necessário, além das características decorrentes da atividade ilícita, que haja a demonstração de sua especialidade e de sua anormalidade (excedente aos inconvenientes inerentes ao funcionamento de um serviço público).

Portanto, fica excluída a obrigação do Estado de indenizar em virtude de atos lícitos lesivos quando não demonstradas a especialidade e a anormalidade, uma vez que, em tal circunstância, o ato danoso situa-se no limite de tolerância decorrente da vida em comunidade.

Dessa forma, a conduta lesiva do Estado pode se manifestar em duas acepções: quando não observa os limites fixados pela lei, ocasionando a ocorrência de atos ilícitos, ou, então, muito embora no regular desempenho de suas atividades, visando ao interesse público e, ainda, cumprindo integralmente o comando legal, acaba por gerar danos. Importante destacar que não é qualquer ato lícito praticado pelo Estado motivador de indenização, mas sim o ato lícito danoso.

Para José Joaquim Gomes Canotilho (1974, p. 79-80),

> [...] Acto lícito danoso na sua caracterização tradicional é aquele que, de um modo voluntário e final, se dirige à produção de um dano na esfera jurídica de outrem: o agente lesante tem a certeza, consciência e vontade de causar um prejuízo.

Também as doutrinas italiana e germânica destacam a voluntariedade e a consciência como características do ato lícito danoso, conforme sustenta Giovani Duni (1997, p. 98), para quem "quando se fala da responsabilidade por atos lícitos, entende-se a obrigação de reparar o dano que se é autorizado a produzir ainda com a certeza, consciência e vontade que uma certa ação possa causá-lo".

Gomes Canotilho (1974, p. 80), referindo-se, também, às doutrinas germânica e italiana, oferece como exemplo Forsthoff, *Verwaltungsrecht*:

> [...] Os casos de danos que foram apresentados (*aufopferung* e *Enteignung*) têm todos um ponto comum: supõem um acto do Estado que é dirigido consciente e voluntariamente (*wissentlich und willentlich*) contra os direitos patrimoniais do indivíduo.

Desse modo, o dano perpetrado é, na responsabilidade por atos lícitos, um elemento inseparável da ação, sendo tradicionalmente caracterizado como aquele que "de um modo voluntário e final, se dirige à produção de um dano na esfera jurídica de outrem: o agente lesante tem a certeza, consciência e vontade de causar um prejuízo" (Canotilho, 1974, p. 80, nota 23).

Com o objetivo de elucidar de forma mais eficiente tais conceitos, valemo-nos do exemplo apontado por Celso Antônio Bandeira de Mello (2011,

p. 1.004), referindo-se a atos jurídicos lícitos: "a determinação de fechamento legítimo e definitivo do perímetro central da cidade a veículos automotores, acarretando prejuízos aos proprietários e edifícios-garagem, devidamente licenciados". Quanto aos atos materiais lícitos, o autor utiliza o exemplo extraído da obra de Oswaldo Aranha Bandeira de Mello, que exemplifica o nivelamento de uma rua que, por características físicas ambientais, faz com que algumas casas fiquem em nível mais baixo ou mais elevado, em relação ao leito carroçável, tendo como consequência a desvalorização do imóvel.

Desse modo, os atos materiais, ou melhor, as operações materiais da administração, podem causar danos que lhes são inerentes. Nesse cenário, verifica-se que, além de atividade, coisas ou serviços excepcionalmente perigosos, criadores de situações propícias à causação de danos, outros fatos lícitos, representados pelas obras e trabalhos públicos, que podem trazer resultados danosos inexigíveis aos cidadãos sem a devida reparação da lesão (Canotilho, 1974, p. 137).

Comungando da opinião de Zanobini, José Cretella Júnior (2002, p. 100) também entende o ato lícito como idôneo para gerar a responsabilidade da administração, porém refuta o uso da expressão *responsabilidade do Estado por atos legítimos*, ao afirmar que esta expressão "com sua inegável contradição terminológica demonstra quão amplamente a responsabilidade publicística se afasta da comum, fundada exclusivamente na liceidade do dano".

Há doutrinadores que não admitem o ato lícito como gerador da obrigação de indenizar por parte do Estado. Aldo Bozzi (1966, p. 337) é um dos autores que não acatam a responsabilidade por ato legítimo, pois, de acordo com seu entendimento, a noção de responsabilidade, pelo menos no sentido tradicional, é impropriamente invocada, seja porque a responsabilidade pressupõe um fato ilegítimo ou ilícito em, portanto, um *damnum injuria datum*, jurídico e não apenas econômico.

Marçal Justen Filho (2005, p. 798) considera que um ato jurídico que seja conforme o direito, praticado de maneira regular e perfeito, não deve admitir a responsabilização civil, exceto quando essa for opção explícita de uma lei, como, por exemplo, a ocorrência de atentado terrorista (Lei Federal nº 10.744, de outubro de 2003).

13.4 O dano indenizável

Para que haja a concretização da responsabilidade, tanto no âmbito público quanto no privado, é exigível a consumação efetiva do dano, ou seja, a lesão, prejuízo ou ofensa causada ao bem ou direito, ou, ainda, ao conjunto de valores juridicamente tutelados, podendo sobrevir sob a forma de material, moral ou à imagem.

A evidência do dano é um dos elementos indispensáveis para a configuração da responsabilização do Estado. Segundo Alexandre de Moraes (2011, p. 239), a indenização do dano deve alcançar o que a vítima efetivamente perdeu, aquilo que ela gastou, e o que deixou de ganhar em consequência direta e imediata do ato lesivo da administração, isto é, deverá o prejudicado ser indenizado nos prejuízos emergentes nos lucros cessantes, bem como pelos honorários advocatícios, e com correção monetária e juros de mora, na hipótese de atraso do pagamento.

As indenizações por dano material e por dano moral podem ser cumuladas, conforme pacificado pelo STJ por meio da Súmula nº 37. Não se pode desconsiderar que o dano, para ser indenizável, deve ser *certo* e *atual* ou *futuro* (o resultado danoso pode ser futuro, não o fato que ocasionou o dano), isto é, os efeitos do episódio danoso recaem sobre o patrimônio atual do administrado, determinando sua diminuição, ou então sobre seu patrimônio futuro (como, por exemplo: direitos, rendimentos etc.), impossibilitando ou minimizando os benefícios a que o lesado teria direito ou pretensão de ter.

Quanto aos *danos emergentes* e *prejuízos futuros* ou *lucros cessantes*, podemos afirmar que o primeiro refere-se à lesão atual efetivamente suportada, entretanto, há casos em que, além do prejuízo imediato, o ofensor também deverá arcar com aquilo que o lesado deixou de ganhar durante certo tempo, correspondendo aos chamados frutos que seriam produzidos no futuro se não houvesse a deterioração da fonte produtora. Exemplo clássico é aquele envolvendo acidente automobilístico com veículo utilizado como táxi ou caminhão de cargas.

Quanto à natureza dos danos, eles podem ser classificados como *morais*, *materiais* e *pessoais*, bem como também aqueles causados em decorrência das relações de consumo, que surgiram a partir do advento do CDC inserido pela Lei nº 8.078, de 11 de setembro de 1990, no ordenamento jurídico brasileiro.

- **Dano moral**

A possibilidade de reparação por prejuízos sofridos de natureza moral foi admitida somente após o advento da CF/1988; até então, a matéria era objeto de grandes divergências doutrinárias e jurisprudenciais.

De acordo com José Maria Pinheiro Madeira (2010, p. 270):

> [...] No que tange ao dano moral, devemos acrescentar que este está atrelado aos direitos da personalidade do indivíduo, e que a indenização objetiva reparar, ainda que não totalmente, uma dor sofrida no campo moral, no íntimo do ser. Por isso, o seu valor não é mensurável como o dano material, pois impossível seria medir a dor de alguém, em determinada circunstância de uma perda.

No Brasil, não há mais discussões ou dúvidas sobre o cabimento de indenização decorrente de agravo moral, aliás, nos dias atuais não cabe mais interpretação diversa sobre o tema.

Carlos Roberto Gonçalves (2002, p. 92) expõe que o dano moral pode ser conceituado como o prejuízo que atinge o ofendido como pessoa, não lesando o seu patrimônio. É lesão de bem que integra os direitos da personalidade, como a honra, a dignidade, a intimidade, a imagem, o bom nome etc., acarretando à vítima dor, sofrimento, tristeza vexame e humilhação.

Não obstante as diferentes definições apontadas pelos mais renomados doutrinadores, o fato é que o dano moral não corresponde à dor, por si só, mas à repercussão maléfica marcada pelo sofrimento que inunda a alma provocando marcas no ofendido.

Pelas lúcidas conclusões de Ihering (2008, p. 58):

> [...] Dor física é sinal de perturbação no organismo, é presença de causa que lhe é hostil; adverte-nos do perigo e, pelo sofrimento que nos causa, alerta-nos para a necessidade de sermos previdentes. Isso sucede exatamente com a dor moral, causada pela ofensa e pela consciente agressão ao nosso direito. De intensidade diversa, analogamente à dor física, conforme a diferença da sensibilidade subjetiva [...], este sofrimento se nos apresenta como dor moral, no homem que ainda não perdeu, de todo, a sensibilidade, ou seja, que não está acostumado aos períodos de ilegalidade ou de ausência de direito. [...] No primeiro caso, a advertência lembra o dever da autoconservação física, no segundo, o da autoconservação moral.

Não obstante o posicionamento da Corte Suprema nas décadas de 1940 e 1950, que naquele momento se manifestava contrário ao reconhecimento da indenizabilidade do dano puramente moral, o Ministro Orozimbo Nonato (Pedreira, 2016, p. 64) tornou explícita sua discordância em face de tal posicionamento. Para o Ministro Nonato, "a noção de dano moral é negativa: é o que incide apenas na personalidade moral da vítima, consiste numa dor que não tem qualquer repercussão no patrimônio do lesado".

Nos dias atuais, a obrigação de reparar os danos de natureza moral é matéria pacificada, tanto na doutrina quanto na jurisprudência. A expressa positivação no ordenamento jurídico constitucional colaborou para que a discussão sobre a existência do dever de indenizar pecuniariamente o dano moral fosse superada.

- **Dano material**

Dano material ou patrimonial é o evento que afeta diretamente o patrimônio (bens, objetos ou propriedades) das pessoas físicas ou jurídicas, e pode ser demonstrado por deterioração total ou parcial que foi gerada por uma ação ou omissão indevida de terceiros, ou ainda, pelo que se deixou de auferir em razão de tal conduta, caracterizando a necessidade de reparação material dos chamados lucros cessantes.

O direito à reparação está expressamente previsto na Constituição Federal e em outros dispositivos legais, como o CC em vigor, o CDC, além de outras inúmeras normas jurídicas.

Para a reparação do dano material, mostra-se imprescindível demonstrar o nexo de causalidade entre a conduta indevida e o efetivo prejuízo patrimonial que foi suportado.

Por sua natureza, evidentemente, a demonstração da extensão do dano material deve ser precisa também quanto ao valor da indenização pretendida, pois o que se visa por meio da ação judicial é a recomposição da situação patrimonial que se tinha antes da ocorrência do dano. Ademais, são considerados danos materiais os que, recaindo sobre coisas móveis ou imóveis, alcançam o patrimônio do prejudicado, tornando-o impróprio para sua destinação, diminuindo sua utilidade econômica, ou, ainda, agravando as condições de sua utilização.

- Dano pessoal

Os danos *pessoais* têm natureza distinta daqueles classificados como *materiais*, uma vez que atingem a integridade física e o espírito, lesionando o corpo, alterando a estética e causando prejuízos na psique (danos psíquicos que não se enquadrem na hipótese de danos morais), e outras hipóteses, como a prisão indevida ou a manutenção na prisão além do tempo de sentença (art. 5º, LXXV, CF/1988), independentemente do dano moral que desses casos possa ser desencadeado.

Nesse sentido, vale acatar as lições de Edmir Netto de Araújo (2010, p. 796):

> A questão que se coloca, quanto aos danos pessoais, é a da valoração para fins de indenização: alguns autores inclinam-se para o arbitramento, judicial ou não, considerando que muitas vezes o dano pessoal se acumula com o dano material e o dano moral, de difícil quantificação. [...] uma vez que a indenização deve abranger todos os aspectos do prejuízo (perdas, despesas e o que o lesado deixou de auferir), sob o prisma pessoal podem ser considerados danos emergentes (despesas com remédios, tratamentos médicos, intervenções cirúrgicas, tratamento psiquiátrico, despesas judiciais, honorários advocatícios e outras despesas) e lucros cessantes (ex. nos casos de invalidez, total ou parcial, diminuição da capacidade laborativa), sendo viável a cumulação da indenização por dano moral pelos mesmos fatos.

- Dano oriundo de relações de consumo

Com o advento da Lei nº 8.078, de 11 de setembro de 1990, que introduziu o CDC no ordenamento jurídico pátrio, o Estado tem tornado possível a tutela da parte vulnerável na relação consumerista, reconhecendo expressamente a possibilidade de aquele que tenha sido vítima de um acidente de consumo pleitear a reparação junto ao fornecedor responsável pelo menosprezo a qualquer direito, tanto de natureza patrimonial quanto moral.

Os arts. 12 e 14 do CDC consagraram a responsabilidade civil objetiva, pela qual os fabricantes, produtores, fornecedores, construtores, importadores, assim como os prestadores de serviços, responderão, independentemente da existência de culpa, pela indenização de eventuais danos experimentados pelos consumidores.

Sérgio Cavalieri Filho (2010, p. 484), elucidando o tema, prescreve que:

> [...] o Código de Defesa do Consumidor deu uma guinada de 180 graus na disciplina jurídica então existente, na medida em que transferiu os riscos do consumo do consumidor para o fornecedor. Estabeleceu responsabilidade objetiva para todos os casos de acidente de consumo, quer decorrentes do fato do produto (art. 12), quer do fato do serviço (art. 14). Pode-se dizer que o Código esposou a teoria do risco do empreendimento (ou empresarial), que se contrapõe à teoria do risco de consumo.

Cavalieri Filho salienta, ainda, que, pela teoria do risco do empreendimento, todo aquele que se disponha a exercer alguma atividade no mercado de consumo tem a obrigação de responder pelos eventuais vícios ou defeitos dos bens e serviços postos à disposição no mercado consumerista, independentemente de culpa. O consumidor não pode assumir os riscos das relações de consumo, nem tampouco arcar com os prejuízos decorrentes dos acidentes de consumo, ou deixar de ser indenizado.

Exemplo do que acontece na Responsabilidade do Estado, também nas hipóteses de acidente de consumo os riscos devem ser socializados, ou seja, repartidos entre todos, já que os benefícios também são direcionados para todos. É a justiça distributiva que divide os riscos inerentes à sociedade de consumo igualmente, entre todos. Conforme já mencionado, o art. 186 do CC/2002 manteve a *culpa* como fundamento na teoria do risco da atividade prevista no parágrafo único dos arts. 927 e 931 do CC brasileiro de 2002.

O CDC, muito embora tenha adotado a teoria da responsabilidade civil objetiva, não optou pela teoria do risco integral, conforme se percebe nos arts. 12, § 3º, e 14, § 3º, admitindo, assim, algumas causas de exclusão da Responsabilidade Civil, nos termos do art. 22 do CDC:

Rizzatto Nunes (2011, p. 165) pondera que o parágrafo único do art. 22 do CDC traz regra totalmente desnecessária, pois repete o óbvio, ou seja, que os prestadores de serviços públicos são responsáveis pelos vícios dos serviços, bem como pelos danos ocasionados por defeitos. Tal responsabilidade é objetiva, nascendo no texto constitucional, nos termos do § 6º do art. 37 da CF/1988. Não resta dúvida de que o legislador fez questão de reforçar o dispositivo constitucional, como forma de garantia, no que se refere ao prestador de serviço público para que não pairassem quaisquer dúvidas sobre o tema, evitando, assim, qualquer argumento em sentido contrário.

Dessa forma, as pessoas jurídicas de direito público estão incluídas no art. 3º do CDC, que determina o conceito de fornecedor. Assim, fica sedimentado que todos aqueles que, em nome da pessoa jurídica de Direito Público, direta ou indiretamente, prestem serviços públicos, deverão estar subordinados às regras estabelecidas às relações jurídicas de consumo, excluindo-se apenas os serviços sem remuneração ou custo e os decorrentes de natureza trabalhista.

- **Danos nucleares**

A Constituição Federal de 1988, no art. 21, inciso XXIII, atribui à União competência exclusiva para a exploração dos serviços e instalações nucleares de qualquer natureza e o monopólio da pesquisa, da lavra do enriquecimento e do reprocessamento, da industrialização e do comércio de minerais nucleares e seus derivados. A alínea "c" deste mesmo inciso determina a responsabilidade civil por danos nucleares independentemente da existência de culpa (responsabilidade objetiva), o que, ao nosso ver, era desnecessário, uma vez que o § 6º do art. 37 já prevê que a reparação de danos decorrentes de qualquer atividade estatal há que recair sobre o Estado.

A Lei nº 6.453, de 17 de outubro de 1977, dispõe sobre a responsabilidade civil por danos nucleares e a responsabilidade criminal por atos relacionados com atividades nucleares. O Decreto nº 911, de 3 de setembro de 1993, promulgou a Convenção de Viena sobre Responsabilidade Civil por Danos Nucleares, de 21.05.1963, determinando o cumprimento integral como nela se contém. Tal medida considerou que a Convenção de Viena sobre Responsabilidade Civil por Danos Nucleares, concluída em Viena, em 21 de maio de 1963, sob a égide da Agência Internacional de Energia Atômica (AIEA), entrou em vigor internacional em 12 de novembro de 1977.

O Congresso Nacional aprovou a Convenção, por meio do Decreto Legislativo nº 93, de 23 de dezembro de 1992, e o governo brasileiro depositou a Carta de Adesão ao instrumento em epígrafe em 23 de março de 1993, tendo em vista que a referida Convenção entrou em vigor, para o Brasil, em 23 de junho de 1993.

- **Danos causados por lei inconstitucional**

Para Hely Lopes Meirelles (2011, p. 707), o ato legislativo típico é a lei e, portanto, dificilmente causará danos indenizáveis ao particular, uma vez que, sendo norma abstrata e geral, incide sobre toda a coletividade, em decorrência da soberania do Estado. Somente em hipótese excepcional, uma lei inconstitucional poderia acarretar prejuízo ao particular, provocando o dano injusto e reparável. Nesse caso, faz-se necessária a demonstração de culpa, assim a responsabilidade por atos legislativos seria de natureza subjetiva.

Para Meirelles, nas hipóteses de danos causados por lei inconstitucional, prevalece a teoria da irresponsabilidade, pois não haveria fundamento jurídico para a responsabilização da Administração por danos eventualmente causados por lei, ainda que declarada inconstitucional.

De acordo com Lúcia Valle Figueiredo (2004, p. 291), o Estado responde por atos legislativos, no que se refere a leis inconstitucionais ou a leis discriminatórias, feitas com visível desvio de poder.

- **Danos causados por lei constitucionalmente perfeita**

Em relação à responsabilidade do Estado por ato legislativo declarado constitucional, entendemos que mesmo uma lei perfeita constitucionalmente pode causar uma lesão injusta, tornando assim passível o Estado de reparar os danos perpetrados. Nem sempre as leis são genéricas e abstratas.

Saliente-se que é indenizável o dano oriundo de edição de lei constitucional que prejudique direitos e patrimônios individuais. Para o STF, o Estado tem o dever de indenizar os danos causados aos cidadãos por uma lei constitucional (Pedreira, 2016, p. 145).

A posição adotada por José Cretella Junior (2002, p. 148) aceita a responsabilidade estatal mesmo na hipótese de lei constitucional, quando ela arrebata certo número de pessoas, destacando que:

> [...] a melhor doutrina admite, em nossos dias, não só a responsabilidade civil do Estado, no caso da lei inconstitucional, da lei que não obedeceu ao processo integral da tramitação legislativa, como também no caso da lei constitucional, formalmente perfeita, mas que sob a capa de

generalidade aparente, verdadeira "lei em tese", acaba por abranger um ou pouquíssimos indivíduos, equiparando-se, pois, de certo modo, ao ato administrativo.

O Conselho de Estado francês, em 14 de janeiro de 1938, reconhecendo o direito à indenização por ato legislativo, decidiu pela condenação do Estado em indenizar a Companhia La Fleurette. A referida fábrica ficou prejudicada pelos efeitos de uma lei que foi editada em meio a várias medidas que tinham o objetivo de proteger a indústria de laticínios, que naquele momento se encontrava em crise. A lei proibia a fabricação de produtos que poderiam substituir o leite. Apesar de ser uma norma genérica, na realidade, a medida proibitiva atingiu uma única indústria, perfeitamente identificada. Esse episódio ficou conhecido como *O caso La Fleurette* (Rivero; Walini, 2000, p. 300-301).

13.5 Nexo de causalidade

O nexo causal ou relação de causalidade se configura no fio condutor que liga a causa ao efeito, ou seja, é o liame entre a conduta do agente e o resultado suportado pela vítima. No caso da Responsabilidade do Estado, é o que vincula o fato ou ato administrativo ao dano.

O vocábulo "nexo" significa ligação, vínculo, união, elo. O termo "causalidade" traduz a relação de causa e efeito. Dessa forma, nexo de causalidade, ou nexo causal, pode ser entendido como a ligação entre a atividade do Estado e o dano sofrido pelo administrado. Para ser reconhecido o direito à indenização, não basta ocorrer um dano, necessária, também, é a relação de causalidade entre o ato, omissivo ou comissivo, do Estado e o dano.

Identificada a presença do nexo de causalidade, resta excluída a necessidade da comprovação de dolo ou culpa, bastando que a vítima demonstre a relação existente entre o dano sofrido e a conduta do agente estatal. Há diversas teorias da causalidade, sendo mais conhecida a da equivalência das condições; a causalidade imediata e a causalidade adequada.

Yussef Said Cahali (2007, p. 75) acrescenta a esse rol a Teoria da causalidade eficiente, a Teoria negativa de Mayer e a Teoria da causalidade típica.

A *Teoria da equivalência das condições ou dos antecedentes*, do alemão Von Buri (1860), também denominada como *conditio sine qua non*, é aquela em que, havendo várias circunstâncias que poderiam ter causado a lesão, qualquer delas poderá ser considerada a causa eficiente.

Segundo Von Buri, havendo múltiplas causas, todas devem ser consideradas como determinantes da lesão, se não se pode especificar qual delas motivou o dano, implicando diversas responsabilizações,

> [...] qualquer fato relacionado com o resultado, ainda que distante, pode ser tomado como causa geradora do prejuízo ou, como se deduz da denominação, as diversas causas se equivalem na análise da origem do dano. Os alemães chamam esta teoria de *Bedigungsheoria*, na qual todos os elementos que condicionaram o dano são equivalentes (Di Pietro, 2011, p. 662-664).

Essa doutrina sustenta que *todas* as condições que conduzem a um resultado são a causa desse resultado, sejam mediatas ou imediatas; portanto, basta que o sujeito tenha realizado uma *condição* desse resultado para que exista relação causal; um fenômeno é condição do outro quando, suprimindo-o mentalmente, se faz impossível admitir que o fato consequente teria produzido tal como ocorreu (condição *sine qua non*).

A *Teoria da causalidade imediata* é aquela que determina que, entre o fato e o dano, deve haver uma relação de causa e efeito direta e imediata. Essa teoria, identificada também como teoria da causa próxima, estudada pelas escolas de *Mosca, Coviello, Fórmica, Dumoulin, Pothier* entre outras, sustentou que há nexo causal entre o dano e a causa quando esta é direta, imediata, daí derivando prejuízo. Portanto, considera-se *causa do dano o fato de que deriva mais proximamente* (Bühring, 2004, 125).

Na *Teoria da causalidade adequada*, a causa deve ser apta a produzir o resultado danoso, ou seja, o resultado deve se adequar à causa. O francês Gabriel Marty, baseado na doutrina de Von Bar, em 1881, e Von Kries, em 1888, desenvolveu a teoria da causalidade adequada, pela qual devem ser excluídas como causas aquelas condutas que, se inexistentes, não impediriam o surgimento do prejuízo, em oposição à teoria da equivalência das causas. Ou seja, é causa do dano o fato que tenha como efeito inevitável a lesão (Bühring, 2004, p. 125).

Yussef Said Cahali (2007, p. 75) afirma, acerca da Teoria da causalidade adequada, assentando, assim, a sua discrepância fundamental com a doutrina da equivalência, que não basta que um fato seja *condição* de um resultado para que o agente se possa considerar autor desse evento, sempre que as condições não sejam equivalentes.

Seguindo os passos do mesmo doutrinador, citando a *Teoria da causalidade eficiente*, explica que, de acordo com essa doutrina, as condições que conduzem a um resultado não são equivalentes, e existe sempre um antecedente que, em virtude de um intrínseco poder qualitativa ou quantitativamente apreciado, é a verdadeira causa do evento; *causa* seria, pois, para essa teoria, a que tem um intrínseco poder de produção do fenômeno.

No que tange à *Teoria negativa de Meyer*, tem-se que M. E. Meyer aceita os postulados da equivalência das condições para chegar a uma posição negativa do problema da causalidade porque entende que, sendo toda condição *sine qua non* relevante, carece de importância na prática comprovar a existência de uma relação de causalidade para o efeito de imputação das consequências; o que resultaria decisivo sob tal aspecto seria a indagação da culpabilidade.

Por derradeiro, Cahali aponta a *Teoria da causalidade típica*, anunciada por Beling, a qual, de certa forma, é uma ideia que conduz também à negação do problema da causalidade, pelo menos dentro do âmbito do direito penal, substituindo-a pela subordinação da ação a um *tipo*.

No ordenamento jurídico brasileiro, a responsabilidade civil é orientada pelo princípio da causalidade adequada, também chamado de princípio do dano direto e imediato, significando dizer que ninguém pode ser responsabilizado por aquilo a que não tiver dado causa. Assim, apenas e tão somente, dá ensejo à responsabilidade civil, o nexo de causalidade direto e imediato, ou seja, quando houver uma ligação lógica direta entre a conduta e o prejuízo efetivado.

- **Culpa – aspectos gerais**

Definir o conceito de culpa, ou o que os franceses chamam de *faute*, é tarefa extremamente árdua, pelo uso contumaz do vocábulo, ora em sentido subjetivo de *repriménda* ou *censura moral* que se faz ao agente, ora na acepção objetiva de *infração* a determinada estrutura (Cretella Jr., 2002, p. 67).

Nos primórdios da humanidade não se cogitava do fator culpa, o dano provocava a reação imediata, instintiva e brutal do ofendido. Não havia regras nem limitações. Não imperava, ainda, o direito. Dominava a vingança privada, forma primitiva, selvagem, talvez, mas humana, da reação espontânea e natural contra o mal sofrido; solução comum a todos os povos nas suas origens, para a reparação do mal pelo mal.

Se a reação não pudesse acontecer desde logo, sobrevinha a *vindita meditada*, posteriormente regulamentada e que resultou na Lei de Talião – olho por olho, dente por dente – os danos e prejuízos eram compensados por meio de atos violentos. Diante da necessidade de se evitar a instabilidade social e resguardar a segurança de todos os indivíduos, o Estado assume o encargo pela administração da justiça, não mais permitindo o exercício da justiça privada (Giordani, 2007, p. 5).

Com a evolução das sociedades, quando, então, passou a existir uma autoridade soberana, sobreveio a proibição de a vítima fazer justiça pelas próprias mãos. Daí, a composição econômica tornou-se obrigatória e tarifada. O ofensor ficava obrigado a pagar um tanto por membro roto, por morte de homem livre ou de um escravizado, surgindo, em consequência, as mais esdrúxulas tarifações. É a época do Código de Ur-Nammu, do Código de Manu (século XIII a.C.) e da Lei das XII Tábuas (Gonçalves, 2011, p. 37).

No nosso sistema jurídico prevalece a regra geral de que o dever de indenizar resulta da prática de atos ilícitos e que decorre da culpa, ou seja, da reprovabilidade ou censurabilidade da conduta do agente. O comportamento do agente será reprovado ou censurado quando, diante de situações concretas, se admite que ele poderia ou deveria ter agido de modo diferente. Portanto, o ato ilícito qualifica-se pela culpa. Não havendo culpa, não haverá, em regra, qualquer responsabilidade.

Antes de tecer as considerações mais importantes sobre o assunto, é fundamental lembrar que, vivendo em sociedade, se tem de pautar a conduta de modo a não causar dano a ninguém, viver honestamente e dar a cada um aquilo que lhe pertence. Ao praticar os atos da vida, mesmo que lícitos, deve-se observar a cautela necessária para que de seu atuar não resulte lesão a bens jurídicos alheios. Essa cautela chama-se dever de cuidado. A inobservância do dever de cuidado torna a conduta culposa, o que evidencia que, na culpa, importa não o fim do agente, que normalmente é lícito, mas o modo e a forma imprópria de atuar.

René Savatier (*apud* José Aguiar Dias, 2011, p. 112-117) ensina que:

> [...] Culpa (*faute*) é a inexecução de um dever que o agente podia conhecer e observar. Se efetivamente o conhecia e

> deliberadamente o violou, ocorre o delito civil ou, em matéria de contrato, o dolo contratual. Se a violação do dever, podendo ser conhecida e evitada, é involuntária, constitui a culpa simples, chamada, fora da matéria contratual, de quase-delito.

Continua o autor argumentando que a culpa comporta dois elementos: um, mais caracterizadamente objetivo, o dever violado; outro, preferentemente subjetivo, a imputabilidade ao agente. Analisando a definição apresentada, constata-se que o autor considera impossível definir a culpa sem partir da noção do dever.

A prova da culpa, em muitos casos, é verdadeiramente diabólica, erigindo-se barreira intransponível para o lesado. Em tais casos, os tribunais têm examinado a prova da culpa com tolerância, extraindo-a, muitas vezes, das próprias circunstâncias em que se dá o evento.

No caso da *culpa presumida*, a vítima só precisa provar o dano e o nexo causal entre este e a conduta do agente. Inverte-se o ônus da prova quanto à culpa. Neste caso, terá o ofensor de provar que não agiu com culpa para livrar-se da responsabilização, como, por exemplo, na hipótese do art. 1.527 do CC vigente:

> Art. 1.527. O dono, ou detentor, do animal ressarcirá o dano por este causado, se não provar:
> I – que o guardava e vigiava com cuidado preciso;
> II – que o animal foi provocado por outro;
> III – que houve imprudência do ofendido;
> IV – que o fato resultou de caso fortuito, ou força maior.

Fala-se em *culpa contra a legalidade* quando o dever violado resulta de texto expresso em lei ou regulamento, como ocorre, por exemplo, com o dever de obediência a certas regras técnicas no desempenho de profissões ou atividades regulamentadas. A mera infração da norma regulamentar é fator determinante da responsabilidade civil – cria em desfavor do agente uma presunção de ter agido culpavelmente, incumbindo-lhe o difícil ônus da prova em contrário.

No que tange à *culpa concorrente*, atualmente denominada concorrência de causas ou de responsabilidade, tem-se que ela ocorre quando, paralelamente à conduta do agente causador do dano, há também conduta culposa da vítima, de modo que o evento danoso decorre do comportamento culposo de ambos, isto é, a vítima também concorre para o evento, e não apenas aquele que é apontado como único causador do dano.

Conclui-se que, na culpa concorrente, as duas condutas – do agente e da vítima – concorrem para o resultado em grau de importância e intensidade, de sorte que o agente não produziria o resultado sozinho, contando, para tanto, com o efetivo auxílio da vítima. Havendo culpa concorrente, a doutrina e a jurisprudência recomendam dividir a indenização, não necessariamente pela metade, mas proporcionalmente ao grau de culpabilidade de cada um dos envolvidos, que deve ser observado objetivamente, isto é, segundo o grau de causalidade do ato de cada um.

Importante esclarecer que nem sempre o ato culposo da vítima importará *culpa concorrente*, pois, em matéria de responsabilidade civil, adota-se a teoria da causa adequada e não da equivalência dos antecedentes, que só tem aplicação no Direito Penal. Ocorre que, se, embora culposo, o fato de determinado agente era inócuo para a produção do dano, não pode ele, por certo, arcar com prejuízo algum.

O que se deve indagar é, pois, qual dos fatos ou das culpas foi decisivo para o evento danoso, ou seja, qual dos atos imprudentes fez com que o outro, que não teria consequências de si só, determinasse, completado por ele, o acidente. Então, a culpa grave necessária e suficiente para o dano exclui a concorrência de culpas – a responsabilidade é de quem interveio com culpa suficiente para o dano. A concorrência de culpas, portanto, por se tratar de concorrência de causas, só deve ser admitida em casos excepcionais, quando não se cogita de preponderância causal manifesta e provada da conduta do agente.

Quanto ao nível de gravidade, a culpa será classificada como *grave* se o agente atuar com grosseira falta de cautela, com descuido injustificável ao homem normal, impróprio ao comum dos homens. É a culpa com previsão do resultado, também chamada de *culpa consciente*, que se avizinha do dolo eventual do Direito Penal. Em ambos há previsão ou representação do resultado, só que, no dolo eventual, o agente assume o risco de produzi-lo, enquanto na culpa consciente ele acredita sinceramente que o evento não ocorrerá. Pode-se citar, como exemplo, a situação do motorista que, em excesso de velocidade, atravessa um sinal de trânsito fechado.

Haverá *culpa leve* se a falta puder ser evitada com atenção ordinária, com o cuidado próprio do homem comum, de um *bonus pater familias*.

Já a *culpa levíssima* caracteriza-se pela falta de atenção extraordinária, pela ausência de habilidade especial ou conhecimento singular.

Cumpre dizer que, ainda que levíssima, a culpa obriga a indenizar – *in lege aquilea et levissima culpa venit* – medindo-se a indenização não pela gravidade da culpa, mas pela extensão do dano. Cabe dizer que o CC abriga essa ideia no seu *art. 944* ("A indenização mede-se pela extensão do dano. Parágrafo único. Se houver excessiva desproporção entre a gravidade da culpa e o dano, poderá o juiz reduzir, equitativamente, a indenização").

Quanto ao conteúdo da conduta culposa, pode ser classificada em: *culpa in eligendo, in vigilando, in custodiendo, in committendo e in omittendo*. Quando o fato é praticado por terceiro, denomina-se *culpa in eligendo*, aquela que se caracteriza pela má escolha do preposto. A culpa do patrão ou comitente é presumida pelo ato culposo do empregado ou preposto, consoante a Súmula nº 341 do STF, em razão da má escolha daquele.

E, ainda, de acordo com os termos do art. 933 do CC/2002, se admitir ou manter a seu serviço empregado não habilitado legalmente ou sem aptidões requeridas, não há mais que se indagar se houve ou não *culpa in eligendo*, respondendo, por isso, independentemente daquela culpa, pelos fatos lesivos por ele praticados. Por via de consequência, sua responsabilidade será objetiva.

Para José Maria Pinheiro Madeira (2010, p. 266), *culpa in eligendo* ocorre

> quando um indivíduo, na prática de seus atos, os faz em nome de outro, e em consequência destes, causa um resultado danoso a alguém, aquele que se fez representar deve responder pelos atos de seu representante, suportando a reparação dos referidos danos, pois caracterizada está – nesta hipótese – a *culpa in eligendo*, dada a escolha inadequada feita de seu representante ou preposto. Daí a acuidade que se suscita quando da escolha de alguém para representá-lo, pois, agindo este com dolo ou culpa, se causar dano a terceiros, responsável será pelo prejuízo aquele que o elegeu para tal função. Esta culpa nasce quando da escolha de seu representante ou preposto.

A *culpa in vigilando*, por sua vez, decorre da falta de atenção ou cuidado com o procedimento de outrem que está sob a guarda ou responsabilidade do agente, como, por exemplo, os pais que respondem pelos atos dos filhos menores. Aqui, com as inovações do CC, da mesma forma, a responsabilidade será objetiva, nos termos do já citado art. 933.

A *culpa in custodiendo* é a decorrente da falta de atenção em relação a animal ou coisa que estavam sob os cuidados do agente. Em consonância com os arts. 936 e 937 da Lei civil em vigor, tem-se que, em certos casos, com o escopo de facilitar a prova do ilícito, se estabelecem presunções *iuris tantum* de culpa, isto é, que admitem prova em contrário. O lesado exonerar-se-á do ônus da prova, que se transferirá ao lesante.

Por derradeiro, se o agente praticar um ato positivo (imprudência), sua culpa é *in committendo* ou *in faciendo*; se cometer uma abstenção (negligência), tem-se *culpa in omittendo*, por exemplo, enfermeira que, por estar distraída, não observa que o aparelho de respiração artificial não está funcionando corretamente e o paciente fica sem oxigênio, deixando-o morrer. Observe-se que a omissão só poderá ser considerada causa jurídica do dano se houver existência do dever de praticar o ato não cumprido e certeza ou grande probabilidade de o fato omitido ter impedido a produção do evento danoso.

13.6 Causas excludentes e atenuantes da responsabilidade estatal

O *nexo de causalidade* é o elemento principal da responsabilidade do Estado, mas pode desaparecer se a causa do dano não estiver ligada ao serviço público; nessas hipóteses, as excludentes têm o condão de afastar o nexo de causalidade, desobrigando, assim, a reparação. São destacadas como causas excludentes da responsabilidade: *a força maior, o caso fortuito, a culpa da vítima e a culpa de terceiros*.

Edmir Netto de Araújo (2010, p. 782) acrescenta ao rol supracitado o *estado de necessidade*, muito embora reconheça que não se trate de excludente pacificamente admitida.

Celso Antônio Bandeira de Mello (2011, p. 1032), por seu turno, afirma que

> [...] nos casos de responsabilidade objetiva, o Estado só se exime de responder se faltar o nexo entre seu comportamento comissivo e o dano. Isto é: exime-se apenas se não produziu a lesão que lhe é imputada ou se a situação de risco inculcada a ele inexistiu ou foi sem relevo decisivo para a eclosão do dano. Fora daí responderá sempre.

Maria Sylvia Zanella Di Pietro (2011, p. 652) não considera o caso fortuito causa excludente, pois entende que tal hipótese se dá em decorrência de ato humano ou de falha na administração. No caso de força maior, a responsabilização do Estado pode ocorrer se aliada à força maior houver a omissão do Estado na realização de um serviço público.

Para Diógenes Gasparini (2012, p. 902-903), a responsabilização do Estado é excluída em duas hipóteses: a primeira diz respeito ao acontecimento imprevisível e irresistível causado por força externa ao Estado (caso fortuito e/ou força maior); demonstrada a imprevisibilidade ou a irresistibilidade, nada mais é necessário para liberar a Administração Pública da obrigação de reparar o dano; a segunda hipótese é aquela relativa à situação em que a vítima deu causa ao evento danoso.

Importante destacar que cabe ao Estado produzir provas da existência das mencionadas causas excludentes de sua responsabilidade; não se desincumbindo do *onus probandi*, será responsabilizado objetivamente, nos termos da Carta Magna de 1988.

Por derradeiro, observe-se que a admissão de excludentes de responsabilização é decorrente de um princípio lógico de que ninguém poderá ser penalizado por atos que não cometeu ou para os quais não concorreu.

- **A força maior**

A força maior exonera a responsabilidade estatal, uma vez que seu fundamento está baseado na impossibilidade de resistir a uma causa conhecida, normalmente, um fato da natureza (chuvas torrenciais, tempestades, maremotos etc.). A força externa projeta-se com tanta intensidade, e o Estado queda-se impotente diante da ausência de previsibilidade do evento, obrigando-se à subjugação. A precisa definição de José Cretella Júnior (2002, p. 134-135) tem evidência solar:

> [...] Fenômenos da natureza (cataclismas, terremotos, ciclones, furacões, inundações, erupções vulcânicas, maremotos, trombas d'água), entre outros fatos que, comprovados, se apresentam com o traço de inevitabilidade mesmo diante das possibilidades técnicas de nossos dias, impotentes para evitar-lhes os efeitos, configuram a força maior, evento imprevisível e alheio à vontade do sujeito a quem se pretende atribuir a responsabilidade pelo prejuízo causado.

Para Maria Sylvia Zanella Di Pietro (2011, p. 652), trata-se de acontecimento imprevisível, inevitável e estranho à vontade das partes – como, por exemplo, uma tempestade, um terremoto, um raio. No seu entendimento, não pode ser imputável à Administração e não pode haver incidência de responsabilidade, pois não há nexo de causalidade entre o dano e o comportamento da Administração.

Nesse mesmo sentido, José Carlos de Oliveira (1995, p. 43), fazendo referência aos eventos naturais e sua inevitabilidade, destaca que as chuvas torrenciais, os raios, os vendavais etc. constituem força maior. Entretanto, as enchentes nas ruas, assim como desabamentos de encostas ou deslizamento de terras em certas épocas do ano não podem ser categorizados como eventos de força maior, pois sua materialização advém da incúria do Poder Público.

No caso das enchentes, para que o prejudicado afaste a excludente da responsabilidade fundada em força maior e veja efetivada a responsabilização do Estado, é necessário demonstrar que, além da previsibilidade do evento natural e a contumácia de sua ocorrência, outros fatores agravaram o resultado danoso e prejudicial. Isto é, a ausência de manutenção nos equipamentos destinados a facilitar a vazão das águas, e a inoperância desses serviços a cargo da Administração.

- **O caso fortuito**

Diferentemente da força maior, no caso fortuito, a causa do evento permanece desconhecida e, em princípio, não desobriga o Estado de responsabilização, em decorrência do risco assumido pelo desempenho das atividades públicas. Ou seja, é indiferente para aferição da responsabilidade objetiva do Poder Público, quando demonstrado o mau funcionamento do serviço público.

Vale destacar que as noções de força maior e caso fortuito não são pacíficas na doutrina, e, apesar de semelhantes, não se confundem.

O CC brasileiro atual, instituído pela Lei nº 10.406, de 10 de janeiro de 2002, no art. 393, estabelece que "O devedor não responde pelos prejuízos resultantes de caso fortuito ou força maior, se expressamente não se houver por eles responsabilizado". Completando, no parágrafo único, "O caso fortuito ou de força maior verifica-se no fato necessário, cujos efeitos não era possível evitar ou impedir".

O referido dispositivo replicou o art. 1508 do CC/1916, e, em virtude da imprecisão do texto legal que não os diferencia, estes dois institutos são objeto de divergência doutrinária, tanto no que diz respeito à sua aplicação ao caso concreto quanto às respectivas definições.

- **Estado de necessidade**

O estado de necessidade é a circunstância em que o Poder Público, vislumbrando um bem maior a ser tutelado, causa um dano a terceiros. Tais circunstâncias podem ser exemplificadas em situações de guerra ou convulsões sociais, em que são experimentados prejuízos a indivíduos em prol da proteção à sociedade.

No entendimento de Marcia Andrea Bühring (2004, p. 166-167), estão inseridas no estado de necessidade aquelas situações em que, mesmo se o dano houver sido causado pela ação do Estado, este o faz com o intuito de proteger um interesse maior da coletividade, o que torna a prática do evento que desencadeou o dano plenamente justificável.

O estado de necessidade evidencia-se diante de circunstâncias de perigo iminente não provocadas pelo agente público, e quando se faz necessário um sacrifício de interesse particular, em favor do Poder Público, titular de um interesse coletivo, autorizando-o a intervir na esfera privada, a fim de defender e preservar tal interesse.

Dessa forma, conclui-se que o Poder Público, dotado de discricionariedade para defender o interesse público e intervir na esfera particular, diante de fatos excepcionais, estará isento de reparar os danos sofridos pelos administrados em decorrência de sua atuação nesse sentido.

- **A culpa da vítima**

A culpa da vítima pode ser *exclusiva* ou *concorrente*. A culpa é exclusiva, quando a vítima sozinha contribui para a ocorrência do evento danoso. Exemplo típico de culpa exclusiva da vítima é aquele citado por José Maria Pinheiro Madeira (2010, p. 275), nos casos dos *surfistas ferroviários*, em que delinquentes de forma irresponsável e antissocial escalam os vagões ferroviários e viajam acomodados no teto.

Celso Antônio Bandeira de Mello (2011, p. 1032) ensina que a culpa do lesado não é, em si mesma, causa excludente, pois, na sua percepção, sendo a suposta vítima causadora do dano, desaparece o nexo causal. A culpa do lesado não é importante, mas o será na medida em que, por meio dela, seja comprovada a ausência de comportamento estatal produtor da lesão.

Maria Sylvia Zanella Di Pietro (2011, p. 652) pondera que:

> [...] Quando houver culpa da vítima, há que se distinguir se é sua culpa exclusiva ou concorrente com a do poder público; no primeiro caso, o Estado não responde; no segundo caso, atenua-se a sua responsabilidade, que se reparte com a da vítima. Essa solução, que já era defendida e aplicada pela jurisprudência, está hoje consagrada no Código Civil.

De fato, o art. 945 do CC vigente determina que "Se a vítima tiver concorrido culposamente para o evento danoso, a sua indenização será fixada tendo-se em conta a gravidade de sua culpa em confronto com a do autor do dano". No mesmo sentido, Alexandre de Moraes (2007, p. 896) afirma que

> [...] havendo culpa exclusiva da vítima, ficará excluída a responsabilidade do Estado. Entretanto, se a culpa for concorrente, a responsabilidade civil do Estado deverá ser mitigada, repartindo-se o *quantum* da indenização. Nesse sentido, Jean Rivero afirma que, "se o próprio lesado tornou o dano inevitável, ou o agravou, a responsabilidade da Administração fica total ou parcialmente excluída".

- **A culpa de terceiros**

Na culpa de terceiros, também chamada de *fato de terceiros*, não há que se falar em responsabilização estatal, pois a conduta culposa é do terceiro totalmente estranho ao organismo estatal. A equação dos dados dirigidos à causalidade responsabilizante não chega a se formar, pois não ocorre – no caso de culpa *devidamente comprovada* de terceiro – quer a ação danosa, quer a omissão prejudicial do Estado, mas sim de um terceiro, alienígena, naquele exato momento, à relação Estado-administrado (Araújo, 2010, p. 780).

Maria Sylvia Zanella Di Pietro (2011, p. 531) adverte que, quando se trata de ato de terceiros, como é o caso de danos causados por multidão ou por delinquentes, o Estado responderá se ficarem caracterizadas a sua omissão, a sua inércia, a falha na prestação do serviço público. A culpa do serviço público, demonstrada pelo seu mau funcionamento, não funcionamento ou funcionamento tardio, é suficiente para justificar a responsabilidade do Estado.

13.7 A responsabilidade do Estado por omissão

A submissão do Estado ao império das leis – obrigando a observância de um ordenamento jurídico preestabelecido e o reconhecimento dos direitos individuais, garantias contra os abusos e desmandos do Estado anteriormente absolutista – acarretou o surgimento do Direito Administrativo como ciência autônoma. A partir daí, as relações entre os particulares e o Estado e deste com seus agentes começaram a se estruturar juridicamente mediante o conjunto de normas estáveis.

Por uma razão de ordem lógica, considerar que a responsabilidade do Estado por omissão decorre de comportamento ilícito induz à conclusão de que é necessária a prova de culpa.

Na Teoria Pura do Direito, Hans Kelsen (2002, p. 84) nos ensina que "a função essencial de um ordenamento coercitivo como o do direito não pode ser outra coisa a não ser a ligação normativa dos indivíduos a ele submetidos".

O estudo da responsabilidade do Estado por comportamento omissivo alberga amplo campo de debate jurídico, sobretudo no que diz respeito à aplicação da teoria objetiva. Primeiramente, é necessário compreender que a omissão estatal decorre de comportamento ilícito, configurado pela inércia, pois só é possível a verificação da omissão quando existir o dever de agir por parte do Estado ou a possibilidade de agir (Di Pietro, 2011, p. 655). A dificuldade da teoria diz respeito à possibilidade de agir, pois deve haver configuração em conduta que seja exigível e possível.

Celso Antônio Bandeira de Mello (2010, p. 1018) aponta três tipos de situações ensejadoras de responsabilização estatal: i) a primeira se consubstancia na ação, circunstância que exige a aplicação da teoria objetiva; ii) a segunda situação se baseia na omissão, que, segundo a doutrina majoritária, é suscetível à teoria subjetiva; e iii) por derradeiro, as situações produzidas pelo Estado diretamente propiciatórias de dano, que se equiparam à conduta comissiva.

A responsabilidade estatal configura-se no dever de se reparar uma lesão causada a alguém, usuário do serviço público ou não, oriundo de ação ou omissão culposa ou dolosa. Sua natureza é patrimonial e de dispositivo contido originariamente no CC, de maneira que aquele que viola direito, ou causa prejuízo a outrem, por ação ou omissão voluntária, negligência, ou imprudência, queda-se obrigado a indenizar.

O comando legal contido no art. 159 do CC brasileiro de 1916, que no novo CC, de 10 de janeiro de 2002, corresponde ao art. 186, determina que: "Aquele que, por ação ou omissão voluntária, negligência ou imprudência, violar direito ou causar dano a outrem, ainda que exclusivamente moral, comete ato ilícito". Combinado com o art. 927, tem-se que: "Aquele que, por ato ilícito, causar dano a outrem, fica obrigado a repará-lo".

A reparação do dano causado pela Administração a terceiros obtém-se amigavelmente ou por meio de *ação de indenização*, e, uma vez indenizada a lesão da vítima, fica a entidade pública com o direito de voltar-se contra o servidor culpado, para haver dele o despendido, por meio de *ação regressiva* autorizada pelo art. 37, § 6º, da CF/1988. O legislador constituinte bem separou as responsabilidades: o Estado indeniza a vítima; o agente indeniza o Estado, regressivamente (Di Pietro, 2011, p. 708).

São indenizáveis os danos *certos, anormais e especiais*, quando se está diante de atividades lícitas. Se ilícitas, bastaria fossem certos os danos e atingissem situações jurídicas constituídas. Celso Antônio Bandeira de Mello (2011, p. 1021), seguindo os passos de Oswaldo Aranha Bandeira de Mello, sustenta que, quando o dano foi possível em decorrência de uma omissão do Estado, hipótese em que o serviço não funcionou, funcionou tardia ou ineficientemente, aplicar-se-á a teoria da responsabilidade *subjetiva*. Pois bem, se o Estado não agiu, não pode ser ele o autor do dano. E, se não foi o autor, só cabe responsabilizá-lo caso esteja *obrigado a impedir* o dano. Ou seja, só faz sentido responsabilizá-lo se *descumpriu dever legal* que lhe impunha obstar ao evento lesivo.

O referido doutrinador aponta como exemplo de acontecimentos suscetíveis de acarretar responsabilidade estatal por omissão ou atuação ineficiente: a) fato da natureza a cuja lesividade o Poder Público não obstou, embora devesse fazê-lo; e b) comportamento material de terceiros cuja atuação lesiva não foi impedida pelo Poder Público, embora pudesse e devesse fazê-lo.

Para Irene Patrícia Nohara (2011, p. 774), o tema ainda não foi pacificado, havendo grande divergência no campo doutrinário e jurisprudencial, conforme destaca que

> [...] o regime de responsabilização do Estado quando os danos são causados pela sua omissão é um dos temas mais polêmicos do assunto. Há diversos posicionamentos, tanto na doutrina como na jurisprudência, sobre o tipo de responsabilidade decorrente da omissão do Estado, se objetiva, ou independente de culpa, ou se subjetiva, hipótese que se abre para a discussão da culpa do serviço (*faute du service*), que compreende três circunstâncias: o não funcionamento, o funcionamento mau ou tardio do serviço que causa danos.

A responsabilização por omissão pode ser em razão do não funcionamento de um serviço, do funcionamento tardio ou da ineficiência. Evidencia-se essa espécie de situação em que, por lei, o Estado é obrigado a agir de determinada maneira, contudo, não pratica a conduta, devendo indenizar os prejuízos oriundos de sua desídia.

No magistério de Marçal Justen Filho (2005, p. 801), há casos em que o direito determina a conduta que o Estado deve tomar. Cita, sob esse enfoque, a situação em que a Lei prevê que o Estado deve interditar um estabelecimento comercial que não tiver autorização para funcionar. A situação é semelhante à natureza da atuação comissiva, haja vista que deixar de agir quando a lei ordena é o mesmo que agir quando a lei proíbe.

Ainda, no que diz respeito à responsabilidade omissiva, o referido autor afirma que o núcleo dos problemas é aquele em que não há norma explícita a respeito do dever de agir, mas o agir, em tese, seria o meio para evitar a ocorrência de um evento danoso. Tome-se, por exemplo, a hipótese em que o servidor deixa de colocar sinalização indicando defeito de pavimentação em via pública, ocasionando acidente automobilístico. Na realidade, não há dever de agir, entretanto, a ação se fundamenta no dever de diligência que presta o funcionário em determinada função pública.

Alguns doutrinadores estabelecem distinção entre responsabilidade por omissão lícita e responsabilidade por omissão ilícita. Contudo, não há que se falar em tal distinção, caracterizando uma discussão é inócua, pois é perfeitamente possível que uma ação ou omissão lícita do Estado cause prejuízo a outrem, portanto, o comportamento estatal não precisa ser necessariamente ilícito para que os pressupostos configuradores da responsabilidade sejam atendidos.

O caráter objetivo da responsabilidade pela omissão estatal é aceito por grande parte da doutrina, não obstante sua concretização ser limitada. O caráter geral de tal responsabilidade é consentâneo com a evolução do instituto da responsabilidade extracontratual do Estado.

O risco da aplicação efetiva da responsabilidade do Estado por omissão deve assumir o papel de garantir o dever da boa administração, diligente e eficiente, cuja atuação se pauta pelos princípios de competência e de legalidade, e deve estar pronta para assumir as consequências do seu comportamento.

No que tange à jurisprudência, verificamos que a questão da responsabilização do Estado por omissão ainda não está totalmente pacificada. No próprio STF há juristas que são adeptos da teoria objetiva e outros filiados à teoria subjetiva, conforme veremos mais adiante.

Alguns doutrinadores defendem a ideia de que a responsabilidade do Estado por omissão seria de natureza objetiva, enquanto outros a refutam, dizendo que tal responsabilização é de cunho subjetivo, isto é, depende de culpa.

O prejuízo experimentado pelo particular, oriundo da ação ou omissão do Estado é *fato jurídico*, vez que devidamente normatizado pelo § 6º do art. 37 da Constituição Federal vigente. O fato jurídico não é a conduta ou o comportamento (ação ou a omissão), mas sim o dano resultante desta ou daquela conduta.

Maria Sylvia Zanella Di Pietro (2011, p. 654-655) sustenta que, na hipótese de omissão, a responsabilidade do Estado é subjetiva, porque decorre do mau funcionamento do serviço público. Na mesma trilha segue Diógenes Gasparini (2012, p. 1141), argumentando que o disposto no art. 37, § 6º determina que, para a configuração da responsabilidade objetiva do Estado, é necessário que haja uma *ação* do agente público, haja vista a utilização do verbo "causar" (causarem).

Conforme mencionado anteriormente, Celso Antônio Bandeira de Mello (2011, p. 1021), acompanhado por Maria Helena Diniz (2004, p. 628), fazendo eco às lições de Oswaldo Antônio Bandeira de Mello, tem a mesma posição de Maria Sylvia Zanella Di Pietro, ou seja, quando os danos são provocados em virtude da omissão do Estado, Celso Antônio (2011, p. 1021) entende que a responsabilidade é subjetiva, defendendo sua posição ao afirmar que:

> [...] Quando o dano foi possível em decorrência de uma *omissão* do Estado (o serviço não funcionou, funcionou tardia ou ineficientemente) é de aplicar-se a teoria da responsabilidade *subjetiva*. Com efeito, se o Estado não agiu, não pode, logicamente, ser ele o autor do dano. E se não foi o autor, só cabe responsabilizá-lo caso esteja *obrigado a impedir o dano*. Isto é: só faz sentido responsabilizá-lo se *descumpriu dever legal* que lhe impunha obstar o evento lesivo [...].

A responsabilidade estatal por ato omissivo é sempre responsabilidade por comportamento *ilícito*. E sendo responsabilidade por *ilícito* é necessariamente responsabilidade subjetiva, pois não há conduta ilícita do Estado (embora do particular possa haver) que não seja proveniente de negligência, imprudência ou imperícia (culpa) ou, então, deliberado propósito de violar a norma que o constituía em dada obrigação (dolo). Culpa e dolo são justamente as modalidades de responsabilidade subjetiva. Em outras palavras: é necessário que o Estado haja incorrido em ilicitude, por não ter acorrido para impedir o dano ou por haver sido insuficiente neste mister, em razão de comportamento inferior ao padrão legal exigível.

Na concepção de José Maria Pinheiro Madeira (2010, p. 265),

> [...] a responsabilidade civil da Administração Pública poderá ocorrer sob as seguintes formas: subjetiva (por meio de atos ilícitos omissivos) ou objetiva ou do risco administrativo, nas variantes de ato lícito, de risco suscitado e ato ilícito comissivo, que é o normal.

A aplicação da teoria subjetiva nas hipóteses de omissão já foi sustentada há muito tempo por Oswaldo Antônio Bandeira de Mello: "No entanto, foi refutado por Toshio Mukai, ao fundamento de que as obrigações, em direito, comportam causas, podendo elas serem a lei, o contrato ou o ato ilícito (Gonçalves, 2011, p. 220).

José dos Santos Carvalho Filho (2012, p. 561), compartilhando da posição de Celso Antônio Bandeira de Mello, considera que responsabilidade por conduta omissa é de ordem subjetiva, uma vez que a esta *somente se desenhará quando presentes os pressupostos que caracterizem a culpa*.

Lúcia Valle Figueiredo (2004, p. 269) também aderiu ao mesmo pensamento afirmando que:

> No tocante aos atos ilícitos decorrentes de omissão, devemos admitir que a responsabilidade só poderá ser inculcada ao Estado se houver prova de culpa ou dolo do funcionário. Esta é a posição do Prof. Celso Antonio Bandeira de Mello e do ilustre, querido e saudoso mestre Oswaldo Aranha Bandeira de Mello. [...] Não há como provar a omissão do Estado sem antes provar que houve *faute de service*. É dizer: não ter funcionado o serviço, ter funcionado mal ou tardiamente.

Contrária à já citada posição ostentada por Celso Antônio Bandeira de Mello, é aquela adotada por José Cretella Júnior (2002, p. 79), para quem "[...] se o serviço não funcionou, ou funcionou mal ou se funcionou com atraso, tem-se a culpa do serviço, acarretando a responsabilidade civil do Estado por defeito ou falha do serviço público".

Não é somente a ação que pode produzir danos, omitindo-se, o agente público também pode causar prejuízos aos administrados e à própria administração. A omissão configura a *culpa in vigilando* e a *culpa in omittendo*. São casos de inércia ou de *não atos*. Cruzam-se os braços, não há vigilância, quando deveria agir, não agiu.

Oportuna se torna a observação de Mônica Nicida Garcia (2007, p.190), propagando que

> [...] não tem pertinência, de outra parte, a invocação da tese da *faute de service*, inspirada no direito francês. Como anteriormente demonstrado, na França, apesar de ser amplamente aceita a responsabilidade objetiva do Estado, não tem ela estrutura constitucional, sendo reconhecida caso a caso, e, em algumas situações específicas, por leis também específicas. Por isso que, lá, a aplicação da teoria da culpa do serviço é absolutamente consentânea com o ordenamento jurídico vigente. Não aqui, porém, onde a Constituição expressamente prevê que a responsabilidade do Estado é objetiva, sem qualquer distinção entre atos comissivos e omissivos.

Também é a posição sustentada por Álvaro Lazzarini (1999, p. 420), Edmir Netto de Araújo (2010, p. 791), Hely Lopes Meirelles (2011, p. 706), Mário Masagão (1968, p. 312-316) e Onofre Mendes Júnior (1951, p. 142).

Por fim, não há dúvidas de que, considerando que o art. 43 do CC adotou a responsabilidade objetiva para ambas as modalidades de atos (comissivos e omissivos), aliado ao fato de o art. 37, § 6º, da CF/1988 atribuir a responsabilidade objetiva para os atos da Administração Pública, sem distinguir os omissivos e os comissivos, apesar das divergências doutrinárias e jurisprudenciais, não se pode negar que a responsabilidade do Estado pode ser entendida como a obrigação do Estado de evitar, ressarcir, reparar ou recompor o patrimônio lesionado, material ou imaterial, individual ou coletivo, por danos causados a terceiros, usuários ou não do serviço público, por ação ou omissão independente de dolo ou culpa do agente. Não faz sentido separar os critérios para condutas omissivas e comissivas.

- **Responsabilidade por omissão legislativa**

No que se refere à responsabilidade por atos legislativos, há quem advogue em favor da tese da irresponsabilidade com base nos seguintes fundamentos (Di Pietro, 2011, p. 657-658): em primeiro lugar, pelo fato de que o Poder Legislativo detém soberania na edição de leis. Em segundo lugar, afirma-se que não tem cabimento a indenização porque a lei típica é geral e abstrata, afetando, assim, de maneira equânime e indistinta, todos os membros da sociedade. Por derradeiro, argumenta-se que não é possível exigir do Estado reparação porque as leis foram elaboradas por parlamentares eleitos pela população. Todas essas justificativas talvez sejam decorrentes do fato de, no Brasil, não haver previsão legal a respeito do tema.

Tais argumentos não merecem prosperar, porque não é auspicioso defender que, no estágio atual de democracia, o Poder Legislativo seja soberano, pois a soberania é atributo do Estado, que pode ser responsabilizado com fulcro no art. 37, § 6º, da Constituição Federal vigente. Além disso, é possível que a lei em sentido formal tenha efeitos singulares e concretos, profundamente díspares, onerando, de maneira desproporcional, alguns indivíduos. Por fim, é inaceitável alegar que o prejuízo suportado pelo cidadão não seja indenizável, apenas pelo fato de esse mesmo cidadão ter elegido, ainda que indiretamente, o legislador que elaborou a lei que o prejudicou.

Jean Rivero (1981, p. 339), referindo-se à responsabilidade do Estado por atos do Poder Legislativo, realça que é necessário fazer-se uma distinção entre os danos imputáveis à atividade dos serviços do Parlamento e os danos causados pelas leis e observa que, na França, "O decreto 58-1.100, invertendo as soluções anteriores, estabelece, no seu art. 8º, o princípio de responsabilidade do Estado relativa a danos de qualquer natureza causados pelos serviços das assembleias parlamentares".

Acerca desse tema, Mônica Nicida Garcia (2007, p. 197) esclarece que:

> Quanto aos atos legislativos, excluam-se, inicialmente, de qualquer dúvida, quanto à incidência da responsabilidade, aqueles de efeitos concretos, e que são verdadeiros atos administrativos. É certa a sujeição destes à disciplina geral de responsabilidade estatal. Quanto às leis, propriamente ditas, a matéria não é pacífica.

O ato legislativo é ato normativo decorrente de processo legislativo que tem o condão de inovar a ordem jurídica, criando direitos, obrigações, faculdades, deveres ou poderes, por meio de normas jurídicas que não estavam presentes no ordenamento jurídico positivo.

Observe-se, ainda, que o ato legislativo é decorrente do exercício de uma competência outorgada pela vontade do povo a um grupo de agentes públicos, com a finalidade de garantir a segurança jurídica e a persecução dos objetivos da República esculpidos no art. 3º da Carta Magna.

O processo legislativo é o procedimento que se configura em uma sequência concatenada de atos jurídicos, que, superados, produzem uma lei. A principal distinção entre processo legislativo e matéria legislada se mostra pela definição dos dois institutos, um é produto do outro, a lei é produto do processo legislativo.

João Sento Sé (1976, p. 99) entende que a responsabilidade civil do Estado, desde que presentes os seus pressupostos, não enseja dúvidas quanto aos danos provocados pelos agentes do Poder Executivo. Entretanto, o mesmo não acontece quanto à responsabilidade resultante de prejuízos causados pelos agentes do Legislativo e do Judiciário. É tradicional o princípio da irresponsabilidade do Estado-Legislador. Mas a jurisprudência de alguns países tem admitido a responsabilidade por danos oriundos da lei. Na França, ainda que em hipóteses excepcionais, o Conselho de Estado já a tem acolhido, assim como acontece no Uruguai, que também tem aceitado tal hipótese, inclusive pela Suprema Corte de Justiça.

No que tange às atividades estatais suscetíveis de resultarem em compromisso estatal de reparação de danos, seu marco superiormente avançado é a responsabilidade por atos legislativos, o que já sucede em tempos hodiernos (Bandeira de Mello, 2010, p. 1006).

Maurício Zockun (2010, p. 120, nota 152), aderindo ao posicionamento de Diógenes Gasparini e Amaro Cavalcanti, defende que

> [...] se o ato oriundo do exercício da função legislativa faz eclodir um dano ilícito a direito subjetivo ou a interesse jurídica e economicamente mensurável, tal circunstância faz nascer a responsabilidade patrimonial do Estado.

A omissão legislativa causa dano indenizável, uma vez que, partindo do pressuposto de que a lei proporciona ao cidadão a fruição de certos direitos ou, ainda, impõe o dever de praticar determinadas condutas, e levando-se em conta que o nascimento dessa mesma lei depende, exclusivamente, do exercício concreto da competência legislativa a cargo do poder legitimamente constituído, facilmente se deduz que a ausência de lei material seja a causa motivadora da conduta ilícita.

Esse é o entendimento esposado por Maurício Zockun (2010, p. 162) e, segundo ele, compartilhado por Celso Antônio Bandeira de Mello, Almiro do Couto e Silva, Jorge Luis Salomoni, entre tantos outros, conforme se vê:

> [...] caso o poder constituído seja omisso no seu dever de legislar e, com isso, frustre a legítima expectativa dos membros da sociedade ao gozo de uma situação jurídica prescrita na Constituição, restará configurada a prática de uma conduta ilícita.

Uma das hipóteses é a indenização da lesão causada por omissão legislativa, notadamente no que se refere à edição de leis que tenham por objetivo dar operacionalidade às regras contidas na Magna Carta. O STF já se posicionou no sentido de que a omissão legislativa pode acarretar a responsabilidade patrimonial do Estado, nos casos em que houve fixação de prazo para que o direito garantido constitucionalmente fosse regulamentado pelo Congresso Nacional.

Importante observar que a omissão legislativa se materializa com a manifestação do Poder Judiciário, por meio de ação direta de inconstitucionalidade por omissão ou mandado de injunção, cuja decisão estabeleça o prazo fixando a mora legislativa, escoando o referido prazo, e não havendo qualquer manifestação do Poder Legislativo, fica caracterizado o dano ilícito.

- **Responsabilidade por omissão na atividade jurisdicional**

O debate sobre a indenizabilidade de atos jurisdicionais danosos suscita polarizações semelhantes. Há autores que defendem que esses atos não seriam passíveis de indenização, pois o Poder Judiciário, pelo princípio da divisão dos poderes, seria soberano em suas decisões. Por outro ângulo, a indenização seria impertinente, uma vez que os juízes são independentes para decidir em conformidade com o Direito, além de não serem servidores administrativos. E, por derradeiro, admitir a indenização por ato judicial violaria o princípio da imutabilidade da coisa julgada (Di Pietro, 2011, p. 662-664).

Entretanto, os partidários da indenizabilidade defendem que, sendo, os serviços judiciários serviço público, cabe ao Estado ressarcir os danos oriundos dos atos jurisdicionais emanados pelos magistrados, quando estes forem lesivos a terceiros ou eivados de vício (culpa ou dolo do agente ou erro). Nesse sentido, o Magistrado agiria em nome do Estado ao prestar a tutela jurisdicional, e os danos causados por ele no exercício dessa atividade seriam passíveis de indenização. Seria pertinente o ajuizamento de ação regressiva contra o juiz que tenha dado ensejo à imputação de condenação ao Estado, na hipótese de ele ter agido com culpa ou dolo. A fundamentação legal para esse argumento reside no art. 5°, inciso LXXV, da Constituição Federal vigente: "LXXV – O Estado indenizará o condenado por erro judiciário, assim como o que ficar preso além do tempo fixado na sentença".

Lúcia Valle Figueiredo (2004, p. 291), expondo seu posicionamento, exprime que:

> [...] Quanto a nós, não vemos empeços para responsabilizar o Estado por atos praticados por uma de suas funções, a judiciária. Efetivamente, encarna o Judiciário também a figura do agente público, de alguém que diz o Direito em normas concretas e por conta do Estado. Se assim é, dentro de certas comportas, que o regime jurídico da função postula, há de ser também responsabilizado na hipótese de lesão.

Muito embora a doutrina majoritária se posicione favoravelmente à indenizabilidade dos atos praticados pelo Poder Judiciário que venham a causar danos a terceiros, o STF não tem reconhecido de forma irrestrita a admissibilidade desse instituto. Para a Corte Suprema, somente seria cabível indenização nas hipóteses previstas em lei, não havendo aplicação do art. 37, § 6°, da Constituição vigente (Pedreira, 2016).

Se, de um lado, o STF não apresenta qualquer disposição em reconhecer o cabimento da responsabilidade do Estado por danos causados em decorrência da atividade jurisdicional, de outra banda, o STJ tem decisões mais arrojadas sobre o tema.

Nesse sentido, Helena Elias Pinto (2008, p. 197) reconhece que:

> Em matéria de responsabilidade civil do Estado por ato jurisdicional, o Supremo Tribunal Federal tem entendido que se encontra pacificado no sentido de que somente nos

casos previstos expressamente em lei o Estado tem o dever de indenizar.

A responsabilidade do Estado por dano decorrente da atividade jurisdicional defeituosa tem evoluído mais lentamente em comparação com a responsabilidade por danos decorrentes da atuação dos agentes públicos no exercício da função administrativa (Pedreira, 2016).

- **Atividades judiciais e jurisdicionais**

Ato judicial é gênero do qual são espécies os atos jurisdicionais e os atos administrativos praticados pelo Poder Judiciário. Os atos jurisdicionais têm força de coisa julgada, são atos típicos do Poder Judiciário.

Para Hely Lopes Meirelles (2011, p. 708), "quanto aos atos administrativos praticados por órgãos do Poder Judiciário e do Legislativo, se equiparam aos demais atos da Administração, e, se lesivos, empenham a responsabilidade civil objetiva da Fazenda Pública".

Edmir Netto de Araújo (2010, p. 835) afirma que, na realidade, a melhor técnica para a definição da atividade judicial é o enfoque *ratione personae*. Desta forma, tudo o que emerge do magistrado do Poder Judiciário será atividade judicial, quer se considere o aspecto formal, quer o material de seus atos.

Assim, teremos a atividade judiciária como gênero, do qual decorrem duas espécies: a atividade contenciosa (aplicação contenciosa da lei ao caso concreto), que é a atividade jurisdicional, básica e específica, atividade-fim do Poder Judiciário; e a de natureza voluntária, graciosa (não contenciosa), qualificada em termos gerais como administrativa, exercida também intensamente pelo Poder Judiciário, mas como atividade-meio, por isso secundária e inespecífica.

A expressão "ato jurisdicional" tem sentido *lato*, compreendendo a própria sentença e as circunstâncias em que é prolatada (Araújo, 1981, p. 179).

Em suas conclusões, porém, Carlos Roberto Gonçalves reconhece que as mais modernas tendências apontam para a direção da admissão da responsabilidade civil do Estado pelos danos experimentados por particulares, decorrentes do exercício da atividade judiciária (Gonçalves, 2011, p. 265).

A atividade jurisdicional, como qualquer prática da vida humana, está sujeita a erros. A busca pela efetivação da justiça é realizada por seres humanos, simples criaturas desprovidas de infalibilidade. Aliada a essa certeza, há também a falta de atenção, os aspectos psicológicos e emocionais, o transcurso do tempo, entre outras causas que são fatores que podem resultar na má observância dos fatos que permeiam o processo judicial.

Se não houvesse órgãos jurisdicionais hierarquicamente superiores para controlar e reexaminar as decisões proferidas por órgãos inferiores, o caos se instauraria. Mesmo assim, valendo-se do uso do reexame, há um momento em que se esgotam todas as instâncias, e a sentença final torna-se inatacável. Por essa razão, uma decisão injusta ou equivocada, a inércia ou a morosidade é prejudicial não somente para a parte sucumbente, mas também para toda a sociedade que perde a confiança na Justiça.

A função jurisdicional é aquela realizada pelo Poder Judiciário, tendo em vista aplicar a lei a uma hipótese controvertida, mediante processo regular, produzindo, afinal, coisa julgada, com o que substitui, definitivamente, a atividade e a vontade das partes.

A ação que busca a responsabilidade do Estado não requer distinção entre os atos administrativos, legislativos ou jurisdicionais, mas apenas a prova do dano e de que foi causado por agente público.

- **Atos jurisdicionais: responsabilidade pessoal do juiz**

O Juiz é um agente público, segundo a regra consagrada no art. 37, § 6º, da CF/1988. Agente público é todo aquele que, sob qualquer categoria ou título jurídico, desempenha função ou atividade considerada pelo Estado como pertinente à sua condição e prerrogativa de Poder Público. Aquele que desempenha atividade estatal, enquanto o fizer, será um agente público.

Muitos são aqueles que procuram afastar a responsabilidade do Estado por danos provocados por atividades jurisdicionais, valendo-se dos mais variados argumentos (Araújo, 1981, p. 132). Houve época em que se procurava afastar a ideia de responsabilização do Estado em decorrência de dano provocado pela atividade jurisdicional, argumentando-se que os juízes não seriam, de forma alguma, mas especialmente para fins de responsabilidade estatal, *representantes* ou *prepostos* do Estado, mas órgãos da soberania nacional, independentes. Assim, não seriam também funcionários públicos.

De acordo com Álvaro Lazzarini (1999, p. 437), discordando de Hely Lopes Meirelles, assegura que a responsabilidade civil é do Estado, e neste caso pode-se responsabilizar o juiz, em ação regressiva.

> [...] Assim, sem razão, com a devida vênia, Hely Lopes Meirelles quando afirma que fica o juiz, individual e civilmente, responsável pela omissão ou o retardamento injustificável de providências de seu ofício, nos expressos termos do art. 133 do CPP, sem que essa responsabilidade individual se transmita, nem solidariamente, à Fazenda.

Para Maria Helena Diniz (2004, p. 649), "[...] A má-fé, abuso ou desvio de poder do magistrado, por constituírem ato ilícito, dão origem à responsabilidade do Estado, mas o juiz responderá pelo seu ato, na ação regressiva, se agiu com dolo".

O Código de Processo Penal (CPP), introduzido no ordenamento jurídico pelo Decreto nº 3.689, de 03 de outubro de 1941, em capítulo que trata da revisão criminal, reconhece a responsabilidade do Estado por ato jurisdicional em decorrência de erro judiciário ("Art. 630. O tribunal, se o interessado requerer, poderá reconhecer o direito a uma justa indenização pelos danos sofridos").

Álvaro Lazzarini (1999, p. 438) adverte que, na hipótese do art. 630 do CPP, dificilmente o Estado será responsabilizado por omissão na atividade jurisdicional criminal que possa eventualmente ser reconhecida no julgamento de revisão criminal, pois ele considera a revisão criminal de *limitada amplitude*.

A revisão criminal pode ser pleiteada a qualquer tempo, mesmo que o réu já haja cumprido pena ou esteja em fase de cumprimento, tenha ocorrido ou não a extinção da punibilidade ou tenha ele morrido. Não existe prazo, mesmo porque o objetivo da revisão criminal não se restringe a impedir o cumprimento de uma pena injusta, mas, principalmente corrigir uma injustiça, restabelecendo-se, com a rescisão do julgado, a dignidade do condenado.

O art. 1.744, incisos I, do Código de Civil de 2002, determina a responsabilidade direta e pessoal do magistrado, em hipótese específica de não nomeação de tutor ou nomeação inoportuna, entretanto, o referido dispositivo não exclui a responsabilização do Estado por eventuais danos.

Por fim, convém repetir e enfatizar a posição de Edmir Netto de Araújo (2010, p. 662) que demonstra, literalmente, e mostra, com abundância de argumentos, que o juiz é funcionário público *lato sensu*, incluído, por isso mesmo, na acepção a que o art. 37, § 6º, da CF/1988 se refere ao estabelecer a responsabilidade estatal com base no risco, segundo o qual

> [...] havendo dano ao particular, e configurando inequivocadamente o nexo causal (Estado – omissão ou ação do dano do administrado), observadas as excludentes de responsabilidade [...] isto será suficiente para o estabelecimento da obrigação indenizatória da Administração Pública.

A atividade ou função jurisdicional manifesta-se, em essência, pelo *julgamento* ou *ato jurisdicional*. O ato jurisdicional, clímax do funcionamento dos serviços judiciários, pode produzir danos os mais variados, entre os quais o mais grave é o erro judiciário, que implica a própria negação da justiça, a não ser que possibilite, no devido tempo, a respectiva reparação.

A sentença pode ser errada, tanto no cível quanto no crime. Na esfera criminal, poderá levar o réu à prisão, e causar-lhe prejuízos morais e patrimoniais sérios. Identificado o erro, em qualquer circunstância, o prejudicado ajuizará ação pelo rito ordinário de indenização contra o Estado, e este, por sua vez, indenizará em pecúnia, nos termos constitucionais.

Edmir Netto de Araújo (1981, p. 113) compreende por erro judiciário a sentença equivocada "quer seja em um processo criminal quer tenha origem em um procedimento não-penal".

Dessa forma, tem-se que o erro judiciário, muito embora seja imediatamente associado às hipóteses no âmbito do processo penal, pode também ocorrer em qualquer processo judicial (civil, trabalhista, previdenciário etc.), haja vista os casos de anulação de sentença em ação rescisória, carecendo, ao nosso entender, de inegável direito à indenização por erro judiciário, sobremaneira nos casos em que se observa que a sentença foi dada por prevaricação, concussão, corrupção do juiz, ou proferida por juiz impedido ou absolutamente incompetente, nos termos do art. 485, I e II, do CPC.

13.8 Responsabilidade inominada do Estado

Há hipóteses em que não se identifica um agente público que tenha praticado ato danoso ou se omitido da obrigação de fazê-lo, ou ainda, casos em que o prejuízo suportado pelo terceiro tenha ocorrido em virtude da atividade do Estado, assim temos configurada a denominada *responsabilidade inominada do Estado*, ou *culpa anônima* do serviço público (Araújo, 2010, p. 791).

Também é comum o fato de veículos, trafegando em vias públicas, perderem a direção, em decorrência de defeitos na pista, quando o leito carroçável se avizinha de rios ou córregos, e os veículos acabam caindo no seu interior. A falta de grades de proteção nas estradas, nas pontes ou em lugares perigosos, a ausência de sinalização adequada indicando valas, buracos ou deformidades na pista, que oferecem perigo aos administrados, se configuram em graves omissões da Administração Pública, que tem o dever jurídico de garantir bem-estar, segurança e tranquilidade aos membros da sociedade.

O dever de indenizar um prejuízo suportado está fundado no princípio da solidariedade social, segundo o qual todos arcam com o ônus da lesão sofrida por um dos membros do grupo. Ao administrado bastará apenas e tão somente demonstrar que a atividade estatal ou sua omissão na construção, manutenção ou conservação de equipamentos públicos foi ensejadora de resultado danoso.

- **Danos decorrentes de tempestades, enchentes e desabamentos**

Eventos naturais como temporais ou chuvas torrenciais em volume acima do tolerável, em que a força das águas causa enchentes e inundações, ou mesmo chuvas constantes e de pouca intensidade são considerados como fenômenos imprevisíveis e inevitáveis, mas podem provocar danos ao particular que são evitáveis, pois o resultado é conhecido e é passível de ser mitigado, se providências forem tomadas. Se, por exemplo, a Administração Pública executasse obras com o objetivo de propiciar o escoamento rápido e uniforme das águas da chuva, provendo, assim, a infraestrutura necessária para que as intempéries não prejudicassem o particular além do que seria justo exigir-lhe (Oliveira, 1995, p. 56).

A Administração Pública deve responder não pelo fato da natureza em si, mas por não ter executado obras suficientemente adequadas a fim de evitar o resultado danoso ou simplesmente amenizar seus efeitos, quando o fato for notório e perfeitamente previsível, como acontece na maioria das cidades sujeitas a enchentes, deslizamentos de morros, quedas de árvores, desabamento de encostas etc. Exemplo claro ocorre em vários municípios dos Estados brasileiros, mais frequentemente no Rio de Janeiro onde, todo ano, durante o mês de janeiro, amargam-se os efeitos das chuvas, chegando muitas vezes, a ser decretado estado de emergência e calamidade. A violência das águas destrói estradas e vias públicas, provoca deslizamentos cobrindo de barro casas e soterrando famílias, deixando-as desabrigadas.

Essa posição foi defendida por ocasião da dissertação de mestrado apresentada na Faculdade de Direito da Universidade de São Paulo, escorada na observância do princípio da prevenção como forma de neutralizar ou mesmo impedir a ocorrência de danos (Pedreira, 2016).

A responsabilização do Estado nesses casos ocorre por sua atuação permanecer situada abaixo do padrão normal de diligência minimamente exigível; exemplo disso são os erros no dimensionamento de calhas e condutos, obstáculos à livre vazão das águas ocasionados por lançamento de detritos nas vias públicas, obstrução de galerias e bocas de lobo que são mal dimensionadas, além da falta de limpeza dos bueiros e córregos que deve ser realizada com certa frequência, principalmente na época de chuvas.

A falta de interesse e o pouco empenho da Administração na realização de obras públicas de pouca visibilidade acarretam toda sorte de infortúnio aos cidadãos. A responsabilização do Estado é manifesta quando, pela incúria, deixa de executar obras necessárias para afastar os efeitos nefastos das chuvas, bastando a imprevidência na manutenção e conservação de galerias pluviais para se acentuar seu dever de reparar os danos suportados pelo particular.

Segundo José Carlos de Oliveira (1995, p. 69.), advogando pela responsabilização do Estado, nos casos de deficiência na prestação do serviço público, posicionamento do qual compartilhamos,

> [...] A chuva forte, em si, não caracteriza um caso de força maior no qual o Poder Público se exonere da responsabilidade. A consequência, ou seja, o transbordamento dos cursos d'água, é devida quase sempre à deficiência da execução de obras e serviços públicos. Compete à administração demonstrar, para elidir sua responsabilidade, a frequência dos serviços de limpeza e que a chuva ultrapassou à normalidade, e assim caracterizando-se verdadeiramente caso de força maior, estará isenta da responsabilidade patrimonial (**RJTJESP**, v. 69/1036-5, 1981).

No entanto, contrapondo-se ao excesso de águas nas Regiões Sul, Sudeste e Centro-Oeste, há em outras regiões brasileiras, mais precisamente no Norte e no Nordeste, o problema da escassez de chuvas por longos períodos, que acarreta a seca que castiga o povo sertanejo. É perfeitamente possível prever e precaver-se das consequências perniciosas da excessiva falta de chuvas, bem como neutralizar os efeitos da estiagem perturbadora.

A seca, como conhecemos, pode ser definida como o fenômeno climático causado pela insuficiência de precipitação pluviométrica, em uma determinada região por um longo período de tempo. É necessário que haja por parte do Poder Público um conjunto de ações capazes de resolver esse problema antigo que se tornou crônico. A seca é um câncer social, que tem solução, mas que reclama vontade política para ser solucionado.

O problema não é novo. Em 1904, Euclides da Cunha (Rio de Janeiro, 1866) propôs uma cruzada contra a seca no Nordeste, que incluía pesquisas científicas, construção de estradas melhorando o acesso, açudes, poços, estradas estruturadas, bem como o desenvolvimento de projetos para o desvio das águas. Em uma comunidade atrasada e ignorante, a ruína pode ser completa, resultado do despovoamento ou uma grande redução demográfica, pela emigração forçada ou pela morte em decorrência da fome ou de doenças como desnutrição, desidratação etc., antes, porém, proporciona enormes sofrimentos.

A obra literária **Os Sertões**, de Euclides da Cunha (2000, p. 33-34), revela que a seca é uma fatalidade inexorável, entretanto, perfeitamente previsível, podendo ter seus efeitos mitigados ou mesmo eliminados:

> [...] o aparecimento das secas, no século passado e atual, se defronta em paralelismo singular, sendo de presumir que ligeiras discrepâncias indiquem apenas defeitos de observação ou desvios na tradição oral que as registrou. De qualquer modo ressalta à simples contemplação uma coincidência repetida bastante para que se remova a intrusão do acaso. Assim, para citarmos apenas as maiores, as secas de 1710-1711, 1723-1727, 1736-1737, 1744-1745, 1777-1778, do século XVIII, se justapõem às de 1808-1809, 1824-1825, 1835-1837, 1844-1845, 1877-1879, do atual.

Em outro trecho, o autor deixa evidentes o descaso e o esquecimento a que estão fadados os habitantes daquela região:

> [...] Como quer que seja, o penoso regime dos Estados do Norte está em função de agentes desordenados e fugitivos, sem leis ainda definidas, sujeitas às perturbações locais, derivadas da natureza da terra, e a reações mais amplas, promanadas das disposições geográficas. Daí as correntes aéreas que o desequilibram e variam (Cunha, 2000, p. 35).

Em contrapartida, se o mesmo fenômeno, qual seja, a deficiência da queda pluvial, incidisse do mesmo modo em uma região onde a população possuísse nível de instrução mais elevado, os resultados da irregularidade climática poderiam ser atenuados e até neutralizados, e não acarretariam qualquer abalo econômico ou social, tendo em vista a possibilidade de autonomia do sertanejo, que poderia encontrar soluções específicas para esse problema.

Há falta de políticas públicas visando a educar o sertanejo a viver de forma inteligente aproveitando os recursos nas épocas de alto nível de chuvas, com o objetivo de prevenir, com razoável eficácia, os efeitos físicos, sociais e econômicos decorrentes de uma longa estiagem. É necessário que o problema das secas seja tratado com a técnica adequada, observe-se a falta de elementos essenciais para oferecer às populações sujeitas aos embates da estiagem uma educação, que, embora elementar e simples, seja adequada e compatível com seu meio geográfico e social.

Nessa constatação, não há qualquer ideologia ou viagem fantasiosa, mas sim a observação e a experiência secular, analisadas sob múltiplos aspectos, haja vista a seca alterar a dinâmica social e econômica de determinada região.

Graciliano Ramos (2012, p. 9-14), em sua obra **Vidas Secas**, publicada em 1938 e considerada um clássico da literatura brasileira, que retrata o sofrimento de uma família de retirantes nordestinos, reproduzindo a situação vivida por milhares de outros, vitimados pela seca castigadora, mostra-nos uma realidade não muito diferente da atual, na qual a injustiça social, a fome, a miséria material e moral e, principalmente, a desigualdade permeiam os tristes episódios suportados pela família do protagonista Fabiano. Constatam-se tais assertivas nos seguintes trechos:

> [...] Os infelizes tinham caminhado o dia inteiro, estavam cansados e famintos. [...] A catinga estendia-se de um vermelho indeciso salpicado de manchas brancas que eram

ossadas. [...] Miudinhos, perdidos no deserto queimado, os fugitivos agarraram-se, somaram as suas desgraças e os seus pavores.

Euclides da Cunha afirmava que o sertanejo é, antes de tudo, um forte. O homem hostilizado pelo ambiente, pela terra, pelas cidades, devorado pelos problemas que o meio lhe impõe precisa de amparo do Estado, e este tem o dever de ampará-lo.

O fundamento da responsabilidade estatal nos casos de danos oriundos de enchente, secas e outros fenômenos atmosféricos, assim considerados, encontra suporte na teoria do risco administrativo, exigindo, para sua configuração, a prova da ocorrência do dano, o nexo de causalidade e a imputabilidade ao ente público.

- **Movimentos sociais e multitudinários**

Movimentos multitudinários ou atos coletivos, de acordo com os ensinamentos de José Cretella Júnior (2002, p. 212), podem ser expressados como "deslocamentos de povos ou de parte da população, como consequência de fatos sociais, políticos ou econômicos que ocorrem num dado momento histórico".

Os movimentos multitudinários dão ensejo à intervenção dos agentes policiais guardiães da ordem pública, no exercício legítimo do *poder de polícia* de que são detentores, uma vez que está a cargo do Estado a garantia da propriedade particular, da segurança e da integridade física do cidadão, obrigando-se aquele a esmerar-se nesse propósito. Tais movimentos não se configuram em conduta penalmente punível, pois são perpetrados por um grupo de indivíduos que, diante de um incidente social, econômico ou político, pratica ato que, analisado isoladamente, configuraria crime ou contravenção, considerando que tal conduta causa dano ao particular.

A falta de previsão no ordenamento jurídico que tipifique os movimentos multitudinários como contravenção penal ou até mesmo crime conduz à necessidade de análise do comportamento isolado de cada ato praticado pelos membros integrantes do aglomerado que cause dano ao particular, para, a partir daí, se concluir se houve conduta típica, antijurídica e culpável.

Entretanto, há situações em que a força policial comparece, mas apenas assiste impassível à destruição do patrimônio de terceiros, sem nada poder fazer, pois o furor da multidão é tão intenso que os agentes policiais deixam de agir movidos pela prudência, caso contrário, a ação policial resultaria em verdadeiro massacre. Nesses casos, a omissão estatal, apesar de perfeitamente justificável, não isenta o Estado de reparar os danos suportados por terceiros.

Durante a revolução de 1930, foi julgado um caso em que se condenou a União Federal por danos verificados decorrentes de movimento de massa, por falta de garantia e assistência policial aos particulares (Acórdão de 03.05.1945, do STF, **RDA**, 5:15) (Cretella Jr., 2002. p. 214).

Segundo Sonia Sterman (2011, p. 22), movimentos sociais são gênero do qual são espécies de movimentos para fins de responsabilização do Estado: os movimentos multitudinários, os movimentos populares (semelhantes ao sem-terra, aos sem-teto, aos movimentos ufanistas em época de competições esportivas, às torcidas de futebol organizadas em estádios em dias de jogos, aos de natureza pacífica), os movimentos organizados nas penitenciárias brasileiras, e os movimentos terroristas.

A concepção de movimentos sociais tornou-se mais ampla nas últimas décadas, subdividindo-os naqueles de natureza popular, os movimentos pacíficos e os de natureza criminosa e terrorista. Não devemos nos esquecer que a motivação é, via de regra, de natureza social, política ou econômica.

Buscando as origens, observamos que os movimentos multitudinários de caráter político-social surgiram com o advento da Revolução Francesa, mais precisamente com a queda da Bastilha, desenvolvendo seus fundamentos na doutrina e na jurisprudência, inclusive determinando os princípios básicos da responsabilidade do Estado e a própria autonomia do Direito Administrativo. Foi também a partir daí que surgiu a definição de multidão e massa, sob os aspectos penal, sociológico e psicológico.

Os sociólogos examinam os movimentos de multidão definindo-os como aqueles nos quais o indivíduo, atuando no seio da multidão, se despersonaliza, agindo de forma diversa da sua conduta individual. Sonia Sterman (2011, p. 37-38), apontando o estudo dos comportamentos de massa sob a ótica da psicologia, recorda a questão do inconsciente coletivo suscitada por Jung:

> [...] Para Jung, a psique coletiva é separada da individual, mas o reconhecimento de que os deuses e demônios não eram realidades indiscutíveis, mas conteúdo do inconsciente, só aconteceu a partir do Iluminismo, quando se passou à compreensão de que os deuses não eram figuras reais, mas meras projeções. Daí concluir que os movimentos violentos produzidos pelas multidões nada mais são do que a liberação do irracional do inconsciente de cada indivíduo que foi reprimido pelo movimento político-social anterior.

Os movimentos populares não são novidades da Era Moderna ou da Contemporânea, e os movimentos de caráter reivindicatório, principalmente por motivos políticos, ocorrem desde a Antiguidade. Fustel de Coulanges (2012, p. 360), em sua clássica obra **A Cidade Antiga**, traz vários exemplos de movimentos ocorridos naquela época, mais precisamente na Grécia e na Itália.

> [...] Quando, depois de umas revoluções conseguiu-se a igualdade, não existindo mais razão para combater por princípios e direitos, os homens guerrearam-se por interesses. Esse novo período da história das cidades não começou na mesma época pra todas. Em algumas seguiu de muito

perto o estabelecimento da democracia; em outras, apareceu só depois de várias gerações que souberam se governar com calma. Mas todas as cidades cedo ou tarde caíram em lutas lastimáveis.

O Estado deve reconhecer o direito do cidadão de manifestar livremente sua opinião, deve permitir-lhes reunir-se na busca pelos seus anseios e ideais ou mesmo em comemorações e festejos – como acontece em jogos de futebol –, mas deve também, o Estado, vigiar para que essas manifestações ocorram de modo a não causar danos a terceiros, rechaçando, quando houver a mínima possibilidade de tal ameaça; é o seu dever *in vigilando*.

O Estado tem o dever jurídico de indenizar prejuízos causados, até mesmo por atos de vandalismo, que surgem das situações mais variadas, como, por exemplo, em estádios de futebol, logradouros públicos etc. O argumento de que é impossível para o Estado estar presente em todos os lugares públicos ao mesmo tempo e algumas situações eclodem de afogadilho, não sendo passíveis de previsibilidade, não merece prosperar, pois, admitindo tal hipótese, estaria afastando a responsabilidade do Estado também nas hipóteses de caso fortuito.

Sendo os movimentos populares ou mesmo os conflitos previsíveis, como, por exemplo, encontro de torcidas de futebol sabidamente rivais, retomada de imóvel originada por ocupação irregular de áreas por movimentos de sem teto ou sem terra, causando danos aos administrados, caberá a respectiva reparação, em decorrência do dever do Estado de proporcionar aos cidadãos segurança e garantias à sua incolumidade física e patrimonial, afinal, é também por isso que se pagam impostos.

- Fatos de guerra. Movimentos revolucionários e movimentos terroristas

Muito embora o Brasil seja signatário das quatro Convenções de Genebra de 1949 e de seus protocolos adicionais de 1977, o ordenamento jurídico interno relacionado ao tempo de guerra está restrito ao direito penal militar.

Os *fatos de guerra* provocam lesões ocasionadas por operações militares, orquestradas pelas forças armadas de uma nação, alcançando toda a população. Segundo Sonia Sterman, o Estado não responde pelos referidos danos, uma vez que decorrem de estado de necessidade, que se configura em excludente de responsabilidade (Sterman, 2011, p. 189).

Opondo-se a esse entendimento, Diógenes Gasparini (2012, p. 1145) entende que o Estado responde objetivamente tanto por atos de guerra quanto atos terroristas, reportando-se, para justificar sua posição, ao disposto na Medida Provisória nº 126, de 2003, convolada na Lei nº 10.744, de 9 de outubro de 2003, que dispõe sobre a assunção, pela União, de responsabilidades civis perante terceiros no caso de atentados terroristas, atos de guerra ou eventos correlatos, contra aeronaves de matrícula brasileira operadas por empresas brasileiras de transporte aéreo público, excluídas as empresas de táxi aéreo.

A Constituição Federal vigente dispõe, no art. 21, inciso II, que a declaração de guerra e a celebração da paz são de competência da União e se processam por atos do Presidente da República, nos termos do art. 84, incisos XIX e XX, mediante autorização do Congresso Nacional (art. 49, inciso II), ouvido o Conselho de Defesa Nacional (art. 91, § 1º).

Quanto à análise da hipótese de responsabilização do Estado por danos resultantes de *fatos revolucionários*, primeiramente é necessário entender o conceito de movimento revolucionário.

Revolução um movimento político organizado que visa a modificar a ordem vigente. A natureza de revolução está atrelada à prática de atos dos comandos militares em rebelião, que causam danos à propriedade, ou à própria integridade física dos administrados, sem a participação de particulares (Sterman, 2011, p. 191).

Quanto ao dever do Estado de indenizar danos causados por manifestações revolucionárias, queda-se fundado na reparação de lesões resultantes de atos praticados por agentes do Poder Público no comando de forças militares, no exercício da missão pública em defesa da ordem, da legalidade e das instituições públicas.

Os movimentos revolucionários e a orientação dos tribunais brasileiros sobre o tema foram registrados, inicialmente, nas obras de José de Aguiar Dias (2011, p. 679) e José Cretella Júnior (2002, p. 201-210), lastreados nas lições de Pedro Lessa, apontando com riqueza de detalhes vários casos que ilustram tais lições, tais como: O Bombardeio de Manaus (1910); A Revolta da Armada (1910); O Bombardeio de Salvador (1912); O Levante do Forte de Copacabana (1922); A Revolta de Isidoro Dias Lopes (1924); A Primeira Revolução Constitucionalista (1930); A Segunda Revolução Constitucionalista (1932), entre outros.

No que se refere aos atos de terrorismo praticados por indivíduos movidos pela crueldade atroz, como bem descreve José Cretella Neto (2008, p. 193), *sociopatas, perdedores, frustrados e fracassados*, comungamos das brilhantes lições registradas em obra de sua lavra, que traduzem com clareza solar que "não será jamais suficientemente enfatizado que o terrorismo é um crime abominável, que merece ser chamado pelo nome, jamais glorificado".

Esses indivíduos (os terroristas), sob o argumento de alcançar a glória por meio do martírio, em uma equivocada interpretação fundamentalista da religião, praticam verdadeiras atrocidades, atingindo pessoas inocentes e que nada têm a ver com sua ira contra o mundo em que vivem.

O tema ganhou maior destaque após o atentado de 11 de setembro de 2001, que atingiu as torres gêmeas do *World Trade Center*, em Nova Iorque, e o edifício do *Pentágono*, em Washington. Os Estados Unidos criaram uma legislação especial para o combate ao terrorismo (USA *Patriot Act*, de 2011, prorrogado até 2015).

Apesar disso, a bibliografia que versa sobre esse assunto é extremamente escassa. José Cretella Neto (2008), reconhecendo a importância do estudo acerca dos aspectos que permeiam as questões relacionadas ao terrorismo, elaborou profunda pesquisa, trazendo à luz feições inéditas, após cotejar centenas de obras e documentos oficiais internacionais, enriquecendo sobremaneira a literatura jurídica pátria.

Analisando mais detidamente o tema, surge o problema de verificar se seria possível ao Estado evitá-lo, tendo em vista não só o fator surpresa como também a multiplicidade de meios que a imaginação tortuosa do homem tem inventado, como bombas enviadas por carta, p. com bactérias mortais e guerra bacteriológica realizada por meio de guerrilhas rurais e urbanas. Diante dessa realidade, fica fácil para o Estado eximir-se de responsabilidade, invocando a força maior pela inevitabilidade da possibilidade de fazer frustrar ou minimizar os efeitos de atos terroristas.

13.9 Da reparação do dano

A distinção entre pena e reparação começou a mostrar seus contornos com os romanos, a partir da definição de delitos públicos (ofensas graves que perturbavam a ordem pública) e delitos privados. Nos delitos públicos, a pena pecuniária imposta ao ofensor era recolhida aos cofres públicos, enquanto nos delitos privados a pena em dinheiro era endereçada à vítima. O Estado assumiu, assim, ele só, a função de punir (Gonçalves, 2011, p. 37).

De acordo com Caio Mário da Silva Pereira (1996, p. 1), o Direito Romano não alcançou a construção de uma teoria de responsabilidade civil, como, também, nunca se concentrou na elaboração teórica de nenhum instituto. Todas as referências relativas a esse tema foram construídas com o desenvolvimento dos casos concretos, das decisões dos magistrados e dos pretores, respostas dos jurisconsultos, constituições imperiais, das quais os estudiosos do Direito Romano foram se apropriando, extraindo-lhes os princípios e, desta forma, sistematizando os conceitos.

O advento da *Lex Aquilia*, por volta do século III a.C., significou um grande avanço em matéria de responsabilização por danos causados, uma vez que instituiu a figura do *damnum injuria datum*, que consistia em um delito pelo qual alguém causava dano à coisa alheia.

O CC francês de 1804, também conhecido como Código de Napoleão, instituiu, em seu art. 1.382, a responsabilidade subjetiva, ou seja, baseada na culpa do agente, influenciando o CC alemão, o CC suíço, bem como o CC brasileiro de 1916 (Giordani, 2007, p. 9): "Art. 1.382 – *Tout fait quelconque de l'homme, que cause à autrui un dommage, oblige celui par la faute duquel il est arrivé, à le réparer*".[15]

As obrigações oriundas dos atos ilícitos têm origem nas ações culposas ou dolosas dos agentes públicos; essas ações são praticadas com infração a um dever de conduta e resultam em dano a outrem. Nesse diapasão, surge o dever de indenizar ou restituir o prejuízo causado.

A trajetória da responsabilização do Estado foi delineada graças às decisões proclamadas pela jurisprudência do contencioso administrativo francês, denominadas *arrêts* (precedentes).

Para que o dano seja passível de reparação há de ser certo, atual e subsistente. O prejuízo deve ser revestido de certeza, impedindo-se a indenização por algo fantasioso e que só existe na imaginação da vítima. Entretanto, esta certeza diz respeito à existência do dano, ainda que não seja presente; meras conjecturas afastam a certeza do dano. A lesão tem de ser real, e não cabe indenização por mero perigo ou simples ameaça.

---

15 Qualquer ato do homem, que cause dano a outrem, obriga a pessoa por cuja culpa ocorreu, a repará-lo.

Quando se trata de dano certo, geralmente, está-se referindo ao dano já produzido. Contudo pode também haver um dano futuro, que, muito embora não tenha ocorrido, se tem a certeza de sua ocorrência. Este, no entanto, não é passível de reparação, sendo qualificado como dano eventual ou hipotético.

De um lado temos o dano certo e indenizável, de outro temos o dano eventual ou hipotético que não suporta reparação; entre um e outro, encontramos uma zona neutra em que se coloca o que vem sendo denominado *perda da chance*.

A *perda da chance* pode ser traduzida como a frustração de um direito futuro; não se trata de mera probabilidade, mas sim da certeza da impossibilidade de ganho provável. Nessa situação, o dano não é certo, mas o prejuízo também não é eventual nem impossível. Um exemplo bastante ilustrativo é o caso de acidente automobilístico resultando na invalidez de jovem estudante saudável, impossibilitando ou limitando a sua capacidade laborativa.

Nesse sentido, vale destacar as considerações de Antonio Jeová Santos (1999, p. 57-58), para quem

> [...] os direitos são atributos, faculdades e liberdades que se reconhecem e são outorgados aos indivíduos que compõem a população do Estado. Alguns deles decorrem da própria natureza do ser humano e o direito apenas o positiva. Não nascem do Texto Constitucional, porque preexistentes e imanentes ao homem. O ser humano goza de direitos fundamentais, que tornam-se positivos, não porque o legislador assim o quis, ao inscrevê-los na Constituição, mas porque o caráter de tais direitos alude necessariamente à condição humana e à estrutura da vida.

O ideal é que a reparação ocorra *in natura*, com a reposição da coisa lesionada ao estado anterior. Esta seria a maneira adequada de ressarcimento. Em tema de direitos personalíssimos, tal não ocorre. Impossível haver a reparação da perda de uma vida ou da honra vergastada. O pagamento de uma soma em dinheiro, nesses casos, serve apenas para compensar o mal infligido, porque não há retorno ao *statu quo ante*.

O ressarcimento em dinheiro constitui a forma tradicional de indenização. Quando a reparação é integral (quase impossível nos casos em que houver ofensa a direitos da personalidade), satisfaz o credor, colocando fim, em definitivo, à demanda que lhe deu origem. No caso de indenização por *dano moral*, o pagamento em dinheiro serve apenas como um lenitivo. A perda de um braço, por exemplo, ainda que seja sofisticada a prótese que substitua o membro, jamais colocará fim ao padecimento e à diminuição do ofendido. Este, com o montante em dinheiro, terá possibilidade de usufruir alguns prazeres compensatórios, como a possibilidade de se dedicar a uma atividade de lazer antes impossível pela falta de recursos.

13.10 Da indenização

Em primeiro lugar é importante esclarecer que nem todo dano é indenizável. Somente renderá ensejo à reparação a lesão que, cumulativamente: a) amesquinhar direito subjetivo ou interesse juridicamente protegido (revelando-se um dano jurídico); b) for economicamente relevante; c) for certo e determinado, ainda que sua projeção seja futura; d) for especial; e ainda, e) for anormal – sendo que os dois últimos requisitos estão presentes apenas nos danos lícitos indenizáveis (Zuckon, 2010, p. 121).

É certo que o Estado, ou quem lhe faça as vezes, seja colocado na contingência de indenizar o particular, e é imprescindível que sua ação ou omissão tenham deflagrado o surgimento de um dano indenizável.

Nos dizeres de Alexandre de Moraes (2007, p. 896),

> [...] a indenização do dano deve abranger o que a vítima efetivamente perdeu, o que despendeu, o que deixou de ganhar em consequência direta e imediata do ato lesivo do Poder Público, ou seja, deverá ser indenizada nos danos emergentes e nos lucros cessantes, bem como honorários advocatícios, correção monetária e juros de mora, se houver atraso no pagamento. Além disso, nos termos do art. 5º, V, da Constituição vigente, será possível a indenização por danos morais.

O constitucionalismo moderno incorporou, em suas normas escritas, o que vem a ser conhecido como *declarações, direitos* e *garantias*. As *declarações* dizem respeito à Nação, enquanto sociedade politicamente organizada, naquilo que diz respeito às demais pessoas da terra. Está afinada com a Nação em si mesma, considerada como organização política, as autoridades em geral e os estados-membros e municípios, enquanto integrantes do Estado. Os *direitos* são os que correspondem ao efetivo exercício de todo homem e que a Constituição reconhece, sanciona ou concede. As *garantias*, a seu turno, são todas aquelas seguranças e promessas que a Constituição oferece ao povo brasileiro e a todos os homens. Há uma promessa de que os direitos, tanto os gerais como os especiais, serão sustentados e defendidos pelas autoridades, como também por qualquer outro integrante do povo (Santos, 1999, p. 57).

Quanto ao dever do ofensor de indenizar e o direito da vítima à indenização, todo aquele que cause dano a alguém tem obrigação de indenizar, e no que diz respeito ao Estado não poderia ser diferente.

Nesse sentido, é de grande aproveitamento o ensinamento de Cesare Beccaria (2006, p. 26):

> [...] Se cada cidadão tem obrigações a cumprir para com a sociedade, a sociedade tem, igualmente obrigações a cumprir para com cada cidadão, pois a natureza do contrato consiste em obrigar igualmente as duas partes contratantes. Esse liame de obrigações mútuas que desce do trono até a cabana e que liga igualmente o maior e o menor dos membros da sociedade tem como fim único o interesse público, que consiste na observação das convenções úteis à maioria. Violada uma dessas convenções, abre-se a porta à desordem. A palavra obrigação é uma das que se empregam mais frequentemente em moral do que em qualquer outra ciência. Existem obrigações a cumprir no comércio e na sociedade. Uma obrigação supõe um raciocínio moral, convenções raciocinadas. Não se pode, porém, emprestar à palavra obrigação uma ideia física ou real. É palavra abstrata que precisa ser explicada. Ninguém pode obrigar-vos a cumprir obrigações sem saberdes quais são tais obrigações.

Quanto ao valor da indenização, quando se tratar de dano patrimonial, o *quantum* pode ser apurado mediante a produção de provas documentais, e mesmo os lucros cessantes, pois é possível aferir quanto a vítima deixará de auferir em virtude da ocorrência do dano. Já o dano moral é mais difícil, pois, na fixação da indenização por danos morais, seu valor não pode ser tão grande que venha a promover o enriquecimento indevido para o autor e nem tão insignificante que não venha a atribuir um caráter punitivo ao réu.

13.11 Denunciação da lide

A expressão *denunciação da lide* provém do latim *denuntiatio litis*. A denunciação da lide é um instituto processual que permite, concomitantemente, um ajuste entre a pretensão principal e a regressiva. Há algumas controvérsias sobre o tema, que é passível de grande debate doutrinário.

Alexandre de Moraes (2007, p. 904) entende que não há obrigatoriedade da denunciação da lide, pois a teoria do risco administrativo, constitucionalmente consagrada, não exige demonstração de dolo ou culpa por parte do agente, mostrando-se incabível e processualmente inadequado discutir-se a responsabilidade subjetiva, que não excluirá a responsabilidade do Estado.

Importante lembrar que o art. 122, § 2º, da Lei nº 8.112/1990, afasta a possibilidade de denunciação da lide ao dispor que: "tratando-se de dano causado a terceiros, responderá o servidor perante a Fazenda Pública, em ação regressiva".

Nesse sentido, convém atentar para as observações de José Maria Pinheiro Madeira (2010, p. 285):

> [...] Registre-se que os processualistas admitem a denunciação à lide nesse caso, o que não é pacífico no Direito Administrativo, mas ao contrário, a maioria da doutrina entende inadmissível com correto argumento que tal fato trata o injusto encargo à vítima, pois o Estado, ao denunciar à lide, que tem como fundamento a economia processual, chamará ao processo o seu devedor, e em face da morosidade que se dá nos processos em que este figura, o sujeito lesado demorará mais tempo para ser ressarcido do que seria na ação comum. Da mesma forma, não se justifica que o

lesado tenha que esperar a solução de outro litígio para ter o seu atendido.

Para Yussef Said Cahali (2007, p. 151):

> [...] A identificação dos sujeitos que devem integrar o pólo passivo da ação indenizatória, para saber se a demanda pode ser proposta contra o Estado e o agente em litisconsórcio facultativo possível, se deve ser proposta apenas contra o Estado ou se pode ser proposta apenas contra o agente, e se seria admissível, em qualquer caso, a denunciação recíproca da lide, deve ser examinada necessariamente a partir de uma distinção fundamental, que decorre do art. 37, § 6º, da Constituição.

Também repudiam a hipótese de denunciação à lide, Celso Antônio Bandeira de Mello (2011, p. 1050), reformulando seu posicionamento para acompanhar Weida Zancaner Brunini (1981, p. 64-65).

A Carta Magna de 1988 assegura que os sujeitos passivos, na reparação de danos, são as pessoas jurídicas de Direito Público e as de Direito Privado prestadoras de Serviços Públicos. Nesse sentido, Celso Ribeiro Bastos (1994, p. 187) ressalta que não pode haver denunciação da lide, já que isso se traduziria em compelir o agente a participar da própria ação de indenização. Para Maria Sylvia Zanella Di Pietro (2011, p. 665), as razões pelas quais a denunciação da lide é incabível estão pautadas nos seguintes pressupostos:

> a) São diversos os fundamentos da responsabilidade do Estado e do servidor;
> b) Essa diversidade de tratamento retardaria injustificadamente a solução do conflito, pois, se estaria, com a

denunciação à lide, introduzindo outra lide no bojo da lide entre a vítima e o Estado;

c) O inciso III do artigo 70 do CPC refere-se ao garante, o que não inclui o servidor, no caso da ação regressiva prevista no dispositivo constitucional.

Odete Medauar (2012, p. 408), reforçando os argumentos daqueles que são contrários à denunciação da lide, observa que:

> A CF, art. 37, § 6°, responsabiliza o Estado pelo ressarcimento à vítima do dano, com base na prova do nexo causal; aqui se trata de relação de responsabilidade entre poder público e vítima (ou cônjuge e herdeiros), descabida a interferência de outra relação obrigacional; portanto, o art. 70, III, do Código de Processo Civil deixa de prevalecer ante a regra constitucional; b) necessidade de priorizar o direito da vítima, evitando demora no andamento do processo pelo ingresso de mais um sujeito; c) ingerência de um fundamento novo na demanda principal.

Não obstante reine dissenso tanto na doutrina quanto na jurisprudência no sentido de repudiar a denunciação da lide, há argumentos favoráveis à denunciação, pelo seguinte: a) o art. 70, III, do CPC alcança todos os casos de ação regressiva; b) por economia processual e para evitar decisões conflitantes, a responsabilidade do agente pode ser apurada nos autos da ação de reparação de dano; c) recusar a denunciação da lide do agente cerceia um direito da Administração (Medauar, 2012, p. 408).

Também perfilhando a corrente adversa à denunciação da lide, Edmir Netto de Araújo (2010, p. 801) sustenta que:

> [...] Se está denunciando a lide, no caso de ação promovida contra si por responsabilidade civil objetiva, estará confessando a lide, pois está reconhecendo que um agente seu causou um prejuízo injusto a particular, por dolo ou culpa; e se no sistema constitucional o dolo e a culpa do servidor (art. 37, § 6º, da CF) não eximem o Estado da responsabilidade (na verdade é exatamente o oposto), a Fazenda Pública, com essa confissão, não pode contestar a ação contra si intentada. Está, também, no mínimo, ignorando o princípio da indisponibilidade do interesse público, ao transigir em uma ação, *a priori*, sem que se verifique a probabilidade do seu fracasso judicial. O advogado do prejudicado, em nosso entender, poderia nesse caso requerer o julgamento no estado do processo.

Isso quer dizer, em outros termos, que, se o Estado denuncia a lide, tal situação configura sem dúvida uma confissão antecipada, uma presunção de que o agente agiu com dolo ou culpa.

Edmir Netto de Araújo esclarece, ainda, que, quando o prejuízo é causado pelo servidor, agindo nessa qualidade, *ao particular*, o regime de responsabilidade para a composição do dano é o da *responsabilidade do Estado*, com a *regressividade* contra o servidor, nos termos do art. 37, § 6º, da Constituição Federal vigente. Modernamente, o problema da responsabilidade do Estado por atos ou omissões prejudiciais de seus agentes, ou por fatos e coisas à sua guarda, é equacionado em termos eminentemente objetivos, sendo o administrado dispensado do ônus probante quanto à culpabilidade direta ou indireta *da Administração*. Pelo contrário, presentes todos os elementos para a responsabilização (dano, vítima, sujeito ativo agente público no exercício de suas funções, causa com referibilidade ao Estado), esta Administração é que estará obrigada a comprovar, caso queira eximir-se integral ou parcialmente da obrigatoriedade de reparar o dano, que ocorre em qualquer das hipóteses excludentes ou atenuantes de responsabilidade, para isso examinando especialmente a causa, que é o elemento catalisador dos danos mencionados (Araújo, 1994, p. 266).

Posicionou-se muito bem Márcia Andréa Bühring (2004, p. 183), para quem o art. 70, III, do CPC, ainda que afirme ser a denunciação da lide obrigatória, torna-se inócuo, visto a Carta Magna assegurar ação de regresso independente de denunciação. Por isso – complementa a autora – não cabe a medida, eis que a Constituição Federal vislumbrou a mais ampla reparação ao cidadão pelos prejuízos causados pela ação do Poder Público, que ficaria comprometida no tempo da denunciação.

A denunciação da lide é dispensável e até mesmo inoportuna, uma vez que a regra do art. 70, inciso III, do CPC não encontra aplicação nos casos de responsabilidade objetiva, e, além disso, esse dispositivo do CPC deixa de prevalecer diante da regra constitucional.

Lúcia Vale Figueiredo (2004, p. 278) argumenta que a denunciação da lide, com fundamento no art. 70, III, do CPC, é restrita àquele que ostenta a condição de garante, não podendo ser confundido com o agente público, cuja responsabilidade ainda será posteriormente aferida. A mesma autora entende, também, que o funcionário não pode ser acionado diretamente se a vítima pretender apenas provar o dano e a relação de causalidade com o Estado (por conseguinte objetivamente). Somente se a ação proposta tiver fundamento na culpa ou dolo do funcionário será este parte legítima.

Sendo o agente público acionado quando o lesado vislumbrar apenas provar o dano e a relação de causalidade com o Estado – cuja responsabilidade é de índole objetiva, sem necessidade de demonstração de culpa –, haverá inquestionavelmente a ilegitimidade de parte do agente público.

Portanto, é a denunciação da lide uma das formas de intervenção de terceiros em que o denunciante, acautelando-se contra a possibilidade de condenação, chama o causador do dano para juntar-se a ele, a fim de também integrar o polo passivo. Entretanto, pelos inconvenientes que provoca – já apontados no decorrer dessas considerações –, não comporta seu manejo nas hipóteses de processos em que se discute a responsabilidade do Estado.

13.12 Ação regressiva contra o causador do dano

A Constituição Federal vigente autoriza a interposição de ação regressiva contra o causador do dano, nas hipóteses de culpa ou dolo. O art. 37, § 6º, da CF/1988 assegura o direito de regresso em face do responsável nos casos em que seja constatada a presença de dolo ou culpa. No entanto, não será caso de regresso quando o agente causador do dano ou concorrente para esse evento danoso não tenha participado com dolo ou culpa, assim como também não for possível identificar o agente culpado, nas hipóteses de falta ou deficiência do serviço ou de sua prestação tardia: nessas circunstâncias, o ônus é tão somente da Administração.

De acordo com os ensinamentos de Edmir Netto de Araújo (1994, p. 80), a culpabilidade ou o dolo do agente, na omissão ou prática do ato prejudicial, somente será apurada para que, em caso positivo, promova o Estado a ação regressiva a que se refere o § 6º do art. 37 da CF/1988, contra o causador do dano em espécie, e esta ação constitui obrigação do Estado, em virtude do *princípio da indisponibilidade dos interesses públicos*. E mesmo que a Constituição Federal atual não mencionasse, a ação regressiva contra o agente causador do dano seria cabível nos termos do art. 934 do CC.

Conforme esclarece Márcia Andréa Bühring (2004, p. 173), até determinada época, sobrevinha uma discordância no que se refere ao direito ou dever de regresso, apontado no art. 37, § 6º, da Carta Magna atual, mas, atualmente, a questão está totalmente pacificada, uma vez que o Poder Público é obrigado a intentar ação regressiva, naqueles casos em que fica comprovada a culpa ou o dolo de seus agentes, nas hipóteses de danos causados, ainda que o texto constitucional assevere *assegurado o direito de regresso contra o responsável*.

Para Hely Lopes Meirelles (2011, p. 710), a ação regressiva movida pela Administração contra o agente causador da lesão está preconizada no § 6º do art. 37 da CF/1988 como mandamento a todas as entidades públicas e particulares prestadoras de serviços públicos. Para o êxito dessa ação, exigem-se dois requisitos: primeiro, que a Administração já tenha sido condenada a indenizar a vítima do dano sofrido; segundo, que se comprove a culpa do funcionário no evento danoso. Enquanto para a Administração a responsabilidade independe de culpa, para o agente a responsabilidade está diretamente vinculada à culpa; aquela é objetiva, esta é subjetiva e se apura pelos critérios gerais do CC.

Diógenes Gasparini (2012) ressalta que o direito de regresso não prescreve, conforme preconiza o § 5º do art. 37 da Carta Magna. A ação de regresso poderá ser ajuizada em face do agente causador do dano e, na falta, contra seus herdeiros ou sucessores, dado que obrigação meramente patrimonial. Ademais, pode ser intentada após o afastamento (exoneração, demissão, disponibilidade, aposentadoria) do agente causador do dano de seu cargo, emprego ou função pública.

O Estado tem o dever de ajuizar uma ação regressiva, nas hipóteses em que se provar a culpa ou o dolo de seus agentes, nos casos de danos efetivamente consumados. O direito de regresso é imperativo para o ente público, em homenagem ao princípio da indisponibilidade do interesse público (Figueiredo, 2004, p. 291).

Marcia Andrea Bühring (2004, p. 175) assevera que "[...] depois que a vítima é indenizada, o Estado deve recompor seu patrimônio que foi desfalcado à custa dos bens do agente causador do dano, visto estar a ação regressiva expressamente autorizada, conforme o enunciado constitucional". Nessa mesma toada, José Maria Pinheiro Madeira (2010, p. 284) afirma que:

> O direito de regresso é admissível no Direito Administrativo, pois o agente estatal que cometeu um dano a terceiro terá que ressarcir ao Estado aquilo que ele já pagou ao particular que foi lesado. Há controvérsia na doutrina no que tange à existência ou não de prazo prescricional na ação de regresso, prevalecendo o entendimento de que não há prazo imprescritível.

Segundo Elcio Trujillo (1997, p. 284), no que diz respeito aos danos decorrentes de atividades lícitas, o Estado responde com exclusividade perante a vítima. Entretanto, quanto às lesões decorrentes de práticas ilícitas, o Estado tem o direito-dever de exercer o direito de regresso em face do agente que praticou a ilicitude, recompondo o erário público.

O art. 37, § 6º assegura o direito de regresso contra o responsável nos casos de dolo ou culpa, ou seja, estar-se-ia referindo ao agente público que culposa ou dolosamente praticou o ato sancionável. Em tese, não há que se falar em direito de regresso, quando o agente, agindo no estrito cumprimento do dever legal, causa dano a terceiros. Neste caso, separa-se o ato lícito do ato ilícito pelo direito de regresso.

Capítulo 14

O CONTROLE DA ADMINISTRAÇÃO PÚBLICA

A Declaração dos Direitos do Homem e do Cidadão, aprovada em 26 de agosto de 1789, contendo 17 artigos, inspirada nos pensamentos iluministas e na Revolução Americana, preceitua, em seu art. 15, que "A sociedade tem o direito de pedir conta a todo agente público de sua administração". É sabido que aquele que atua em nome de outro deve prestar contas de sua atuação.

Edilberto Carlos Pontes Lima (2015, p. 263) tratando do controle dos gastos públicos, afirma que:

> Além de arrecadar e gastar recursos públicos, uma das principais preocupações das finanças públicas é com o controle. Quando não há controle, a corrupção, os desvios de finalidade, o favorecimento aos amigos e a perseguição aos inimigos tendem a prosperar. James Madison já alertava que, se os anjos governassem, o controle – interno e externo – seria desnecessário. É preciso, portanto, um sistema

que elimine ou pelo menos reduza substancialmente essas disfunções.

Controle da Administração Pública pode ser traduzido como o conjunto de elementos que concorrem para operar a vigilância, o direcionamento e a correção da atividade administrativa, para que ela não se afaste das normas e princípios contidos no ordenamento jurídico, tampouco dos interesses públicos pelos quais está obrigada a zelar. A fiscalização e a revisão são elementos básicos do controle.

A fiscalização é a verificação que se faz acerca da atividade administrativa desenvolvida pelos órgãos e pelos agentes públicos. Já a revisão é o poder de corrigir as condutas administrativas.

Edmir Netto de Araújo (2010, p. 1181) prefere a expressão *Controle da Administração*, para denominar o sentido de fiscalização e monitoramento da atividade estatal, pois, para ele, a expressão *controle administrativo* é restritiva, envolvendo predominantemente o controle interno da administração sobre si mesma. Assim, o conceito de Controle da Administração pode ser apontado como

> [...] o conjunto de mecanismos e atividades, jurídicos, jurisdicionais e administrativos, para o exercício da fiscalização e revisão que sobre ela exercem órgãos dos Poderes Judiciário, Legislativo e do próprio Executivo, às vezes como faculdade de vigilância, orientação e correção, outras como poder-dever indisponível, objetivando a conformação da atuação do agente, órgão ou entidade à legalidade, conveniência e oportunidade, supremacia do interesse público e outros princípios que decorrem do ordenamento jurídico.

Celso Antônio Bandeira de Mello (2011, p. 945-946), tratando do tema, faz importante menção à Lei nº 4.898, de 9 de dezembro de 1965, que regula o direito de representação e o processo de responsabilidade administrativa, civil e penal, nos casos de abuso de autoridade. De acordo com o referido dispositivo legal, qualquer pessoa pode suscitar o controle da administração para que seja sancionado o agente que tenha incorrido em abuso de autoridade. Para efeitos desta norma legal, classifica-se como autoridade o agente que exerce cargo, função ou emprego público, de natureza civil ou militar, mesmo que de caráter transitório e sem remuneração, nos termos do art. 5º da referida lei.

Nas palavras de Hely Lopes Meirelles (2011, p. 713):

> [...] Controle, no âmbito da administração pública, é a faculdade de vigilância, orientação e correção que um Poder, órgão ou autoridade exerce sobre a conduta funcional do outro. Tratando-se de administração direta ou centralizada decorre da subordinação hierárquica, e, na esfera da Administração indireta ou descentralizada, é produto da vinculação administrativa, nos termos da lei instituidora das entidades que a compõem.

De acordo com as lições de José Carvalho dos Santos Filho (2012, p. 929), denomina-se controle da Administração Pública: "O conjunto de mecanismos jurídicos e administrativos por meio dos quais se exerce o poder de fiscalização e de revisão da atividade administrativa e qualquer das esferas de Poder".

A *vigilância* configura-se pela observância constante da atuação exercida pelos mandatários das atividades estatais, imprescindíveis para a marcha administrativa. Para demonstrar a importância da vigilância, recorremos ao mito de Gyges, descrito na obra de Platão intitulada **República**. O personagem dessa história, um pastor chamado Gyges, encontra por acaso uma caverna onde jaz um cadáver que usava um anel. Quando Gyges coloca o anel no próprio dedo, descobre que, ao retorcê-lo, se torna invisível. Sem ninguém para monitorar seu comportamento, Gyges passa a praticar más ações – seduz a rainha, mata o rei, se apossa do poder e segue praticando inquidades. Essa história levanta uma questão moral importante: o homem não seria capaz de resistir à prática do ilícito se soubesse que seus atos não seriam testemunhados e, consequentemente, punidos.

A vigilância é necessária, pois, conforme já advertia Montesquieu, "todo aquele que tem o poder tende a abusar dele [...]. O poder vai até onde encontra limites. Só o poder controla o poder". Essa máxima se põe mais atual do que nunca.

No entanto, vê-se o direcionamento ou a orientação da conduta estatal que tem por objetivo guiar a atuação administrativa rumo ao atendimento das necessidades coletivas.

A Advocacia-Geral da União, assim como as Procuradorias Federal, do Estado e do Município cumprem a tarefa de direcionamento ou orientação por meio da emissão de pareceres, mediante solicitação dos órgãos aos quais estão vinculados.

No que diz respeito à correção, esta visa ao realinhamento das condutas desviadas das normas jurídicas, dos princípios e até mesmo do interesse público, quando se verifica a ocorrência de hipótese na qual o agente público se distancia dos ditames que a conduta estatal deve trilhar, e o Estado tem possibilidade de detectar tal anormalidade, lançando mão dos mecanismos de controle colocados à sua disposição, e restabelecendo a ordem natural das coisas.

O Estado é soberano, o poder exercido é uno e indivisível. No entanto, o exercício desse poder poderá ser feito por diversos órgãos que o compõem. Montesquieu (2010, p. 167-168) propagava que o exercício do poder concentrado nas mãos de um só indivíduo conduz ao arbítrio e à tirania. Dessa forma, visando evitar tais malefícios, este filósofo exalta a necessidade de haver uma separação das funções do Estado:

> [...] é uma experiência eterna a de que todo homem que tem poder tende a abusar dele; ele vai até onde encontra limites. Quem o diria! a própria virtude tem necessidade de limites. Para que não se possa abusar do poder é preciso que, pela disposição das coisas, o poder detenha o poder. [...] Quando na mesma pessoa ou no mesmo corpo de magistratura o Poder Legislativo está reunido ao Poder Executivo, não há liberdade, porque se pode temer que o mesmo monarca ou o mesmo senado façam leis tirânicas para executá-las tiranicamente. Não há liberdade se o poder de julgar não está separado do Poder Legislativo e do Executivo. Se ele estivesse confundido com o Poder Legislativo, o poder sobre a vida e a liberdade dos cidadãos seria arbitrário, pois o juiz seria legislador. Se ele estiver confundido com o Poder Executivo, o juiz poderá ter a força de um opressor. Tudo estaria perdido se o mesmo homem ou o mesmo corpo de principais, nobres ou povo, exercessem estes três poderes: o de fazer as leis, o de executar as resoluções públicas e o de julgar as questões dos particulares.

A Administração Pública, no fluxo da atividade estatal voltada para a realização do interesse público, por cuidar da gestão de interesses alheios, deve ser controlada por meio de instrumentos adequados a fim de evitar a ocorrência de arbitrariedades, ilegalidades e lesões a direitos individuais.

Niklas Luhmann (1985, p. 84-85) definia controle como sendo o exame crítico de processos decisórios, objetivando uma intervenção transformadora no caso de o processo decisório em seu desenvolvimento não corresponder às considerações do controle.

Em todas as suas manifestações, o Poder Público deve atuar com legitimidade, ou seja, segundo as normas pertinentes a cada ato e de acordo com a finalidade e o interesse coletivo na sua realização. Infringindo as normas legais, ou relegando os princípios básicos da Administração, ou ultrapassando a competência, ou, ainda, se desviando da finalidade institucional, o agente público vicia o ato com *ilegalidade* e o expõe à anulação pela própria Administração ou pelo Judiciário, em ação adequada.

A Administração, no papel de gestora de determinados interesses que a lei classifica como públicos e considerando que a defesa e o prosseguimento desses interesses são obrigatórios e também legítimo dever estatal, está encarregada da continuidade da atividade administrativa sendo princípio que se impõe, prevalecendo em quaisquer circunstâncias.

No exercício de suas funções, a Administração Pública se sujeita ao controle por parte dos Poderes Legislativo e Judiciário, além de exercê-lo, ela mesma, sobre seus próprios atos.

A finalidade do controle é assegurar que a Administração Pública execute suas atividades em consonância com os princípios acolhidos pelo ordenamento legal, como os da legalidade, da moralidade, da finalidade pública, da publicidade, da motivação, da impessoalidade, e outros princípios, na atuação administrativa.[16]

Nesse sentido, Odete Medauar (2012, p. 13-14), citando Jean Waline, nos traz a seguinte lição:

> [...] Todo controle é destinado num primeiro momento a assegurar a melhor execução do serviço e num segundo momento a analisar a atividade do serviço para aprimorá-lo; a Administração Pública tem a gestão dos serviços públicos e seu bom funcionamento é, então, primordial; por

---

16 Nesse sentido, ARAÚJO, Edmir Netto de. **Curso de Direito Administrativo**. 5. ed. São Paulo: Saraiva, 2010. p. 1180. O autor prefere a terminologia CONTROLE DA ADMINISTRAÇÃO, pois considera o uso do termo controle administrativo restritivo ao controle interno da Administração sobre si mesma.

outro lado, a Administração funciona com recursos públicos e é também a melhor utilização do dinheiro público que está em causa; enfim, a obrigação de controle aparece mais imperiosa em razão das prerrogativas e poderes de que é dotada a Administração Pública; como, então, evitar que a Administração abuse dos poderes que lhe são conferidos? Há uma resposta clássica: pela sujeição da Administração ao Direito, isto é, pelo princípio da legalidade; mas é preciso ter certeza de que, se não houver observância desse princípio ou no caso de deficiência, tais falhas, propositais ou não, serão detectadas e os erros corrigidos.

O Controle da Administração pode ser *interno* ou *externo*, conforme seja realizado, ou não, pela própria Administração, respectivamente. Quando nos referimos ao controle interno, ele se concretiza pela aplicação do *princípio da autotutela*, do qual decorre o *poder* de mesmo nome.

Diógenes Gasparini (2005, p. 819) ressalta que, pelo Controle, a Administração Pública e os órgãos de administração do Legislativo e do Judiciário confirmam ou desfazem seus atos: confirmam quando estes são legítimos, convenientes, oportunos e eficientes, ou anulam quando são ilegais, modificam ou revogam o legal, mas inconveniente, inoportuno ou ineficiente.

Nessa toada, mostra-se de curial relevância esclarecer que o controle administrativo pode ser considerado ainda mais abrangente do que o da Administração Pública, considerando que os demais poderes – Legislativo e Judiciário – também praticam atos administrativos para a gestão de seus quadros e, por isso, estão sujeitos ao controle administrativo, que difere do Controle da Administração propriamente dito (Nohara, 2011, p. 800).

O escritor indiano George Orwell (2009), em sua obra de ficção denominada **1984**, publicada em 1949, inspirado na opressão dos regimes totalitários das décadas 1930/1940, descreve em seu livro as circunstâncias e as consequências do controle excessivo perpetrado pelo Estado, proibindo as pessoas até mesmo de pensarem ou agirem livremente. Nessa obra, o autor faz referência ao controle exacerbado do Estado que vigia constantemente todos os indivíduos e pune severamente aqueles que apresentam comportamento considerado suspeito ou impróprio. Os próprios filhos ou vizinhos dos indivíduos eram incentivados a denunciar à *Polícia do Pensamento* quem cometesse um *crimideia* (crime de ideia). Esse cenário é assustador, na medida em que aniquila qualquer indício de democracia.

Segundo Jean Waline (2010, p. 30):

> [...] *De manière un peu surprenante il n'y a pas, dans la doctrine contemporaine, de théorie générale du contrôle de l' Administration. Cela s'explique par le fait que pendant très longtempo on a confiné le problème du contrôle de l'Administration au seul contrôle par le juge. Mais il a bien fallu reconnaître que, quelque soit le très grand mérite de celui-ci, il ne pouvait subvenir à toutes les nécessités d'un contrôle efficace; on a donc vu apparaître, parallèlement au contrôle juridictionnel, un contrôle non juridictionnel de l'administration.*

Na concepção de Roberto Dromi (1995, p. 45-49), o Poder Público, na qualidade de *Estado fiscalizador*, mostra-se por meio de suas funções essenciais: governo e controle, o controle coexiste ao Estado, controlar não é reduzir direitos, mas compatibilizá-los e harmonizá-los para possibilitar a convivência social. O Estado fiscalizador implica um sistema de controle que abarca os controles político, legislativo, jurisdicional e administrativo, que garante a regular e eficiente marcha da administração e da sociedade. "[...] *El Estado debe ejercer el control, porque es presupuesto de la liberdad pública. La liberdad del hombre exige la responsabilidad en el ejercicio del poder de los derechos. No hay responsbilidad sin control*" (Dromi, 1995, p. 45).

Nessa linha de raciocínio, o controle é indispensável, e sua relevância, mormente no combate à corrupção, é aspecto bastante suscitado nos dias atuais, não apenas pelos estudiosos do Direito Administrativo, mas também pelos cientistas políticos, economistas, filósofos contemporâneos entre outros.

14.1 Classificação e tipologia

No âmbito das ciências, inclusive no Direito, é comum os estudiosos elaborarem classificações dos diversos institutos, pois isso torna a respectiva compreensão mais eficaz, e mais facilmente alcançável, de forma mais didática e pedagógica. Em acurado estudo sobre o Controle da Administração Pública, Odete Medauar (2012, p. 32-42) cita alguns autores estrangeiros, apontando a variedade de tipologias e classificações das formas de controle, dificultando a unanimidade sobre o tema.

Gérard Bergeron (2012, p. 33-34) oferece a seguinte classificação do controle em geral, utilizando diversos critérios e subcritérios:

I – Quanto ao tempo: (i) *duração*: permanentes e não permanentes; (ii) *momento*: *a priori* e *a posteriori*.

II – Quanto à direção em altura: (i) vindos do alto e vindos de baixo; (ii) segundo a reversibilidade: reversíveis e irreversívcis.

III – Quanto à autoridade: unitaristas, federalistas e confederalistas.

IV – Quanto à iniciativa: ativos, semiativos, passivos.

V – Quanto à estrutura: (i) de organização: institucionalizados, não institucionalizados; (ii) de mediação: diretos e indiretos.

VI – Quanto ao resultado: propulsivos e estabilizadores.

VII – Quanto à pressão: sugestão e conselho, instrução e disciplina, comando e execução, ingerência e intervenção, anulação e reforma, gestão e apropriação, substituição e eliminação.

Jorge Silva Censio (1976, p. 5-19), autor uruguaio, ressaltando que os controles são variados, apresenta a seguinte classificação:

I – Quanto ao objeto: (i) controle sobre as pessoas; (ii) controle sobre a atividade administrativa; (iii) controle de legalidade; (iv) controle de oportunidade ou conveniência; (v) controle da legalidade e oportunidade.

II – Quanto ao momento em que o controle se exerce: (i) controle preventivo, (ii) controle concomitantemente simultâneo; (iii) controle *a posteriori*.

III – Quanto à forma em que o controle *se põe em movimento*: (i) controle de ofício, (ii) controle a pedido da parte, (iii) controle obrigatório.

IV – Quanto aos órgãos que atuam na função do controle:[17] (i) controle intraorgânico; (ii) controle interorgânico; (iii) controle extraorgânico.

Guy Braibant, Nicole Questiaux e Celine Wiener (1973) *apud* Medauar (2012, p. 37) apontam as seguintes modalidades de controle:

I – Quanto aos órgãos (i) controle interno; (ii) controle externo.

II – Quanto aos procedimentos: (i) sobre os agentes; (ii) sobre os atos da Administração; permanente, intermitente, por peças, *in loco*, de ofício, por iniciativa do órgão de controle, por reclamação;

III – Quanto às funções: (i) preventivo; (ii) corretivo.

---

17 Na classificação quanto aos órgãos que atuam na função de controle, Jorge Silva Censio aderiu a mesma tipologia adotada pelo argentino Roberto Dromi, inspirada em Karl Loewenstein. Dromi acrescenta a esta classificação o controle de entes estatais e o controle dos entes paraestatais.

Na doutrina brasileira, Seabra Fagundes (2005, p. 124-125) apresenta um tríplice sistema de controle das atividades estatais, com base naquele que o realiza: *controle administrativo, controle legislativo* e *controle jurisdicional*.

Edmir Netto de Araújo (2010, p. 1182) considera como mais importante o critério de classificação o qual divide o Controle nas modalidades de *Interno* e *Externo*, pois, para ele, este deve ter precedência sobre os demais, quer por abranger elementos de todos os outros ou, ainda, por focalizar estruturalmente os mecanismos de controle da Administração.

José dos Santos Carvalho Filho (2012, p. 931-935) adota critérios de classificação segundo o enfoque que se queira dar, por exemplo: o controle segundo o órgão controlador pode ser *legislativo, executivo* e *judicial*; quanto à extensão, pode ser classificado em *interno* e *externo*; no que se refere à natureza, temos o controle *de legalidade* e *de mérito*; quanto ao âmbito da Administração pode ser *por subordinação* ou *por vinculação*; quanto à oportunidade, pode ser *prévio, concomitante* ou *posterior*; e, finalmente, quanto à iniciativa, pode ser *de ofício* ou *provocado*.

O entendimento de Hely Lopes Meirelles (2011, p.714) é no sentido de que:

> [...] Os tipos e formas de controle da atividade administrativa variam segundo o Poder, órgão ou autoridade que o exercita ou o fundamento, o modo e o momento de sua efetivação.[...] Esses controles, conforme seu fundamento, serão hierárquicos ou finalísticos; consoante a localização do órgão que os realiza, podem ser internos ou externos; segundo o momento em que são feitos, consideram-se prévios, concomitantes ou subsequentes, ou, por outras palavras, preventivos, sucessivos ou corretivos, e, finalmente, quanto ao aspecto controlado, podem ser de legalidade ou de mérito.

Odete Medauar (2012, p. 42-43) se baseia no critério do *agente controlador*, isto é, o órgão, ente, instituição ou pessoa que exerce a atividade de controle sobre a Administração Pública. O controle realizado por agente que integra o corpo da Administração Pública classifica-se como *controle interno*; citamos, a título de exemplo, o controle hierárquico, a tutela administrativa, a fiscalização realizada por inspetorias, supervisões e ouvidorias.

Já o controle realizado por órgão, agente ou instituição estranhos à estrutura da Administração classifica-se como *controle externo*; evidenciam-se tais situações nas hipóteses em que há atuação do Tribunal de Contas (órgão técnico-jurídico) ou instituições políticas (partidos políticos).

14.2 O controle *preventivo* e os princípios da precaução e da prevenção na atividade administrativa

O *princípio da precaução* vem se mostrando um dos aspectos mais importantes no controle da Administração Pública, especialmente em contextos nos quais as ações governamentais podem ter impactos significativos e potencialmente irreversíveis sobre o meio ambiente, a saúde pública e o bem-estar social. Este princípio preconiza que, na ausência de certeza científica absoluta sobre os riscos de uma determinada ação ou política, devem ser adotadas medidas preventivas para evitar danos graves ou irreversíveis. A aplicação desse princípio é crucial para assegurar que as decisões administrativas sejam tomadas com prudência e responsabilidade, minimizando riscos e protegendo os interesses das gerações presentes e futuras.

A implementação do *princípio da precaução* na Administração Pública também reforça a transparência e a *accountability* dos gestores públicos. Ao adotar uma postura prudente, a Administração demonstra um compromisso com a proteção do meio ambiente e da saúde pública, além de promover a confiança da sociedade nas instituições governamentais. Tal princípio exige que os gestores públicos considerem não apenas os benefícios imediatos de suas ações, mas também os possíveis impactos negativos a longo prazo. Dessa forma, a Administração Pública é incentivada a realizar avaliações de impacto ambiental, consultas públicas e estudos científicos antes de implementar políticas ou projetos que possam representar riscos significativos.

Além disso, o *princípio da precaução* contribui para a sustentabilidade e a resiliência das políticas públicas. Em um mundo cada vez mais complexo e interconectado, onde os desafios ambientais e de saúde pública são amplificados pelas mudanças climáticas, a urbanização e a globalização, a aplicação desse princípio permite que a Administração Pública adote uma abordagem proativa e adaptativa. Isso significa que, ao invés de reagir a crises e emergências, a administração pode antecipar problemas e implementar soluções que previnam danos e promovam o desenvolvimento sustentável. Em última análise, o princípio da precaução fortalece a capacidade da administração pública de proteger o meio ambiente e a saúde da população, garantindo um futuro mais seguro e sustentável para todos.

Ao lado da *precaução*, tem-se o *princípio da prevenção* no controle da Administração Pública, tão importante quanto o anterior, contudo, aplicável em situações diversas. Este princípio baseia-se na ideia de que, ao identificar riscos conhecidos e bem compreendidos, a Administração deve adotar medidas proativas para evitar ou minimizar esses riscos antes que eles causem danos. A prevenção é essencial para a gestão eficiente e responsável dos recursos públicos, pois permite que a administração antecipa problemas e implemente soluções eficazes, evitando custos elevados associados a remediações e reparações futuras. Dessa forma, a prevenção contribui para a sustentabilidade e a resiliência das políticas públicas.

Ao adotar medidas preventivas, a Administração demonstra um compromisso com a proteção dos interesses da sociedade e com a gestão prudente dos recursos naturais e financeiros. Esse *princípio* exige que os gestores públicos considerem os impactos potenciais de suas ações e tomem decisões informadas com base em evidências científicas e dados disponíveis. A prevenção também promove a transparência, pois envolve a realização de avaliações de impacto, consultas públicas e a divulgação de informações relevantes, permitindo que a sociedade participa ativamente do processo decisório.

A implementação do princípio da prevenção na Administração Pública também contribui para a promoção de um desenvolvimento sustentável e equilibrado. Ao evitar danos, a Administração Pública garante que as atividades econômicas e sociais possam ser realizadas de maneira segura e responsável. A prevenção permite que a administração adote uma abordagem integrada e holística, considerando os aspectos ambientais, sociais e econômicos em suas decisões. Isso resulta em políticas públicas mais equilibradas e eficazes, que promovem o bem-estar da população e a proteção dos recursos naturais para as gerações futuras (Pedreira, 2016, p. 251).

Ao comparar os dois princípios (*prevenção e precaução*) na atividade da Administração Pública, é importante destacar que ambos visam a proteção contra riscos e danos, mas diferem em suas abordagens e contextos de aplicação. O princípio da prevenção é aplicado quando há conhecimento científico suficiente sobre os riscos e impactos de uma determinada ação ou política. Ele se baseia na ideia de que, conhecendo os riscos, é possível implementar medidas para evitá-los ou mitigá-los de maneira eficaz. Por exemplo, a prevenção é utilizada em situações em que os efeitos negativos de uma ação são bem compreendidos e podem ser evitados por meio de regulamentações e práticas estabelecidas.

No entanto, o *princípio da precaução* é aplicado em situações de incerteza científica, nas quais os riscos potenciais não são completamente conhecidos ou compreendidos. Nesse contexto, a precaução exige que a Administração Pública adote uma postura mais conservadora, implementando medidas preventivas mesmo na ausência de evidências conclusivas sobre os riscos. Enquanto a prevenção se baseia em dados e conhecimento existentes para evitar danos, a precaução lida com a incerteza e a falta de informações completas, priorizando a proteção contra possíveis consequências adversas. Em resumo, enquanto o princípio da prevenção atua sobre riscos conhecidos e bem definidos, o princípio da precaução se aplica em cenários de incerteza, ambos complementando-se na busca por uma gestão pública responsável e segura.

Por fim, importante anotar que a adoção de ambos os princípios nas atividades da Administração estará eliminando, ou pelo menos mitigando a responsabilização do Estado por danos causados a terceiros em decorrência de suas atividades e, consequentemente, poupando energia e recursos de danos e prejuízos potencialmente evitáveis.

14.3 O controle interno da Administração

O controle da Administração Pública é o mecanismo, mais que fundamental, imprescindível para a garantia da ordem jurídica, cujo objetivo é impedir a conduta praticada fora dos limites do sistema institucionalizado, contrariando os valores que conformam o direito. É a força que determina como a Administração deve se portar para cumprir sua missão constitucional (França, 2010, p. 80).

O controle interno é aquele exercido pela própria Administração na relação de subordinação hierárquica, sobre seus próprios atos e agentes, ou por sistema de auditoria que acompanha seu exercício.

Em primeiro lugar, é necessário distinguir Controle Administrativo e Controle da Administração Pública, uma vez que se referem a institutos distintos. O Controle Administrativo é todo aquele que exerce o Executivo, assim como os órgãos internos dos demais Poderes (Legislativo ou Judiciário) exercem sobre suas atividades. Já o Controle da Administração compreende o monitoramento tanto interno quanto externo das atividades da Administração Pública.

Dito de outra forma, o controle interno (ou administrativo) também é exercido pelo Legislativo e pelo Judiciário em relação às suas estruturas internas (autotutela). Resumidamente, é aquele desempenhado sobre qualquer entidade da Administração Pública por hierarquia (dentro da própria pessoa jurídica), por tutela (do Executivo sobre entidade da administração indireta ou descentralizada), fundado na autotutela administrativa – poder de revisão de seus próprios atos (Araújo, 2010, p. 1184).

De acordo com a Súmula nº 473,

> a administração pode anular seus próprios atos, quando eivados de vícios que os tornem ilegais, porque deles não se originam direitos; ou revogá-los, por motivo de conveniência ou oportunidade, respeitados os direitos adquiridos, e ressalvada, em todos os casos, a apreciação judicial.

Também a CF/1988 contemplou o controle interno, nos termos do art. 74, *in verbis*:

Art. 74. Os Poderes Legislativo, Executivo e Judiciário manterão, de forma integrada, sistema de controle interno com a finalidade de:

I – avaliar o cumprimento das metas previstas no plano plurianual, a execução dos programas de governo e dos orçamentos da União;

II – comprovar a legalidade e avaliar os resultados, quanto à eficácia e eficiência, da gestão orçamentária, financeira e patrimonial nos órgãos e entidades da administração federal, bem como da aplicação de recursos públicos por entidades de direito privado;

III – exercer o controle das operações de crédito, avais e garantias, bem como dos direitos e haveres da União;

IV – apoiar o controle externo no exercício de sua missão institucional.

§ 1º Os responsáveis pelo controle interno, ao tomarem conhecimento de qualquer irregularidade ou ilegalidade, dela darão ciência ao Tribunal de Contas da União, sob pena de responsabilidade solidária.

§ 2º Qualquer cidadão, partido político, associação ou sindicato é parte legítima para, na forma da lei, denunciar irregularidades ou ilegalidades perante o Tribunal de Contas da União.

O ponto de maior importância nesse tipo de controle é admitir-se que o poder de fiscalizar e reavaliar seus atos ocorre no interior da mesma estrutura de Poder. Ou seja, denomina-se *Controle Interno* porque o controlador e o controlado fazem parte da mesma estrutura organizacional.[18]

---

18 No mesmo sentido de Gasparini (2012, p. 548) e Carvalho Filho (2012, p. 935).

Para Elcio Trujillo (1996, p. 91),

> [...] o princípio do controle administrativo ou tutela, tem vinculação com a indisponibilidade dos interesses púbicos. O Estado, através da Administração, procede a persecução de interesses que consagrou como pertinentes a si próprio. A implementação deles é feita pelo próprio Estado, mediante os diversos órgãos da Administração.

Não é só o Executivo que promove o controle interno em relação a seus órgãos; também os Poderes Legislativo e Judiciário, em relação a suas próprias estruturas administrativas (*autotutela*) o fazem, uma vez que também exercem função administrativa, dentro dos limites de suas atribuições.

Muito embora a doutrina trate frequentemente de mecanismos de controle (interno e externo) do Poder Executivo, vale lembrar que a EC nº 45/2004 criou como forma de controle externo para o Poder Judiciário o CNJ, que se revela como órgão independente, cuja função é fiscalizar e propor políticas públicas para o Poder Judiciário, controlar suas atividades administrativa e financeira, e fazer o controle ético-disciplinar de seus membros.

O controle administrativo[19] apresenta várias finalidades suscitadas pela doutrina. *Controle administrativo exercido de ofício* é o poder de fiscalização e correção que a Administração Pública (em sentido amplo) exerce sobre sua própria atuação, sob os aspectos de legalidade e mérito, por iniciativa própria ou mediante provocação. Na primeira hipótese, pode decorrer de: a) fiscalização hierárquica, b) supervisão superior, c) controle financeiro, d) pareceres vinculantes, e) ouvidoria.

---

19 Odete Medauar critica a expressão controle administrativo afirmando que esta terminologia merece reparos, ante a possibilidade de associação do vocábulo "administrativo" a fiscalizações exercidas pela Administração Pública, o que não corresponde à acepção de controle exercido sobre si própria (Medauar, 2012, p. 48).

Controle administrativo exercido por provocação é outra hipótese de controle interno ou administrativo, e pode ocorrer por: a) exercício do direito de petição, b) pedido de reconsideração, c) reclamação administrativa, d) recurso administrativo.

O Estado é o guardião da legalidade, e por isso seus agentes têm o *poder-dever* de investigar as irregularidades que lhes são apontadas e recompor a legalidade. A denúncia formal e assinada por quem quer que seja, dirigida à autoridade, está assentada no texto constitucional (CF, art. 5º, XXXIV, *a* – direito de petição), e não vincula o signatário da medida (salvo falsa imputação), que não precisa ter interesse direto na correção do ato ou situação apontados.

De acordo com os ensinamentos de Roberto Dromi (2004, p. 172), observa-se que o Controle da Administração, ou *intraorgânicos*, como ele chama, tem por finalidade atestar a legitimidade e a oportunidade da forma, e o fim da atuação pública, como elementos de constatação da correspondência entre *antecedente e consequente*, assim como *forma prevista e fim proposto*, e com *forma e finalidade realizada*.

O controle é, simultaneamente, uma prerrogativa e um dever, levando-se em conta a obrigatoriedade que implica seu exercício e sua natureza integralizadora a uma função estatal, de conteúdo jurídico. É um poder-dever estruturado sobre a ideia de tutela, cuidado e salvaguarda da ordem jurídica, que adquire uma importância fundamental dentro do Estado delineado pelo constitucionalismo moderno.

Aquele que administra tem dever jurídico de dar conta de sua gestão e de responsabilizar-se por seus atos, nos exatos termos da noção de controle. Ou seja, de um lado pedir conta (controlar) e responder ou prestar contas (ser controlado) de outro lado.

Os meios de controle, segundo Hely Lopes Meirelles (2011, p. 720), de modo genérico, são bipartidos em *fiscalização hierárquica* e *recursos administrativos*, embora a lei possa especificar outras modalidades mais adequadas, para certos órgãos, entes ou atividades da administração direta ou indireta, como, por exemplo, a prestação de contas.

O Decreto-Lei nº 200, de 25 de fevereiro de 1967, dispondo sobre a reforma administrativa federal, incluiu o *controle* como um dos seus princípios fundamentais, nos termos do art. 6º, inciso V.

Resumidamente, no nosso entendimento, o controle de Administração Pública pode ser interno ou externo: interno, quando for realizado por meio de instrumentos que se encontram dentro de sua estrutura, e externo, quando realizado por instrumentos ou órgãos estranhos aos seus quadros.

14.3.1 Recursos administrativos

Recursos administrativos são todos os meios que os administrados podem utilizar para provocar o reexame do ato editado pela própria Administração Pública, pela mesma autoridade ou por outra hierarquicamente superior. Alguns autores consideram o *pedido de reconsideração* uma espécie de recurso administrativo, uma vez que o pedido de reconsideração se consubstancia em solicitação de reexame de uma decisão e é dirigido à mesma autoridade que a editou. Observemos a Lei nº 14.133/2021, que trata de licitações e contratos administrativos, inserindo o pedido de reconsideração da declaração de idoneidade entre os recursos administrativos. O art. 165 da Lei nº 14.133/2021 dispõe sobre a matéria, detalhando os prazos, os tipos de recursos cabíveis e os procedimentos a serem seguidos. Ele mantém a estrutura básica do art. 109 da Lei nº 8.666/1993, mas com algumas atualizações e ajustes para se adequar às novas diretrizes da legislação.

Assim como o *pedido de reconsideração*, o *recurso hierárquico* e a *revisão* também seriam classificados como espécies, cujo gênero seria o recurso administrativo em sentido amplo.

Os recursos administrativos podem ter efeito suspensivo ou devolutivo. *Devolutivo* é o efeito normal de todos os recursos, pois remete de volta o exame da matéria à autoridade competente para decidir. Já o efeito *suspensivo*, como o próprio nome diz, suspende os efeitos do ato até a decisão do recurso, e só existe quando a lei o prevê expressamente, ou seja, no silêncio da lei o recurso é recebido apenas com efeito devolutivo (Araújo, 2010, p. 1186).

14.3.2 A figura do *ombudsman* e as ouvidorias

Baseados na figura do *Ombudsman*, que se consubstancia em uma das formas de controle externo, foram criados órgãos ou autoridades internas, inseridos na estrutura da Administração Pública, intitulados *ouvidorias*.

Para compreender a figura do *Ombudsman* é necessário conhecer sua origem, uma vez que se trata de mecanismo muito utilizado na Europa continental, como figura auxiliar dos Parlamentos, consistente em designação, por estes, de agente fiscalizador para o controle dos diversos setores da Administração. Originário da Suécia (para alguns, sua origem veio da Noruega), é dotado de poderes de persuasão e influência (mas não de anulação/revogação ou penalização) quanto à autoridade administrativa fiscalizada, e poderes de proposta em relação à solução de problemas apontados por particulares em queixas, reclamações ou representações.

Ao *Ombudsman* se atribuem também várias prerrogativas que lhe conferem respeitabilidade e imparcialidade, além da indispensável independência em relação ao Executivo. Essa prática se propagou, merecendo destaque a instituição do *Ombudsman europeu* (Provedor de Justiça Europeu) – com âmbito em toda a União Europeia, funciona como guardião do *Código Europeu de Boa Conduta Administrativa*.

Na França, o controle dos atos administrativos é feito pela própria Administração Pública, que, além de exercer a autotutela, julga os litígios decorrentes de suas atividades. O *Contentieux Administratif* influenciou diversos países na Europa e nas Américas, como Colômbia, Equador, Uruguai e Venezuela. Com o provável intuito de subtrair do exame do Judiciárias lesões causadas pela Administração, os franceses separaram duas ordens de jurisdição, vejamos.

A primeira é a jurisdição do Poder Judiciário, formada por juízos e tribunais comuns e ordinários até a Corte de Cassação.

A segunda é a jurisdição administrativa, formada por juízos e tribunais administrativos, tendo como instância máxima o *Conselho de Estado*. Dentre esses tribunais, encontra-se o *Tribunal de Conflitos*, uma comissão paritária, do tipo arbitral e jurisdicional, encarregada de solucionar os conflitos de atribuição entre as ordens judiciária e administrativa, prolatando *sentenças de conflito*, atributivas ou declaratórias de competência.

Ainda na França, dentre as autoridades independentes, podemos citar *Le Médiateur de la République*, cuja natureza encontra-se explicitada nas lições de Dominique Turpin (2010, p. 8):

> *Institué par la loi du 3 janvier 1973, il est charge de recevoir les réclamations relatives au functionnement des administrations et services publiques, sur saisine – via un parlementaire – d'un particulier ou d'une personne morale (cf. le décret du 31 janvier 2008 réorganisant ses services), ainsi que de formuler des propositions de réformé. Il est assité de près de 300 délégués départementaux que réglent les réclamations les plus simples (90%).*[20]

---

[20] Instituído pela lei de 3 de janeiro de 1973, é encarregado de receber as reclamações relativas ao funcionamento da Administração e serviços públicos, sob provocação – via um parlamentar – de um particular ou de uma pessoa jurídica (cf. o decreto de 31 de janeiro de 2008, que reorganizou os serviços), assim como formular propostas de reforma. Ele é assistido por 300 delegados departamentais que analisam as reclamações mais simples (90%) (Tradução livre).

Turpin (2010, p. 9) destaca, ainda, a figura do *Défenseur des droits*:

> *Inspiré par les "Ombudsmen" scandinaves et le "Defenseur du peuple" espagnol, il veillera "au respect des droits et libertés par les administrations de l'État, les collectivités territoriales, les établissements publiques, ainsi que tout organisme investi d'une mission de servisse public à l'égard duquel la loi organique (à venir) lui attribue des compétences" (article 71-1 § 1er. de la Constitution) sur saisine de toute personne s'estimant lésée ou d'office. Il disposera d'un pouvoir de recommandation, d'injonction, de transaction et d'investigation, il sera assité de deux collègues de trois membres.*[21]

Nos domínios do direito inglês, encontramos uma ideia análoga à figura do *Ouvidor* ou *Ombusdman*. Ao tempo de Jacques I, havia a Corte do Banco do Rei, uma espécie de corporação encarregada de atender, em nome da Coroa, às reclamações contra os funcionários do próprio rei, emitindo *writs*, que os servos da Coroa eram obrigados a respeitar. No reinado de Carlos I, surgiu a Câmara Estrelada, outro órgão que aparece como elemento de amparo do súdito contra os funcionários do Estado; após sua extinção, foram criadas as corporações dos condados, com grande poder sobre os atos da Administração (Fagundes, 2005, p. 124-125).

---

21 Inspirado no "Ombudsmen" escandinavo e no "Defensor do Povo" espanhol, irá assegurar "o respeito aos direitos e liberdades das Administrações do Estado, as coletividades territoriais, as instituições públicas, bem como todo organismo investido de uma missão de serviço público para os quais a lei orgânica (em breve) lhe atribui as competências" (art. 71-1, § 1º, da Constituição) sob provocação de qualquer pessoa lesada ou seu representante legal. Ele terá como atribuição recomendar, propor ações judiciais e investigações, será acompanhado de mais dois colegas (Tradução livre).

14.4 Controle externo da Administração

A separação das funções do Estado constitui medida salutar que visa a limitar o poder pelo próprio poder. Dessa forma, dividem-se as competências entre os diversos órgãos do Estado e lhe conferem prerrogativas para que atuem de maneira independente sem que um se sobreponha ao outro. É o que se chama *checks and balance*, ou *sistema de freios e contrapesos* (Ferreira Filho, 2010, p. 1180), que permite a existência de uma espécie de controle que um órgão pode exercer sobre o outro sem, contudo, estar imune a esse mesmo controle.

O controle externo do Estado é aquele exercido, nos termos constitucionais, por outro Poder, diverso daquele que é controlado; abrange, além do controle parlamentar direto (pelo Poder Legislativo) e do exercido pelos Tribunais de Contas (que são órgãos auxiliares do Poder Legislativo), também o controle jurisdicional, exercido pelo Poder Judiciário.

No âmbito de monitoramento externo, identificamos, também, o *controle popular* ou *social* como forma mais democrática de fiscalização por parte da comunidade, que, por meio das ouvidorias, exerce pressão sobre os órgãos governamentais, no sentido de fazer valerem suas reivindicações. A população também pode participar e influenciar na condução dos assuntos públicos por meio de instrumentos como: a) ação popular; b) consultas públicas; c) audiências públicas; d) plebiscito; e, ainda, e) referendo.

No que diz respeito à *consulta pública* e à *audiência popular* para o debate de questões relacionadas a interesses coletivos, já há previsão legal nos termos da Lei nº 9.784, 29 de janeiro de 1999, que regula o processo administrativo no âmbito da Administração Pública Federal, em seus arts. 31 e 32, *in verbis*:

> Art. 31. Quando a matéria do processo envolver assunto de interesse geral, o órgão competente poderá, mediante despacho motivado, abrir período de consulta pública para manifestação de terceiros, antes da decisão do pedido, se não houver prejuízo para a parte interessada.
> § 1º A abertura da consulta pública será objeto de divulgação pelos meios oficiais, a fim de que pessoas físicas ou jurídicas possam examinar os autos, fixando-se prazo para oferecimento de alegações escritas.
> § 2º O comparecimento à consulta pública não confere, por si, a condição de interessado do processo, mas confere o direito de obter da Administração resposta fundamentada, que poderá ser comum a todas as alegações substancialmente iguais.
> Art. 32. Antes da tomada de decisão, a juízo da autoridade, diante da relevância da questão, poderá ser realizada audiência pública para debates sobre a matéria do processo.

No que se refere a esse tema, importante lembrar que vários Municípios brasileiros têm implementado a prática de realização do orçamento participativo, oportunidade em que a população discute quais são as prioridades a serem contempladas pelo orçamento público.

Além dos exemplos mencionados, podemos, ainda, apontar:

i) O art. 2º, II, do Estatuto da Cidade, que prevê a obrigatoriedade da gestão democrática nos planos de desenvolvimento urbano, *in verbis*:

Art. 2º A política urbana tem por objetivo ordenar o pleno desenvolvimento das funções sociais da cidade e da propriedade urbana, mediante as seguintes diretrizes gerais:

[...]

II – gestão democrática por meio da participação da população e de associações representativas dos vários segmentos da comunidade na formulação, execução e acompanhamento de planos, programas e projetos de desenvolvimento urbano;

ii) O art. 37, § 3º, da CF/1988, que determina a edição de lei que discipline formas de participação do usuário na Administração:

Art. 37.[...]

§ 3º A lei disciplinará as formas de participação do usuário na administração pública direta e indireta, regulando especialmente:

I – as reclamações relativas à prestação dos serviços públicos em geral, asseguradas a manutenção de serviço de atendimento ao usuário e a avaliação periódica, externa e interna, da qualidade dos serviços;

II – o acesso dos usuários a registros administrativos e a informações sobre atos de governo, observado o disposto no art. 5º, X e XXXIII;

III – a disciplina da representação contra o exercício negligente ou abusivo de cargo, emprego ou função na administração pública.

O art. 198, III, da CF atual, prevê a participação da comunidade no serviço de saúde:

> As ações e serviços públicos de saúde integram uma rede regionalizada e hierarquizada e constituem um sistema único, organizado de acordo com as seguintes diretrizes: [...]
> III – participação da comunidade.

Assim dispõe o art. 194, VII, da Seguridade Social, no qual é mencionado o caráter democrático e de cogestão:

> Art. 194. A seguridade social compreende um conjunto integrado de ações de iniciativa dos Poderes Públicos e da sociedade, destinadas a assegurar os direitos relativos à saúde, à previdência e à assistência social.
> Parágrafo único. Compete ao Poder Público, nos termos da lei, organizar a seguridade social, com base nos seguintes objetivos:
> [...]
> VII – caráter democrático e descentralizado da administração, mediante gestão quadripartite, com participação dos trabalhadores, dos empregadores, dos aposentados e do Governo nos órgãos colegiados. (Redação dada pela Emenda Constitucional nº 20, de 1998).

O art. 2º, inciso X, da Lei nº 11.445, de 05 de janeiro de 2007 prevê o controle social dos serviços públicos de saneamento básico, sendo este considerado conjunto de mecanismos e procedimentos que garantem à sociedade informações, representações técnicas e participações nos processos de formulação de políticas, de planejamento e de avaliação relacionados aos serviços públicos de saneamento básico.

> Art. 2º Os serviços públicos de saneamento básico serão prestados com base nos seguintes princípios fundamentais:
> [...]
> X – controle social;

14.4.1 Controle da Administração pelo Ministério Público

Não há como negar que o Ministério Público exerce controle efetivo sobre a Administração Pública: a sua atuação, que é evidenciada pela instauração de *inquéritos civis*, a emissão de recomendação e relatórios, a tomada de compromisso de ajustamento de conduta e o acompanhamento de processos administrativos demonstram a forte atuação do Ministério Público e de modo proficiente a existência dessa modalidade de controle.

A fundamentação legal de sua função de monitoramento da Administração Pública encontra-se esculpida no *caput* do art. 127 e no art. 129 da CF/1988:

> Art. 127. O Ministério Público é instituição permanente, essencial à função jurisdicional do Estado, incumbindo-lhe a defesa da ordem jurídica, do regime democrático e dos interesses sociais e individuais indisponíveis.
> [...]
> Art. 129. São funções institucionais do Ministério Público:
> I – promover, privativamente, a ação penal pública, na forma da lei;

II – zelar pelo efetivo respeito dos Poderes Públicos e dos serviços de relevância pública aos direitos assegurados nesta Constituição, promovendo as medidas necessárias a sua garantia;

III – promover o inquérito civil e a ação civil pública, para a proteção do patrimônio público e social, do meio ambiente e de outros interesses difusos e coletivos;

IV – promover a ação de inconstitucionalidade ou representação para fins de intervenção da União e dos Estados, nos casos previstos nesta Constituição;

V – defender judicialmente os direitos e interesses das populações indígenas;

VI – expedir notificações nos procedimentos administrativos de sua competência, requisitando informações e documentos para instruí-los, na forma da lei complementar respectiva;

VII – exercer o controle externo da atividade policial, na forma da lei complementar mencionada no artigo anterior;

VIII – requisitar diligências investigatórias e a instauração de inquérito policial, indicados os fundamentos jurídicos de suas manifestações processuais;

IX – exercer outras funções que lhe forem conferidas, desde que compatíveis com sua finalidade, sendo-lhe vedada a representação judicial e a consultoria jurídica de entidades públicas.

Não obstante a Constituição vigente ter atribuído um rol de competências ao Ministério Público, o que representa momento institucional significante, vale observar que, desde as Ordenações Manuelinas (1521) e as Filipinas (1603), já havia referência ao Promotor de Justiça como um fiscal da lei. A Carta Magna de 1824 não trouxe qualquer dispositivo sobre o Ministério Público, entretanto, uma Lei Comum de 1890 lhe atribuiu caráter de instituição (Medauar, 2012, p. 165-166). Quanto à CF de 1891, ela não cita o Ministério Público como órgão.

Foi a Carta Magna de 1934 a primeira a lhe dar tratamento, incluindo-o, nos termos dos arts. 95 e 98, no Capítulo VI, entre os órgãos de cooperação nas atividades governamentais.

> Art. 95. O Ministério Público será organizado na União, no Distrito Federal e nos Territórios por lei federal, e, nos Estados, pelas leis locais.
>
> § 1º O Chefe do Ministério Público Federal nos Juízos comuns é o Procurador-Geral da República, de nomeação do Presidente da República, com aprovação do Senado Federal, dentre cidadãos com os requisitos estabelecidos para os Ministros da Corte Suprema. Terá os mesmos vencimentos desses Ministros, sendo, porém, demissível *ad nutum*.
>
> § 2º Os Chefes do Ministério Público no Distrito Federal e nos Territórios serão de livre nomeação do Presidente da República dentre juristas de notável saber e reputação ilibada, alistados eleitores e maiores de 30 anos, com os vencimentos dos Desembargadores.
>
> § 3º Os membros do Ministério Público Federal que sirvam nos Juízos comuns serão nomeados mediante concurso e só perderão os cargos, nos termos da lei, por sentença judiciária, ou processo administrativo, no qual lhes será assegurada ampla defesa.
>
> Art. 96. Quando a Corte Suprema declarar inconstitucional qualquer dispositivo de lei ou ato governamental, o Procurador Geral da República comunicará a decisão ao Senado

> Federal para os fins do art. 91, n° IV, e bem assim à autoridade legislativa ou executiva, de que tenha emanado a lei ou o ato.
> Art. 97. Os Chefes do Ministério Público na União e nos Estados não podem exercer qualquer outra função pública, salvo o magistério e os casos previstos na Constituição. A violação deste preceito importa a perda do cargo.
> Art. 98. O Ministério Público, nas Justiças Militar e Eleitoral, será organizado por leis especiais, e só terá, na segunda, as incompatibilidades que estas prescrevem.

Nessa toada, a Constituição de 1946 prestigiou o órgão, fazendo referência sobre a instituição, em título próprio, conforme se depreende nos arts. 125 a 128, desvinculando-o de qualquer outro Poder da União.

> Art. 125. A lei organizará o Ministério Público da União, junto à Justiça Comum, à Militar, à Eleitoral e à do Trabalho.
> Art. 126. O Ministério Público federal tem por Chefe o Procurador-Geral da República. O Procurador, nomeado pelo Presidente da República, depois de aprovada a escolha pelo Senado Federal, dentre cidadãos com os requisitos indicados no artigo 99, é demissível *ad nutum*.
> Parágrafo único. A União será representada em Juízo pelos Procuradores da República, podendo a lei cometer esse encargo, nas Comarcas do interior, ao Ministério Público local.
> [...]
> Art. 127. Os membros do Ministério Público da União, do Distrito Federal e dos Territórios ingressarão nos cargos iniciais da carreira mediante concurso. Após dois anos de

exercício, não poderão ser demitidos senão por sentença judiciária ou mediante processo administrativo em que se lhes faculte ampla defesa; nem removidos a não ser mediante representação motivada do Chefe do Ministério Público, com fundamento em conveniência do serviço.

Art. 128. Nos Estados, a Ministério Público será também organizado em carreira, observados os preceitos do artigo anterior e mais o princípio de promoção de entrância a entrância.

A CF de 1967 reservou uma seção ao Ministério Público, dos arts. 137 a 139:

Art. 137. A lei organizará o Ministério Público da União junto aos Juízes e Tribunais Federais.

Art 138. O Ministério Público Federal tem por Chefe o Procurador-Geral da República, o qual será nomeado pelo Presidente da República, depois de aprovada a escolha pelo Senado Federal, dentre cidadãos com os requisitos indicados no art. 113, § 1º.

§ 1º Os membros do Ministério Público da União, do Distrito Federal e dos Territórios ingressarão nos cargos iniciais de carreira, mediante concurso público de provas e títulos. Após dois anos de exercício, não poderão ser demitidos senão por sentença judiciária, ou em virtude de processo administrativo em que se lhes faculte ampla defesa; nem removidos, a não ser mediante representação do Procurador-Geral, com fundamento em conveniência do serviço.

§ 2º A União será representada em Juízo pelos Procuradores da República, podendo a lei cometer esse encargo, nas Comarcas do interior, ao Ministério Público local.

> Art. 139. O Ministério Público dos Estados será organizado em carreira, por lei estadual, observado o disposto no parágrafo primeiro do artigo anterior.
>
> Parágrafo único. Aplica-se aos membros do Ministério Público o disposto no art. 108, § 1º, e art. 136, § 4º.

A EC nº 1/1969 manteve os dispositivos legais da Constituição anterior. Essa breve retrospectiva acerca da trajetória do Ministério Público se presta para que possamos vislumbrar a evolução da referida instituição, no decorrer da história brasileira, e o quanto ganhou relevo ao longo do tempo.

O Ministério Público, na qualidade de instituição essencial à função jurisdicional do Estado, atuando em ações que geram o controle da Administração Pública, possui, entre as suas atribuições elencadas no art. 129 da CF, a legitimidade para celebrar ajustes de conduta, obrigando a Administração a adequar-se a determinados comportamentos, aos preceitos legais; possui legitimidade para propor, privativamente, ação civil pública, hipótese em que a celeuma é submetida à apreciação do Judiciário.

14.4.2 Controle legislativo (ou parlamentar)

O controle legislativo (ou parlamentar) é exercido pelas Casas Legislativas (Congresso Nacional, Senado Federal, Câmara dos Deputados, Assembleias Legislativas, Câmara Distrital e Câmara dos Vereadores) e se apresenta em grande variedade de atos, poderes, competências e aprovações, atribuídos pelo ordenamento jurídico para tornar efetiva a submissão ao exame, especialmente com lastro no art. 49, X, da CF/1988, que dá competência ao Congresso Nacional para fiscalizar e controlar os atos do Poder Executivo, incluindo a administração indireta.

O monitoramento do Legislativo é efetivamente exercido pelo controle parlamentar direto (casas legislativas), e pelos órgãos auxiliares do Poder Legislativo (Tribunais de Contas), cujo fundamento eminentemente constitucional encontra guarida no art. 49, inciso X, CF/1988.

O Poder Legislativo, no desempenho da atividade verificadora, pode instaurar Comissões Parlamentares de Inquérito (CPIs); proceder a pedidos de informações; convocar autoridades para esclarecimentos; suspender e destituir (*impeachment*) o Presidente da República; e exercer a fiscalização financeira, contábil, operacional e orçamentária sobre atos e contratos dos demais Poderes, com o apoio consultivo do Tribunal de Contas.

O controle externo, está a cargo das Casas Legislativas, com o auxílio dos Tribunais de Contas nos termos dos arts. 70 e 71 da CF/1988. Nesse aspecto, vale destacar as reflexões de Edilberto C. Pontes Lima (2015, p. 264):

> [...] Os Tribunais de Contas são órgãos previstos na Constituição federal para exercer, por excelência, o controle externo. Por excelência porque, embora a Constituição Federal disponha que o controle externo será exercido pelo Congresso Nacional com o auxílio do Tribunal de Contas, o Poder Legislativo exerce um controle essencialmente político. O controle técnico, de observância dos fatos concretos às normas contábeis e jurídicas, bem como aos princípios da boa administração e governança, é realizado pelos Tribunais de Contas. Esse controle não se restringe à legalidade dos atos administrativos, mas à legitimidade e economicidade. Nesse sentido, examina o Tribunal de Contas não apenas se os atos praticados estão em conformidade com a legislação, mas se atendem ao interesse público e se os gestores buscaram os meios menos dispendiosos para atingir os objetivos.

Importante destacar o fato de, por muito tempo e recorrentemente, os Tribunais de Contas terem sido alvos de duras críticas. Nas palavras de Pontes Lima (2015, p. 280), foram chamados de *órgãos de mero adorno*, com baixa efetividade nas suas ações de controle. As justificativas dos ataques vão desde a forma como os Conselheiros chegam aos cargos (a maior parte das indicações são de parlamentares), alcançando até o mérito das decisões, chegou-se ao ponto de o "Governo Federal acusar o TCU de não deixar que o governo funcionasse normalmente" (Lima, p. 280).

Há algum tempo os Tribunais de Contas vêm se reorganizando, tanto a sua maneira de atuar quanto a imagem que imprime perante a sociedade, nos limites do possível, considerando os entraves políticos e legais. Hoje, observa-se um Tribunal de Contas mais combativo, e fundamentalmente atuando com frequência o poder geral de cautela, obstando licitações flagrantemente irregulares.

Nessa linha de raciocínio identificamos uma Corte de Contas estrategicamente articulada, fazendo seu trabalho de maneira discreta e eficiente, de um lado combatendo a corrupção e o jogo de interesses políticos, e por outro lado enfrentando uma sociedade muito imatura no que diz respeito ao reconhecimento da importância das instituições.

Nesse cenário, ainda que por uma tímida fresta, vemos um Tribunal de Contas agindo em observância aos princípios da precaução e prevenção, tratados no capítulo 2 deste estudo. Embora tais princípios não estejam ainda positivados no ordenamento jurídico pátrio, guardam relação com uma das virtudes aristotélicas: *a da prudência*.

As críticas, às vezes ácidas e outras vezes cruéis, se não intimidam, ao menos reduzem o papel desse órgão que presta um serviço tão importante para a coletividade, que, via de regra, desconhece o seu papel, e menos ainda a sua relevância. "O quadro revela que o País ainda tem bastante que evoluir em termos institucionais" (Lima, 2015, p. 281).

Lúcia Valle Figueiredo (2004, p. 356-357), trazendo a lume a amplitude do controle não apenas na declaração expressa de que todos aqueles que manipulam recursos públicos a ele se submetem, bem como na abrangência desse controle, e palmilhando o texto constitucional, constata que *nada ficou ao largo da fiscalização*.

14.4.3 Controle pelo Judiciário

O controle externo da Administração também pode ser exercido pelo Poder Judiciário, classificando-se em *preventivo* ou *corretivo*, ou ainda decorrente de ações constitucionais: *habeas corpus, habeas data*, mandado de segurança, mandado de injunção, ação popular e ação civil pública. Para Jean Waline (2010, p. 30),

> [...] *Ce qui caractérise le droit administratif c'est la très grande importance qu'il accorde au contrôle juridictionnel c'est--à-dire au contrôle de l'Administration par un juge spécialisé, le juge administratif, qui a le pouvoir d'annuler les décisions illégales de l'Administration. Au fonde, on considère que si l'Administration manque au Droit c'est au juge administratif qu'il revient de la sanctionner. Pour cela les administrés disposent d'un certain nombre de recours, l'un de ceus-ci, le recours pour excès de pouvoir ayant une importance toute particulière.*[22]

---

22 O que caracteriza o direito administrativo é a grande importância que atribui ao Judiciário, ou seja, o controle dos Administradores por um juiz especializado, o juiz de direito administrativo, que tem o poder de cancelar decisões ilegais da Administração. Basicamente, considera-se que se a Administração falha é de responsabilidade do juiz administrativo aplicar a sanção. Para isso, os administrados dispõem de recursos, um deles é o recurso por abuso de poder, que tem importância especial (tradução livre).

A finalidade essencial e característica do controle jurisdicional é a proteção do indivíduo em face da Administração Pública (Fagundes, 2005, p. 135). Nos dizeres de Lúcia Valle Figueiredo (2004, p. 358):

> [...] O controle externo pelo Poder Judiciário, nesta Constituição de 1988, foi aumentado e fortalecido. Dizemos aumentado porque, agora, não se limita o exame do Judiciário às lesões de direito. A mera ameaça já fundamenta a revisão ou correção judicial.

A edição do ato administrativo (ou prática de atos materiais) pelo agente do Estado poderá, ocasionalmente, não estar de acordo com o modelo legal ou com o interesse público, lesando, assim, direitos ou interesses do administrado, o qual, em certos casos, poderá recorrer ao Poder Judiciário para restabelecer o equilíbrio da ordem jurídica lesado com a medida e, assim, recolocar as coisas no *status quo ante*.

O fundamento do controle jurisdicional da atividade administrativa repousa no art. 5º, XXXV, CF/1988, segundo o qual nenhuma lesão ou ameaça a direito poderá ser subtraída ao exame do Poder Judiciário.

Para Celso Antônio Bandeira de Mello (2011, p. 954-955):

> [...] o Poder Judiciário, a instância da parte interessada, controla, *in concreto*, a legitimidade dos comportamentos da Administração Pública, anulando suas condutas ilegítimas, compelindo-a àquelas que seriam obrigatórias e condenando-a a indenizar os lesados, quando for o caso. Diz o art. 5º, XXXV, da Constituição brasileira que "a lei não excluirá da apreciação do Poder Judiciário, lesão ou ameaça ao direito".

Conforme ensina Seabra Fagundes (2005, p. 142), acompanhando o direito inglês é que melhor se pode compreender o ciclo evolutivo do controle jurisdicional sobre a Administração Pública, haja vista ter sido lá que se originou. Guilherme, o Conquistador, quando se ausentava do país, delegava ao *Justiciar* a regência do reino e a incumbência de administrar justiça em seu nome. Este foi o primeiro fato de missão julgadora.

14.4.4 O controle político

O controle político é matéria estudada mais detidamente no âmbito do Direito Constitucional, pois são inúmeras as hipóteses que traduzem esse controle, cujo objetivo é a preservação e o equilíbrio das instituições democráticas do país (Carvalho Filho, 2012, p. 928). A CF/1988 traz, no art. 66, dois exemplos que ilustram as citadas hipóteses, no § 1°, conforme se verifica a seguir:

> Art. 66. [...]
>
> § 1° Se o Presidente da República considerar o projeto, no todo ou em parte, inconstitucional ou contrário ao interesse público, vetá-lo-á total ou parcialmente, no prazo de quinze dias úteis, contados da data do recebimento, e comunicará, dentro de quarenta e oito horas, ao Presidente do Senado Federal, os motivos do veto.

Na hipótese do § 1°, o Executivo controla o Legislativo por meio de vetos aos projetos originados nesse Poder. No entanto, o Legislativo controla o Executivo por meio da rejeição ao veto do Chefe deste Poder, conforme se depreende do referido dispositivo: "§ 4° O veto será apreciado em sessão conjunta, dentro de trinta dias a contar de seu recebimento, só podendo ser rejeitado pelo voto da maioria absoluta dos Deputados e Senadores, em escrutínio secreto".

Conforme ensina Miguel Seabra Fagundes (2005, p. 142), seguindo a evolução geral da teoria da separação dos órgãos e funções do Estado, observa-se, inicialmente, o surgimento do Poder Legislativo por meio do Parlamento. O soberano começa a sucumbir do seu absolutismo sob a pressão dos nobres e do povo. O Parlamento começa a exercer certo controle sobre os atos da Coroa. A sua atuação não se mostra jurídica sob qualquer aspecto, sendo puramente política.

O Judiciário fiscaliza a atuação dos outros dois Poderes (Executivo e Legislativo) pelo controle da legalidade e da constitucionalidade de seus atos. Em contraponto a isso, é o chefe do Poder Executivo que, exercendo controle político sobre o Judiciário, nomeia os integrantes dos mais altos Tribunais do país, conforme se verifica no art. 101 da atual Constituição, *in verbis*:

> Art. 101. O Supremo Tribunal Federal compõe-se de onze Ministros, escolhidos dentre cidadãos com mais de trinta e cinco e menos de sessenta e cinco anos de idade, de notável saber jurídico e reputação ilibada.
> Parágrafo único. Os Ministros do Supremo Tribunal Federal serão nomeados pelo Presidente da República, depois de aprovada a escolha pela maioria absoluta do Senado Federal.

José dos Santos Carvalho Filho (2012, p. 927) faz referência ao controle político. Segundo seu entendimento, o controle do Estado pode ser exercido de duas formas distintas, que merecem ser diferenciadas: o controle político e o controle administrativo. De um lado temos o controle político, aquele que tem por base a necessidade de equilíbrio entre os Poderes estruturais da República – o Executivo, o Legislativo e o Judiciário. Nesse controle, cujo delineamento se encontra na Constituição, pontifica o sistema de freios e contrapesos, nele se estabelecendo normas que inibem o crescimento de qualquer um deles em detrimento de outro e que permitem a compensação de eventuais pontos de debilidade de um para não deixá-lo sucumbir à força de outro. São realmente freios e contrapesos dos poderes políticos.

Essa modalidade de controle surgiu da já citada teoria da separação dos poderes, idealizada por Locke e difundida por Montesquieu. Em **O Espírito das Leis**, Montesquieu sustentou que é fundamental que um Poder detenha o outro, e que todos devem atuar harmonicamente. O Poder soberano é uno e indivisível, entretanto, suas funções devem ser diversificadas, e para cada uma delas é necessário criar um órgão próprio.

Ao lado do controle político, identificamos dois outros tipos de controle que têm despontado com maior destaque: o *controle social* e o *controle de políticas públicas*.

Controle social é o mecanismo de integração entre a sociedade e a Administração Pública, com a finalidade de solucionar problemas e deficiências sociais com mais eficiência. A Carta Magna de 1988, ao propor a criação de espaços de participação popular, buscou garantir a construção de políticas sociais que atendam aos interesses da população e ao acompanhamento da gestão pública por parte dos administrados.

Além da legislação constitucional e infraconstitucional, aponta alguns instrumentos para a efetivação do controle social, conforme os exemplos a seguir:

I) *Audiência pública* – evento em que se reúnem autoridades e interessados, em data e local previamente determinados e amplamente divulgados, para que sejam debatidos aspectos de determinado assunto em pauta, de interesse geral, ocasião em que todos têm a palavra.

A Lei nº 10.257, de 10 de julho de 2001 (Estatuto da Cidade), nos termos do § 4º do art. 40, preleciona que os Municípios garantam a realização de audiências públicas com participação da população e de associações representativas, no processo de elaboração e fiscalização da implementação do plano diretor.

O art. 19 da Lei nº 14.133/2021 mantém a exigência de realização de audiências públicas, detalhando as condições e os procedimentos para sua realização, com algumas atualizações e ajustes para se adequar às novas diretrizes da legislação, que a Lei nº 8.666/1993 já previa no seu art. 39, *caput*.

> II) *Consulta pública* – é o meio pelo qual a Administração divulga um projeto, um plano, um programa que pretenda implementar. Destaque-se que sua principal finalidade é colher as opiniões dos administrados sobre temas de grande importância para a comunidade. Esse sistema permite intensificar a articulação entre a representatividade e a sociedade, possibilitando a participação da sociedade na formulação e definição de políticas públicas.
>
> III) O art. 74, § 2º, da CF/1988 atribui legitimidade a qualquer cidadão, partido político, associação ou sindicato para denunciar irregularidades ou ilegalidades perante o Tribunal de Contas.

14.4.5 O controle contábil, financeiro e orçamentário

Conforme já citamos em parágrafos anteriores, o controle financeiro imposto à Administração Pública é exercido pelo Poder Legislativo, com o auxílio dos Tribunais de Contas, e está adstrito à fiscalização contábil, financeira, orçamentária e patrimonial da Administração Pública direta e indireta, ou ainda a qualquer pessoa, física ou jurídica que utilize, arrecade, guarde, gerencie ou administre recursos públicos, nos termos do art. 70 da CF, *in verbis*:

> Art. 70. A fiscalização contábil, financeira, orçamentária, operacional e patrimonial da União e das entidades da administração direta e indireta, quanto à legalidade, legitimidade, economicidade, aplicação das subvenções e renúncia de receitas, será exercida pelo Congresso Nacional, mediante controle externo, e pelo sistema de controle interno de cada Poder.

No controle contábil, analisa-se se os procedimentos contábeis estão de acordo com a Lei nº 4.320/1964, que dispõe sobre a contabilidade pública. Lá está determinado quais demonstrativos contábeis devem ser elaborados pela Administração Pública, o balanço orçamentário, o balanço financeiro, o balanço patrimonial, a demonstração das variáveis patrimoniais etc.

Na dimensão do controle financeiro, a fiscalização abrange a gestão financeira, como a cronologia dos pagamentos, se os pagamentos ocorrem após a devida liquidação da despesa. Em suma, se a gestão obedece a legislação que rege a matéria (Lima, 2015, p. 265).

No que diz respeito ao controle orçamentário, ele se encarrega de averiguar se a execução orçamentária guarda consonância com o orçamento aprovado pelo Poder Legislativo e se há hipóteses de utilização de recursos sem a devida autorização. Sobre essa temática, importante compreender a dinâmica de elaboração do Orçamento Plurianual e o processo legislativo acerca da Lei Orçamentária Anual (LOA) e a Lei Diretrizes Orçamentárias (LDO).

Edilberto Carlos Pontes Lima (2015, p. 268-269) destaca também a fiscalização operacional e patrimonial. O autor considera importante fiscalizar o funcionamento dos órgãos governamentais em suas atividades finalísticas, assim como a verificação da integridade do patrimônio público, sua variação.

O Senado tem competências para atuação em questões financeiras, orçamentárias e de crédito, conforme se verifica no art. 52 da CF/1988, reforçado pela Lei Complementar nº 101, de 4 de maio de 2000, também conhecida como Lei de Responsabilidade Fiscal (LRF).

14.5 Instrumentos ou meios de controle

A CF atual determina que "todo o poder emana do povo", entretanto, não é o povo quem administra o Estado diretamente, ele elege seus representantes que farão ecoar a sua voz no parlamento, editando as normas que os agentes públicos deverão seguir para alcançar o inafastável e pretendido interesse da coletividade.

A utilização de mecanismos na perseguição do interesse público, na fruição dos poderes que são atribuídos aos agentes públicos para alcançar esses objetivos, pode ultrapassar os limites, levando-os a cometer abusos ou ilegalidades. Por esse motivo, tornam-se imprescindíveis a fiscalização (preventiva) e o controle dos atos da administração.

A Carta Magna vigente prevê ações específicas de controle da Administração Pública, às quais a doutrina se refere com a denominação *remédios constitucionais*. São assim chamados porque têm a natureza de garantias dos direitos fundamentais, encontrando-se inseridos em capítulo próprio da CF/1988, cujo título tem o mesmo nome. A sua finalidade é provocar a intervenção das autoridades, via de regra, a Judiciária, para corrigir os atos da Administração que se mostram lesivos de direitos individuais ou coletivos.

Enquanto Maria Sylvia Zanella Di Pietro (2011, p. 772) trata os referidos mecanismos de controle, sob a denominação *meios de controle*, Diógenes Gasparini (2012, p. 1063) qualifica-os como *instrumentos do controle jurisdicional*.

De acordo com José dos Santos Carvalho Filho (2012, p. 1009), os meios de controle judicial podem ser *específicos* e *inespecíficos*. Os *meios específicos* são aquelas ações que exigem a presença das pessoas administrativas ou de seus agentes no processo. São meios específicos a ação civil pública, a ação popular, o mandado de segurança, o mandado de injunção, o *habeas corpus* e o *habeas data*.

Já os *meios inespecíficos* de controle judicial da Administração são aqueles representados pelas ações que não exigem necessariamente a presença do Estado em qualquer dos polos da relação processual, como, por exemplo, as ações ordinárias, a ação penal (somente aquela que visa à condenação de agentes públicos por crimes contra particulares e contra a própria administração), os interditos possessórios, a nunciação por obra nova, a consignação em pagamento etc. Todos os instrumentos são exercitados na instância civil, com exceção do *habeas corpus*, que é utilizado na instância penal.

- *Habeas corpus*

O *habeas corpus* é uma medida judicial cujo objetivo é proteger o direito de locomoção dos indivíduos. Encontra-se esculpida no art. 5º, inciso LXVIII, da atual Constituição Federal, determinando que: "conceder-se-á 'habeas-corpus' sempre que alguém sofrer ou se achar ameaçado de sofrer violência ou coação em sua liberdade de locomoção, por ilegalidade ou abuso de poder". E, ainda, no art. 647 do Código de Processo Penal, nos seguintes termos: "Dar-se-á *habeas corpus* sempre que alguém sofrer ou se achar na iminência de sofrer violência ou coação ilegal na sua liberdade de ir e vir, salvo nos casos de punição disciplinar".

A origem etimológica da expressão *habeas corpus* provém do latim e significa "que tenhas teu corpo". A origem do referido instituto deita suas raízes no direito inglês, mais especificamente na Magna Carta de 1215, imposta pelos nobres ao rei da Inglaterra, João sem Terra. O *writ* de *habeas corpus*, em sua gênese, aproximava-se do próprio conceito do devido processo legal (*due process of law*). Sua utilização só foi restrita ao direito de locomoção dos indivíduos em 1679, por meio do *Habeas Corpus Act*.

Pontes de Miranda (1972, p. 3), acerca do *habeas corpus*, ensinava que:

> Histórica, tradicional e filosoficamente, o *habeas corpus* sempre foi mandado-remédio (*remedial mandatory writ*), da classe dos *extraordinary remedies*; e, como a proteção possessória, que representa complemento necessário da proteção da propriedade, facilitação da prova em favor do proprietário, embora isso redunde, por vezes, em benefícios a não-proprietários, o *habeas corpus* foi criado para a proteção da liberdade física.

No ordenamento jurídico brasileiro, surgiu pela primeira vez no Código de Processo Criminal do Império, nos termos do art. 340, de 1832, afirmando que: "Todo cidadão que entender que ele, ou outrem, sofre uma prisão ilegal ou constrangimento ilegal em sua liberdade tem direito de pedir uma ordem de *habeas corpus* em seu favor".

O Instituto alcançou *status* constitucional na Carta Magna de 1891, nos termos do art. 72, § 22, em que se estabelecia que: "Dar-se-á *habeas corpus* sempre que o indivíduo sofrer ou se achar em iminente perigo de sofrer violência ou coação, por ilegalidade ou abuso de poder".

Atualmente, há duas modalidades de *habeas corpus*, o *preventivo* e o *repressivo*. O *habeas corpus preventivo* é aquele que é impetrado mediante a ameaça de constrangimento à liberdade, ou seja, antes que a prisão seja efetivada. Já o *habeas corpus repressivo* é a medida cabível quando o ato concreto de constrangimento já se aperfeiçoou, isto é, a prisão já foi consumada, cerceando o direito de ir, vir e ficar.

Qualquer indivíduo, brasileiro ou estrangeiro, pode impetrar *habeas corpus* em benefício próprio ou alheio. Para que seja exercitado indistintamente e para que não haja restrição na sua utilização, o art. 5º, inciso LXXVII, da CF/1988 prescreve a gratuidade tanto do *habeas corpus* quanto do *habeas data*, na seguinte forma: "são gratuitas as ações de habeas-corpus e habeas-data, e, na forma da lei, os atos necessários ao exercício da cidadania".

Muito embora o *habeas corpus* tenha como característica a celeridade, o requerimento de medida liminar é perfeitamente admissível, desde que estejam presentes os requisitos necessários para a concessão da referida ordem, quais sejam, o *fumus boni iuris* e o *periculum in mora*.

A jurisprudência mais autorizada reconhece o cabimento de medida liminar em sede de *habeas corpus* conforme já decidiu o eminente Ministro Celso de Mello:

> A medida liminar, no processo penal de *habeas corpus*, tem o caráter de providência cautelar. Desempenha importante função instrumental, pois destina-se a garantir – pela preservação cautelar da liberdade de locomoção física do indivíduo – a eficácia da decisão a ser ulteriormente proferida quando do julgamento definitivo do *writ* constitucional (RTJ 147/962). HC 79748 RJ, origem: Rio de Janeiro. Julgamento 09/11/1999, Publicação **DJ** 17/11/1999. Partes Paulo Martins da Silva, Carlos Antonio de Oliveira Lima e outros, Relator(a): CELSO DE MELLO.

Para impetração de *habeas corpus*, é indispensável identificar a presença dos seguintes pressupostos: a) ilegalidade ou abuso de poder, b) violência, coação e ameaça à liberdade de locomoção.

- *Habeas data*

Habeas data é a ferramenta jurídica empregada na proteção do direito líquido e certo de conhecimento de informações e registros relativos ao impetrante.

Configura-se em ação judicial, uma vez que estão presentes os elementos fundamentais da ação – partes, causa de pedir e pedido. Observe-se que é destinada à tutela dos direitos do cidadão à frente dos bancos de dados públicos ou que exerçam tais funções, a fim de permitir o fornecimento e o acesso das informações registradas, bem como sua retificação, em caso de não corresponder à verdade quando não se prefira fazê-lo por processo sigiloso, judicial ou administrativo.

A CF/1988 recepcionou pioneiramente o *habeas data*, nos termos do art. 5º, inciso LXXII, cujo rito processual está regulado pela Lei Federal nº 9.507, de 12 de novembro de 1997, que, além de disciplinar o procedimento da ação, também acrescentou mais uma hipótese de cabimento da medida, além daquelas já previstas na CF/1988.

- Mandado de injunção

O embasamento legal da ação mandamental está albergado no art. 5º, inciso LXXI, da atual CF/1988, em que se vislumbra: "Conceder-se-á mandado de injunção sempre que a falta de norma regulamentadora torne inviável o exercício dos direitos e liberdades constitucionais e das prerrogativas inerentes à nacionalidade, à soberania e à cidadania".

Não há, ainda, no ordenamento jurídico pátrio, lei ordinária que regulamente especificamente o mandado de injunção; todos os aspectos da medida devem ser analisados somente à luz do texto constitucional. Sendo meio específico de controle da Administração, seu procedimento é contencioso, uma vez que o processo contém controvérsia litigiosa, e *especial*, considerando que obedece a um rito próprio, que a jurisprudência entendeu fosse o do mandado de segurança e a lei acabou por enveredar-se no mesmo sentido (Carvalho Filho, 2012, p. 1043).

Note-se que a Lei nº 8.038, de 28 de maio de 1990, que institui normas procedimentais para os processos que especifica perante o STJ e o STF, previu expressamente que o mandado de injunção seguirá o rito do mandado de segurança enquanto não sobrevier a legislação específica regulando o tema: "Art. 24. [...] Parágrafo único. No mandado de injunção e no *habeas data*, serão observadas, no que couber, as normas do mandado de segurança, enquanto não editada legislação específica".

- **Mandado de segurança**

Mandado de segurança é uma ação constitucional destinada a proteger direito líquido e certo, não amparável por *habeas corpus* ou *habeas data*, em caso de ilegalidade ou abuso de poder praticado por autoridade pública ou agente no exercício e atribuições do Poder Público (Justen Filho, 2005, p. 756).

Este instrumento encontra-se expresso no art. 5º, inciso LXIX e LXX, da CF atual, nas modalidades *individual* e *coletivo*, regulado pela Lei nº 12.016, de 07 de agosto de 2009.

Celso Antônio Bandeira de Mello (2011, p. 962) observa que:

> O mandado de segurança individual visa a assegurar o direito pertinente individualmente ao impetrante ou impetrantes, ao passo que o mandado de segurança coletivo é via aberta aos partidos políticos com representação no Congresso Nacional, às organizações sindicais, entidades de classe ou associações legalmente constituídas e em funcionamento há pelo menos um ano, em defesa daqueles interesses de seus membros ou associados que concernem ao fator que os agrega na entidade, dadas as finalidades que lhe correspondem e consubstanciam seu objeto social.

Muito embora o mandado de segurança seja mais utilizado contra atos comissivos, isto é, aqueles efetivamente praticados pelos agentes públicos, não há controvérsias quanto ao cabimento também contra atos omissivos (ou omissões administrativas) ou pessoas com funções delegadas, uma vez que tais omissões equivalem a atos de autoridades (Carvalho Filho, 2012, p. 1032).

A doutrina já se posicionou nessa mesma linha, e esse posicionamento foi confirmado pela jurisprudência no STF, na seguinte medida:

> MANDADO DE SEGURANÇA. PAGAMENTO DE VENCIMENTOS. DECADÊNCIA. 1. Não ocorre a decadência se a impetração é feita contra atos omissivos de execução autônoma e sucessiva, como o pagamento de vencimentos mensais (RE 70.319, rel. Min. Aliomar Baleeiro, RE 79.888, rel. Min. Moreira Alves e RE 95.238, rel. Min. Neri da Silveira). 2. Recurso provido. RMS 24.214, Rel. Min. Ellen Gracie em 14.6.20.5, Recorrente Paulo Roberto Brasileiro do Nascimento, Recorrida UNIÃO.

- Ação popular

A ação popular encontra amparo legal no dispositivo constitucional estampado no art. 5º, inciso LXXIII, da Lei Maior, caracterizando-se como o instrumento colocado à disposição de qualquer cidadão a fim de anular atos lesivos ao patrimônio público ou de entidade de que o Estado participe, ou, ainda, à moralidade administrativa, ao meio ambiente, bem como ao ambiente histórico e cultural.

A Lei nº 4.717, de 29 de junho de 1.965, regula a ação popular. Na opinião de Celso Antônio Bandeira de Mello (2011, p. 964), é, talvez, a única medida judicial que, efetivamente, amedronta os administradores, uma vez que, conforme o art. 11 da referida lei, na hipótese de a ação ser julgada procedente, determinando a decretação da invalidade do ato impugnado, a decisão *condenará ao pagamento de perdas e danos os responsáveis pela sua prática e os beneficiários dele.*

Importante destacar que a ação popular não foi uma inovação trazida pela Constituição de 1988, uma vez que a Carta Constitucional de 1946, em Capítulo destinado aos *Direitos e às Garantias Individuais,* nos termos do art. 141, § 38, já tratava do tema, muito embora de forma menos abrangente.

- Ação civil pública

A ação civil pública é o remédio jurídico de que o Ministério Público ou outras entidades legitimadas se utilizam para a defesa de interesses coletivos, difusos e individuais homogêneos. Não se destina à defesa de interesse ou direito individual.

A CF/1988, no art. 129, § 1°, aponta o Ministério Público como parte legítima para propor a ação civil pública, entretanto, não lhe dá exclusividade, pois essa prerrogativa é concorrente com outros legitimados, conforme se depreende do art. 5° da Lei n° 7.347, de 24 de julho de 1985, que disciplina a ação civil pública de responsabilidade por danos causados ao meio ambiente, ao consumidor, a bens e direitos de valor artístico, estético, histórico, turístico.

Poderá figurar no polo passivo da ação civil pública qualquer pessoa física ou jurídica que seja agente causador de dano a quaisquer interesses coletivos, difusos ou individuais homogêneos. A Defensoria Pública foi incluída no rol de legitimados para o manejo da ação civil pública, por força da Lei n° 11.448/2007, que alterou o art. 5° da Lei n° 7.347/1985. A Lei Complementar n° 80, de 12 de janeiro de 1994, art. 4°, foi alterada pela Lei Complementar n° 132, de 07 de outubro de 2009.

No caso das associações, o pressuposto de admissibilidade configurado na pré- constituição poderá ser dispensado pelo juiz, quando for manifesto interesse social, evidenciado pela natureza e dimensão da lesão, ou pela relevância do bem jurídico protegido. Dentre todos os legitimados, o Ministério

Público é o mais atuante, talvez porque essa legitimidade decorra da própria CF, nos termos do art. 129, inciso III.

Na hipótese de não figurar como parte, o Ministério Público deverá intervir, obrigatoriamente, como fiscal da lei, podendo assumir a titularidade ativa quando houver desistência infundada ou abandono por parte do autor da ação.

Para o melhor desempenho dessa relevante função, a CF/1988 colocou à disposição do Ministério Público o *inquérito civil*, que se caracteriza por procedimento de natureza investigatória e de caráter administrativo, presidido pelo Ministério Público, no qual poderão ser requisitados, de quaisquer órgãos públicos, certidões, informações, exames ou perícias. No inquérito civil, poderão ser expedidas notificações, ouvidas testemunhas, ou solicitadas quaisquer diligências.

Inserida no Ordenamento Jurídico pela Lei nº 7.347/1985, a ação civil pública tem por finalidade evitar ou prevenir danos ao meio ambiente, ao consumidor, ao patrimônio público, aos bens e direitos de valor artístico, histórico, cultural e turístico, podendo ser objeto de condenação pecuniária ou cumprimento de obrigação de fazer ou de não fazer.

Tanto a ação coletiva quanto a ação civil pública são efetivos instrumentos de Justiça, pois, por meio delas, o cidadão encontra a compensação de seus prejuízos, sem necessidade de ajuizar individualmente o litígio, hipótese em que teria de contratar advogado e arcar com o ônus de um processo judicial, na maioria dos casos, obtendo sentenças contraditórias. Já no caso da ação coletiva e da ação civil pública, se procedente, beneficia todo o grupo lesado, representando uma enorme economia processual.

- **Ação direta de inconstitucionalidade**

A ação direta de inconstitucionalidade (ADIn) está regulada pela Lei nº 9.868, de 10 de novembro de 1999, cujos critérios de competência e legitimação encontram-se esculpidos nos arts. 102, inciso I, e 103, da CF/1988.

Será interposta para que seja apreciada em hipótese de inconstitucionalidade de lei ou ato normativo, objetivando seu banimento do ordenamento jurídico.

A ADIn poderá ser por omissão, nos termos do § 2º do art. 103, hipótese em que o objetivo da ação será o reconhecimento judicial da inércia do Poder competente em expedir providência normativa, afrontando a norma constitucional.

Capítulo 15

MECANISMOS EXTRAJUDICIAIS DE SOLUÇÃO DE CONFLITOS

No Estado de Direito, a norma jurídica protege tanto os interesses individuais como os coletivos, dando amparo a quem sofre lesão ou prejuízo sem distinção de qualquer natureza. Nos dias atuais, sabe-se que o Estado se submete ao ordenamento jurídico imposto a todos os integrantes da sociedade pelo regime democrático, cujo ideário de justiça social configura-se como a base, tendo a legalidade e a igualdade como princípios primordiais.

A imensa quantidade de demandas judiciais envolvendo a Administração Pública direcionou para a adoção de meios alternativos de resolução de conflitos, como a arbitragem, a mediação e a autocomposição. A arbitragem, um método privado onde árbitros escolhidos pelas partes resolvem o litígio, gerou debates sobre sua constitucionalidade, especialmente em relação ao direito de acesso à justiça e à proibição de tribunais de exceção. No entanto, o STF validou a arbitragem, desde que as partes sejam capazes e os interesses em disputa sejam disponíveis. O CC/2002 (arts. 851, 852 e 853) e o novo CPC (arts. 3º, § 1º, 42, 337, X, 485, VI, 515, VII, 784, IV) também fazem referência à arbitragem, permitindo sua utilização em contratos e incentivando a solução consensual de conflitos.

A mediação, por sua vez, envolve um terceiro imparcial que auxilia as partes a chegarem a um acordo, sem decidir o conflito. O CPC prevê a criação de centros judiciários de solução consensual de conflitos para promover a mediação e a conciliação, com princípios como confidencialidade e imparcialidade. O art. 174 do CPC sugere a criação de câmaras de mediação na esfera administrativa para resolver conflitos dentro da Administração Pública. Contudo, essa norma foi criticada por invadir a competência dos entes federativos.

Nesse sentido merece destaque a Resolução nº 125, de 2010, editada pelo Conselho Nacional de Justiça, que foi criado por ocasição da edição da EC nº 45, de 30 de dezembro de 2004, conhecida como a *Reforma do Judiciário*. A criação do CNJ foi motivada por uma série de fatores e objetivos, que visavam modernizar e aprimorar o funcionamento do sistema judiciário brasileiro, cujos principais motivos e objetivos foram:

i) A *necessidade de Controle Externo do Judiciário brasileiro*, pois não havia um órgão de controle externo que pudesse supervisionar e fiscalizar suas atividades. Existia uma percepção crescente de que era necessário um mecanismo para garantir maior transparência, *accountability* e eficiência no funcionamento do Judiciário.

ii) Outro fator que pesou foi o *combate à morosidade judicial*. O sistema judiciário brasileiro enfrentava sérios problemas de lentidão, com processos que se arrastavam por anos sem solução. A criação do CNJ visava implementar medidas para agilizar a tramitação dos processos e reduzir o tempo de espera para a resolução das demandas judiciais.

iii) A *promoção da transparência e ética* também reclamava destaque. Havia uma demanda por maior transparência e ética na atuação dos magistrados e servidores do Judiciário. O CNJ foi criado com a missão de zelar pela observância do Estatuto da Magistratura e pelo cumprimento dos deveres funcionais dos juízes.

iv) Outro fator motivador à criação do CNJ foi a *padronização e melhoria da gestão Judiciária*. O Judiciário brasileiro era caracterizado por uma grande heterogeneidade na gestão e nos procedimentos adotados pelos diferentes tribunais. O CNJ tem a missão de promover a padronização e a melhoria da gestão judiciária, estabelecendo diretrizes e normas que pudessem ser seguidas por todos os tribunais do país.

v) O *acesso à Justiça*, mais precisamente a ampliação, visando atender especialmente as camadas mais vulneráveis da população, está entre os objetivos do CNJ. O CNJ tem, entre suas missões, o papel de promotor das políticas que facilitem o acesso ao Judiciário e garantam a prestação de um serviço mais eficiente e inclusivo. Desde sua criação, o CNJ tem desempenhado um papel fundamental na modernização e no aprimoramento do sistema judiciário brasileiro.

Não há dúvidas de que o CNJ foi criado para enfrentar desafios históricos do sistema judiciário brasileiro, promovendo maior controle, transparência, eficiência e acesso à justiça. Sua atuação tem sido crucial para a modernização e o aprimoramento do Judiciário, contribuindo para a construção de um sistema mais justo e eficiente.

A Lei nº 13.140/2015, que entrou em vigor em dezembro de 2015, regulamenta a mediação entre particulares e a autocomposição de conflitos na Administração Pública. A lei distingue entre mediação, usada para resolver controvérsias entre particulares, e autocomposição, aplicada quando a Administração Pública resolve conflitos internamente sem recorrer ao Judiciário. Essa legislação visa proporcionar uma alternativa eficiente e consensual para a resolução de disputas, alinhando-se com a tendência de desjudicialização e promovendo a autonomia das partes envolvidas.

15.1 Dos direitos patrimoniais disponíveis

Os *direitos patrimoniais disponíveis* são aqueles que podem ser livremente negociados, transferidos ou renunciados pelos seus titulares. Esses direitos estão intimamente ligados ao patrimônio de uma pessoa, abrangendo bens móveis e imóveis, direitos de crédito, ações e outros ativos financeiros. A disponibilidade de tais direitos permite que os indivíduos exerçam autonomia sobre seus bens, podendo vendê-los, doá-los ou utilizá-los como garantia em operações financeiras. A legislação brasileira, por exemplo, prevê diversas formas de alienação e transferência de direitos patrimoniais, garantindo segurança jurídica nas transações.

Um exemplo clássico de direito patrimonial disponível é o direito de propriedade sobre um imóvel. O proprietário pode vender, alugar, hipotecar ou doar o imóvel conforme sua vontade, desde que respeite as normas legais e contratuais vigentes. Além disso, os direitos autorais patrimoniais sobre obras intelectuais, como livros, músicas e filmes, também são considerados disponíveis. O autor pode ceder esses direitos a terceiros, permitindo a exploração comercial da obra em troca de remuneração, o que é comum em contratos de edição e licenciamento.

No entanto, é importante destacar que nem todos os direitos patrimoniais são disponíveis. Existem direitos que, por sua natureza ou por imposição legal, não podem ser livremente negociados ou renunciados. É o caso dos direitos personalíssimos, como o direito à vida, à honra e à integridade física, que são inalienáveis e irrenunciáveis. Nesse sentido, a distinção entre direitos patrimoniais disponíveis e indisponíveis é fundamental para a compreensão do alcance da autonomia privada e das limitações impostas pela lei na gestão do patrimônio pessoal.

15.2 Medidas de autocomposição dos conflitos

A *autocomposição de conflitos na Administração Pública* é um mecanismo que visa resolver disputas de maneira consensual, sem a necessidade de recorrer ao Poder Judiciário. Esse método é regulamentado pela Lei nº 13.140/2015, que estabelece diretrizes para a mediação e outras formas de autocomposição no âmbito administrativo. A lei busca promover a eficiência, a celeridade e a economia processual, além de fortalecer a cultura do diálogo e da cooperação entre as partes envolvidas.

Uma das principais medidas de autocomposição previstas na Lei nº 13.140/2015 é a criação de câmaras de prevenção e resolução administrativa de conflitos. Essas câmaras podem ser instituídas pela União, pelos Estados, pelo Distrito Federal e pelos Municípios, no âmbito de seus respectivos órgãos da Advocacia Pública. As câmaras têm a competência para dirimir conflitos entre órgãos e entidades da administração pública, avaliar a admissibilidade de pedidos de resolução de conflitos entre particulares e a administração pública, e promover a celebração de termos de ajustamento de conduta. A criação dessas câmaras é facultativa, mas sua implementação pode contribuir significativamente para a redução de litígios judiciais e a promoção de soluções consensuais.

A *mediação* é outra medida importante de autocomposição de conflitos na Administração Pública. A lei permite que, enquanto não forem criadas as câmaras de prevenção e resolução administrativa de conflitos, os litígios sejam resolvidos por meio de mediação, conforme os procedimentos estabelecidos para a mediação judicial e extrajudicial. A mediação coletiva de conflitos, por sua vez, é destinada a resolver disputas relacionadas à prestação de serviços públicos e pode ser instaurada de ofício ou mediante provocação pela

Advocacia Pública. Essa modalidade de mediação visa atender a demandas coletivas e promover soluções que beneficiem a sociedade como um todo.

A *transação por adesão* é uma medida específica para resolver controvérsias envolvendo a administração pública federal direta, suas autarquias e fundações. Essa medida pode ser utilizada com base em autorização do Advogado-Geral da União, fundamentada em jurisprudência pacífica ou pareceres aprovados pelo Presidente da República. A transação por adesão estabelece requisitos e condições para a resolução administrativa de conflitos, permitindo que os interessados adiram aos termos propostos mediante pedido formal.

A *composição extrajudicial de conflitos* é realizada pelo Advogado-Geral da União e pode envolver órgãos ou entidades de direito público da administração pública federal. Nesse processo, o Advogado-Geral atua como mediador ou decide o conflito com base na legislação pertinente. Essa medida é especialmente relevante para resolver disputas entre diferentes níveis de governo ou entre a administração pública e particulares, promovendo a cooperação e a eficiência administrativa.

As *medidas de autocomposição de conflitos* na Administração Pública representam um avanço significativo na busca por soluções consensuais e eficientes para os litígios administrativos. A implementação dessas medidas pode contribuir para a redução da sobrecarga do Poder Judiciário, promover a celeridade processual e fortalecer a cultura do diálogo e da cooperação. A Lei nº 13.140/2015 oferece um arcabouço jurídico robusto para a adoção dessas práticas, incentivando a administração pública a resolver seus conflitos de maneira mais ágil e colaborativa.

15.3 Da Mediação

A Lei nº 13.140/2015, que entrou em vigor 180 dias após sua publicação oficial, em 29.06.2015, regula a mediação e a autocomposição de conflitos. A lei distingue entre mediação, usada para resolver controvérsias entre particulares, e autocomposição, aplicada na Administração Pública. A mediação é definida como uma atividade técnica exercida por um terceiro imparcial que auxilia as partes a encontrarem soluções consensuais. Os princípios que regem a mediação incluem imparcialidade, isonomia, oralidade, informalidade, autonomia da vontade, busca do consenso, confidencialidade e boa-fé.

Para Maria Sylvia Zanella Di Pietro (2023, p. 1082), a mediação pode tratar de direitos disponíveis ou de direitos indisponíveis que admitam transação, sendo que, no caso destes últimos, deve ser homologada em juízo com a oitiva do Ministério Público. A mediação pode ser extrajudicial, onde o mediador é uma pessoa de confiança das partes, ou judicial, onde o mediador deve ter formação específica e ser registrado em cadastro mantido pelos tribunais. A mediação judicial é realizada em centros judiciários de solução consensual de conflitos, criados pelos tribunais, e o mediador judicial é considerado um agente público, com responsabilidade civil objetiva do Estado em caso de dano a terceiros.

A autocomposição de conflitos na Administração Pública é tratada como um meio de resolução de conflitos onde a própria administração resolve as controvérsias internamente, sem recorrer ao Judiciário. A Lei nº 13.140/2015 prevê várias modalidades de autocomposição, incluindo a resolução administrativa de conflitos, a mediação, a mediação coletiva de conflitos relacionados à prestação de serviços públicos, a transação por adesão e a composição extrajudicial de conflitos. A criação de câmaras de prevenção e resolução administrativa de conflitos é facultativa para a União, os Estados, o Distrito Federal e os Municípios, e essas câmaras têm competência para dirimir conflitos entre órgãos e entidades da administração pública e promover a celebração de termos de ajustamento de conduta.

A composição extrajudicial de conflitos é realizada pelo Advogado-Geral da União, que pode atuar como mediador ou resolver o conflito com base na legislação pertinente. Existem regras específicas para controvérsias jurídicas relativas a tributos administrados pela Secretaria da Receita Federal ou a créditos inscritos em dívida ativa da União. A resolução de conflitos entre órgãos e entidades da Administração Pública pode ser feita pelas câmaras de prevenção e resolução administrativa de conflitos ou pela composição extrajudicial conduzida pelo Advogado-Geral da União.

15.4 Da Arbitragem na Administração Pública

A inclusão de cláusulas compromissórias em contratos administrativos tem sido objeto de grande controvérsia ao longo do tempo. A nova Lei de Licitações e Contratos (Lei nº 14.133/2021) também inclui um capítulo sobre meios alternativos de resolução de controvérsias. A Lei nº 8.987/1995, que regula concessões e permissões de serviços públicos, e a Lei nº 11.079/2004, que trata das PPPs, permitem a inclusão de mecanismos privados de resolução de conflitos, incluindo a arbitragem.

O Decreto nº 10.025/2019 regulamenta a arbitragem para litígios envolvendo a Administração Pública federal em setores específicos, como portuário e de transportes. A Lei nº 9.307/1996, que regula a arbitragem, não menciona explicitamente os contratos administrativos, mas permite a arbitragem para litígios relativos a direitos patrimoniais disponíveis. O Tribunal de Contas da União inicialmente se opôs à arbitragem em contratos administrativos por falta de previsão legal e por contrariar princípios norteadores do Direito Administrativo. No entanto, posteriormente, reconheceu a possibilidade de arbitragem em PPPs e em contratos de direito privado celebrados pela Administração Pública.

A Lei nº 13.867/2019 introduziu a mediação e a arbitragem como opções para resolver conflitos em desapropriações, seguindo normas específicas. A Lei nº 13.129/2015 trouxe alterações à Lei nº 9.307/1996, permitindo expressamente que a Administração Pública utilize a arbitragem para resolver conflitos relativos a direitos patrimoniais disponíveis. No entanto, a definição de *direitos patrimoniais disponíveis* continua a ser considerada um conceito jurídico indeterminado, gerando dúvidas e debates. Diversos critérios têm sido apontados pela doutrina e pela jurisprudência para definir tais direitos, incluindo a distinção entre atos de gestão e atos de império, e a aplicação da arbitragem em contratos de direito privado e em empresas estatais que exercem atividade econômica.

A Lei nº 14.133/2021, em capítulo sobre meios alternativos de resolução de controvérsias, especifica que a arbitragem pode ser aplicada a controvérsias relacionadas a direitos patrimoniais disponíveis, como questões de equilíbrio econômico-financeiro do contrato, inadimplemento de obrigações contratuais e cálculo de indenizações. Embora essas hipóteses sejam exemplificativas, elas não eliminam completamente a controvérsia sobre o significado de *direitos patrimoniais disponíveis*. A Administração Pública tem utilizado a arbitragem em diversos conflitos contratuais, refletindo uma tendência crescente de buscar soluções alternativas e consensuais para litígios administrativos.

No que diz respeito ao conflito entre o sigilo e o princípio da publicidade, o art. 2º, § 3º, da Lei nº 9.307/1996 (Lei de Arbitragem), adicionado pela Lei nº 13.129/2015, abordou a questão do possível conflito entre a confidencialidade no julgamento arbitral e o princípio da publicidade, previsto no *caput* do art. 37 da CF/1988. A arbitragem envolvendo a Administração Pública deve respeitar o princípio da publicidade.

Esse dispositivo deve ser interpretado de forma coerente, levando-se em conta que existem situações de sigilo na Administração Pública que precisam ser respeitadas, pois são protegidas pelo ordenamento jurídico. Ex.: a proteção à segurança da sociedade e do Estado (art. 5º, XXXIII, da CF/1988), a proteção à intimidade e ao interesse social (art. 5º, LX), além de outras garantias previstas em favor das próprias empresas, conforme imposições contidas em todo o ordenamento.

Nesse sentido, é necessário observar, entre outras leis que tratam do sigilo, as disposições da Lei de Acesso à Informação – Lei nº 12.527, de 18.11.2011, regulamentada pelo Decreto nº 7.724, de 16.05.2012. A referida norma define o que é considerado sigilo essencial para a segurança da sociedade e do Estado, classificando-o como ultrassecreto, secreto ou reservado (arts. 23 e 24). Esta também protege situações de sigilo, segredo de justiça e segredo industrial (art. 22) e estabelece, no art. 31, § 1º, que informações pessoais relacionadas a intimidade, vida privada, honra e imagem terão acesso restrito a agentes públicos legalmente autorizados e à pessoa a que se referirem, independentemente de classificação de sigilo. Esses e outros dispositivos da lei devem ser observados pelos árbitros, apesar do comando do art. 2º, § 3º, da Lei nº 9.307/1996, incluído pela Lei nº 13.129 (Di Pietro, 2023, p. 1077).

15.5 Inovações da Lei nº 13.129/2015

A Lei nº 13.129, de 26 de maio de 2015, trouxe importantes inovações ao regime da arbitragem no Brasil, especialmente no que tange à sua aplicação na Administração Pública. Essas mudanças visam modernizar e ampliar o uso da arbitragem como meio de resolução de conflitos, promovendo maior eficiência e celeridade na solução de disputas que envolvem entes públicos. A seguir, destacam-se as principais inovações introduzidas pela referida lei.

No que diz respeito à autorização para a Administração Pública, a Lei nº 13.129/2015 alterou a Lei de Arbitragem (Lei nº 9.307/1996) para incluir a possibilidade expressa de que a Administração Pública direta e indireta utilize a arbitragem para resolver conflitos relativos a direitos patrimoniais disponíveis. Essa inovação é fundamental, pois elimina dúvidas sobre a legalidade do uso da arbitragem por entes públicos, promovendo maior segurança jurídica.

Referente ao princípio da publicidade dos procedimentos arbitrais, uma das inovações mais significativas é a exigência de publicidade dos procedimentos arbitrais envolvendo a Administração Pública. A lei determina que tais procedimentos envolvendo entes públicos devem ser públicos, garantindo transparência e controle social. Isso inclui a publicação de informações sobre o processo arbitral, como a decisão final, respeitando-se, contudo, o sigilo de informações sensíveis ou estratégicas.

Com relação à escolha dos árbitros, a lei também trouxe disposições específicas sobre o tema. Os árbitros devem ser escolhidos com base em critérios de imparcialidade, independência e especialização técnica. Além disso, a lei permite que os contratos administrativos incluam cláusulas compromissórias que estabeleçam a arbitragem como meio de resolução de disputas, desde que observadas as normas legais e regulamentares aplicáveis.

Note-se que a compatibilidade com o CPC e a Lei nº 13.129/2015 foi elaborada no sentido de manter conformação com o CPC (Lei nº 13.105/2015), que também incentiva a utilização de métodos alternativos de resolução de conflitos, como a arbitragem e a mediação. Essa compatibilidade reforça a integração entre os diferentes instrumentos legais e promove uma abordagem mais coesa e eficiente para a resolução de disputas.

No caso da cláusula compromissória e do compromisso arbitral, a lei reforça a validade das cláusulas compromissórias em contratos administrativos, permitindo que a Administração Pública e os particulares pactuem previamente a utilização da arbitragem para resolver eventuais conflitos. Além disso, a lei prevê a possibilidade de celebração de compromisso arbitral, mesmo após o surgimento do litígio, desde que haja concordância entre as partes.

No que tange à resolução de conflitos mais complexos, a utilização da arbitragem pela Administração Pública é especialmente relevante para a resolução de conflitos complexos, que demandam conhecimento técnico especializado. A arbitragem permite que as partes escolham árbitros com *expertise* na matéria em disputa, o que pode resultar em decisões mais técnicas e adequadas às especificidades do caso.

Sob o ponto de vista da eficiência e da celeridade, a arbitragem é reconhecida por sua eficiência e celeridade na resolução de conflitos, características que são particularmente importantes no contexto da Administração Pública. A possibilidade de resolver disputas de forma mais rápida e eficiente contribui para a continuidade dos serviços públicos e a redução de custos processuais.

As inovações trazidas pela Lei nº 13.129/2015 representam um avanço significativo na utilização da arbitragem pela Administração Pública no Brasil. Ao promover maior segurança jurídica, transparência e eficiência, a lei contribui para a modernização da gestão pública e a melhoria da prestação de serviços à sociedade. A adoção da arbitragem como meio de resolução de conflitos administrativos reflete uma tendência global de valorização dos métodos alternativos de resolução de disputas, alinhando o Brasil às melhores práticas internacionais.

15.6 Da conciliação na esfera administrativa

A conciliação na esfera administrativa é um mecanismo de resolução de conflitos que tem como objetivo promover o entendimento e a cooperação entre as partes envolvidas, evitando a judicialização das disputas. Esse método é especialmente relevante no contexto da Administração Pública, onde a eficiência, a celeridade e a economia processual são fundamentais para a boa governança e a prestação de serviços públicos de qualidade. A conciliação administrativa é regulamentada por diversas normas, incluindo a Lei nº 13.140/2015, que estabelece diretrizes para a mediação e a autocomposição de conflitos no âmbito administrativo.

A conciliação administrativa é guiada por princípios como a imparcialidade, a isonomia, a informalidade, a autonomia da vontade das partes, a busca do consenso, a confidencialidade e a boa-fé. Esses princípios garantem que o processo de conciliação seja justo, transparente e eficiente, proporcionando um ambiente propício para a resolução amigável das disputas. O principal objetivo da conciliação administrativa é alcançar soluções consensuais que atendam aos interesses de todas as partes envolvidas, promovendo a pacificação social e a eficiência administrativa.

A Lei nº 13.140/2015 prevê a criação de câmaras de prevenção e resolução administrativa de conflitos, que podem ser instituídas pela União, pelos Estados, pelo Distrito Federal e pelos Municípios. Essas câmaras são responsáveis por conduzir sessões de conciliação e mediação, avaliando a admissibilidade dos pedidos de resolução de conflitos e promovendo a celebração de termos de ajustamento de conduta. A estrutura e o funcionamento dessas câmaras são regulamentados por cada ente federativo, de acordo com suas necessidades e peculiaridades. Novamente aqui, chamamos a atenção para a importância dos princípios da precaução e da prevenção (Pedreira, 2016, p. 211-247).

As câmaras de conciliação atuam como facilitadoras do diálogo entre as partes, auxiliando na identificação de pontos de convergência e na elaboração de soluções consensuais. Os conciliadores, que podem ser servidores públicos ou profissionais capacitados, desempenham um papel crucial nesse processo, garantindo a imparcialidade e a eficácia das negociações. A remuneração dos conciliadores é definida pelos tribunais ou órgãos administrativos competentes, e a gratuidade do serviço é assegurada para as partes necessitadas.

O procedimento de conciliação administrativa é iniciado mediante a solicitação das partes ou por iniciativa do órgão administrativo competente. Durante as sessões de conciliação, as partes são incentivadas a expor suas posições e a buscar soluções que atendam aos seus interesses de forma equilibrada. O conciliador atua como um facilitador, promovendo o diálogo e auxiliando na construção de um acordo.

Se as partes chegarem a um consenso, o acordo é formalizado em um termo de conciliação, que pode ser homologado judicialmente, conferindo-lhe força de título executivo judicial. Esse termo tem caráter vinculante e deve ser cumprido pelas partes, sob pena de execução forçada. Caso não se alcance um acordo, as partes ainda têm a opção de recorrer ao Poder Judiciário para a resolução do conflito.

A conciliação administrativa oferece diversas vantagens, como a redução da sobrecarga do Poder Judiciário, a celeridade na resolução de conflitos, a diminuição dos custos processuais e a promoção de soluções mais adequadas às necessidades das partes. Além disso, a conciliação fortalece a cultura do diálogo e da cooperação, contribuindo para a pacificação social e a melhoria das relações entre a Administração Pública e os cidadãos.

No entanto, a implementação da conciliação administrativa também enfrenta desafios, como a necessidade de capacitação dos conciliadores, a resistência cultural à adoção de métodos consensuais e a complexidade de alguns conflitos administrativos. Superar esses desafios requer investimentos em formação, sensibilização e infraestrutura, além de um compromisso contínuo com a promoção da conciliação como uma prática eficaz e legítima de resolução de conflitos.

A conciliação na esfera administrativa é um instrumento poderoso para a resolução de conflitos de maneira eficiente, justa e consensual. Ao promover o diálogo e a cooperação, a conciliação contribui para a melhoria da governança pública e a prestação de serviços de qualidade. A regulamentação e a implementação adequada desse mecanismo são essenciais para garantir sua eficácia e ampliar seus benefícios, fortalecendo a cultura da paz e da colaboração na Administração Pública.

No contexto da Administração Pública, a conciliação pode ser utilizada em diversas hipóteses, sempre respeitando os princípios da legalidade, da moralidade, da impessoalidade, da publicidade e da eficiência. Algumas das principais hipóteses em que a Administração Pública pode realizar a conciliação:

i) Conflitos administrativos internos – a conciliação pode ser utilizada para resolver conflitos internos entre diferentes órgãos ou entidades da Administração Pública. Isso pode incluir disputas sobre competências, responsabilidades ou recursos.

ii) Conflitos com particulares – a Administração Pública pode utilizar a conciliação para resolver disputas com particulares, como cidadãos ou empresas. Isso pode incluir questões relacionadas a contratos administrativos, desapropriações, licitações, multas administrativas, entre outros.

iii) Conflitos trabalhistas – no âmbito das relações de trabalho, a Administração Pública pode recorrer à conciliação para resolver conflitos entre servidores públicos e a administração. Isso pode incluir disputas sobre condições de trabalho, remuneração, benefícios, entre outros.

iv) Conflitos tributários – a conciliação pode ser utilizada para resolver disputas tributárias entre a Administração Pública e contribuintes. Isso pode incluir questões relacionadas a impostos, taxas, contribuições e outros tributos.

v) Conflitos ambientais – a Administração Pública pode utilizar a conciliação para resolver conflitos ambientais, envolvendo questões como licenciamento ambiental, compensações ambientais, multas por infrações ambientais, entre outros.

vi) Conflitos de consumo – a Administração Pública pode atuar na conciliação de conflitos de consumo, especialmente por meio de órgãos como os Procons, que mediam disputas entre consumidores e fornecedores de bens e serviços.

vii) Conflitos em políticas públicas – a conciliação pode ser utilizada para resolver conflitos relacionados à implementação de políticas públicas, envolvendo diferentes níveis de governo, entidades públicas e privadas, e a sociedade civil.

viii) Conflitos em processos judiciais – a Administração Pública pode participar de audiências de conciliação em processos judiciais em que seja parte, buscando uma solução consensual para o litígio. Isso é incentivado pelo CPC, que prevê a conciliação como uma etapa inicial dos processos judiciais.

ix) Conflitos em procedimentos de mediação – a Lei de Mediação (Lei nº 13.140/2015) prevê a possibilidade de mediação envolvendo a Administração Pública, tanto no âmbito judicial quanto no extrajudicial. A mediação pode ser utilizada para resolver conflitos de forma consensual, com a ajuda de um mediador.

Nas normas e iniciativas voltadas para essa temática está incluída a Lei de Mediação (Lei nº 13.140/2015):

> Art. 32. A União, os Estados, o Distrito Federal e os Municípios poderão criar câmaras de prevenção e resolução administrativa de conflitos, no âmbito dos respectivos órgãos da advocacia pública, com competência para, por meio de composição entre as partes, dirimir conflitos envolvendo órgãos e entidades da administração pública.

As Câmaras de Conciliação e Arbitragem da Administração Federal (CCAF) são órgãos vinculados à Advocacia-Geral da União que atuam na prevenção e resolução de conflitos envolvendo a Administração Pública Federal. Os Procons são órgãos de defesa do consumidor que atuam na mediação e conciliação de conflitos de consumo, facilitando a resolução de disputas entre consumidores e fornecedores.

Por derradeiro, é sempre bom lembrar que a utilização da conciliação pela Administração Pública é uma prática que visa a eficiência, a celeridade e a redução de custos na resolução de conflitos. Além disso, promove a pacificação social e a construção de soluções consensuais, respeitando os direitos e interesses das partes envolvidas.

REFERÊNCIAS

ABBAGNANO, N. **Dicionário de Filosofia**. Revisão e tradução dos novos textos de Ivone Castilho Benedetti. São Paulo: Martins Fontes, 2007.

ALEXY, R. **Teoria dos direitos fundamentais**. Tradução de Virgílio Afonso da Silva. 2. ed. São Paulo: Malheiros, 2011.

ALEXY, R.; DWORKIN, R. **Teoria dos direitos fundamentais**. Tradução de Virgílio Afonso da Silva. São Paulo: Malheiros, 2012.

ANCEL, M. **Utilidade e métodos do Direito Comparado**. Elementos. Tradução de Sérgio José Porto. Porto Alegre: Sergio Antonio Fabris Editor, 1980.

ARAÚJO, E. N. de. **Curso de Direito Administrativo**. 5. ed. São Paulo: Saraiva, 2010.

ARAÚJO, E. N. de. **Curso de Direito Administrativo**. 8. ed. São Paulo: Saraiva, 2018.

ARAÚJO, E. N. de. **O ilícito administrativo e seu processo**. São Paulo: Revista dos Tribunais, 1994.

ARAÚJO, E. N. de. **Responsabilidade do Estado por ato jurisdicional**. São Paulo: Revista dos Tribunais, 1981.

ARISTÓTELES. **A política**. Tradução de Nestor Silveira Chaves. 2. ed. São Paulo: Edipro, 2009. (Coleção Clássicos Edipro).

ARISTÓTELES. **Ética a Nicômaco**. Tradução de Edson Bini. 2. ed. São Paulo: Edipro, 2007.

AYLWIN, P. **Manual de Derecho Administrativo**. Santiago: Ed. Jurídica de Chile, 1952.

BANDEIRA DE MELLO, C. A. **Conteúdo jurídico do princípio da igualdade**. São Paulo: Malheiros, 1997.

BANDEIRA DE MELLO, C. A. **Curso de Direito Administrativo**. 28. ed. São Paulo: Malheiros, 2011.

BANDEIRA DE MELLO, C. A. **Curso de Direito Administrativo**. 29. ed. São Paulo: Malheiros, 2012.

BANDEIRA DE MELLO, C. A. **Curso de Direito Administrativo**. 37. ed. Belo Horizonte: Fórum, 2024.

BANDEIRA DE MELLO, C. A. **Curso de Direito Administrativo**. 37. ed. São Paulo: Malheiros, 2023.

BANDEIRA DE MELLO, C. A. **Curso de Direito Administrativo**. São Paulo: Malheiros, 2008.

BANDEIRA DE MELLO, O. A. **Princípios gerais de Direito Administrativo**. 3. ed. São Paulo: Malheiros, 2007. v. I.

BARROSO, L. R. Fundamentos teóricos e filosóficos do novo Direito Constitucional brasileiro (pós-modernidade, teoria crítica e pós-positivismo). *In*: BARROSO, L. R. (Org.). **A nova interpretação constitucional**: ponderação, direitos fundamentais e relações privadas. 2. ed. Rio de Janeiro: Renovar, 2006. p. 27-28.

BARROSO, L. R. Neoconstitucionalismo e constitucionalização do Direito. *In:* **Revista da Escola Nacional da Magistratura**. Brasília: Escola Nacional da Magistratura – ENM, ano I, n. 02, p. 26, out. 2006. *In:* MARANHÃO, N. S. M. **O fenômeno pós-positivista:** considerações gerais. Disponível em: http://www.anamatra.org.br/sites/1200/1223/00001573.pdf. Acesso em: 17 dez. 2023.

BASTOS, C. R. **Curso de Direito Administrativo**. São Paulo: Saraiva, 1994.

BECCARIA, C. **Dos delitos e das penas**. Tradução de José Cretella Jr. e Agnes Cretella. 3. ed. São Paulo: Revista dos Tribunais, 2006.

BERGERON, G. **Functionnement de l'Etat**. 2. ed. Paris: Armand Colin, 1965.

BEVILÁQUA, C. **Princípios elementares de Direito Internacional Privado**. Campinas: Red Livros, 2002.

BEVILÁQUA, C. **Código Civil dos Estados Unidos do Brasil**. 7. ed. Rio de Janeiro: Livraria ed. Francisco Alves, 1944. v. I.

BIELSA, R. **Derecho Administrativo**. 5. ed. Buenos Aires: Depalma, 1957. v. 5.

BOBBIO, N. **O positivismo jurídico**. São Paulo: Ícone, 1999.

BONAVIDES, P. **Curso de Direito Constitucional**. 13. ed. São Paulo: Malheiros, 2003.

BONAVIDES, P. **Curso de Direito Constitucional**. 19. ed. São Paulo: Malheiros, 2006.

BOSSUET, J. B. **Politique tirée des propres paroles de l'Ecriture-Sainte**. Paris: Chez Pierre Cot, 1709.

BOZZI, A. **Istituzioni di diritto pubblico**. Milano: A. Giuffrè, 1966.

BRAIBANT, G.; QUESTIAUX, N.; WIENER, C. **Le contrôle de l'administration et la protection des citoyens**. Paris: Cujas, 1973. p. 220-221.

BRASIL. Supremo Tribunal Federal. **Historiadora traça paralelo entre a grip. espanhola e a pandemia de Covid-19 em evento do STF.** 11/06/2021. Disponível em: https://portal.stf.jus.br/noticias/verNoticiaDetalhe.asp?idConteudo=467496&ori=1. Acesso em: 07 abr. 2024.

BRUNINI, W. Z. **Da responsabilidade extracontratual da Administração Pública**. São Paulo: Revista dos Tribunais, 1981.

BUCCI, M. P. D. **Direito administrativo e políticas públicas**. São Paulo: Saraiva, 2006.

BÜHRING, M. A. **Responsabilidade civil extracontratual do Estado**. São Paulo: Thomson-IOB, 2004.

CAETANO, M. **Manual de Direito Administrativo**. 7. ed. Coimbra: Coimbra Editores, 1965.

CAHALI, Y. S. **Dano moral**. 4. ed. São Paulo: Revista dos Tribunais, 2011.

CAHALI, Y. S. **Responsabilidade civil do Estado**. 3. ed. São Paulo: Revista dos Tribunais, 2007.

CANOTILHO, J. J. G. **O problema da responsabilidade por actos lícitos**. Coimbra: Almedina, 1974.

CARDOZO, J. E. M. **Princípios constitucionais da administração pública**. Os 10 anos da Constituição Federal. São Paulo: Atlas, 1999.

CARRIÓ, G. R. **Principios jurídicos y positivismo jurídico**. Buenos Aires: Abeledo-Perrot, 1970.

CARVALHO FILHO, J. dos S. **Manual de Direito Administrativo**. 25. ed. São Paulo: Atlas. 2012.

CARVALHO FILHO, J. dos S. **Manual de direito administrativo**. 32. ed. São Paulo: Atlas, 2018.

CASTRO JUNIOR, O. A. **Teoria e prática do direito comparado e desenvolvimento:** Estados Unidos X Brasil. Florianópolis: Fundação Boiteux, Unigranrio, Ibradd, 2002.

CAVALCANTI FILHO, J. T. **Processo administrativo** – Lei 9.784/1999. Salvador: Editora Juspodium, 2009.

CAVALIERI FILHO, S. **Programa de responsabilidade civil**. 9. ed. revista e ampliada. São Paulo: Atlas, 2010.

CENSIO, J. S. El control de la administración. *In:* **Revista de Direito Público**, 39/40, p. 5-19, 1976.

CHIAVENATO, I. **Administração:** teoria, processo e prática. 3. ed. São Paulo: Makron Books, 2000. p. 128-129.

CLÉMENT, Z. D. de. **El principio de precaución ambiental** – la práctica argentina. Córdoba: Lerner Editora SRL, 2008.

COTRIN NETO, A. B. Da necessidade de um Código de Processo Administrativo. **Revista Brasileira de Direito Comparado**, Rio de Janeiro, n. 15, 1994.

CRETELLA JR., J. **Direito Administrativo comparado** – de acordo com a Constituição de 1988. 4. ed. Rio de Janeiro: Forense, 1992.

CRETELLA JR., J. **O Estado e a obrigação de indenizar**. Rio de Janeiro: Forense, 2002.

CRETELLA JR., J. **Prática de processo administrativo**. São Paulo: Revista dos Tribunais, 1999.

CRETELLA JR., J. **Tratado do domínio público**. Rio de Janeiro: Forense, 1984.

CRETELLA NETO, J. **Direito internacional do meio ambiente**. São Paulo: Saraiva, 2012.

CRETELLA NETO, J. **Direito processual na Organização do Comércio – OMC**. Rio de Janeiro: Forense, 2003.

CRETELLA NETO, J. **Fundamentos principiológicos do processo civil**. Rio de Janeiro: Forense, 2002.

CRETELLA NETO, J. **Terrorismo internacional:** inimigo sem rosto – combatente sem pátria. Campinas: Millenium, 2008.

CUNHA, E. da. **Os sertões** – campanha de Canudos. 39. ed. Rio de Janeiro: Livraria Francisco Alves Editora, 2000.

DALLARI, A. A.; FERRAZ, S. **Processo administrativo.** 2. ed. São Paulo: Malheiros, 2007.

DANTAS, I. **Novo Direito Constitucional comparado** – introdução, teoria e metodologia. 3. ed. Curitiba: Juruá, 2021.

DANTAS, I. **Novo Direito Constitucional comparado** – introdução, teoria e metodologia. 3. ed. Curitiba: Juruá, 2010.

DAVID, R. **O direito inglês**. Tradução de Eduardo Brandão, São Paulo: Martins Fontes, 2006.

DELGADO, M. G. **Curso de Direito do Trabalho**. São Paulo: LTR, 2003.

DI PIETRO, M. S. Z. **Direito Administrativo**. 24. ed. São Paulo: Atlas, 2011.

DI PIETRO, M. S. Z. **Direito Administrativo**. 34. ed. Rio de Janeiro: Forense, 2021.

DI PIETRO, M. S. Z. **Direito Administrativo**. São Paulo: Forense, 2023. *E-book*. Disponível em: https://app.minhabiblioteca.com.br/#/books/9786559646784/. Acesso em: 09 jun. 2024.

DI PIETRO, M. S. Z. Princípio da razoabilidade na licitação. *In:* **Temas polêmicos sobre licitações e contratos**. 2. ed. São Paulo: Malheiros, 1995.

DIAS, J. A. **Da responsabilidade civil**. 12. ed. Rio de Janeiro: Lumen Juris, 2011.

DINIZ, M. H. **Curso de Direito Civil brasileiro, responsabilidade civil**. 19. ed. São Paulo: Saraiva, 2004. v. 7.

DROMI, R. **Derecho Administrativo**. 5. ed. Argentina: Ciudad Argentina, 1995.

DUEZ, P. **La responsabilité de la puissance publique**. Paris: Dalloz, 2012.

DUGUIT, L. **Traité de Droit Constitutionnel**. 2. ed. Paris: E. de Boccard, 1921.

DWORKIN, R. Taking rights seriously, p. 24 e 26. *In:* ALEXY, R. **Teoria dos direitos fundamentais**. Tradução de Virgílio Afonso da Silva. 2. ed. São Paulo: Malheiros, 2011.

EBERLE. J. E. The method and role of comparative law. **Washington University Global Studies Law Review**. v. 8, n. 3, 2009.

ENTERRÍA, E. G. de; FERNANDEZ, T. R. **Curso de Derecho Administrativo**. Buenos Aires: La Ley, 2006. v. II

ENTERRÍA, E. G. de; FERNANDEZ, T. R. **Curso de Derecho Administrativo**. 4. ed. Porto Alegre: Civitas, 1983. t. I.

FAGUNDES. M. S. **O controle dos atos administrativos pelo Poder Judiciário**. 7. ed. Rio de Janeiro: Ed. Forense, 2005.

FALLA, F. G. **Las transformaciones del regimen administrativo**. Madri: Instituto de Estudios Políticos, 1962.

FELICIO, P. E. **Brasil x Canadá:** histórico de uma crise que poderia ter sido evitada. Disponível em: http://www.fea.unicampobr/deptos/dta/carnes/files/Brasil_x_Canada.pdf. Acesso em: 22 dez. 2012.

FERRAZ, L. Responsabilidade do Estado por omissão legislativa – caso do art. 37, X da Constituição da República. *In*: FREITAS, J. (Org.). **Responsabilidade civil do Estado**. São Paulo: Malheiros, 2006, p. 215-217.

FERREIRA, A. C. **Responsabilidade civil por atos da Administração Pública**. São Paulo: Alfabeto Jurídico, 2002.

FIGUEIREDO, L. V. **Curso de Direito Administrativo**. 7. ed. São Paulo: Malheiros, 2004.

FRANÇA, P. G. **O controle da Administração Pública**. 2. ed. São Paulo: Revista dos Tribunais, 2010.

FREITAS, J. **Sustentabilidade** – direito ao futuro. 2. ed. Belo Horizonte: Fórum, 2012.

FUENTES, G. J. E. Estudio introductorio: la circulación de modelos y el derecho constitucional comparado. *In:* MAILLARD, J. L. P. *et al.* (Orgs.). **El control político en el Derecho Comparado**. Granada: Editoral Comares, 2010. p. XIX.

FUSTEL DE COULANGES. **A Cidade Antiga**. 2. ed. São Paulo: Martin Claret, 2012.

GARCIA, M. **Desobediência civil**. 2. ed. São Paulo: Revista dos Tribunais, 2004.

GARCIA, M. N. **Responsabilidade do agente público**. 2. ed. revista e ampliada. Belo Horizonte: Fórum, 2007.

GARCÍA DE ENTERRÍA, E.; FERNÁNDEZ, T.-R. **Curso de Direito Administrativo**. Madrid: Civitas, 1983.

GARCÍA DE ENTERRÍA, E.; FERNÁNDEZ, T.-R. **Curso de Direito Administrativo**. 2. ed. São Paulo: Revista dos Tribunais, 1991.

GASCÓN Y MARÍN, J. **Tratado de Derecho Administrativo**. 11. ed. Madrid: C. Bermejo, 1950. v. 1, p. 554-558.

GASPARINI, Diógenes. **Direito Administrativo**. 17. ed. São Paulo: Saraiva, 2012.

GIORDANI, J. A. L. **A responsabilidade civil objetiva genérica no Código Civil de 2002**. 2. ed. Rio de Janeiro: Lumen Juris, 2007.

GONÇALVES, C. R. **Responsabilidade civil**. 7. ed. São Paulo: Saraiva, 2002.

GONÇALVES, C. R. **Responsabilidade civil**. 13. ed. São Paulo: Saraiva. 2011.

GONZÁLEZ-VARAS IBÁÑEZ, S. **Derecho Administrativo em Iberoamérica**. 2. ed. Madrid: Instituto Nacional de Administración Pública-INAP, 2012.

GORDILLO, A. A. **La administración paralela**. Madri: Civitas, 1982.

GORDILLO, A. A. **Princípios gerais de direito público**. São Paulo: Revista dos Tribunais, 1977.

GORDILLO, A. A. **Tratado de derecho administrativo**. 5. ed. Buenos Aires: Fundación de Derecho Administrativo, 1998. t. 1.

GORDILLO, A. A. **Tratado de derecho administrativo**. Buenos Aires: Macchi, 1979. t. 3.

HIGA, A. S.; PEDREIRA, A. M.; ABRAÃO, A. J. **Licitações e contratos administrativos**. 1. ed. São Paulo: Rideel, 2023.

IHERING, R. von. **A luta pelo direito**. 5. ed. Tradução de José Cretella Jr. e Agnes Cretella. São Paulo: Revista dos Tribunais, 2008.

JUSTEN FILHO, M. **Curso de Direito Administrativo**. 15. ed. Rio de Janeiro: Forense, 2024.

JUSTEN FILHO, M. **Curso de Direito Administrativo**. 9. ed. São Paulo: Revista dos Tribunais, 2013.

JUSTEN FILHO, M. **Curso de Direito Administrativo**. São Paulo: Saraiva, 2005.

KELSEN, H. **Teoria Pura do Direito**. 2. ed. revista da tradução de José Cretella Júnior e Agnes Cretella. São Paulo: Revista dos Tribunais, 2002.

LAUBADÈRE, A. de. **Traité de Droit Administratif**. 7. ed. Paris: Librairie Générale de Droit et de Jurisprudence, 1976. v. I.

LAUBADÈRE, A. de. **Traité élémentaire de Droit Administratif**. 5. ed. Paris: LGDF, 1970. v. I.

LAZZARINI, Á. **Estudos de Direito Administrativo**. 2. ed. São Paulo: Revista dos Tribunais, 1999.

LEAL, R. S. **Memória jurisprudencial:** Ministro Orozimbo Nonato. Brasília: Supremo Tribunal Federal, 2007.

LEMOS, P. F. I. **Direito Ambiental** – Responsabilidade Civil e Proteção ao Meio Ambiente. 2. ed. reformulada e atualizada da obra Responsabilidade civil por dano ao meio ambiente. São Paulo: Revista dos Tribunais, 2008.

LIMA, A. **Da culpa ao risco**. São Paulo: Revista dos Tribunais, 1938.

LIMA, E. C. P. **Curso de Finanças Públicas** – uma abordagem contemporânea. São Paulo: Atlas, 2015.

LIMA, I. A. Do cabimento de recurso extraordinário por violação a princípio. Aplicação do neoconstitucionalismo e neoprocessualismo na teoria dos recursos. *In:* **Jus Navigandi**, Teresina, ano 15, n. 2507, 13 maio 2010. Disponível em: http://jus.com.br/revista/texto/14843. Acesso em: 09 jan. 2023.

LIMA, R. C. **Princípios de Direito Administrativo**. 5. ed. São Paulo: Revista dos Tribunais, 1962.

LOBÃO, M. M. **Responsabilidade do Estado pela desconstituição de contratos administrativos em razão de vícios de nulidade**. São Paulo: Malheiros, 2008.

LOPEZ, T. A. **Princípio da precaução e evolução da responsabilidade civil**. São Paulo: Quartier Latin, 2010.

LUHMANN, N. **Sociologia do Direito II**. Tradução de Gustavo Bayer. Rio de Janeiro: Tempo Brasileiro, 1985. p. 84-85.

MADEIRA. J. M. P. **Administração Pública**. 11. ed. Rio de Janeiro: Elsevier, 2010. t. II.

MÂNICA, F. **Fundamentos do terceiro setor**. Belo Horizonte: Fórum, 2022.

MARRARA, T. As fontes do Direito Administrativo e o princípio da legalidade. *In:* DI PIETRO, M. S. Z.; RIBEIRO, C. V. A. (Coord.). **Supremacia do interesse público e outros temas relevantes do Direito Administrativo**. São Paulo: Atlas, 2010. p. 230-260.

MASAGÃO, M. **Curso de Direito Administrativo**. São Paulo: Revista dos Tribunais, 1968.

MASAGÃO, M. **Natureza jurídica da concessão de serviço público**. São Paulo: Saraiva, 1933.

MAYER, O. **Derecho Administrativo alemán**. Tradução de Horacio H. Heredia e Ernesto Krotoschin. Buenos Aires: Ediciones Arayú, 1954. v. 4. *In:* ZANCANER BRUNINI, W. **Responsabilidade extracontratual da administração pública**. São Paulo: Revista dos Tribunais, 1981.

MEDAUAR, O. **Direito Administrativo moderno**. 16. ed. São Paulo: Revista dos Tribunais, 2012.

MEDAUAR, O. **Direito Administrativo moderno.** São Paulo: Revista dos Tribunais, 2015.

MEIRELLES, H. L. **Direito Administrativo brasileiro.** 35. ed. São Paulo: Malheiros, 2009.

MEIRELLES, H. L. **Direito Administrativo brasileiro.** 37. ed. São Paulo: Malheiros, 2011.

MENDES JÚNIOR, O. **Natureza da responsabilidade administrativa pública.** Belo Horizonte: Del Rey, 1951.

MODESTO, P. Responsabilidade do Estado pela demora na prestação jurisdicional. *In:* **Revista Diálogo Jurídico,** n. 1, 2001. Disponível em: www.direitopublico.com.br. Acesso em: 09 nov. 2012.

MONTESQUIEU, C. de S., Baron de. **Do espírito das leis.** Tradução de Roberto Leal Ferreira. São Paulo: Martin Claret, 2010.

MORAES, A. de. **Constituição do Brasil interpretada e legislação constitucional.** São Paulo: Atlas, 2007.

MORAES, A. de. **Direito Constitucional.** 27. ed. São Paulo: Atlas, 2011.

MORAES, A. de. **Direitos humanos fundamentais.** 9. ed. São Paulo: Atlas, 2011.

MOREIRA, E. B. **Processo administrativo:** princípios constitucionais, a Lei 9.784/1999 e o Código de Processo Civil/2005. 5. ed. São Paulo: Malheiros, 2017.

MOREIRA ALVES, J. C. **Direito Romano.** 4. ed. Rio de Janeiro: Forense, 1986. v. II.

MORO, S. F. Autonomia do crime de lavagem e prova indiciária. **Revista CEJ,** Brasília, ano XII, n. 41, p. 11-14, abr./jun. 2008.

NADER, P. **Introdução ao estudo do Direito**. 19. ed. Rio de Janeiro: Forense, 2000.

NOHARA, I. P. D. **Direito Administrativo**. 13. ed. rev., atual. e ampl. São Paulo: Atlas, 2024.

NOHARA, I. P. **Direito Administrativo**. São Paulo: Atlas, 2011.

NOHARA, I. P. Pressupostos e repercussões do princípio da eficiência. **Revista da Procuradoria Geral do Município de Santos**, Santos, ano II, n. 2, p. 79-88, 2005.

NOHARA, I. P. **Reforma administrativa e burocracia**. São Paulo: Atlas, 2012.

NOHARA, I. P. **Direito Administrativo**. 13. ed. rev., atual. e ampl. Barueri: Atlas, 2023.

NOHARA, I. P.; MARRARA, T. **Processo administrativo** – Lei 9.784/99 Comentada. São Paulo: Atlas. 2009.

NUNES, R. **Curso de Direito do Consumidor**. 6. ed. São Paulo: Saraiva, 2011.

OLIVEIRA, J. C. de. **Responsabilidade patrimonial do Estado, danos decorrentes de enchentes, vendavais e deslizamentos**. São Paulo: Edipro, 1995.

OLIVEIRA, R. C. R. **Curso de Direito Administrativo**. 9. ed. Rio de Janeiro: Forense/Método, 2021.

OLIVEIRA, R. C. R. **Curso de Direito Administrativo**. 9. ed. Rio de Janeiro: Forense/ Método, 2021.

OLIVEIRA, R. F.; HORVATH, E.; TAMBASCO, T. C. C. **Manual de Direito Financeiro**. São Paulo: Revista dos Tribunais, 1990.

ORWELL, G. **1984**. Tradução de Alexandre Hubner e Heloisa Jahn. São Paulo: Companhia das Letras, 2009.

PEDREIRA, A. M. A Covid-19 e o princípio da precaução na atividade administrativa. *In:* CUNHA FILHO, A. J. C.; ARRUDA, C. S. L.; ISSA, R. H.; SCHWIND, R. W. (Org.). **Direito em tempos de crise** – Covid 19. 1. ed. São Paulo: Quartier Latin, 2020. v. 3, p. 365-379.

PEDREIRA, A. M. A entidade de classe tem legitimidade para o mandado de segurança (Súmula 630/STF). *In:* NOHARA, I. P.; DI PIETRO, M. S. Z. (Org.). **Teses jurídicas dos Tribunais Superiores**. 1. ed. São Paulo: Revista dos Tribunais, 2017. v. III, p. 93-106.

PEDREIRA, A. M. **A responsabilidade do Estado por omissão** – a aplicabilidade dos princípios da prevenção e precaução e o controle na Administração Pública. 1. ed. Porto Alegre: Núria Fabris, 2016. v. 1.

PEDREIRA, A. M. **Direito Administrativo e processo administrativo**. 1. ed. Rio de Janeiro: Forense, 2006. v. 1.

PEDREIRA, A. M. O controle da Administração Pública como mecanismo para evitar a ocorrência de danos. *In:* MARQUES NETO, F. de A.; ALMEIDA, F. D. M.; NOHARA, I. P.; MARRARA, T. (Org.). **Direito e Administração Pública**. Estudos em homenagem a Maria Sylvia Zanella Di Pietro. 1. ed. São Paulo: Atlas, 2013. v. 1, p. 1425-1428.

PEDREIRA, A. M. O princípio da precaução na atividade administrativa e a responsabilidade do Estado – uma nova teoria. *In:* DI PIETRO, M. S. Z.; MARRARA T.; PEDREIRA, A. M.; NOHARA, I. P. (Org.). **Responsabilidade do Estado** – Estudos em homenagem ao Professor Edmir Netto de Araújo. 1. ed. São Paulo: LiberArs, 2021, v. 1, p. 109-125.

PEDREIRA, A. M. **Responsabilidade do Estado por omissão** – os princípios da precaução e da prevenção e o controle como forma de evitar o dano. Porto Alegre: Núria Fabris, 2016.

TRUJILLO, E. **Responsabilidade do Estado por atos lícitos**. São Paulo: Leaud, 1996.

TURPIN, D. **Contentieux administratif**. 5. ed. Paris: Hachette Supérieur, 2010.

VALIM, R. **O princípio da segurança jurídica no Direito Administrativo**. São Paulo: Malheiros, 2010.

VEDEL, G. **Droit Administratif**. 5. ed. Paris: Presses Universitaires de France, 1973.

VENOSA, S. de S. **Direito Civil** – responsabilidade civil. 11. ed. São Paulo: Atlas, 2011. v. 4.

WALD, A. Os fundamentos da responsabilidade civil do Estado. *In*: **Revista de Informação Legislativa**, Brasília, ano 30, n. 117, jan./mar. 1993.

WALINE, J. **Droit Administratif**. 23. ed. Paris: Dalloz, 2010.

ZANCANER BRUNINI, W. **Responsabilidade extracontratual da administração pública**. São Paulo: Revista dos Tribunais, 1981.

ZOCKUN, M. **Responsabilidade patrimonial do Estado**. São Paulo: Malheiros, 2010.

SARRIA, E. **Derecho Administrativo**. 5. ed. Bogotá: Temis, 1968.

SAVATIER, R. **Traité de la responsabilité civile en droit français**. Paris: R. Picho et R. Durand Auzias, 1951. t. 1.

SÉ, J. S. **Responsabilidade civil do Estado por atos judiciais**. São Paulo: Bushatsky, 1976.

SILVA, J. A. **Poder constituinte e poder popular**. São Paulo: Malheiros, 2000.

SOARES, G. F. S. **Common law** – introdução ao Direito dos EUA. 2. ed. São Paulo: Revista dos Tribunais, 2000.

STERMAN, S. **Responsabilidade do Estado**. 2. ed. São Paulo: Revista dos Tribunais, 2011.

STOCO, R. **Tratado de responsabilidade civil**. 6. ed. São Paulo: Revista dos Tribunais, 2004.

SUNDFELD, C. A. A importância do procedimento administrativo. **Revista de Direito Público**, São Paulo, ano XXIX, n. 84, p. 64-80, out./dez.1987.

SUNDFELD, C. A. **Direito Administrativo ordenador**. São Paulo: Malheiros. 1993.

SUTHERLAND, E. H.; LEMOS, C. (Trad.). **Crime de colarinho branco**: versão sem cortes. Rio de Janeiro: Instituto Carioca de Criminologia – Revan, 2015.

TÁCITO, C. **Direito Administrativo**. São Paulo: Saraiva, 1975.

TORRES, V. de A. G. **Representação política e terceiro setor** – um aprimoramento democrático. São Paulo: Editora Liberars, 2020.

PONTES DE MIRANDA. **Tratado das ações**. 2. ed. São Paulo: RT, 1972.

RAMOS, D. M. de O. **Responsabilidade do Estado por dano moral**. Disponível em: www.egov.ufsc.br/portal/sites/default/files/anexos/6856-6855-1-PB.html. Acesso em: 06 nov. 2023.

RAMOS, E. da S. **Ativismo judicial** – parâmetros dogmáticos. São Paulo: Saraiva, 2017.

RAMOS, G. **Vidas secas**. 119. ed. Rio de Janeiro: Record, 2012.

REALE, M. **Teoria tridimensional do Direito**. 5. ed. São Paulo: Saraiva, 1994.

RIVERO, J. **Direito Administrativo**. São Paulo: Almedina, 1981.

RIVERO, J. **Curso de Direito Administrativo comparado**. Tradução de José Cretella Jr., São Paulo: Revista dos Tribunais, 1995.

RIVERO, J.; WALINE, J. **Droit Administratif**. 18. ed. Paris: Dalloz, 2000.

ROCCO, A. **Corso di Diritto Commerciale** – parte generale. Padova: La Litotipo, 1921.

ROCHA, C. L. A. **Princípios constitucionais da administração pública**. Belo Horizonte: Del Rey, 1994.

ROUSSEAU, J.-J. **O contrato social**. Paris: Marc-Michel Rey, 1762.

ROUSSEAU, J.-J. **O contrato social**. Tradução de Edson Bini. São Paulo: Edipro, 2004.

SANTOS FILHO, J. C. dos. **Manual de Direito Administrativo**. 25. ed. São Paulo: Atlas, 2012.

SANTOS, A. J. **Dano moral indenizável**. 2. ed. São Paulo: LEJUS, 1999.

SANTOS, T. J. A. **Sistema common law**. Ratio Legis Librería Jurídica. Salamanca: UNIR – Universidad Internacional de la Rioja, 2014.

PEDREIRA, A. M.; HIGA, A. S. O conteúdo da arbitrabilidade objetiva nos processos arbitrais envolvendo a Administração Pública. *In*: OLIVEIRA FILHO, G. B. de; MARCO, N. L. (Org.). **A boa gestão pública e o Direito Administrativo**. 1. ed. São Paulo: SGP – Soluções em Gestão Pública, 2021. v. 1, p. 26-45.

PEDREIRA, A. M.; NOHARA, I. P.; MARRARA, T.; PIETRO, M. S. Z. (Orgs.). **Responsabilidade do Estado** – Estudos em homenagem ao Prof. Edmir Netto de Araújo. 1. ed. São Paulo: LiberArs, 2021. v. 1.

PEGORARO, L. El método en el Derecho Constitucional: la perspectiva desde el derecho comparado. **Revista de Estudios Políticos**: nueva época, v. 12, p. 9-26, p. 14, 2001. Disponível em: http://www.cepc.gob.es/gl/publicaci%C3%B3ns/revistas/revistas-electronicas?IDR=3&IDN=269&IDA=17356. Acesso em: 06 fev. 2016.

PEREIRA, C. M. da S. **Responsabilidade civil** – de acordo com a Constituição de 1988. Rio de Janeiro: Forense, 1996.

PERES, J. G. **El principio general de la buena fe en el Derecho Administrativo**. Madrid: Civitas, 1983.

PEREZ, M. A. **A Administração Pública democrática**. Institutos de participação popular na Administração Pública. Belo Horizonte: Fórum, 2011.

PICAZO, L.-D. Los principios generales del derecho en el pensamento de F. de Castro. *In*: **Anuario de Derecho Civil**, t. XXXVI, fasc. 3º, p. 1267-1268, out./dez. 1983.

PINTO, H. E. **Responsabilidade civil do Estado por omissão** – na jurisprudência do Supremo Tribunal Federal. Rio de Janeiro: Lumen Juris, 2008.

PINTO JUNIOR, M. E. **Empresa estatal**: função econômica e dilemas societários. São Paulo: Atlas, 2010.